Meinel
Betrieblicher Gesundheitsschutz

6. Auflage 2015

Meinel

Betrieblicher Gesundheitsschutz

Vorschriften, Aufgaben und Pflichten
für den Arbeitgeber

6. Auflage 2015

SICHERHEIT

Bibliografische Informationen der Deutschen Nationalbibliothek

Die Deutsche Nationalbibliothek verzeichnet diese Publikation in der Deutschen Nationalbibliografie; detaillierte bibliografische Daten sind im Internet über <http://www.dnb.de> abrufbar.

Bei der Herstellung des Werkes haben wir uns zukunftsbewusst für umweltverträgliche und wiederverwertbare Materialien entschieden.

ISBN 978-3-609-61927-9

E-Mail: kundenservice@ecomed-storck.de
Telefon: 089/2183-7922
Telefax: 089/2183-7620

6. Auflage 2015
© 2015 ecomed SICHERHEIT, eine Marke der ecomed-Storck GmbH, Landsberg am Lech

www.ecomed-storck.de

Satz: abavo GmbH – 86807 Buchloe
Druck: Kessler Druck + Medien, 86399 Bobingen

Vorwort zur 6. Auflage

Mit der 6. Auflage liegt eine völlig überarbeitete und natürlich aktualisierte Auflage vor. Seit dem Erscheinen der letzten Auflage 2011 hat sich im deutschen Arbeitsschutzrecht sehr viel bewegt, wodurch zahlreiche Änderungen und Anpassungen notwendig wurden, einige Kapitel auch völlig umgeschrieben werden mussten. Ebenso hat es auf der Seite der Unfallversicherer viele Neuerungen gegeben, die ergänzt, geändert und angepasst werden mussten.

Die Neuauflage der Gefahrstoff-Verordnung und insbesondere die neue ArbMedVV (Verordnung zur arbeitsmedizinischen Vorsorge) im Jahre 2013 haben das Arbeitsschutzrecht und damit natürlich auch den Gesundheitsschutz in einem völlig neuen Licht erscheinen lassen.

Der Begriff der arbeitsmedizinischen Vorsorge wurde neu definiert und damit die Trennung von arbeitsmedizinischen Untersuchungen und Eignungsuntersuchungen vollzogen, die bisher meist gemeinsam durchgeführt wurden. Viele Tätigkeiten verlangen eine Eignung für eine bestimmte Arbeitsaufgabe, die jetzt nicht mehr im Rahmen der arbeitsmedizinischen Vorsorge durchgeführt wird, sondern einer gesonderten Vereinbarung bedarf. Somit hat sich auch der Inhalt der arbeitsmedizinischen Vorsorge verändert, weg von einer Untersuchungsmedizin, ausgerichtet mehr auf eine Beratungsmedizin.

Die gewerblichen Berufsgenossenschaften und die Unfallversicherungträger der öffentlichen Hand haben sich zum Verband „Deutsche Gesetzliche Unfallversicherung" (DGUV) zusammengeschlossen, es existieren nur noch 9 gewerbliche Berufsgenossenschaften und auch die landwirtschaftlichen Berufsgenossenschaften haben sich zu einer einzigen Sozialversicherung für Landwirtschaft, Forsten und Gartenbau (SVLFG) zusammengeschlossen. Bis zum 1. Januar 2016 soll auch die Fusion der Unfallkassen endgültig abgeschlossen sein.

Große Veränderungen, aber zunächst erst einmal große Verwirrung bringt die Einführung des neuen DGUV-Regelwerkes zum 1. Mai 2014 durch die Zusammenführung zahlreicher Versicherungsträger zu einem Spitzenverband mit sich. Da nun verschiedene Bezeichnungen für die gleichen Vorschriften, Regeln, Informationen und Grundsätze noch nebeneinander bestehen, wird es dem Einzelnen schwerfallen, sich darin zurechtzufinden. Das neue Regelwerk wird aber, wenn es vollkommen eingeführt und umgesetzt ist, eine wesentliche Erleichterung bedeuten.

Um dem Nutzer die Unsicherheiten zu nehmen und Verwirrungen zu vermeiden, werden an vielen Stellen Querverweise und Hinweise auf bisher bestandene und neue Regelungen gegeben.

Einige gesetzliche Neuregelungen konnten leider noch nicht aufgenommen werden (z.B. Änderung der Arbeitsstättenverordnung, Änderung der Bildschirmarbeitsverordnung u.a.m.), da diese vom Gesetzgeber noch nicht endgültig verabschiedet wurden, so dass sie noch nicht in der Praxis umgesetzt werden können.

Autor und Verlag würden sich wünschen, dass auch diese 6. Auflage eine so breite und interessierte Leserschaft finden möge, wie es bei den bisherigen Auflagen der Fall war. Die vielen neuen Regelungen im Arbeits- und Gesundheitsschutz bereiten immer wieder Probleme bei der Anwendung in der täglichen Praxis. Der Ratgeber möchte erneut versuchen, alle Beteiligten in diesem Prozess (Arbeitgeber, Arbeitnehmer, Mitarbeitervertretungen, Betriebsärzte, Fachkräfte für Arbeitssicherheit sowie alle betrieblichen Helfer) bei der komplexen Erfüllung der betrieblichen Sicherheit zu unterstützen. Ziel sollte es immer sein, die Gesundheit und die Arbeitssicherheit aller Beschäftigten zu schützen; das hilft dem Einzelnen ebenso wie dem Unternehmen. Gesunde und motivierte Mitarbeiter sind die beste Investition, die sich ein Unternehmen wünschen kann.

Gnoien, im Januar 2015 Hubert Meinel

Einführung

Der Arbeits- und Gesundheitsschutz von Arbeitnehmern geht in seinen Quellen auf das Jahr 1869 zurück und wurde mit der ersten Gewerbeordnung in Deutschland eingeführt. Seit Anfang des 19. Jahrhunderts kennen wir in Frankreich und England bereits die ersten Gesetze zum Schutz von Arbeitnehmern. Diese betrafen zunächst aber nur die Kinderarbeit.

In der Bundesrepublik Deutschland wurde mit dem am 7. August 1996 erlassenen Arbeitsschutzgesetz die Rahmenrichtlinie 89/391/EWG des Rates vom 12. Juni 1989 über die „Durchführung von Maßnahmen zur Verbesserung der Sicherheit und des Gesundheitsschutzes der Arbeitnehmer bei der Arbeit" in nationales deutsches Recht umgesetzt.

Das Arbeitsschutzgesetz und weitere darauf aufbauende Gesetze bilden die Grundlage für den Arbeits- und Gesundheitsschutz. Darüber hinaus gibt es heute eine solche Vielzahl von weiteren Vorschriften, die für den Einzelnen sehr schwer zu überschauen sind.

Aufgrund unseres dualen Rechtssystems im Arbeits- und Gesundheitsschutz in der Bundesrepublik Deutschland finden wir neben den staatlichen Festlegungen für Bund und Länder weitere zahlreiche Regelungen. Diese werden von den Trägern der gesetzlichen Unfallversicherung, namentlich den Berufsgenossenschaften und Unfallkassen, für ihre Mitgliedsunternehmen als autonomes Recht erlassen. Man könnte es auch so formulieren: Der Staat gibt den rechtlichen Rahmen vor, die Berufsgenossenschaften erläutern dieses staatliche Recht durch ihre eigenen Festlegungen.

Der Arbeitgeber ist nun unabhängig davon, welche Rechtsform auch immer Anwendung finden muss, für alle Maßnahmen des Arbeits- und Gesundheitsschutzes seiner Beschäftigten uneingeschränkt verantwortlich. Er ist als Unternehmer aufgefordert, etwas „zu unternehmen", um den Schutz der Gesundheit seiner Mitarbeiter jederzeit zu garantieren.

Das vorliegende Buch will nun versuchen, die für die tägliche Praxis wichtigen Vorschriften herauszufiltern. Dabei sollen wesentliche Aspekte akzentuiert sowie gesetzliche Regelungen verständlich interpretiert werden. Damit soll allen Verantwortlichen für den Arbeits- und Gesundheitsschutz in Betrieben, Einrichtungen und Institutionen eine Handlungshilfe zur Verfügung stehen, um sich in dem „Gesetzesdschungel" leichter zurechtfinden zu können.

Eine häufig noch anzutreffende Meinung besteht darin, dass Unternehmer in der Tätigkeit der Betriebsärzte sowie der Fachkräfte für Arbeitssicherheit nur einen zusätzlichen Kostenfaktor sehen, der ihnen gesetzlich aufgezwungen wird.

Der Autor will versuchen, diese veraltete Anschauung zu widerlegen und die Arbeitsmedizin und deren heutige Möglichkeiten so darzustellen, dass der Unternehmer in ihr einen echten Nutzen für sein Unternehmen sieht. Er soll erfahren, welche Vorteile er für sein Unternehmen aus der Tätigkeit des Betriebsarztes ziehen kann. Gesunde motivierte Mitarbeiter, die ein gutes Arbeitsklima und gute Arbeitsbedingungen vorfinden und diese auch selbst aktiv mitgestalten können, sind ein entscheidender Faktor, den es zu erhalten und stets zu fördern gilt. Der Nutzen für das Gesamtunternehmen und das Produktionsergebnis wird nicht lange auf sich warten lassen. Die Einhaltung der Rechtsvorschriften sowie die Beachtung zahlreicher praktischer Hinweise im Ratgeber können zu einer Senkung des Krankenstandes sowie zur Reduzierung von Fehlzeiten führen.

Der Leser wird rasch erkennen, dass der Betriebsarzt heute mehr denn je die Aufgaben eines „Unternehmensberaters in Fragen des Arbeits- und Gesundheitsschutzes" erfüllen kann, ein Ziel der sich deutlich verändernden Inhalte einer modernen Arbeitsmedizin.

Unternehmer sehen häufig in der Tätigkeit der Betriebsärzte fast ausschließlich die Durchführung von arbeitsmedizinischen Untersuchungen ihrer Beschäftigten. Dabei wird aber nicht beachtet, dass diese Aufgabe im Rahmen der Gesundheitsprophylaxe zwar sehr wichtig ist, aber nur etwa 1/3 der gesamten Einsatzzeit im Unternehmen ausmachen sollte. Die übrige Zeit dient vor allem der Beratung und Unterstützung des Unternehmers sowie der Arbeit „vor Ort" im Unternehmen (Betriebsbegehungen, Arbeitsplatzanalysen, Gefährdungsanalysen, Beratungen der Beschäftigten, Beratungen zur Nutzung von Schutzausrüstungen, Kontrolle von Maßnahmen des Arbeits- und Gesundheitsschutzes sowie anderes mehr).

Die moderne Industrie wird immer schneller, immer hektischer, die Belastungen werden immer stärker, der Druck auf alle Beschäftigten steigt, die Behauptung am Markt wird immer komplizierter. Alle diese Faktoren führen zu einer immer stärkeren Belastung aller arbeitenden Menschen. Man kann diesen Belastungen aber durch geeignete Maßnahmen begegnen, wie es mit modernen Managementsystemen zur Gesundheitsförderung möglich ist.

In den einzelnen Kapiteln des Buches sind Schwerpunkte ausgewählt worden, die von großer praktischer Bedeutung sind. Dabei will der Ratgeber, der in erster Linie an alle Arbeitgeber gerichtet ist, auch allen anderen Beteiligten am Arbeits- und Gesundheitsschutz im Unternehmen wichtige Informationen vermitteln. Er kann auch Betriebsärzten, Fachkräften für Arbeitssicherheit, Mitgliedern von Betriebsräten/Personalräten ebenso wie dem einzelnen Arbeitnehmer wertvolle Hinweise geben.

Schwerpunktmäßig richtet sich der Ratgeber auf den Gesundheitsschutz im Bereich des Gesundheitsdienstes und der Wohlfahrtspflege sowie ihr nahe stehende Branchen. Der Schutz beim Umgang mit biologischen Arbeitsstoffen ist äußerst wichtig, zumal durch zahlreiche Impfungen schwere Erkrankungen vermieden werden können. Erfahrungen aus der täglichen Arbeit zeigen, dass einer gewissen Impfmüdigkeit in dieser Branche entgegengewirkt werden muss.

Im Rahmen dieses Buches ist es nicht möglich, alle Fragen des Arbeits- und Gesundheitsschutzes in allen Branchen der modernen Gesellschaft anzusprechen. Hier muss einfach auf die einschlägige Literatur oder auf den Betriebsarzt des Unternehmens verwiesen werden.

Ein umfangreiches Stichwortverzeichnis schließt den Ratgeber ab. Es bietet die Möglichkeit, sehr rasch den Weg zu gesuchten Informationen zu finden. Die gleiche Aufgabe sollen auch die zahlreichen Querverweise im Text erfüllen.

In der heutigen Zeit lassen sich sehr viele wichtige Hinweise im Internet finden. Eine Liste seriöser Anbieter bildet deshalb den Abschluss.

Inhaltsverzeichnis

Inhaltsverzeichnis

Inhaltsverzeichnis

Inhaltsverzeichnis

1 Gesetzliche Grundlagen des Arbeits- und Gesundheitsschutzes

Die Zahl von Gesetzen, Verordnungen, Vorschriften, Richtlinien, Merkblättern und anderen Bestimmungen zum Gesundheits- und Arbeitsschutz ist fast unübersehbar geworden. Dadurch wird es für den Einzelnen immer schwieriger, die für seine Aufgaben und seine Verantwortung wichtigen und relevanten Regelungen herauszufinden, sie zu kennen und in der Praxis auch anzuwenden. **Der Arbeitgeber oder Dienstherr sollte aber alle gesetzlichen Regelungen kennen, da er für den gesamten Arbeitsschutz und Gesundheitsschutz allein voll verantwortlich ist.** Er hat dafür zu sorgen, dass alle Bestimmungen zum Schutz der Gesundheit seiner Beschäftigten eingehalten werden. Wie später noch ausgeführt werden wird, kann er sich beraten lassen und auch bestimmte Aufgaben delegieren, unbeschadet der eigenen Verantwortung, die ihm keiner abnehmen kann.

1.1 Allgemeine gesetzliche Grundlagen

Um die Systematik aller rechtlichen Vorschriften zum Arbeits- und Gesundheitsschutz und damit die notwendige Wertigkeit und Wichtigkeit erkennen zu können, muss man sich zunächst die Hierarchie der gesetzlichen Bestimmungen in Deutschland bzw. Europa vor Augen führen. Das ist im Einzelfall sehr schwierig, da nicht alle gesetzlichen Festlegungen auch die gleiche Bedeutung und Wertigkeit haben. Jeder Arbeitgeber, aber auch alle anderen im Berufsleben stehenden Personen, sollten sich unter anderem primär darüber informieren,

- welche Regelung gilt in welcher Form?
- was sind verpflichtende Festlegungen?
- was sind nur Empfehlungen?
- was muss man als Arbeitgeber unbedingt beachten?
- was sollte man beachten?
- welche Empfehlungen gibt es, die aber primär keine gesetzliche Relevanz haben?

Der **Staat** erlässt auf der Grundlage europäischer Richtlinien (EU-Richtlinien) Gesetze und Rechtsverordnungen mit verbindlichem Charakter, allen voran das **Arbeitsschutzgesetz,** auf dem eine ganze Reihe weiterer Gesetzlichkeiten aufbaut. Diese für alle Bundesländer geltenden Rechtsnormen (nationales Recht) sind somit der Standard für den gesetzlichen Arbeitsschutz (Gesundheitsschutz) in allen Bundesländern.

> **Wichtig:**
>
> **Grundlage des gesetzlichen Arbeitsschutzes ist das Arbeitsschutzgesetz.** Es ist damit das wichtigste Gesetz für alle Arbeitgeber und Arbeitnehmer und gleichzeitig die Grundlage der gesamten Gesetzgebung im Arbeits- und Gesundheitsschutz.

Die **Europäische Union (EU)** erarbeitet **Richtlinien**, die als Formulierung die **Mindestanforderungen** für Sicherheit und Gesundheitsschutz am Arbeitsplatz beinhalten. Sie gewinnen zunehmend Bedeutung und werden schrittweise in nationales Recht umgesetzt.

Als Träger der gesetzlichen Unfallversicherung geben die **Berufsgenossenschaften** Unfallverhütungsvorschriften (Berufsgenossenschaftliche Vorschriften für Sicherheit und Gesundheit – DGUV-Vorschriften) heraus. Diese Regelungen sind als autonome Rechtsnormen zu betrachten. Zusätzlich gibt es zahlreiche Richtlinien, berufsgenossenschaftliche Regeln, Merkblätter und arbeitsplatzbezogene oder branchenbezogene Schriften zum Arbeits- und Gesundheitsschutz in den Betrieben. Diese Regelungen sind zunächst nur als Empfehlungen zu verstehen, haben daher keinen allgemein verpflichtenden Charakter. Für die jeweiligen Mitgliedsbetriebe der Berufsgenossenschaft allerdings werden sie zu autonomem Recht für deren Mitglieder.

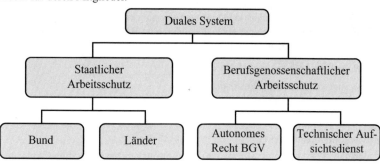

Abb. 1.1:   *Duales System des Arbeitsschutzes in Deutschland*

Wie aus dem Vorangegangenen zu erkennen ist, haben wir in Deutschland ein **duales System des Arbeits- und Gesundheitsschutzes** (Abb. 1.1). Dadurch wird dem Arbeitgeber ein Mindestmaß an organisatorischen, technischen und medizinischen Maßnahmen vorgegeben, damit er seine allgemeine und individuelle Fürsorgepflicht gegenüber seinen Arbeitnehmern wahrnehmen kann. Das bedeutet in der

Praxis, dass er sowohl staatliche Vorschriften als auch Verpflichtungen aus dem autonomen Arbeitsschutzrecht der Unfallversicherungsträger (Berufsgenossenschaft) zu beachten hat.

Die Kontrollorgane für die Umsetzung und Einhaltung von Vorschriften zum Arbeits- und Gesundheitsschutz sind auf der staatlichen Seite die Gewerbeaufsichtsämter der Länder bzw. die Ämter für Arbeitsschutz und technische Sicherheit. Auf der Seite der Unfallversicherer sind dies die technischen Aufsichtsdienste der jeweiligen Berufsgenossenschaft.

Wegen der großen individuellen Verschiedenheit der einzelnen Gewerbezweige und Branchen sowie der ständigen Veränderungen und des Fortschreitens der technischen Entwicklung kann der Gesetzgeber den Arbeits- und Gesundheitsschutz nicht bis ins Detail regeln. Er kann nur den gesetzlichen Rahmen vorgeben, der dann durch weitere Detailvorschriften ausgefüllt wird. Aus diesem Grunde ist eine Hierarchie innerhalb der gesetzlichen Bestimmungen (Abb. 1.2) unbedingt notwendig, wodurch die erforderliche Flexibilität und Anpassung an immer wieder neue Erkenntnisse im technischen Fortschritt ermöglicht wird.

Abb. 1.2: Hierarchie der gesetzlichen Regelungen zum Arbeits- und Gesundheitsschutz

zu 1. Die **Verfassung** ist die Rechtsgrundlage für alle vom Staat erlassenen Gesetze und gilt somit als grundgesetzliche Basis für die Arbeitsschutzgesetzgebung. Dazu wurde im Artikel 2 (2) des **Grundgesetzes** das Grundrecht „*... auf Leben und körperliche Unversehrtheit ...*" formuliert (siehe auch Kapitel 4.10).

19

zu 2. **Gesetze sind Rechtsnormen,** die allgemeine Festlegungen zu bestimmten Gebieten und zu bestimmten Zwecken formulieren. Gleichermaßen ermächtigen sie die Ministerien, zu einzelnen Gebieten spezielle Verordnungen erlassen zu dürfen und legen gleichzeitig fest, bei welchen Entscheidungen zusätzlich das Parlament einbezogen werden muss.

zu 3. **Verordnungen** regeln auf gesetzlicher Grundlage die konkreten Festlegungen für das jeweilige Gebiet. Man muss hier zwischen Verordnungen, die vom Gesetzgeber erlassen wurden (z.b. Röntgenverordnung auf der gesetzlichen Grundlage des Atomgesetzes) und Verordnungen als Satzungsrecht der Berufsgenossenschaften als Träger der gesetzlichen Unfallversicherung unterscheiden. Sie gelten dann als autonomes Recht der jeweiligen Berufsgenossenschaft ausschließlich für ihre Mitgliedsunternehmen.

zu 4. **Richtlinien, Technische Regeln und Anleitungen, Durchführungsverordnungen, Durchführungsanweisungen sowie Grundsätze** sind detailbezogene Festlegungen und Handlungsanleitungen. Sie werden meist von entsprechenden Fachgremien erarbeitet, danach dem jeweiligen Fachministerium oder den Berufsgenossenschaften vorgeschlagen und von diesen dann nach Bestätigung veröffentlicht. Sie zeigen einen bestimmten Weg auf, sind also zielorientiert, wobei die Erreichung des Zieles aber nicht allein an den aufgezeigten Weg gebunden ist. Sie haben nur empfehlenden Charakter, sind also nicht rechtsverbindlich. Im Zweifelsfall (z.b. bei rechtlichen Auseinandersetzungen) werden sie aber häufig in Anlehnung an gesetzliche Regelungen herangezogen und auch so angewendet. Bei Nichtbeachtung ist dann eine eindeutige Argumentation des Arbeitgebers notwendig, warum er andere als die von der BG vorgegebenen Festlegungen getroffen hat. Das ist durchaus legitim, wenn das Ziel auf diese Weise gleich gut erreicht werden kann.

zu 5. Die unterste Stufe der Gesetzeshierarchie bilden die **„allgemein anerkannten Regeln"** der Technik, der Hygiene oder der Arbeitsmedizin. Dazu zählen auch DIN-, VDI-, VDE-Normen und „gesicherte arbeitsmedizinische/arbeitswissenschaftliche Erkenntnisse". Der große Vorteil besteht darin, dass sich solche Regeln sehr schnell auf der Grundlage verschiedener Gesetze und Verordnungen bei neuen wissenschaftlichen Erkenntnissen anpassen lassen, ohne dass sich die gesetzliche Grundlage geändert hat oder geändert werden muss.

Zu den nichtgesetzlichen Regelwerken in der Betriebs- und Arbeitsmedizin zählen z.B. (Auswahl):

- Technische Regeln (z.B. TRGS, TRBS, TRBA, AMR, ASR) zu Rechtsverordnungen
- Verwaltungsvorschriften (z.B. Ermächtigungen für bestimmte Tätigkeiten)

- Richtlinien
- Durchführungsanweisungen zu berufsgenossenschaftlichen Vorschriften
- Sicherheitsregeln
- Grundsätze (= Hinweise und Empfehlungen als Mindeststandard)
- Leitlinien
- Merkblätter
- Normen (z.B. DIN, CEN, ISO)
- Werksnormen

1.2 Gegenüberstellung gesetzlicher Regelungen zum Arbeitsschutz (Auswahl)

Die folgenden 3 Übersichten beinhalten eine Gegenüberstellung von staatlichem Gesetz und ihm zugeordneten weiteren Regelungen in Abhängigkeit von bestimmten Zielgruppen.

1.2.1 Allgemeine Arbeitsschutzregelungen

Gesetz	Zugehörige Verordnung
Arbeitsschutzgesetz (ArbSchG)	Arbeitsstättenverordnung (ArbStättV) Biostoffverordnung (BioStoffV) PSA-Benutzungsverordnung (PSA-BV) Bildschirmarbeitsverordnung (BildscharbV) Lastenhandhabungsverordnung (LastenhandhabV) Betriebssicherheitsverordnung (BetrSichV) Lärm- und Vibrations-Arbeitsschutzverordnung (LärmVibrationsArbSchV) Verordnung zur arbeitsmedizinischen Vorsorge (ArbMedVV)
Arbeitssicherheitsgesetz (ASiG)	DGUV Vorschrift 2 „Betriebsärzte und Fachkräfte für Arbeitssicherheit"
Sozialgesetzbuch (SGB VII) (gesetzliche Unfallversicherung)	Berufskrankheitenverordnung (BeKV) Unfallverhütungsvorschriften = berufsgenossenschaftliche Vorschriften für Sicherheit und Gesundheit (DGUV-Vorschriften)
Betriebsverfassungsgesetz (BetrVG)	
Personalvertretungsgesetz (PersVG)	
Arbeitszeitgesetz (ArbZG)	

1.2.2 Gefahrenbezogene Arbeitsschutzregelungen

Gesetz	Zugehörige Verordnung
Chemikaliengesetz (ChemG)	Gefahrstoffverordnung (GefStoffV) Chemikalienverbotsverordnung (ChemVerbotsV) Giftinformationsverordnung (ChemGiftInfoV) REACH-Verordnung (EU), GHS-Verordnung
Atomgesetz (AtomG)	Strahlenschutzverordnung (StrlSchV) Röntgenverordnung (RöV)
Produktsicherheitsgesetz (ProdSG)	Zahlreiche detaillierte Verordnungen und Richtlinien
Gentechnikgesetz (GenTG)	Gentechnik-Sicherheitsverordnung (GenTSV)
Infektionsschutzgesetz (IfSG)	
Bundesimmissionsschutzgesetz (BImSchG)	

1.2.3 Personenbezogene Arbeitsschutzregelungen

Gesetz	Zugehörige Verordnung
Jugendarbeitsschutzgesetz (JArbSchG)	Jugendarbeitsschutzuntersuchungsverordnung (JArbSchUV)
Mutterschutzgesetz (MuSchG)	Mutterschutzrichtlinienverordnung (MuSchRiV)
Sozialgesetzbuch IX (SGB IX) (vorm. Schwerbehindertengesetz)	
Arbeitnehmerüberlassungsgesetz (AÜG)	

2 Staatliche Festlegungen zum Arbeits- und Gesundheitsschutz

Wie bereits ausgeführt, besteht in der Bundesrepublik Deutschland ein duales System der gesetzlichen Regelungen zum Arbeits- und Gesundheitsschutz (Abb. 1.1).

Bei der staatlichen Gesetzgebung legt zunächst ein Gesetz die grundlegenden Bestimmungen fest. Darauf aufbauend kennen wir dann eine oder mehrere Verordnungen, die das Grundlagengesetz in seinen Einzelheiten erläutern oder jeweils ergänzen.

In diesem Kapitel werden nun die für den Arbeits- und Gesundheitsschutz **wichtigen** gesetzlichen Regelungen und ihre dazugehörenden Verordnungen sowie weitere Ergänzungen ausgewählt und kurz inhaltlich dargestellt. Dabei wird auf die Interpretation der einzelnen Paragraphen zunächst verzichtet, einige wichtige werden später in einzelnen Kapiteln näher erläutert und ihre Bedeutung für die jeweiligen Verantwortungsträger besprochen.

Wegen der herausragenden Bedeutung für den betrieblichen Arbeits- und Gesundheitsschutz werden das Arbeitsschutzgesetz (siehe Kapitel 2.1) sowie das Arbeitssicherheitsgesetz (siehe Kapitel 2.10) als grundlegende gesetzliche Regelung etwas ausführlicher besprochen.

2.1 Arbeitsschutzgesetz

Gesetz über die Durchführung von Maßnahmen des Arbeitsschutzes zur Verbesserung der Sicherheit und des Gesundheitsschutzes der Beschäftigten bei der Arbeit (Arbeitsschutzgesetz – ArbSchG) vom 7. August 1996 (BGBl. I S. 1246), zuletzt geändert am 19. Oktober 2013 (BGBl. I S. 3836)

Das neue Arbeitsschutzgesetz vom 7. August 1996 (BGBl. I S. 1246) setzt zwei wichtige EG-Richtlinien in nationales Recht um:

- Richtlinie 89/391/EWG des Rates vom 12. Juni 1989 über die Durchführung von Maßnahmen zur Verbesserung der Sicherheit und des Gesundheitsschutzes der Arbeitnehmer bei der Arbeit (ABl. EG Nr. L 183 S. 1)
- Richtlinie 91/383/EWG des Rates vom 25. Juni 1991 zur Ergänzung der Maßnahmen zur Verbesserung der Sicherheit und des Gesundheitsschutzes von Arbeitnehmern mit befristetem Arbeitsverhältnis oder Leiharbeitsverhältnis (ABl. EG Nr. L 206 S. 19)

Es berechtigt gleichzeitig die Bundesregierung, entsprechende weitere Rechtsverordnungen auf der Grundlage dieses Gesetzes zu erlassen.

Inhaltsübersicht

Zweck des Gesetzes

Das Arbeitsschutzgesetz dient der Sicherung und Verbesserung des Gesundheitsschutzes der Beschäftigten bei der Arbeit und legt Maßnahmen des Arbeitschutzes fest.

Der Arbeitgeber wird per Gesetz verpflichtet, Sicherheit und Gesundheit am Arbeitsplatz zu gewährleisten und für eine ständige Verbesserung des Arbeitsschutzes zu sorgen. Es sind Arbeitsbedingungen zu schaffen, die dem Schutz der Gesundheit der Arbeitnehmer dienen. Dazu gehören insbesondere, dass mögliche Gefahren für Leben und Gesundheit der Arbeitnehmer ständig minimiert werden.

Maßnahmen des Arbeitsschutzes im Sinne dieses Gesetzes sind Maßnahmen zur Verhütung von Unfällen bei der Arbeit und arbeitsbedingten Gesundheitsgefahren einschließlich Maßnahmen der menschengerechten Gestaltung der Arbeit (§ 2).

Das Arbeitsschutzgesetz gibt nur die prinzipiellen gesetzlichen Regeln bei der Durchführung des Gesundheits- und Arbeitsschutzes vor, die einzelnen Details werden durch eine Vielzahl weiterer Verordnungen, Vorschriften und Regeln präzisiert (siehe jeweils dort).

2.1.1 Anwendungsbereich des Arbeitsschutzgesetzes

Das Arbeitsschutzgesetz (§ 2) gilt für alle Beschäftigten:

- Arbeitnehmerinnen und Arbeitnehmer,
- die zu ihrer Berufsausbildung Beschäftigten,
- arbeitnehmerähnliche Personen im Sinne des § 5 Abs. 1 des Arbeitsgerichtsgesetzes, ausgenommen die in Heimarbeit Beschäftigten und die ihnen Gleichgestellten,
- Beamtinnen und Beamte,
- Richterinnen und Richter,
- Soldatinnen und Soldaten,
- die in Werkstätten für Behinderte Beschäftigten

Daneben gibt es einige Sonderregelungen auf Landesebene, wie z.B. für Beamte der Länder, Gemeinden und sonstige Körperschaften, Anstalten und Stiftungen des öffentlichen Rechts (§ 20).

2.1.2 Pflichten des Arbeitgebers

Der zweite Abschnitt des Gesetzes (§§ 3–14) beschreibt die Pflichten der Arbeitgeber und soll deshalb besondere Beachtung finden.

Zunächst wird global festgestellt, dass der **Arbeitgeber** verpflichtet ist, die erforderlichen **Maßnahmen des Arbeitsschutzes** zu treffen, damit Leben und Gesundheit seiner Beschäftigten nicht durch die Arbeit gefährdet sind. Er hat für eine geeignete **Arbeitsorganisation** zu sorgen, die geeigneten **Mittel des Arbeitsschutzes bereitzustellen** und Vorkehrungen zu treffen, dass die Maßnahmen bei allen Tätigkeiten beachtet werden und die Beschäftigten ihrer Mitwirkungspflicht nachkommen können.

Wichtig ist die Festlegung, dass der Arbeitgeber die **Kosten für Maßnahmen** nach diesem Gesetz nicht seinen Arbeitnehmern auferlegen darf.

Der Arbeitgeber hat bei Maßnahmen des Arbeitsschutzes folgende **allgemeine Grundsätze** zu beachten (§ 4):

- Gefahrenverhütung bzw. Gefahrenminimierung,
- Gefahrenbekämpfung an der Quelle,
- Berücksichtigung des Standes der Technik, der Arbeitsmedizin und Hygiene sowie sonstiger gesicherter arbeitswissenschaftlicher Erkenntnisse,
- individuelle Schutzmaßnahmen sind nachrangig zu anderen Maßnahmen,
- Berücksichtigung spezieller Gefahren besonders schutzbedürftiger Beschäftigtengruppen,
- Erteilung geeigneter Anweisungen an die Beschäftigten.

Neu in das Arbeitsschutzgesetz in der jetzigen Fassung wurde die **Beurteilung der Arbeitsbedingungen** (§ 5) aufgenommen. Der **Arbeitgeber muss** die für die Beschäftigten durch ihre Arbeit verbundene **Gefährdung ermitteln** und daraus die **geeigneten Schutzmaßnahmen ableiten.** Diese Gefährdungsermittlung bezieht sich in erster Linie auf die

- Arbeitsbedingungen innerhalb der Arbeitsstätte sowie des Arbeitsplatzes,
- Einwirkungen physikalischer, chemischer und biologischer Art,
- Arbeitsstoffe, Arbeitsmittel, Maschinen, Geräte und Anlagen,
- Arbeitszeit, Arbeitsabläufe und nicht zuletzt
- Beurteilung der Qualifikation und die notwendigen Unterweisungen der Beschäftigten.
- psychische Belastungen bei der Arbeit.

Der Arbeitgeber muss die **Ergebnisse der Gefährdungsbeurteilungen,** die von ihm festgelegten Maßnahmen des Arbeitsschutzes und das Ergebnis ihrer Überprüfung **schriftlich festhalten** (§ 6).

§ 6 legt weiterhin fest, dass **Unfälle zu erfassen** sind, bei denen der Arbeitnehmer zu Tode kommt oder für **mehr als drei Tage** völlig oder teilweise arbeits- oder dienstunfähig ist (Einzelheiten siehe Kapitel 4.11).

Bei der **Übertragung von Aufgaben** auf Beschäftigte (§ 7) hat der Arbeitgeber zu **prüfen,** ob die Beschäftigten dazu auch **befähigt** sind, die notwendigen Maßnahmen einzuhalten, die für die Sicherheit und den Gesundheitsschutz erforderlich sind.

Sehr wichtig und häufig viel zu wenig beachtet wird die Verfahrensweise bei **Beschäftigten „mehrerer" Arbeitgeber**. Hier ist eine **enge Zusammenarbeit** erforderlich. Beide Arbeitgeber werden verpflichtet, sich **gegenseitig** über die möglichen Gefahren zu **unterrichten** und Maßnahmen zur Verhütung dieser Gefahren abzustimmen. Der Arbeitgeber muss sich vergewissern, dass die Beschäftigten anderer Arbeitgeber, die in seinem Betrieb tätig werden, hinsichtlich der Gefahren für ihre Sicherheit und Gesundheit während ihrer Tätigkeit in seinem Betrieb **angemessene Anweisungen** erhalten haben (siehe Kapitel 4.7 und 10.1).

Wenn es im Unternehmen Bereiche mit **besonderen Gefahren** gibt (§ 9), hat der Arbeitgeber Maßnahmen zu treffen, dass nur diejenigen Beschäftigten Zugang zu diesem Bereich haben **(Zugangsbeschränkung)**, die zuvor geeignete Anweisungen erhalten haben. Der Arbeitgeber hat seine Beschäftigten, die einer unmittelbaren Gefährdung ausgesetzt sind oder sein können, **frühzeitig** über diese Gefahr zu **unterrichten**. Es muss die Möglichkeit bestehen, dass auch der Beschäftigte geeignete Maßnahmen zur Gefahrenabwehr und Schadensbegrenzung selbst treffen kann, ohne dass ihm daraus Nachteile erwachsen. Der Arbeitgeber muss die Möglichkeit einräumen, dass der Beschäftigte bei unmittelbarer erheblicher Gefahr sich durch Verlassen des Arbeitsplatzes in Sicherheit bringen kann.

Auch für die **Erste Hilfe** (siehe Kapitel 3.2.3.9 und 4.15) und sonstige **Notmaßnahmen** (§ 10) hat der Arbeitgeber zu sorgen. Dabei hat er die Art der Tätigkeit sowie der Arbeitsstätte und die Zahl der Beschäftigten zu beachten. Er hat neben der Absicherung der Ersten Hilfe auch für eine **geeignete Brandbekämpfung** und **Evakuierung der Beschäftigten** zu sorgen. Er hat diejenigen Beschäftigten zu benennen, die Aufgaben der Ersten Hilfe, der Brandbekämpfung und Evakuierung übernehmen, er hat für die notwendige Ausrüstung und Ausbildung Sorge zu tragen. Vor der Benennung dieser Beschäftigten hat der Arbeitgeber den Betriebs- oder Personalrat (siehe Kapitel 5) zu hören.

Der Arbeitgeber hat den Beschäftigten auf ihren Wunsch, unbeschadet der Pflichten aus anderen Rechtsvorschriften, zu ermöglichen, sich je nach den Gefahren für ihre Sicherheit und Gesundheit bei der Arbeit **regelmäßig arbeitsmedizinisch untersuchen** zu lassen (§ 11). Wenn aufgrund der Beurteilung der Arbeitsbedingungen und der getroffenen Schutzmaßnahmen nicht mit einem Gesundheitsschaden gerechnet werden kann, besteht diese Verpflichtung nicht. Weitere Einzelheiten hierzu sind im Kapitel Arbeitsmedizinische Vorsorge (siehe Kapitel 4.10) zu finden.

Der Unternehmer (Arbeitgeber) hat die Beschäftigten über Sicherheit und Gesundheitsschutz bei der Arbeit während ihrer Arbeitszeit ausreichend und angemessen zu unterrichten (§ 12). Die **Unterweisung** umfasst Anweisungen und Erläuterungen, die speziell auf den Arbeitsplatz oder das Aufgabengebiet ausgerichtet sind.

Die **Unterweisungen** müssen erfolgen:

- bei der Einstellung,
- bei Veränderungen im Aufgabenbereich,
- bei der Einführung neuer Arbeitsmittel oder einer neuen Technologie
- und in regelmäßigen Abständen.

Wichtig ist, dass **bei** einer **Arbeitnehmerüberlassung** die **Pflicht zur Unterweisung** neben dem Verleiher (Arbeitgeber) auch den **Entleiher** betrifft. Er hat dafür Sorge zu tragen, dass der Leiharbeitnehmer entsprechend seiner Qualifikation und der Erfahrung auf seinem Arbeitsgebiet über seine Arbeitsaufgaben sowie die möglichen Gefahren ausreichend informiert wird. Die individuellen Gefährdungen an dem vorgesehenen Arbeitsplatz sowie der vorgesehenen Tätigkeit kann der Verleiher des Arbeitnehmers nicht kennen. Dennoch ist er primär derjenige, der für alle Belehrungen und Einweisungen zum Arbeitsschutz zuständig und damit auch verantwortlich ist. Es sollte zwischen beiden Unternehmern eine schriftliche Vereinbarung getroffen werden, wie im Einzelfall zu verfahren ist (siehe Kapitel 10.1 Leiharbeitnehmer).

Der Arbeitgeber kann die Aufgaben des Arbeitsschutzgesetzes selbst übernehmen oder sie (§§ 3–14) **zuverlässigen und fachkundigen Personen** schriftlich übertragen (**Übertragung von Unternehmerpflichten**) (§ 13).

2.2 Arbeitsstättenverordnung

Verordnung über Arbeitsstätten (Arbeitsstättenverordnung – ArbStättV) vom 12. August 2004 (BGBl. I S. 2179), zuletzt geändert 19. Juli 2010 (BGBl. I S. 960)

Inhaltsübersicht

- Ziel, Anwendungsbereich (§ 1)
- Begriffsbestimmungen (§ 2)
- Gefährdungsbeurteilung (§ 3)
- Einrichten und Betreiben von Arbeitsstätten (§ 3a)
- Besondere Anforderungen an das Betreiben von Arbeitsstätten (§ 4)
- Nichtraucherschutz (§ 5)
- Arbeitsräume, Sanitärräume, Pausen- und Bereitschaftsräume, Erste-Hilfe-Räume, Unterkünfte (§ 6)

Anhang – Anforderungen an Arbeitsstätten nach § 3 Abs. 1
1. Allgemeine Anforderungen
2. Maßnahmen zum Schutz vor besonderen Gefahren
3. Arbeitsbedingungen
4. Sanitärräume, Pausen- und Bereitschaftsräume, Erste-Hilfe-Räume, Unterkünfte

- Ausschuss für Arbeitsstätten (§ 7)
- Übergangsvorschriften (§ 8)
- Straftaten und Ordnungswidrigkeiten (§ 9)

5. Ergänzende Anforderungen an besondere Arbeitsstätten

Zweck der Verordnung

Mit der Verordnung über die Arbeitsstätten entstand 1975 ein komplettes Regelwerk für die Errichtung und den Betrieb von Arbeitsstätten.

Auf der Grundlage der EG-Richtlinien 89/654/EWG von 1989, der Richtlinie 92/58/EWG von 1992 sowie des Anhangs IV der Richtlinie 92/57/EWG von 1992 und deren Umsetzung wurde im Jahre 2004 die oben genannte neue Richtlinie verabschiedet, die nur noch aus 8 Paragraphen (statt bisher 58) besteht. Sie enthält relativ vereinfachte Festlegungen, die durch einen Anhang etwas genauer präzisiert werden. Dem Arbeitgeber wird durch das neue Gesetz durch den Wegfall detaillierter Festlegungen und Maßvorgaben wesentlich mehr Freiraum bei der Gestaltung der Arbeitsstätten gegeben. Ob dies aber wirklich ein echter Vorteil ist, wird die Zukunft ergeben.

Im Jahre 2010 wurde die Arbeitsstättenverordnung durch 2 weitere Paragraphen ergänzt. Der dabei neu eingeführte § 3 „Gefährdungsbeurteilung" unterstreicht die Wichtigkeit der Erarbeitung einer Gefährdungsbeurteilung, die in den absoluten Mittelpunkt des betrieblichen Arbeits- und Gesundheitsschutzes rückt. Dem trägt auch der neu erlassene § 9 „Straftaten und Ordnungswidrigkeiten" Rechnung, der verschiedene Tatbestände beschreibt, wenn ein Arbeitgeber vorsätzlich oder fahrlässig bestimmte gesetzliche Festlegungen außer Acht lässt.

Seit 2013 liegt der Bundesregierung ein Referentenentwurf des Bundesministeriums für Arbeit und Soziales vor, um die bisherige Bildschirmarbeitsverordnung in die Arbeitsstättenverordnung einzuarbeiten.

Neben der Arbeitsstättenverordnung bestehen die bisherigen zahlreichen Arbeitsstätten-Richtlinien teilweise weiter, werden kontinuierlich durch die Technischen Regeln für Arbeitsstätten ersetzt.

Die Arbeitsstättenverordnung (ArbStättV) legt die sicherheitstechnischen und arbeitsmedizinischen Mindestanforderungen an die Gestaltung von Arbeits- und Nebenräumen sowie Arbeitsstätten im Freien und auf Baustellen fest. Sie ist ein wesentlicher Beitrag zur Verbesserung der Arbeitsbedingungen und hat große Bedeutung im Zusammenhang mit anderen Regelungen wie Betriebsverfassungsgesetz und Arbeitssicherheitsgesetz.

Die Verordnung gibt somit Arbeitgebern, Betriebsräten, Betriebsärzten sowie Fachkräften für Arbeitssicherheit gleichermaßen die entsprechenden Grundlagen für Planung, Einrichtung sowie den Betrieb und die Kontrolle der Arbeitsstätten.

2.2.1 Technische Regeln für Arbeitsstätten (ASR)

Im Zuge der Umstrukturierung des Regelwerkes wurden die bisherigen Arbeitsstätten-Richtlinien durch die neuen technischen Regeln für Arbeitsstätten (ASR) ersetzt. Sie gelten als „Orientierungswerte" zur Konkretisierung der allgemeinen Schutzziele beim Einrichten und Betreiben von Arbeitsstätten.

Die technischen Regeln für Arbeitsstätten sind somit zwar keine Rechtsnormen und haben damit eigentlich keinen gesetzlichen Charakter, sollten aber dennoch Beachtung finden, da sie den aktuellen Stand der Technik widerspiegeln. Bei Beachtung der Regeln erwachsen dem Arbeitgeber keine Nachteile.

Die technischen Regeln für Arbeitsstätten (ASR) konkretisieren die Anforderungen der Arbeitsstättenverordnung (ArbStättV) und werden im Gemeinsamen Ministerialblatt (GMBl) (amtliches Bekanntmachungsorgan der Bundesregierung sowie der Bundesministerien, herausgegeben vom Bundesministerium des Inneren) veröffentlicht.

Bisher kennen wir folgende Regeln:

1. ASR V3a.2 Barrierefreie Gestaltung von Arbeitsstätten
   (GMBl. 2012 S. 663, zuletzt geändert GMBl. 2014 S. 281)

2. ASR A1.2 Raumabmessungen und Bewegungsflächen
   (GMBl. 2013 S. 910)

3. ASR A1.3 Sicherheits- und Gesundheitsschutzkennzeichnung
   (GMBl. 2013 S. 334)

4. ASR A1.5/1,2 Fußböden
   (GMBl. 2013 S. 348, zuletzt geändert (GMBl. 2013 S. 931)

5. ASR A1.6 Fenster, Oberlichter, lichtdurchlässige Wände
   (GMBl. 2012 S. 5, zuletzt geändert GMBl. 2014 S. 284)

6. ASR A1.7 Türen und Tore
   (GMBl. 2009 S. 1619, zuletzt geändert GMBl. 2014 S. 284)

7. ASR A1.8 Verkehrswege
   (GMBl. 2012 S. 1210, zuletzt geändert GMBl. 2014 S. 284)

8. ASR A2.1 Schutz vor Absturz und herabfallenden Gegenständen, Betreten von Gefahrenbereichen
   (GMBl. 2012 S. 1220, zuletzt geändert GMBl. 2014 S. 284)

9. ASR A2.2 Maßnahmen gegen Brände
   (GMBl. 2012 S. 1225, zuletzt geändert GMBl. 2014 S. 286)
10. ASR A2.3 Fluchtwege und Notausgänge, Flucht- und Rettungsplan
    (GMBl. 2007 S. 5902, zuletzt geändert GMBl. 2014 S. 286)
11. ASR A3.4 Beleuchtung
    (GMBl. 2011 S. 303, zuletzt geändert GMBl. 2014 S. 287)
12. ASR A3.4/3 Sicherheitsbeleuchtung, optische Sicherheitsleitsysteme
    (GMBl. 2009 S. 684, zuletzt geändert 2014 S. 287)
13. ASR A3.5 Raumtemperatur
    (GMBl. 2010 S. 751, zuletzt geändert GMBl. 2014 S. 287)
14. ASR A3.6 Lüftung
    (GMBl. 2012 S. 92, zuletzt geändert GMBl. 2013 S. 359)
15. ASR A4.1 Sanitärräume
    (GMBl. 2013 S. 919)
16. ASR A4.2 Pausen- und Bereitschaftsräume
    (GMBl. 2012 S. 660), zuletzt geändert GMBl. 2014 S. 287)
17. ASR A4.3 Erste-Hilfe-Räume, Mittel und Einrichtungen zur Ersten Hilfe
    (GMBl. 2010 S. 1764, zuletzt geändert GMBl. 2014 S. 288)
18. ASR A4.4 Unterkünfte
    (GMBl. 2010 S. 751, zuletzt geändert GMBl. 2014 S. 288)

2.3 Biostoffverordnung

Verordnung über Sicherheit und Gesundheitsschutz bei Tätigkeiten mit biologischen Arbeitsstoffen (Biostoffverordnung – BioStoffV) vom 15. Juli 2013 (BGBl. I S. 2514)

Inhalt und Zweck der Verordnung

Die Verordnung regelt die Bedingungen und den Schutz der Beschäftigten beim Umgang mit biologischen Arbeitsstoffen. Sie ist eine auf der Grundlage des Arbeitsschutzgesetzes erlassene staatliche Verordnung mit Gesetzescharakter.

Überschneidungen und Parallelen gibt es zwischen Biostoffverordnung sowie Gentechnikgesetz (GenTG) und Gentechniksicherheitsverordnung (GenTSV). Die Schutzziele der beiden letztgenannten sind im Allgemeinen weiter gefasst als diejenigen der Biostoffverordnung. Der Geltungsbereich der Biostoffverordnung enthält lediglich Mindestanforderungen für Tätigkeiten mit Mikroorganismen, Zellkulturen und Humanendoparasiten.

Auf einzelne, insbesondere für die Praxis wesentliche Inhalte wird im Kapitel 4.4 (Gefährdungen bei Tätigkeiten mit biologischen Arbeitsstoffen) näher eingegangen. Eine wesentliche Änderung hat die Biostoffverordnung inhaltlich mit der Veröffentlichung der Gefahrstoffverordnung ab 1. Januar 2005 erfahren (Veränderung und Verbesserung der arbeitsmedizinischen Betreuung der Beschäftigten im Umgang mit biologischen Arbeitsstoffen). Eine weitere weitgreifende Veränderung ergab sich 2008 durch die Verordnung zur arbeitsmedizinischen Vorsorge (ArbMedVV) (siehe Kapitel 4.4).

Seit einiger Zeit wird an einer Vereinheitlichung von Biostoffverordnung und Gentechnikgesetz bzw. Gentechniksicherheitsverordnung gearbeitet, deren Umsetzung aber noch nicht realisiert wurde. Ansätze findet man in der ArbMedVV.

2.3.1 Technische Regeln für biologische Arbeitsstoffe (TRBA)

In Ergänzung zur Biostoffverordnung obliegt es dem Ausschuss für biologische Arbeitsstoffe (ABAS) des Bundesministeriums für Arbeit und Sozialordnung in Umsetzung von EU-Richtlinien Technische Regeln für biologische Arbeitsstoffe (TRBA) zu erarbeiten, zu veröffentlichen und ständig zu aktualisieren.

Die einzelnen technischen Regeln sind im Kapitel 4.4.8 nachzulesen.

2.4 PSA-Benutzungsverordnung

Verordnung über Sicherheit und Gesundheitsschutz bei der Benutzung persönlicher Schutzausrüstungen bei der Arbeit (PSA-Benutzungsverordnung – PSA-BV) vom 4. Dezember 1996 (BGBl. I S. 1841)

Inhalt und Zweck der Verordnung

Die Verordnung regelt die Bereitstellung und Auswahl persönlicher Schutzausrüstungen durch den Arbeitgeber sowie die Benutzung der bereitgestellten persönlichen Schutzausrüstungen bei der Arbeit.

Wenn andere Möglichkeiten des Arbeitsschutzes nicht mehr ausreichen, hat der Arbeitgeber geeignete persönliche Schutzausrüstungen bereitzustellen. Sie sollen den Arbeitnehmer vor Gefahren schützen, wenn solche bestehen oder zu befürchten sind.

Einige persönliche Schutzausrüstungen werden später in Kapitel 13 näher vorgestellt (Hautschutz, Gehörschutz).

2.5 Bildschirmarbeitsverordnung

Verordnung über Sicherheit und Gesundheitsschutz bei der Arbeit an Bildschirmgeräten (Bildschirmarbeitsverordnung – BildscharbV) vom 4. Dezember 1996 (BGBl. I S. 1841), zuletzt geändert am 18. Dezember 2008 (BGBl. I S. 2768)

Inhalt und Zweck der Verordnung

Die Verordnung regelt die Bedingungen an Arbeitsplätzen, an denen Bildschirmgeräte eingesetzt werden und Bildschirmarbeit durchgeführt wird. Sie definiert Bedingungen des Gesamtarbeitsplatzes, damit aus dieser Tätigkeit keine körperlichen Schäden resultieren können. Sie soll durch entsprechende Arbeitsorganisation und Arbeitsgestaltung dazu beitragen, dass keine körperlichen und psychischen Überbelastungen auftreten können.

Der Arbeitgeber ist verpflichtet, vor Aufnahme der Tätigkeit und in regelmäßigen Abständen spezielle Untersuchungen des Sehvermögens anzubieten (siehe auch Kapitel 3.2.16 auf der Grundlage der ArbMedVV und G 37 der Berufsgenossenschaften).

Mit der regelmäßigen Überprüfung der Sehleistung ist es aber nicht getan. Arbeiten an Bildschirmgeräten belasten in besonderem Maße neben den Augen auch den Stütz- und Bewegungsapparat, wenn man an die Arme, Hände, Schultergürtel sowie die Wirbelsäule denkt. Deshalb ist eine ganzheitliche arbeitsmedizinische Betrachtung angezeigt, die leider in der ArbMedVV sowie in den berufsgenossenschaftlichen Grundsätzen nicht verankert wurde.

In dieser Hinsicht spielen besonders ergonomische Betrachtungen der Arbeitsabläufe, der Sitzhaltung sowie der Einrichtung des Bildschirmarbeitsplatzes eine bedeutende Rolle. Auch zeitliche Abläufe während des gesamten Arbeitstages müssen betrachtet werden.

Bei längerer Tätigkeit an einem Bildschirmarbeitsplatz sollte aus arbeitsmedizinischer Sicht aufgrund häufig noch ungeeigneter Ergonomie das Angebot der ArbMedVV durch eine geeignete und arbeitsplatzbezogene Gefährdungsanalyse und daraus resultierende Festlegungen in betrieblichen Dokumenten verankert werden.

Es ist vorgesehen, die Bildschirmarbeitsverordnung in die Arbeitsstätten-VO einzuarbeiten. Ein entsprechender Referentenentwurf des BMAS (Bundesministerium für Arbeit und Soziales) liegt zur Beschlussfassung vor. Inwieweit dann diese ergänzenden Hinweise Eingang finden werden, muss derzeit noch abgewartet werden.

2.6 Lastenhandhabungsverordnung

Verordnung über Sicherheit und Gesundheitsschutz bei der manuellen Handhabung von Lasten bei der Arbeit (Lastenhandhabungsverordnung – LasthandhabV) vom 4. Dezember 1996 (BGBl. I S. 1842), zuletzt geändert am 31. Oktober 2006 (BGBl. I S. 2407)

Inhalt und Zweck der Verordnung

Die Verordnung regelt die manuelle Handhabung von Lasten, die aufgrund ihrer Merkmale oder ungünstigen ergonomischen Bedingungen für die Beschäftigten eine Gefährdung ihrer Sicherheit und Gesundheit mit sich bringen. Diese Belastungen betreffen insbesondere die Lendenwirbelsäule sowie den sonstigen Stütz- und Bewegungsapparat.

Nicht gültig ist diese Verordnung in Betrieben, in denen das Bundesberggesetz Gültigkeit hat. Auch für bestimmte Bundesbehörden oder Tätigkeiten im öffentlichen Dienst können Teile dieser Verordnung oder auch die gesamte Verordnung nicht angewendet werden.

2.7 Betriebssicherheitsverordnung

Verordnung über Sicherheit und Gesundheitsschutz bei der Verwendung von Arbeitsmitteln (Betriebssicherheitsverordnung – BetrSichV) vom 3. Februar 2015 (BGBl. I S. 49)

Die Neufassung der Betriebssicherheitsverordnung soll im Juni 2015 in Kraft treten. Ziele der Neufassung sind u.a.:

- ein verbesserter Arbeitsschutz beim Umgang mit Arbeitsmitteln,
- ein optimaler Schutz Dritter beim Betrieb von überwachungspflichtigen Anlagen,
- die Vereinfachung der Anwendung von Arbeitsschutzregelungen bei Arbeitsmitteln insbesondere für kleine und mittlere Unternehmen,
- die Verbesserung des Arbeitsschutzes allgemein.

Die neue Verordnung soll auch doppelte Regelungen bei bestimmten Dokumenten und Prüfungen vermeiden, so auch Überschneidungen mit der Gefahrstoffverordnung. Ebenso soll sie erstmals in ihrer Geschichte konkretere Angaben zur altersgerechten Gestaltung und zu ergonomischen sowie psychischen Belastungen bei der Verwendung von Arbeitsmitteln enthalten.

Inhaltsübersicht

Zweck der Verordnung

Der Gesetzgeber verfolgt mit der Betriebssicherheitsverordnung die Umsetzung zahlreicher EU-Richtlinien in deutsches Recht und vereinfacht damit die Gesetzgebung auf diesem Gebiet. Gleichzeitig wurden zahlreiche Verordnungen und andere Regelungen außer Kraft gesetzt, ein erster Schritt zur Vereinfachung der Rechtslage.

Drei große Ziele werden verfolgt:

1. Einheitliche Regelungen zur Bereitstellung von Arbeitsmitteln durch den Arbeitgeber,
2. Regelungen zur Benutzung von Arbeitsmitteln durch die Beschäftigten bei der Arbeit,
3. Verfahrensweise bei Betrieb von überwachungsbedürftigen Anlagen.

Insbesondere muss besonders darauf hingewiesen werden, dass auf der Grundlage der Betriebssicherheitsverordnung in allen Unternehmen, für die sie zutrifft, entsprechende Basisdokumente (auf der Grundlage von Gefährdungsbeurteilungen) erarbeitet werden müssen (siehe auch Kapitel 4.2).

2.7.1 Technische Regeln für Betriebssicherheit (TRBS)

Mit der Einführung der Betriebssicherheitsverordnung 2002 wurden zahlreiche Vereinfachungen in der Gesetzgebung und damit die Grundlage für konkrete Regelungen geschaffen.

Damit wurde es auch möglich, einzelne konkrete Festlegungen in Form von Technischen Regeln zu formulieren, wie wir dies bereits bei der Gefahrstoffverordnung (TRGS) oder der Biostoffverordnung (TRBA) kennen.

Die Gliederung des Technischen Regelwerkes für Betriebssicherheit kann dem Kapitel 4.5.3 entnommen werden.

2.8 Lärm- und Vibrations- Arbeitsschutzverordnung

Verordnung zum Schutz der Beschäftigten vor Gefährdungen durch Lärm und Vibration (Lärm- und Vibrations-Arbeitsschutzverordnung – LärmVibrations-ArbSchV) vom 6. März 2007 (BGBl. I S. 261), zuletzt geändert am 19. Juli 2010 (BGBl. I S. 960)

Inhalt und Zweck der Verordnung

Die Lärm- und Vibrations-Arbeitsschutzverordnung vom März 2007 wurde für Deutschland als Umsetzung zweier EU-Richtlinien vom Bundeskabinett verabschiedet und gilt für alle Betriebe, in denen Arbeitnehmer beschäftigt sind.

Sie gilt nicht in Betrieben, die dem Bundesberggesetz unterliegen. Auch das Bundesministerium der Verteidigung kann für seine Beschäftigen Ausnahmen zulassen.

Dass der Arbeitgeber eine Gefährdungsbeurteilung zu erarbeiten hat, gilt schon lange. Die neue Verordnung regelt aber nun im Einzelnen, was die Gefährdungsbeurteilung bei einer Exposition der Beschäftigten durch Lärm umfassen muss.

Neu ist die Einführung so genannter Auslösewerte für den Tages-Expositionspegel (8-Stunden-Schicht) $L_{EX, 8h}$, der niedriger liegt als die bisherigen Grenzwerte. Im Allgemeinen liegen jetzt alle Grenzwerte 5 dB niedriger als zuvor. Ebenso neu ist die Regelung der Veranlassung einer arbeitsmedizinischen Angebotsvorsorge bei Überschreiten des unteren Auslösewertes von 80 dB(A), die es bislang nicht gab. (Weitere Einzelheiten siehe Kapitel 3.2.10)

2.8.1 Technische Regeln zur Lärm- und Vibrations-Arbeitsschutzverordnung (TRLV)

Wie bei anderen Vorschriften, Gesetzen und Verordnungen gibt es auch für die Präzisierung der Lärm- und Vibrations-Arbeitsschutzverordnung (LärmVibrationsArbSchV) ergänzende Vorschriften, die in mehreren Technischen Regeln nachgelesen werden können.

Im Einzelnen wurden bisher folgende Regeln verabschiedet:

1. TRLV Lärm Teil Allgemeines
2. TRLV Lärm Teil 1 Beurteilung der Gefährdung durch Lärm
3. TRLV Lärm Teil 2 Messung von Lärm
4. TRLV Lärm Teil 3 Lärmschutzmaßnahmen

1. TRLV Vibrationen Teil Allgemeines
2. TRLV Vibrationen Teil 1 Beurteilung der Gefährdung durch Vibrationen
3. TRLV Vibrationen Teil 2 Messung von Vibrationen
4. TRLV Vibrationen Teil 3 Vibrationsschutzmaßnahmen

Alle Technischen Regeln geben den Stand der Technik, der Arbeitsmedizin und Arbeitshygiene sowie sonstige gesicherte arbeitswissenschaftliche Erkenntnisse zum Schutz der Beschäftigten durch Lärm und Vibrationen wieder.

2.9 Verordnung zur arbeitsmedizinischen Vorsorge

Auf der Grundlage des Arbeitsschutzgesetzes vom 7. August 1996 (BGBl. I S. 1246) wurde als Artikel 1 der Verordnung zur Rechtsvereinfachung und Stärkung der arbeitsmedizinischen Vorsorge die Verordnung zur arbeitsmedizinischen Vorsorge (ArbMedVV) vom 18. Dezember 2008 (BGBl. I S. 2768) geschaffen.

Am 31. Oktober 2013 trat die Erste Verordnung zur Änderung der Verordnung zur arbeitsmedizinischen Vorsorge (BGBl. I S. 3882) in Kraft.

Zweck des Gesetzes

Mit dieser Verordnung im Jahre 2008 wurden zahlreiche gesetzliche Regelungen geändert und ihre Inhalte, insbesondere unter dem Aspekt arbeitsmedizinischer Vorsorge, neu formuliert und aktuell angepasst. Änderungen betrafen die Gefahrstoffverordnung, die Biostoffverordnung, die Gentechnik-Sicherheitsverordnung, die Lärm- und Vibrationsverordnung, die Druckluftverordnung, die Bildschirmarbeitsverordnung, die Betriebssicherheitsverordnung und die Arbeitsstättenverordnung.

Diese Änderungen und insbesondere die Schaffung einer neuen Verordnung zur arbeitsmedizinischen Vorsorge (ArbMedVV) stellen einen Meilenstein in Richtung Vereinfachung und Transparenz gesetzlicher Vorschriften dar. Es werden bundeseinheitliche Festlegungen getroffen, die bisherige berufsgenossenschaftliche Vorschriften als autonomes Recht der jeweiligen Berufsgenossenschaft (z.B. bisherige BGV A4) ablösen und für alle Arbeitnehmer unabhängig von ihrer Zugehörigkeit zu einer der vielen Berufsgenossenschaften verbindlich regeln.

Mit der neuen „Verordnung zur arbeitsmedizinischen Vorsorge 2013" werden durch eine neue Terminologie (Kapitel 4.10.3) und durch weitere Klarstellungen deutlich gemacht, dass es bei der arbeitsmedizinischen Vorsorge nicht um den Nachweis der gesundheitlichen Eignung für berufliche Anforderungen geht, was bislang häufig zu Irritationen geführt hat. Der bisherige Begriff der „arbeitsmedizinischen Vorsorge**untersuchung**" wurde durch den Begriff „arbeitsmedizinische **Vorsorge**" ersetzt. Einzelheiten siehe in den Kapiteln 4.3.9; 4.4.6; 4.10.

2.10 Das Arbeitssicherheitsgesetz

Gesetz über Betriebsärzte, Sicherheitsingenieure und andere Fachkräfte für Arbeitssicherheit (Arbeitssicherheitsgesetz – ASiG) vom 12. Dezember 1973 (BGBl. I S. 1885), zuletzt geändert am 20. April 2013 (BGBl. I S. 868)

Inhaltsübersicht

Zweck des Gesetzes und Vorbemerkungen

Der Arbeitgeber soll auf der Grundlage dieses Gesetzes durch Betriebsärzte und Fachkräfte für Arbeitssicherheit bei der Umsetzung des Arbeitsschutzes, des Gesundheitsschutzes und bei der Unfallverhütung wirkungsvolle Unterstützung erfahren. Er wird deshalb per Gesetz verpflichtet, Betriebsärzte und Fachkräfte für Arbeitssicherheit zur praktischen Anwendung von Arbeitsschutz- und Unfallverhütungsvorschriften und zur Umsetzung in seinem Unternehmen zu bestellen.

Da das Arbeitssicherheitsgesetz neben dem Arbeitsschutzgesetz gegenüber anderen Regelungen von besonderer Wichtigkeit ist, werden nachfolgend einige wichtige Aspekte etwas näher beleuchtet. Auch die Praxis in den Betrieben zeigt leider immer wieder, dass es teilweise sehr große Unsicherheiten und auch Unkenntnisse bei einzelnen gesetzlichen Festlegungen gibt. Gerade die Kenntnis der Gesetzlichkeiten ist es aber, die für eine gedeihliche Zusammenarbeit zwischen Arbeitgeber, Arbeitnehmern sowie allen Verantwortlichen im Gesundheits- und Arbeitsschutz sehr wichtig ist.

2.10.1 Bestellung von Betriebsärzten

An die Bestellung und die Aufgaben von Betriebsärzten sind seitens des Arbeitgebers besondere Anforderungen zu stellen, die in den §§ 2 bis 4 ausformuliert sind:

§ 2 Bestellung von Betriebsärzten

„(1) Der Arbeitgeber hat die Betriebsärzte schriftlich zu bestellen und ihnen die im § 3 genannten Aufgaben zu übertragen, soweit dies erforderlich ist....

(2) Der Arbeitgeber hat dafür zu sorgen, dass die von ihm bestellten Betriebsärzte ihre Aufgaben erfüllen. Er hat sie bei der Erfüllung ihrer Aufgaben zu unterstützen, insbesondere ist er verpflichtet, ihnen, soweit dies zur Erfüllung ihrer Aufgaben erforderlich ist, Hilfspersonal sowie Räume, Einrichtungen, Geräte und Mittel zur Verfügung zu stellen. Er hat sie über den Einsatz von Personen zu unterrichten, die mit einem befristeten Arbeitsvertrag beschäftigt oder ihm zur Arbeitsleistung überlassen sind.

(3) Der Arbeitgeber hat den Betriebsärzten die zur Erfüllung ihrer Aufgaben erforderliche Fortbildung unter Berücksichtigung der betrieblichen Belange zu ermöglichen."

Nach § 19 kann der Arbeitgeber natürlich auch einen Betriebsarzt eines überbetrieblichen Dienstes mit der Wahrnehmung der Aufgaben nach § 3 beauftragen.

2.10.2 Bestellung der Fachkraft für Arbeitssicherheit

Fast der gleiche Text wie bei der Bestellung des Betriebsarztes (§ 2) findet sich nun im § 5 Bestellung von Fachkräften für Arbeitssicherheit (Sicherheitsingenieure, Sicherheitstechniker, Sicherheitsmeister).

2.10.3 Aufgaben des Betriebsarztes sowie der Fachkraft für Arbeitssicherheit

Die §§ 3 (Aufgaben der Betriebsärzte) und 6 (Aufgaben der Fachkräfte für Arbeitssicherheit) regeln die jeweiligen Aufgaben im Rahmen des betrieblichen Arbeits- und Gesundheitsschutzes.

§ 3 Aufgaben der Betriebsärzte

„(1) Die Betriebsärzte haben die Aufgabe, den Arbeitgeber beim Arbeitsschutz und bei der Unfallverhütung in allen Fragen des Gesundheitsschutzes zu unterstützen. Sie haben insbesondere

1. den Arbeitgeber und die sonst für den Arbeitsschutz und die Unfallverhütung verantwortlichen Personen zu beraten, insbesondere bei
    a) der Planung, Ausführung und Unterhaltung von Betriebsanlagen und von sozialen und sanitären Einrichtungen,
    b) der Beschaffung von technischen Arbeitsmitteln und der Einführung von Arbeitsverfahren und Arbeitsstoffen,
    c) der Auswahl und Erprobung von Körperschutzmitteln,
    d) arbeitsphysiologischen, arbeitspsychologischen sowie arbeitshygienischen Fragen, insbesondere des Arbeitsrhythmus, der Arbeitszeit und der Pausenregelung, der Gestaltung der Arbeitsplätze, des Arbeitsablaufes und der Arbeitsumgebung,
    e) der Organisation der „Ersten Hilfe" im Betrieb,
    f) Fragen des Arbeitsplatzwechsels sowie der Eingliederung Behinderter in den Arbeitsprozess,
    g) der Beurteilung der Arbeitsbedingungen,
2. die Arbeitnehmer zu untersuchen, arbeitsmedizinisch zu beurteilen und zu beraten, sowie die Untersuchungsergebnisse zu erfassen und auszuwerten,
3. die Durchführung des Arbeitsschutzes und der Unfallverhütung zu beobachten und im Zusammenhang damit
    a) die Arbeitsstätten in regelmäßigen Abständen zu begehen und festgestellte Mängel dem Arbeitgeber oder der sonst für den Arbeitsschutz und die Unfallverhütung verantwortlichen Person mitzuteilen, Maßnahmen zur Beseitigung dieser Mängel vorzuschlagen und auf deren Durchführung hinzuwirken,
    b) auf die Benutzung von Körperschutzmittel zu achten,
    c) Ursachen von arbeitsbedingten Erkrankungen zu untersuchen, die Untersuchungsergebnisse zu erfassen und auszuwerten und dem Arbeitgeber Maßnahmen zur Verhütung dieser Erkrankungen vorzuschlagen,
4. darauf hinzuwirken, dass sich alle im Betrieb Beschäftigten den Anforderungen des Arbeitsschutzes und der Unfallverhütung entsprechend verhalten, insbesondere sie über die Unfall- und Gesundheitsgefahren, denen sie bei der Arbeit ausgesetzt sind, sowie über die Einrichtungen und Maßnahmen zur Abwendung dieser Gefahren zu belehren und bei der Einsatzplanung und Schulung der Helfer in „Erster Hilfe" und des medizinischen Hilfspersonals mitzuwirken.

(2) Die Betriebsärzte haben auf Wunsch des Arbeitgebers diesem das Ergebnis arbeitsmedizinischer Untersuchungen mitzuteilen; § 8 Abs.1 Satz 3 (Anm. „Betriebsärzte sind nur ihrem ärztlichen Gewissen unterworfen und haben die Regeln der Schweigepflicht zu beachten") bleibt unberührt.

Die Mitteilungen der Ergebnisse arbeitsmedizinischer Vorsorge sind durch die ArbMedVV vom Oktober 2013 verändert worden, ohne dass bisher eine Korrektur des § 3 des Arbeitssicherheitsgesetzes erfolgt ist. Einzelheiten zu den Änderungen können dem Kapitel 4.9, 4.10 entnommen werden.

(3) Zu den Aufgaben der Betriebsärzte gehört es **nicht, Krankmeldungen** der Arbeitnehmer auf ihre Berechtigung **zu überprüfen.**"

Im § 6 (Aufgaben der Fachkräfte für Arbeitssicherheit) findet man in den Abschnitten 1a-c, g, 3a-b, c teilweise und 4 einen völlig gleichlautenden Text.

Interessant ist deshalb einmal der direkte Vergleich der §§ 3 und 6 (Tab. 2.1) bezüglich der Aufgaben von Betriebsärzten und Fachkräften für Arbeitssicherheit, der erkennen lässt, dass es eine ganze Reihe von gleichartigen Formulierungen gibt, weshalb eine direkte Absprache zwischen beiden sowie eine unbedingte Zusammenarbeit unabdingbar notwendig sind.

Tab. 2.1: *Gemeinsame Aufgaben von Betriebsarzt und Fachkraft für Arbeitssicherheit nach dem Arbeitssicherheitsgesetz (gleiche Aufgaben sind fett markiert)*

Betriebsarzt	Fachkraft für Arbeitssicherheit
Beratung des Arbeitgebers bei Arbeitsschutz im Betrieb, Unfallverhütung im Betrieb, der Planung von Betriebsanlagen und Einrichtungen, Auswahl von Körperschutzmitteln	**Beratung des Arbeitgebers bei Arbeitsschutz im Betrieb, Unfallverhütung im Betrieb, der Planung von Betriebsanlagen und Einrichtungen, Auswahl von Körperschutzmitteln**
Organisation der „Ersten Hilfe"	Gestaltung der Arbeitsplätze (Ergonomie)
Beratung und Untersuchung der Arbeitnehmer	Betriebsanlagen und technische Arbeitsmittel sicherheitstechnisch zu überprüfen
Begehung der Arbeitsstätten	**Begehung der Arbeitsstätten**
Untersuchung von arbeitsbedingten Krankheiten	Untersuchung des Unfallgeschehens
Belehrung über Unfall- und Gesundheitsgefahren	**Belehrung über Unfall- und Gesundheitsgefahren**
Zusammenarbeit mit Betriebsrat	**Zusammenarbeit mit Betriebsrat**
Mitarbeit im Arbeitsschutzausschuss	**Mitarbeit im Arbeitsschutzausschuss**

Auch der vierte Abschnitt des Arbeitssicherheitsgesetzes (§§ 8–23) bestimmt weiterhin weitestgehend gemeinsame Aufgaben beider. Daraus ist bereits erkennbar, dass der Arbeitgeber auch von beiden (Betriebsarzt **und** Fachkraft für Arbeitssicherheit) beraten wird bzw. er sich mit seinen Fragen an beide wenden kann. Besonders deutlich wird hier, dass der Betriebsarzt und die Fachkraft für Arbeitssicherheit sich gegenseitig verständigen, ergänzen und zusammenarbeiten müssen, um nicht zum gleichen Sachverhalt zu unterschiedlichen Empfehlungen und Aussagen zu kommen. Sie sollten miteinander festlegen, wer sich im Einzelnen um welche Aufgabenerfüllung und Problematik vorrangig kümmert.

> **Es muss besonders betont werden, dass sowohl der Betriebsarzt als auch die Fachkraft für Arbeitssicherheit bei ihrer jeweiligen Aufgabenerfüllung unabhängig sind. Sie sind bei der Anwendung ihrer arbeitsmedizinischen und sicherheitstechnischen Fachkunde weisungsfrei.**

Sehr wichtig ist der § 9, der die Zusammenarbeit zwischen Betriebsarzt, Fachkraft für Arbeitssicherheit sowie dem Betriebsrat regelt. Sie haben beide den Betriebsrat über wichtige Angelegenheiten des Arbeitsschutzes und der Unfallverhütung zu unterrichten und auch die Inhalte von Vorschlägen mitzuteilen, die sie nach § 8 Abs. 3 dem Arbeitgeber unterbreiten. Selbstverständlich beraten sie auch den Betriebsrat zu Fragen des Arbeitsschutzes, wenn dies gewünscht wird. Bestenfalls geschieht dies anlässlich der gemeinsamen Beratung im Arbeitsschutzausschuss (siehe Kapitel 4.13).

Andererseits ist der Betriebsrat nach § 89 des Betriebsverfassungsgesetzes in der Pflicht, andere mit dem Arbeitsschutz befasste Stellen zu unterstützen. Die Beratung der Betriebsräte geschieht auch durch den Technischen Aufsichtsbeamten als Kontrollorgan des jeweiligen Trägers der gesetzlichen Unfallversicherung (Berufsgenossenschaft, Unfallkasse usw.).

Bei der Bestellung von Betriebsärzten sowie Fachkräften für Arbeitssicherheit sind die Betriebsräte zu befragen und ihre Zustimmung einzuholen (§ 9 ASiG). Gleiches gilt für die Abberufung.

Im § 11 wird die Zusammensetzung und Arbeitsweise des **Arbeitsschutzausschusses** geregelt, ein wichtiges Organ bei der Beratung des Arbeitgebers. Den Ausschuss hat der Arbeitgeber zu bilden.

Zum Arbeitsschutzausschuss gehören (in Betrieben mit mehr als 20 Beschäftigten):

- der Arbeitgeber oder ein von ihm Beauftragter
- zwei vom Betriebsrat bestimmte Betriebsratsmitglieder
- Betriebsarzt
- Fachkraft für Arbeitssicherheit
- Sicherheitsbeauftragte nach § 22 Sozialgesetzbuch VII

Der Arbeitsschutzausschuss sollte nach dem Gesetz mindestens einmal vierteljährlich zusammenkommen und Anliegen des Arbeitsschutzes und der Unfallverhütung beraten. Diese zeitliche Vorgabe ist in den meisten Unternehmen aber nicht umsetzbar (Einzelheiten siehe Kapitel 4.13).

Die Zusammenarbeit des Arbeitgebers mit den zuständigen Behörden, wenn Fragen des Arbeitsschutzes sowie Gesundheitsschutzes zu klären sind, regeln die §§ 12 und 13 des ASiG.

Die Festlegungen der §§ 14 und 15 räumen die Möglichkeit ein, auf der Grundlage des Arbeitssicherheitsgesetzes weitere Rechtsnormen zu erlassen, wie wir sie als Unfallverhütungsvorschriften der gewerblichen Berufsgenossenschaften, der landwirtschaftlichen Berufsgenossenschaften sowie der Unfallkassen kennen.

Einzelheiten dazu finden sich in Kapitel 3 (Die Berufsgenossenschaften als Träger der gesetzlichen Unfallversicherung) und Kapitel 4 (Organisation des betrieblichen Arbeits- und Gesundheitsschutzes).

2.11 Sozialgesetzbuch

Sozialgesetzbuch Erstes Buch (SGB I) – Allgemeiner Teil vom 11. Dezember 1975 (BGBl. I S. 3015), zuletzt geändert am 18. Dezember 2014 (BGBl. I S. 2325)

Sozialgesetzbuch Zweites Buch (SGB II) – Grundsicherung für Arbeitsuchende vom 24. Dezember 2003 (BGBl. I S. 2954, zuletzt geändert am 22. Dezember 2014 (BGBl. I S. 2411)

Sozialgesetzbuch Drittes Buch (SGB III) – Arbeitsförderung vom 24. März 1997 (BGBl. I S. 594), zuletzt geändert am 23. Dezember 2014 (BGBl. I S. 2462)

Sozialgesetzbuch Viertes Buch (SGB IV) – Gemeinsame Vorschriften für die Sozialversicherung vom 19. November 2009 (BGBl. I S. 3710), zuletzt geändert am 23. Dezember 2014 (BGBl. I S. 2462)

Sozialgesetzbuch Fünftes Buch (SGB V) – Gesetzliche Krankenversicherung vom 20. Dezember 1988 (BGBl. I S. 2477), zuletzt geändert am 23. Dezember 2014 (BGBl. I S. 2462)

Sozialgesetzbuch Sechstes Buch (SGB VI) – Gesetzliche Rentenversicherung in der Neufassung vom 19. Februar 2002 (BGBl. I S. 754, 1404, 3384), zuletzt geändert am 23. Dezember 2014 (BGBl. I S. 2462)

Sozialgesetzbuch Siebtes Buch (SGB VII) – Gesetzliche Unfallversicherung vom 7. August 1996 (BGBl. I S. 1254), zuletzt geändert am 23. Dezember 2014 (BGBl. I S. 2462)

Sozialgesetzbuch Achtes Buch (SGB VIII) – Kinder- und Jugendhilfe in der Neufassung vom 14. Dezember 2006 (BGBl. I S. 3134), zuletzt geändert am 29. August 2013 (BGBl. I S. 3464)

Sozialgesetzbuch Neuntes Buch (SGB IX) – Rehabilitation und Teilhabe behinderter Menschen vom 19. Juni 2001 (BGBl. I S. 1046), zuletzt geändert am 14. Dezember 2012 (BGBl. I S. 2598)

Sozialgesetzbuch Zehntes Buch (SGB X) – Sozialverwaltungsverfahren und Sozialdatenschutz in der Neufassung vom 18. Januar 2001 (BGBl. I S. 130), zuletzt geändert am 11. August 2014 (BGBl. I S. 1348)

Sozialgesetzbuch Elftes Buch (SGB XI) – Soziale Pflegeversicherung vom 26. Mai 1994 (BGBl. I S. 1014), zuletzt geändert am 23. Dezember 2014 (BGBl. I S. 2462)

Sozialgesetzbuch Zwölftes Buch (SGB XII) – Sozialhilfe vom 27. Dezember 2003 (BGBl. I S. 3022), zuletzt geändert am 21. Juli 2014 (BGBl. I S. 1133)

Inhalt und Zweck des Gesetzes

Das Sozialversicherungsrecht gibt es in Deutschland seit Ende des 19. Jahrhunderts. 1911 wurden die drei selbstständigen Gesetzeswerke zur Reichsversicherungsordnung (RVO) vom 19. Juli 1911 (RGBl. S. 509) zusammengefasst und in 6 Bände gegliedert. Die Sozialgesetzgebung gliederte sich zuvor in 3 klassische Teile, die noch heute die wesentlichen Säulen des Sozialgesetzbuches darstellen:

- die Krankenversicherung,
- die Rentenversicherung und
- die Unfallversicherung.

In der Regel sind Versicherungsträger Körperschaften des öffentlichen Rechts. Die Krankenversicherung sowie die Rentenversicherung werden als Pflichtversicherung anteilig vom Arbeitgeber und Arbeitnehmer getragen, während die Beiträge zur Unfallversicherung allein vom Arbeitgeber zu entrichten sind.

Mit dem VII. Buch Sozialgesetzbuch (SGB VII – Gesetzliche Unfallversicherung) und damit der Neufassung des Unfallversicherungsrechtes wurde das Dritte Buch der Reichsversicherungsordnung neu geschrieben und diese als Rechtsgrundlage völlig abgelöst.

Mit dem neuen Sozialgesetzbuch IX (Rehabilitation und Teilhabe von behinderten Menschen) vom 1. Juli 2001 (Inkrafttreten) wurde das bisherige Schwerbehindertengesetz abgelöst bzw. weitgehend in das neue Gesetz integriert.

2.12 Berufskrankheitenverordnung

Berufskrankheitenverordnung (BKV) vom 31. Oktober 1997 (BGBl. I S. 2623), zuletzt aktualisiert durch die Zweite Verordnung zur Änderung der Berufskrankheitenverordnung vom 11. Juni 2009 (BGBl. I S. 1273)

Inhalt und Zweck der Verordnung

Mit der Verordnung über die Berufskrankheiten verfolgt der Gesetzgeber die Absicht, in Anlehnung an das Sozialgesetzbuch VII Vorbeugung und frühzeitige Rehabilitation zu den Grundpflichten des Arbeitgebers zu machen.

Die Berufskrankheitenverordnung baut auf der Reichsversicherungsordnung auf und löst diese in ihren spezifischen Aussagen ab. Sie unterliegt wie kaum eine andere gesetzliche Regelung ständigen Veränderungen, da der Stand medizinisch-wissenschaftlicher Erkenntnisse immer wieder neue Ergebnisse hervorbringt. So wurden in den letzten Jahren einige Erkrankungen neu in die Liste der Berufserkrankungen aufgenommen, weitere werden sicher folgen (Einzelheiten siehe Kapitel 11).

Auf der anderen Seite lassen die Verordnung und ihre Anlage aber zahlreiche Wünsche gerade der Arbeitgeber, der Arbeitnehmer und der Betriebsärzte offen. Es gibt viele krankhafte Veränderungen, die durchaus arbeitsbedingt ausgelöst oder zumindest dadurch verstärkt werden können, die nicht zur Anerkennung als Berufskrankheit und damit zur finanziellen Unterstützung führen.

Die Verordnung regelt die Verfahren der Anzeige, der Meldung eines Verdachtes auf Berufskrankheit, regelt das Feststellungsverfahren, die Begutachtung und letztlich auch die Anerkennung (siehe hierzu Kapitel 11).

Die Mitwirkung des Betriebsarztes im BK-Feststellungsverfahren sowie bei der Begutachtung einer Berufserkrankung ist wesentlich, geht es doch immer um die Klärung von Zusammenhangsfragen zur haftungsbegründenden und haftungsausfüllenden Kausalität.

2.13 Betriebsverfassungsgesetz

Betriebsverfassungsgesetz (BetrVG) in der Neufassung vom 25. September 2001 (BGBl. I S. 2518), zuletzt geändert am 20. April 2013 (BGBl. I S. 868)

Inhalt und Zweck des Gesetzes

Neben anderen Zielrichtungen sichert das Betriebsverfassungsgesetz dem Betriebsrat ein Mitbestimmungsrecht im Rahmen des Arbeits- und Gesundheitsschutzes zu. Der Betriebsrat wird kraft Gesetzes berechtigt, für die Umsetzung geltender Rechtsvorschriften im Arbeitsschutz im Interesse der Arbeitnehmer am Arbeitsplatz und gegenüber dem Arbeitgeber eintreten zu können.

Daneben steht ihm die Möglichkeit zu, sich um die Eingliederung bzw. Wiedereingliederung Schwerbehinderter in den Arbeitsprozess zu bemühen sowie bestimmte soziale Gruppen (Jugendliche, Frauen, ältere Arbeitnehmer) zu unterstützen.

2.14 Bundespersonalvertretungsgesetz

Bundespersonalvertretungsgesetz (BPerVG) in der Fassung vom 15. März 1974 (BGBl. I S. 693), zuletzt geändert am 3. Juli 2013 (BGBl. I S. 1978)

Inhalt und Zweck des Gesetzes

Neben anderen Zielrichtungen sichert das Bundespersonalvertretungsgesetz dem Personalrat ein Mitbestimmungsrecht im Rahmen des Arbeits- und Gesundheitsschutzes zu. Er kann auf der Grundlage geltender Rechtsvorschriften für den Arbeitsschutz der Arbeitnehmer am Arbeitsplatz und gegenüber dem Arbeitgeber eintreten.

Daneben steht ihm die Möglichkeit zu, sich um die Eingliederung bzw. Wiedereingliederung Schwerbehinderter oder ihnen Gleichgestellter in den Arbeitsprozess zu bemühen sowie bestimmte soziale Gruppen (Jugendliche, Frauen, ältere Arbeitnehmer) zu unterstützen.

2.15 Arbeitszeitgesetz

Arbeitszeitgesetz (ArbZG) vom 6. Juni 1994 (BGBl. I S. 1170), zuletzt geändert am 20. April 2013 (BGBl. I S. 868)

Inhalt und Zweck des Gesetzes

Das Gesetz benennt Regelungen über Arbeitszeit, Pausen und Ruhezeiten und schützt Sonn- und Feiertage für die Arbeitnehmer. Es legt Bestimmungen für Schicht- und Nachtarbeit sowie die gesundheitliche Betreuung der Nachtarbeiter (siehe Kapitel 10.2) fest.

Das Gesetz schafft die Grundlage für Tarif- und Betriebsvereinbarungen über die Arbeitszeit und zeigt viele Möglichkeiten der betrieblichen Arbeitszeitregelung auf.

2.16 Chemikaliengesetz

Gesetz zum Schutz vor gefährlichen Stoffen (Chemikaliengesetz – ChemG) in der Neufassung vom 28. August 2013 (BGBl. I S. 3498, 3991), zuletzt geändert am 20. Juni 2014 (BGBl. I S. 824)

Inhalt und Zweck des Gesetzes

Zweck des Gesetzes ist es, den Menschen und die Umwelt vor schädigenden Einwirkungen gefährlicher Stoffe und Zubereitungen zu schützen, insbesondere sie erkennbar zu machen, sie abzuwenden und ihrem Entstehen vorzubeugen.

2.17 Gefahrstoffverordnung

Verordnung zum Schutz vor Gefahrstoffen (Gefahrstoffverordnung – GefStoffV) vom 26. November 2010 (BGBl. I S. 1643), zuletzt geändert am 3. Februar 2015 (BGBl. I S. 49)

Inhalt und Zweck der Verordnung

Erst 2005 wurde die seit 1993 bestehende Gefahrstoffverordnung grundlegend erneuert. Durch die Veränderungen des europäischen Chemikalienrechtes (REACH-Verordnung und CLP-Verordnung) in den letzten Jahren ergab sich die Notwendigkeit, das deutsche Gefahrstoffrecht erneut diesen neuen EU-Verordnungen anzupassen.

Die letzte Änderung der Gefahrstoffverordnung erfolgte im Zuge einer Neufassung der Betriebssicherheitsverordnung. Die Regelungen zum Brand- und Explosionsschutz sind nun nur noch im Anhang I Nummer 1 zu § 11 der GefStoffV enthalten. Somit ist eine Doppelregelung mit der BetrSichV beseitigt.

In der neuen Gefahrstoffverordnung von 2010 sucht man das bisher gültige Schutzstufenkonzept vergeblich. Die bisherigen 4 Stufen (Kapitel 4.3) waren eng mit der Kennzeichnung der Gefahrstoffe verbunden. Durch das neue Einstufungs- und Kennzeichnungssystem nach der GHS-Verordnung müssen auch die Schutzmaßnahmen neu definiert werden (§§ 8–12).

Erstmals in der neuen Gefahrstoffverordnung werden die Begriffe Fachkunde (§ 2 Abs. 12) und Sachkunde (§ 2 Abs. 13) definiert.

Die Erarbeitung der Gefährdungsbeurteilung (§ 6) wird in ihrer Wichtigkeit unterstrichen und durch die Grundpflichten des Arbeitgebers (§ 7) begründet. Einzelheiten findet man im Kapitel 4.2.

Nähere Informationen geben die Kapitel 4.2 und 4.3 sowohl zur Gefährdungsbeurteilung als auch zu den Inhalten der REACH-Verordnung sowie GHS-Verordnung.

2.17.1 Technische Regeln für Gefahrstoffe (TRGS)

Die technischen Regeln für Gefahrstoffe (TRGS) sind ein umfangreiches Regelwerk und enthalten die Ausführungsbestimmungen bei der Anwendung von Gefahrstoffen, wie

- das Inverkehrbringen,
- den Umgang mit Gefahrstoffen sowie
- Maßnahmen zur Sicherheit der Gesundheit.

Die technischen Regeln entsprechen dem jeweiligen Stand der Technik und sind so anzuwenden. Es kann jedoch davon abgewichen werden, wenn das Schutzziel auch auf andere Weise mit gleicher Sicherheit erreicht werden kann.

Die technischen Regeln werden von einem Ausschuss für Gefahrstoffe (AGS) formuliert, ständig fortgeschrieben und vom Bundesarbeitsminister verabschiedet. Einzelne Technische Regeln finden sich im Kapitel 4.3.1.

2.18 REACH-Verordnung

Verordnung (EG) Nr. 1907/2006 des Europäischen Parlaments und des Rates zur Registrierung, Bewertung, Zulassung und Beschränkung chemischer Stoffe (REACH), zur Schaffung einer Europäischen Agentur für chemische Stoffe, zur Änderung der Richtlinie 1999/45/EG und zur Aufhebung der Verordnung (EWG) Nr. 793/93 des Rates, der Verordnung (EG) Nr. 1488/94 der Kommission, der

Richtlinie 76/769/EWG des Rates sowie der Richtlinien 91/155/EWG, 93/67/ EWG, 93/105/EG und 2000/21/EG der Kommission vom 18. Dezember 2006 (Amtsblatt der Europäischen Union L 396 vom 30. Dezember 2006), mehrfach ergänzt und geändert, zuletzt durch Verordnung (EG) Nr. 301/2014 vom 25. März 2014 (ABl. L 90 vom 26. März 2014).

Inhalt und Ziel der Verordnung

REACH steht für Anmeldung (**R**egistration), Bewertung (**E**valuation), Zulassung (**A**uthorisation) und Beschränkung (Restriction) von **CH**emikalien. Mit REACH wurde am 1. Juni 2007 ein neues, europaweit geltendes Chemikalienrecht in Kraft gesetzt. Nach dem Motto „No data, no market" dürfen nach REACH nur noch chemische Stoffe in Verkehr gebracht werden, zu denen ein ausreichender Datensatz ihrer physikalischen Eigenschaften, ihrer Giftigkeit, ihres Verhaltens in der Umwelt und anderes vorliegt.

Mit Chemikalien kommen wir nahezu überall in Kontakt: am Arbeitsplatz sowie im privaten Umfeld. REACH dient insbesondere dem Ziel, Mensch und Umwelt besser, als es bisher möglich war, vor potentiellen Risiken beim Umgang mit Chemikalien zu schützen.

REACH stellt ein hohes Maß an Sicherheit und Schutz für die menschliche Gesundheit und die Umwelt dar. Gleichzeitig soll die Verordnung den freien Verkehr von Chemikalien auf dem Markt nach dem Grundsatz regeln, dass Hersteller, Importeure und Anwender von Chemikalien die Verantwortung für die Chemikalien übernehmen. Es soll für alle Beteiligten eine sichere Anwendbarkeit gewährleistet werden.

In der Arbeitswelt soll durch die strikte Einhaltung der Regeln beim Umgang mit Chemikalien erreicht werden, dass viele Erkrankungen, die man durchaus auf Chemikalien zurückführen kann (z.B. Allergien, Asthma, Krebs, Beeinträchtigungen der Fortpflanzung), durch bessere Kenntnisse der Zusammenhänge vermieden werden können. Für viele Chemikalien stehen heute nur lückenhafte Informationen zu Eigenschaften, Gebrauch und Risiken zur Verfügung. Das soll sich mit REACH grundlegend ändern.

2.18.1 REACH-Anpassungsgesetz

Gesetz zur Durchführung der Verordnung (EG) Nr. 1907/2006 vom 20. Mai 2008 (REACH-Anpassungsgesetz – REACH-AnpG) (BGBl. I S. 922), gültig ab 1. Juni 2008

Inhalt und Ziel des Gesetzes

Mit dem REACH-Anpassungsgesetz (REACH-AnpG) wurde das Chemikaliengesetz geändert und an die REACH-Verordnung angepasst. Damit veränderten sich einige bisherige Regelungen, wie das Chemikaliengesetz, die Chemikalien-Kostenverordnung, Chemikalien-Verbotsordnung sowie Chemikalien-Ozonschichtverordnung.

2.18.2 GHS-Verordnung/CLP-Verordnung

Verordnung über die Einstufung, Kennzeichnung und Verpackung von Stoffen und Gemischen (Verordnung (EG) Nr. 1272/2008 vom 16. Dezember 2008) ist am 31. Dezember 2008 im EU-Amtsblatt (Nr. 353) veröffentlicht worden und trat am 20. Januar 2009 in Kraft (ABl. L 353), zuletzt geändert am 2. Oktober 2013 (Verordnung EU Nr. 944/2013).

Inhalt und Zweck der Verordnung

Das GHS (Globally Harmonized System of Classification and Labelling of Chemicals – Global Harmonisiertes System zur Einstufung und Kennzeichnung von Chemikalien) enthält einheitliche Kriterien zur Klassifizierung von Chemikalien entsprechend ihrem Gefährdungspotenzial sowie harmonisierte Elemente zur Kommunikation von Gefahren einschließlich ihrer Kennzeichnung und Sicherheitsdatenblatt.

Das GHS wird von der Europäischen Union als GHS-Verordnung umgesetzt und ist nach seinem Inkrafttreten als europäisches Recht in allen Mitgliedsstaaten gültig.

Da die auf UN-Ebene entwickelte GHS-Verordnung nicht unmittelbar rechtswirksam ist, muss sie erst durch Implementierung in die nationale Gesetzgebung der einzelnen Staaten oder Staatengemeinschaften verbindlich umgesetzt werden. In Europa geschieht dies durch die CLP-Verordnung.

Am 20. Januar 2009 ist die europäische GHS-Verordnung (EG) Nr. 1272/2008, genannt CLP-Verordnung (Classification, Labelling and Packaging) in Kraft getreten.

Die CLP-Verordnung der Europäischen Gemeinschaft ist für die Einstufungs-, Kennzeichnungs- als auch Verpackungsfragen sowohl für

- Chemikalien nach REACH
- Chemikalien als Biozide
- Chemikalien als Pflanzenschutzmittel
- Chemikalien als Verbraucherprodukte

als auch für weitere Regelungsbereiche gültig und wird künftig alle Bereiche der Gefahrstoffe auf ein neues einheitliches Niveau stellen.

Diesen neuen Anforderungen trägt auch die Neugestaltung der Gefahrstoff-Verordnung Rechnung.

In Deutschland wurde eine nationale Auskunftsstelle (Helpdesk) für die REACH-Verordnung bei der Bundesanstalt für Arbeitsschutz und Arbeitsmedizin (BAuA) zum REACH-CLP-Helpdesk erweitert. Die REACH-Verordnung sowie die CLP-Verordnung werden von der Europäischen Chemikalienagentur ECHA in Helsinki verwaltet. Es gibt vielfältiges Informationsmaterial, Dokumentationen u.a.m.

Es werden Übergangsfristen eingeräumt:

1. Stoffe müssen ab dem 1. Dezember 2010 nach GHS eingestuft und gekennzeichnet sein.

2. Gemische (bisher „Zubereitungen") müssen ab dem 1. Juni 2015 nach GHS eingestuft und gekennzeichnet werden.

3. Zwischen 1. Dezember 2010 und 1. Juni 2015 müssen Stoffe nach der Stoff-RL 67/548/EWG und nach der CLP-Verordnung eingestuft werden. Beide Einstufungen werden im Sicherheitsdatenblatt angegeben. Die Kennzeichnung und die Verpackung dürfen jedoch nur nach den „neuen" GHS-Bestimmungen erfolgen.

4. Bereits ab dem 20. Januar 2009 können gefährliche Stoffe und Gemische optional nach GHS eingestuft werden. Die Kennzeichnung und Verpackung dürfen in diesem Fall nur nach GHS erfolgen.

Auffälliges Merkmal der GHS-Verordnung sind die neuen Gefahrenpiktogramme, die die früheren Gefahrensymbole der EG ablösen. Die neuen GHS-Piktogramme bestehen aus einem schwarzen Symbol auf weißem Grund in einem auf der Spitze stehenden roten Quadrat.

Eingeführt wurden auch 2 neue Signalwörter als spezifische Kennzeichnungsmerkmale. Sie geben Auskunft über den relativen Gefährdungsgrad, der einem Stoff oder Gemisch innewohnt:

- Gefahr (Danger) für die schwerwiegenden Gefahrenkategorien
- Warnung (Warning) für die weniger schwerwiegenden Gefahrenkategorien

Neben der Umwandlung der Kennzeichnungen (Gefahrenpiktogramme) wurden die R-Sätze durch neue Gefahrenhinweise (Hazard Statements) („H") ersetzt, die bisherigen S-Sätze durch neue Sicherheitshinweise (Precautionary Statements) („P") ersetzt.

Weiteres siehe Kapitel 4.3. Zu Einzelheiten sollte die Spezialliteratur verwendet werden.

2.18.3 Biozid-Zulassungsverordnung

Verordnung über die Zulassung von Biozid-Produkten und sonstige chemikalienrechtliche Verfahren zu Biozid-Produkten und Biozid-Wirkstoffen (Biozid-Zulassungsverordnung – ChemBiozid-ZulV) vom 4. Juli 2002 (BGBl. I S. 2514) zuletzt geändert am 23. August 2006 (BGBl. I S. 1970).

Die Verordnung regelt auf der Grundlage des Chemikaliengesetzes Einzelheiten der Zulassung von Biozid-Produkten.

Einzelheiten sind den entsprechenden Regelungen zu entnehmen und sollen hier nicht interpretiert werden.

2.19 Atomgesetz

Gesetz über die friedliche Verwendung der Kernenergie und den Schutz gegen ihre Gefahren (Atomgesetz – AtG) in der Neufassung vom 15. Juli 1985 (BGBl. I S. 1565) zuletzt geändert am 28. August 2013 (BGBl. I S. 3313)

Inhalt und Zweck des Gesetzes

Das Ziel dieses Gesetzes besteht darin,

- die Nutzung der Kernenergie zur gewerblichen Erzeugung von Elektrizität geordnet zu beenden und bis zum Zeitpunkt der Beendigung den geordneten Betrieb sicherzustellen,
- Leben, Gesundheit und Sachgüter vor den Gefahren der Kernenergie und der schädlichen Wirkung ionisierender Strahlen zu schützen und durch Kernenergie oder ionisierende Strahlen verursachte Schäden auszugleichen,
- zu verhindern, dass durch Anwendung oder Freiwerden der Kernenergie die innere und äußere Sicherheit der Bundesrepublik Deutschland gefährdet wird,
- die Erfüllung internationaler Verpflichtungen der Bundesrepublik Deutschland auf dem Gebiet der Kernenergie und des Strahlenschutzes zu gewährleisten.

Aufbauend auf dem Atomgesetz wurden die Strahlenschutzverordnung sowie die Röntgenverordnung erlassen, die nachfolgend aufgeführt werden.

2.20 Strahlenschutzverordnung

Verordnung über den Schutz vor Schäden durch ionisierende Strahlen (Strahlenschutzverordnung – StrlSchV) vom 20. Juli 2001 (BGBl. I 2001 S. 1714, 2002 S. 1459), zuletzt geändert am 11. Dezember 2014 (BGBl. I S. 2010)

Inhalt und Zweck der Verordnung

Die Verordnung dient dem Schutz der Menschen und der Umwelt vor schädlicher Wirkung ionisierender Strahlung. Es wurden Grundsätze und Anforderungen für Vorsorge- und Schutzmaßnahmen geregelt, die bei der Nutzung und Einwirkung radioaktiver Stoffe und ionisierender Strahlung zivilisatorischen und natürlichen Ursprungs Anwendung finden.

Die Novellierung im Jahre 2001 wurde notwendig, da neue europäische Vorgaben zum Strahlenschutz umfassende Veränderungen der bisherigen Strahlenschutzverordnung erforderten. Zu einigen wichtigen Veränderungen wird im Kapitel 13 Stellung genommen.

2.21 Röntgenverordnung

Verordnung über den Schutz vor Schäden durch Röntgenstrahlung (Röntgenverordnung – RöV) in der Neufassung vom 30. April 2003 (BGBl. I S. 604), zuletzt geändert am 11. Dezember 2014 (BGBl. I S. 2010)

Inhalt und Zweck der Verordnung

Mit der neuen Verordnung wurde eine weitere europäische Regelung in nationales Recht umgewandelt. Aufgrund geänderter und angepasster Dosisgrößen und der Neuformulierung von Überwachungsbereichen ist die Zahl der Personen, die dosimetrisch überwacht werden müssen, größer geworden. Neu sind künftig intensivere Qualifikationsmaßnahmen für Beschäftigte in Röntgenbereichen sowie der Begriff der rechtfertigenden Indikation (siehe unter Kapitel 12 – Strahlenschutz). Als Ergänzung zur Röntgenverordnung und Strahlenschutzverordnung gibt es noch eine Richtlinie, die spezielle Fragen der arbeitsmedizinischen Vorsorge beruflich strahlenexponierter Personen regelt.

2.22 Verordnung zum Schutz der Beschäftigten vor Gefährdungen durch künstliche optische Strahlung

Arbeitsschutzverordnung zu künstlicher optischer Strahlung (OStrV) vom 19. Juli 2010 (BGBl. I S. 960)

Inhalt und Zweck der Verordnung

Unter künstlicher optischer Strahlung im Sinne dieser Verordnung versteht man jede elektromagnetische Strahlung im Wellenlängenbereich von 100 Nanometer bis 1 Millimeter, die von künstlichen Strahlungsquellen ausgeht.

Die Verordnung soll dem Schutz der Beschäftigten bei der Arbeit dienen und sie vor tatsächlichen oder möglichen Gefährdungen ihrer Gesundheit und Sicherheit schützen und zielt insbesondere auf den Schutz der Haut und der Augen ab.

Neben der UV-Strahlung, der sichtbaren Strahlung sowie der Infrarotstrahlung fällt unter diese Verordnung jede durch einen Laser erzeugte kohärente optische Strahlung, die von künstlichen Strahlungsquellen ausgeht.

Ein großes Kapitel wird deshalb der Erarbeitung der Gefährdungsbeurteilung gewidmet, der Benennung eines Laserschutzbeauftragten sowie der Bestimmung von Expositionsgrenzwerten und daraus resultierenden Schutzmaßnahmen.

2.22.1 Technische Regeln Inkohärente optische Strahlung (TROS IOS)

Zur Arbeitsschutzverordnung zu künstlicher optischer Strahlung gibt es seit 2013 auch Technische Regeln (TROS Inkohärente Optische Strahlung – TROS IOS).

Folgende Regeln sind bisher veröffentlicht:

- TROS IOS Teil Allgemeines (Ausgabe November 2013 (GMBl. 2013 S. 1302)
- TROS IOS Teil 1: Beurteilung der Gefährdung durch inkohärente optische Strahlung (GMBl. 2013 S. 1312)
- TROS IOS Teil 2: Messungen und Berechnungen von Expositionen gegenüber inkohärenter optischer Strahlung (GMBl. 2013 S. 1325)
- TROS IOS Teil 3: Maßnahmen zum Schutz vor Gefährdungen durch inkohärente optische Strahlung (GMBl. 2013 S. 1349)

Mit der TROS IOS wird der Begriff Expositionsgrenzwert (EGW) nach § 2 Absatz 5 OStrV eingeführt. Er beschreibt das maximale Ausmaß der inkohärenten optischen Strahlung, dem das Auge oder die Haut ausgesetzt werden kann, ohne dass damit akute Gesundheitsschädigungen gemäß Tabelle A.1 des Anhangs der TROS IOS Teil Allgemeines verbunden sind. Die Berechnungen kann man der TROS IOS Teil 2 entnehmen.

Für den Laserschutzbeauftragten des Unternehmens ist vorgesehen, dass künftig der Nachweis der Sachkunde durch die erfolgreiche Teilnahme an einem speziellen Lehrgang zu erbringen ist und somit auch die Gefährdungsbeurteilung für solche Arbeitsplätze einen höheren Stellenwert erfährt.

2.23 Produktsicherheitsgesetz

Das Gesetz über die Bereitstellung von Produkten auf dem Markt (Produktsicherheitsgesetz-ProdSG) vom 8. November 2011 (BGBl. I S. 2178, 2179; 2012 I. S. 131)

Inhalt und Zweck des Gesetzes

Das Produktsicherheitsgesetz ist am 1. Dezember 2011 in Kraft getreten und löst das bisherige Geräte- und Produktsicherheitsgesetz (GPSG) ab und formuliert auch die Verordnungen und Richtlinien zum bisherigen Geräte- und Produktsicherheitsgesetz (GPSG) neu.

Es dient der Umsetzung zahlreicher (14) Richtlinien des EU-Parlamentes und des Rates und verbessert so den Verbraucherschutz und den fairen Wettbewerb. Es dient der Anpassung des bisherigen Geräte- und Produktsicherheitsrechts an den neuen europäischen Rechtsrahmen (New Legislate Framework – NLF) und legt somit bundeseinheitliche Sicherheitsstandards für Produkte fest. Aufgrund der Gesetzesänderung war auch eine Anpassung der Leitlinien des LASI (Länderausschuss für Arbeitsschutz und Sicherheitstechnik) erforderlich. Die LV 46 (Leitlinie zum Produktsicherheitsgesetz) des LASI trägt den neuen Bedingungen Rechnung.

Die Bestimmungen zum GS-Zeichen werden strenger gefasst. Das betrifft insbesondere die Voraussetzungen für die Erteilung sowie die Kontrolle der Verwendung, um Missbrauch besser vorzubeugen. Durch die Aussage „geprüfte Sicherheit" trägt es zu einer Beeinflussung von Kaufentscheidungen bei und ist somit wichtig für den Verbraucherschutz, somit auch für den Arbeitsschutz und Gesundheitsschutz.

Die zum Gesetz bestehenden Verordnungen wurden teilweise übernommen, etwas neu formuliert, teilweise neu nummeriert und auch verändert (Tab. 2.2).

Tab. 2.2: Verordnungen zum Produktsicherheitsgesetz

1. ProdSV	Verordnung über die Bereitstellung elektrischer Betriebsmittel zur Verwendung innerhalb bestimmter Spannungsgrenzen auf dem Markt vom 11. Juni 1979 BGBl. I S. 629, zuletzt geändert am 8. November 2011 (BGBl. I S. 2178)
2. GPSGV	Verordnung über die Sicherheit von Spielzeug vom 7. Juli 2011 (BGBl. I S. 1470)
6. ProdSV	Verordnung über die Bereitstellung von einfachen Druckbehältern auf dem Markt vom 25. Juni 1992 (BGBl. I S. 1171), zuletzt geändert am 8. November 2011 (BGBl. I S. 2178)
7. ProdSV	Gasverbrauchseinrichtungsverordnung vom 26. Januar 1993 (BGBl. I S. 133), zuletzt geändert am 8. November 2011 (BGBl. I S. 2178)

8. ProdSV	Verordnung zur Bereitstellung von persönlichen Schutzausrüstungen auf dem Markt vom 20. Februar 1997 (BGBl. I S. 316), zuletzt geändert am 8. Dezember 2011 (BGBl. I S. 2178)
9. ProdSV	Maschinenverordnung vom 12. Mai 1993 (BGBl. I S. 704), zuletzt geändert am 8. November 2011 (BGBl. I S. 2178)
10. ProdSV	Verordnung über die Bereitstellung von Sportbooten und den Verkehr mit Sportbooten vom 9. Juli 2004 (BGBl. I S. 1605), zuletzt geändert am 28. Dezember 2012 (BGBl. I S. 2802)
11. ProdSV	Explosionsschutzverordnung vom 12. Dezember 1996 (BGBl. I S. 1914), zuletzt geändert am 8. November 2011 (BGBl. I S. 2178)
12. ProdSV	Aufzugsverordnung vom 17. Juni 1998 (BGBl. I S. 1393), zuletzt geändert am 8. November 2011 (BGBl. I S. 2178)
13. ProdSV	Aerosolpackungsverordnung vom 27. September 2002 (BGBl. I S. 3777, 3805), zuletzt geändert am 8. November 2011 (BGBl. I S. 2178)
14. ProdSV	Druckgeräteverordnung vom 27. September 2002 (BGBl. I S. 3777), zuletzt geändert am 8. November 2011 (BGBl. I S. 2178)

2.24 Gentechnikgesetz

2.24.1 Gentechniksicherheitsverordnung

Verordnung über die Sicherheitsstufen und Sicherheitsmaßnahmen bei gentechnischen Arbeiten in gentechnischen Anlagen (Gentechnik-Sicherheitsverordnung – GenTSV) in der Neufassung vom 14. März 1995 (BGBl. I S. 297), zuletzt geändert am 18. Dezember 2008 (BGBl. I S. 2768)

Inhalt und Zweck der Verordnung

Die Gentechnik-Sicherheitsverordnung beinhaltet Sicherheitsanforderungen an gentechnische Anlagen und gentechnische Arbeiten einschließlich Arbeiten im Gefahrenbereich.

Die Verordnung regelt einige Festlegungen des Gentechnikgesetzes und trifft dazu genauere Aussagen, so z. B. durch § 8 für die Maßnahmen des Arbeitsschutzes, die speziell bei gentechnischen Arbeiten zu beachten sind. Auch die arbeitsmedizinischen Präventionsmaßnahmen sind gesondert geregelt (Anlage VI). Diese spezielle Vorsorge wird jetzt durch die ArbMedVV geregelt.

2.25 Infektionsschutzgesetz

Gesetz zur Neuordnung seuchenrechtlicher Vorschriften (Seuchenrechtsneuordnungsgesetz – SeuchRNeuG) (Gesetz zur Verhütung und Bekämpfung von Infektionskrankheiten beim Menschen) (Infektionsschutzgesetz – IfSG) vom 20. Juli

2000 (BGBl. I S. 1045) (hat das bisherige Bundesseuchengesetz abgelöst), zuletzt geändert am 7. August 2013 (BGBl. I S. 3154)

Zweck des Gesetzes

Durch das Gesetz sollen übertragbaren Krankheiten beim Menschen vorgebeugt werden, Infektionen frühzeitig erkannt werden und ihre Weiterverbreitung verhindert werden.

Aus dem bisherigen Bundesseuchengesetz wurden eine ganze Reihe von Passagen unverändert oder teilweise übernommen, vieles ist jedoch völlig neu formuliert worden. Mehr als bisher wird mit dem neuen Infektionsschutzgesetz die Eigenverantwortung der Träger und Leiter von Gesundheitseinrichtungen, Lebensmittelbetrieben, Gemeinschaftseinrichtungen sowie vor allem auch des Einzelnen bei der Vorbeugung (Prävention) übertragbarer Erkrankungen verdeutlicht und gefördert (siehe Kapitel 7 – Infektionsschutz und Impfungen).

2.26 Jugendarbeitsschutzgesetz

Gesetz zum Schutze der arbeitenden Jugend (Jugendarbeitsschutzgesetz – JArbSchG) vom 12. April 1976 (BGBl. I S. 965), zuletzt geändert am 20. April 2013 (BGBl. I S. 868)

2.26.1 Jugendarbeitschutzuntersuchungsverordnung

Verordnung über die ärztlichen Untersuchungen nach dem Jugendarbeitsschutzgesetz (Jugendarbeitsschutzuntersuchungsverordnung – JArbSchUV) vom 16. Oktober 1990 (BGBl. I S. 2221)

Zielstellung und Geltungsbereich der Verordnung

Das Jugendarbeitsschutzgesetz wurde zum besonderen Schutz von Jugendlichen vom Beginn des 15. Lebensjahres bis zur Vollendung des 18. Lebensjahres am Beginn ihrer beruflichen Laufbahn geschaffen. Es verpflichtet den Arbeitgeber im Rahmen seiner Fürsorgepflicht zum besonderen Schutz der Gesundheit Jugendlicher im Arbeitsprozess, spricht allgemeine und spezielle Arbeitsverbote für bestimmte Tätigkeiten aus, die der normalen körperlichen und geistigen Entwicklung der Jugendlichen schaden könnten. So werden bestimmte Maßnahmen festgeschrieben, die einer normalen physischen und psychischen Entwicklung des Jugendlichen bei der Übertragung von Arbeitsaufgaben entgegenstehen.

Insbesondere werden Fragen der Arbeitszeit sowie der Arbeitspausen geregelt, es werden Urlaubsregelungen festgeschrieben, aber auch Ausnahmen von den allgemeinen Beschäftigungsverboten sowie -einschränkungen definiert, die notwendig sind, um bestimmte Ausbildungsziele bei einigen Berufen erreichen zu können.

Einen breiten Raum nehmen Maßnahmen und Festlegungen ein, die der gesundheitlichen Betreuung der Jugendlichen vor und während der Arbeitsaufnahme dienen. In Ergänzung dieser umfangreichen Maßnahmen (siehe Kapitel 9 – Jugendarbeitsschutz) werden durch die Jugendarbeitsschutzuntersuchungsverordnung (JArbSchUV) weitere Einzelheiten der Organisation und Dokumentation der ärztlichen Untersuchungen vorgeschrieben.

Der Arbeitgeber wird durch das Jugendarbeitsschutzgesetz (JArbSchG) verpflichtet, seine sehr große Verantwortung Jugendlichen gegenüber gebührend wahrzunehmen und ihnen bei allen Tätigkeiten die notwendige Unterstützung zu geben, die für die normale Entwicklung von Jugendlichen erforderlich ist.

Einzelheiten der gesetzlich festgelegten Maßnahmen, insbesondere auch bezogen auf bestimmte berufliche Branchen, werden im Kapitel 9 – Jugendarbeitsschutz ausgeführt.

2.27 Mutterschutzgesetz

Gesetz zum Schutze der erwerbstätigen Mutter (Mutterschutzgesetz – MuSchG) in der Neufassung vom 20. Juni 2002 (BGBl. I S. 2318), zuletzt geändert am 23. Oktober 2012 (BGBl. I S. 2246)

2.27.1 Mutterschutzrichtlinienverordnung

Verordnung zur ergänzenden Umsetzung der EG-Mutterschutz-Richtlinie (Mutterschutzrichtlinienverordnung – MuSchRiV), eigentlich Verordnung zum Schutz der Mütter am Arbeitsplatz, vom 15. April 1997 (BGBl. I S. 782), zuletzt geändert am 26. November 2010 (BGBl. I S. 1643)

Inhalt und Zweck der Verordnung

Das Mutterschutzgesetz wurde 1997 und 2002 letztmalig durch einige wichtige Festlegungen erweitert, die insbesondere finanzielle Aspekte betrafen, aber auch arbeitsmedizinisch relevante Probleme berücksichtigten.

Da das Mutterschutzgesetz und die Mutterschutzrichtlinienverordnung unmittelbar zusammenhängen, sollen sie auch gemeinsam besprochen werden.

Das Mutterschutzgesetz schützt Mutter und Kind vor Gefahren am Arbeitsplatz, regelt aber auch grundsätzlich den Schutz vor Kündigung und Minderung des Einkommens während der Schwangerschaft. Ergänzend zum Mutterschutzgesetz gibt es die Mutterschutzrichtlinienverordnung vom 15. April 1997, die insbesondere die Pflichten des Arbeitgebers zur Prüfung des Arbeitsplatzes und der Arbeitsbedingungen vorschreibt.

2.27.2 Bundeselterngeld- und Elternzeitgesetz

Gesetz zum Elterngeld und zur Elternzeit (Bundeselterngeld- und Elternzeitgesetz (BEEG) vom 5. Dezember 2006 (BGBl. I S. 2748), zuletzt geändert am 15. Februar 2013 (BGBl. I S. 254)

Inhalt und Zweck des Gesetzes

Das Gesetz dient einerseits der Absicherung der werdenden Mutter nach der Entbindung und beschreibt die Anspruchsberechtigung auf Elterngeld. Es regelt die Höhe der Zuschüsse sowie den Bezugszeitraum.

Im zweiten Abschnitt des Gesetzes wird der Anspruch auf Gewährung einer Elternzeit für Arbeitnehmerinnen und Arbeitnehmer geregelt (§§ 15 und 16).

Wichtig ist auch der im § 18 festgelegte Kündigungsschutz während der Elternzeit.

Weiteres wird im Kapitel 8 erläutert.

2.27.3 Mutterschutz- und Elternzeitverordnung

Verordnung über den Mutterschutz für Beamtinnen des Bundes und die Elternzeit für Beamtinnen und Beamte des Bundes (Mutterschutz- und Elternzeitverordnung – MuSchEltZV) vom 12. Februar 2009 (BGBl. I S. 320), zuletzt geändert am 18. Dezember 2014 BGBl. I S. 2325)

Die Mutterschutz- und Elternzeitverordnung löst die bisherige Mutterschutzverordnung ab. In 4 Artikeln und 11 Paragraphen werden die besonderen Festlegungen für Beamtinnen während der Schwangerschaft sowie die Zeit danach in enger Anlehnung an die Bestimmungen des Mutterschutzgesetzes sowie der Mutterschutzrichtlinienverordnung (Abschnitt 1) geregelt. Weiterhin gibt es Anpassungen des Bundeselterngeld- und Elternzeitgesetzes (Abschnitt 2).

2.27.4 Mutterschutz für Soldatinnen

Verordnung über den Mutterschutz für Soldatinnen (Mutterschutzverordnung für Soldatinnen – MuSchSoldV) vom 18. November 2004 (BGBl. I S. 2858), zuletzt geändert am 20. August 2013 (BGBl. I S. 3286, 3741)

Inhalt und Zweck des Gesetzes

Das Gesetz dient der Absicherung von Soldatinnen während des Dienstes und orientiert sich am Mutterschutzgesetz.

Es gibt einige Passagen, die von den allgemeinen Bestimmungen des Mutterschutzes etwas abweichen, auch die Ausnahmeregelungen von den Beschäftigungsverboten weichen etwas ab.

2.28 Schwerbehindertengesetz – jetzt Sozialgesetzbuch IX

Gesetz zur Sicherung der Eingliederung Schwerbehinderter in Arbeit, Beruf und Gesellschaft (Schwerbehindertengesetz –SchwbG) in der Fassung vom 19. Juni 2001 (BGBl. I S. 1046, 1047), gültig in Form des Sozialgesetzbuches IX (Rehabilitation und Teilhabe behinderter Menschen), zuletzt geändert am 14. Dezember 2012 (BGBl. I S. 2598)

Inhalt und Zweck des Gesetzes

Mit der Neufassung des Schwerbehindertengesetzes und seinem Inkrafttreten zum 1. Oktober 2000 wurden einige neue Inhalte durch Ergänzungen zahlreicher Paragraphen verwirklicht. So veränderte sich z. B. das System von Beschäftigungspflicht und Ausgleichsabgaben, es wurden die Rechte der Schwerbehinderten deutlich gestärkt. Künftig haben behinderte Menschen einen Anspruch gegenüber der Hauptfürsorgestelle auf Übernahme der Kosten für eine notwendige Arbeitsassistenz und den Anspruch auf Teilzeitbeschäftigung wegen der Behinderung. Der Ausbau der besonderen Verpflichtung der Arbeitgeber zum Abschluss von Integrationsvereinbarungen sowie die Erweiterung der Beteiligungsrechte der Schwerbehindertenvertretungen im Interesse der betrieblichen Integration Schwerbehinderter sind weitere Eckpunkte. Für Arbeitgeber wichtig sind die Neuordnung sowie die Verbesserung der Förderleistungen bei Einstellung und Beschäftigung Schwerbehinderter (siehe Kapitel 10.3).

Bereits ein Jahr nach Bestehen des neuen Gesetzes wurde dieses mit dem neuen Sozialgesetzbuch IX vom 19. Juni 2001 (Rehabilitation und Teilhabe behinderter Menschen) wieder aufgehoben, aber weitgehend in der neuen inhaltlichen Fassung in das SGB IX übernommen.

2.29 Fahrerlaubnisverordnung (FeV)

Verordnung über die Zulassung von Personen zum Straßenverkehr (Fahrerlaubnis-Verordnung – FeV) vom 13. Dezember 2010 (BGBl. I S. 1980), zuletzt geändert am 5. November 2013 (BGBl. I S. 3920) mit Änderung (Nr. 15) vom 16. April 2014 (BGBl. I S. 348)

Anlagen zur Fahrerlaubnisverordnung (Auswahl)

Anlage 4: Eignung und bedingte Eignung zum Führen von Kraftfahrzeugen (zu §§ 11, 13 und 14)

Anlage 5: Eignungsuntersuchungen für Bewerber und Inhaber der Klassen C, C1, D, D1 und der zugehörigen Anhängerklassen E sowie der Fahrerlaubnis zur Fahrgastbeförderung (zu § 11 Abs. 9, § 48 Abs. 4 und 5)

Anlage 6: Anforderungen an das Sehvermögen (zu §§ 12, 48 Abs. 4 und 5)

Inhalt und Zweck der Verordnung

Mit der Fahrerlaubnisverordnung (FeV) wurde ein weiterer Schritt zur Umsetzung der zweiten EU-Führerscheinrichtlinie in nationales Recht erfüllt. Damit löst die FeV einen großen Teil der bisherigen Straßenverkehrszulassungsverordnung (StVZO) ab. Sie regelt auf gesetzlicher Grundlage die Fragen der Zulassung von Personen und wurde um einige wesentliche Punkte erweitert.

Für den Berufsalltag wichtig sind die neuen Bestimmungen zur Fahrerlaubnis auf Probe (§§ 32–39) sowie die verkehrspsychologische Beratung (§ 38).

Besondere Bedeutung im Berufsalltag haben einige Anlagen zur Fahrerlaubnisverordnung erlangt, in denen bestimmte Parameter für die Eignung von Personen festgeschrieben sind (Anlagen 4, 5, 6, 14 und 15).

Die Anlage 6 (Anforderungen an das Sehvermögen) (siehe Kapitel 10.4) wurde völlig neu überarbeitet (18. Dezember 2010) und stellt höhere Anforderungen an die Untersuchungstechniken und natürlich auch an die Probanden.

Zahlreiche Paragraphen wurden erneuert und den aktuellen Erfordernissen angepasst. Sie sollten bei Interesse im Original nachgelesen werden.

Im Berufsalltag gibt es häufig offene Fragen bei der Unterscheidung von Untersuchungen und deren Bewertung zwischen dem G 25 der gewerblichen Berufsgenossenschaften (Fahr-, Steuer- und Überwachungstätigkeiten) (siehe siehe Kapitel 3.2.13) und der Einschätzung nach FeV (z.B. beim Umtausch oder bei der Verlängerung der Gültigkeit einer vorhandenen Fahrerlaubnis).

Leider noch sehr verwirrend ist die Anpassung der bisherigen Fahrerlaubnisklassen an die neue internationale Nomenklatur.

Durch den Wegfall der BGV A 4 im Jahre 2008 sind auch die gesetzlichen Festlegungen für den berufsgenossenschaftlichen Grundsatz G 25 (Fahr-, Steuer- und Überwachungstätigkeiten) (siehe Kapitel 3.2.13) weggefallen.

Es ist daher zwingend notwendig, wenn diese arbeitsmedizinische Vorsorge für das Unternehmen auch weiterhin von Bedeutung ist, detaillierte Festlegungen in einem betrieblichen Vorsorgeplan (Betriebsvereinbarung) zu treffen (siehe Kapitel 4.9).

2.30 Arbeitnehmerüberlassungsgesetz

Gesetz zur Regelung der gewerbsmäßigen Arbeitnehmerüberlassung (Arbeitnehmerüberlassungsgesetz – AÜG) in der Neufassung vom 3. Februar 1995 (BGBl. I S.158), zuletzt geändert am 11. August 2014 (BGBl. I S. 1348)

Inhalt und Zweck des Gesetzes

Der Zweck des Gesetzes besteht darin, alle Rechte und Pflichten zwischen dem Arbeitgeber von Leiharbeitern (Verleiher) und dem Auftraggeber (Entleiher) zu regeln, damit dem Leiharbeitnehmer die gleichen Rechte und Pflichten im Arbeits- und Gesundheitsschutz zukommen wie anderen Arbeitnehmern, er also den übrigen Arbeitnehmern diesbezüglich gleichgestellt wird. Das betrifft sowohl die vertraglichen Regelungen, insbesondere aber auch die Verpflichtungen und Aufgaben im Rahmen des Arbeits- und Gesundheitsschutzes, die dem Arbeitgeber obliegen. Nähere Einzelheiten siehe Kapitel 10.1.

3 Die Berufsgenossenschaften als Träger der gesetzlichen Unfallversicherung

3.1 Struktur der gesetzlichen Unfallversicherung

Die Organisation der Unfallversicherungsträger wird durch die §§ 114–120 SGB VII vorgeschrieben. Danach gibt es folgende Träger der gesetzlichen Unfallversicherung (Unfallversicherungsträger):

- die gewerblichen Berufsgenossenschaften,
- die landwirtschaftlichen Berufsgenossenschaften,
- den Bund als Unfallversicherer,
- die Eisenbahn-Unfallkasse,
- die Unfallkasse Post und Telekom,
- die Unfallkassen der Länder,
- die Gemeindeunfallversicherungsverbände und Unfallkassen der Gemeinden,
- die Feuerwehr-Unfallkassen,
- die gemeinsamen Unfallkassen für den Landes- und kommunalen Bereich.

Sie alle sind Körperschaften des öffentlichen Rechts, die Arbeitnehmer für

- Arbeitsunfälle,
- Wegeunfälle und
- Berufskrankheiten

versichern. Sie kommen aber im Versicherungsfalle auch für weitere Leistungen auf:

- Heilmaßnahmen zur Behandlung von Unfallfolgen
- medizinische, soziale und berufliche Rehabilitation
- Lohnausfall
- Rente
- andere Kosten.

Sehr intensiv arbeiten die Unfallversicherer auch an einem System der Verhinderung von Unfällen und Berufskrankheiten, einem umfangreichen Präventionssystem.

Alle Unternehmen sind verpflichtet, Mitglied eines Unfallversicherungsträgers zu sein. Diese Mitgliedschaft ist zwingend (Zwangsmitgliedschaft). Gegen dieses

Monopol der gewerblichen Berufsgenossenschaften hatten zahlreiche Unternehmen in der Vergangenheit geklagt, da sie Verstöße gegen Rechtsnormen des Binnenmarktes und gegen Wettbewerbsbestimmungen sahen. Letztlich entschied der Europäische Gerichtshof (EuGH) am 5. März 2009, dass das Zuständigkeitsrecht der gewerblichen Berufsgenossenschaften mit dem europäischen Gemeinschaftsrecht vereinbar sei.

Die Beiträge zur gesetzlichen Unfallversicherung zahlt ausschließlich der Arbeitgeber (entgegen der Sozialversicherung und Rentenversicherung, wo sich Arbeitgeber und Arbeitnehmer anteilig die Beiträge teilen).

In der Bundesrepublik Deutschland kann man alle oben genannten Unfallversicherungsträger in drei großen Gruppen von Unfallversicherungsträgern zusammenfassen:

- gewerbliche Berufsgenossenschaften
- landwirtschaftliche Berufsgenossenschaften
- Unfallversicherungsträger der öffentlichen Hand.

Am 26. Juni 2008 beschloss der Deutsche Bundestag das Gesetz zur Modernisierung der Gesetzlichen Unfallversicherung (Unfallversicherungsmodernisierungsgesetz-UVMG), das am 4. November 2008 im Bundesgesetzblatt verkündet wurde (BGBl. I S. 2130-2148) und am 5. November 2008 in Kraft trat. Durch das Unfallversicherungsmodernisierungsgesetz wurde in das Sozialgesetzbuch VII der § 222 Abs. 1 eingefügt, der festlegte, dass die Zahl der gewerblichen Berufsgenossenschaften bis zum 31. Dezember 2009 von 23 auf 9 reduziert werden soll.

Im § 223 SGB VII wurde vorgegeben, dass es bis zum 31. Dezember 2009 pro Land auch bei den Unfallversicherern der öffentlichen Hand nur noch einen landesunmittelbaren Unfallversicherungsträger geben soll (pro Land ein Unfallversicherer der öffentlichen Hand).

Keine Aussagen trifft das Unfallversicherungsmodernisierungsgesetz zu den bisherigen landwirtschaftlichen Berufsgenossenschaften, von denen es bislang noch 10 gab. Ende 2012 haben sich die ehemaligen eigenständigen Landwirtschaftlichen Berufsgenossenschaften mit den früheren landwirtschaftlichen Alterskassen sowie den landwirtschaftlichen Kranken- und Pflegekassen zur neuen „Landwirtschaftlichen Sozialversicherung" (LSV) zusammengeschlossen. Seit dem 1. Januar 2013 werden alle Aufgaben von der neu errichteten Sozialversicherung für Landwirtschaft, Forsten und Gartenbau (SVLFG) (http://www.svlfg.de) als ein Zweig der gesetzlichen Unfallversicherung in Deutschland wahrgenommen.

Ende 2011 waren die Fusionen der gewerblichen Berufsgenossenschaften auf 9 abgeschlossen.

Verzeichnis der gewerblichen Berufsgenossenschaften

Berufsgenossenschaft der Bauwirtschaft (BG BAU) (am 1. Mai 2005 schlossen sich 7 regionale Bau-Berufsgenossenschaften sowie die Tiefbau-BG zu einer einheitlichen Bau-BG zusammen). (http://www.bgbau.de)

Berufsgenossenschaft Energie Textil Elektro Medienerzeugnisse (BG ETEM) (entstanden durch Fusion der BG Energie Textil Elektro und der BG Druck und Papierverarbeitung ab 1. Januar 2010, zuvor wurden integriert die BG Feinmechanik und Elektrotechnik sowie die Textil- und Bekleidungs-BG, die BG der Gas-, Fernwärme- und Wasserwirtschaft). (http://www.bgetem.de)

Verwaltungs-Berufsgenossenschaft (VBG) (Fusion der Verwaltungsberufsgenossenschaft mit der BG der keramischen und Glas-Industrie und der BG Straßen-, U-Bahnen und Eisenbahnen ab 1. Januar 2010) http://www.vbg.de

Berufsgenossenschaft Rohstoffe und Chemische Industrie (BG RCI) (Fusion der BG Bergbau, Chemie, Lederindustrie, Papiermacher, Steinbruch und Zucker zum 1. Januar 2010) (http://www.bgrci.de)

Berufsgenossenschaft für Gesundheitsdienst und Wohlfahrtspflege (BGW) (http://www.bgw-online.de)

Berufsgenossenschaft Nahrungsmittel und Gastgewerbe (entstanden durch Fusion der BG Nahrungsmittel und Gaststätten mit der Fleischerei-BG am 1. Januar 2010) (http://www.bgn.de)

Berufsgenossenschaft für Transport und Verkehrswirtschaft (BG Verkehr) (Fusion der See BG und der BG für Fahrzeughaltungen zum 1. Januar 2010) (http://www.bg-verkehr.de)

Berufsgenossenschaft Handel und Warendistribution (BGHW) (Fusion 1. Januar 2008 von Großhandels- und Lagerei-BG sowie BG des Einzelhandels) (http://www.bghw.de)

Berufsgenossenschaft Holz und Metall (BGHM) (Fusion der Hütten- und Walzwerks-Berufsgenossenschaft, Maschinenbau- und Metall-Berufsgenossenschaft, Berufsgenossenschaft Metall Nord Süd und Holz-BG am 1. Januar 2011) (http://bghm.de)

In Verwaltungen und Betrieben der öffentlichen Hand werden die Versicherten durch die Unfallversicherer der öffentlichen Hand betreut. Darin eingeschlossen sind Unternehmen wie die Deutsche Bahn und die Deutsche Post, die zum früheren, jetzt teilweise privatisierten Sondervermögen des Bundes gehören. Die Unfallversicherer der öffentlichen Hand gliedern sich zurzeit in

16 Unfallkassen und Gemeindeunfallversicherungsverbände,

4 Feuerwehr-Unfallkassen sowie die

Eisenbahn-Unfallkasse,

die Unfallkasse Post und Telekom und die

Unfallkasse des Bundes.

Zum 1. Januar 2015 soll die Fusion der Unfallkasse des Bundes mit der Eisenbahn-Unfallkasse zur neuen **„Unfallversicherung Bund und Bahn"** abgeschlossen sein. Die Unfallkasse Post und Telekom vereinigt sich mit der BG für Telekommunikation zur neuen **„Berufsgenossenschaft Verkehrswirtschaft Post-Logistik-Telekommunikation"** zum 1. Januar 2016.

Somit werden wir in Deutschland ab 2016 nur noch insgesamt 27 Berufsgenossenschaften haben:

9 gewerbliche Berufsgenossenschaften

16 landesunmittelbare Unfallversicherungsträger der öffentlichen Hand

1 bundesunmittelbarer Unfallversicherungsträger der öffentlichen Hand und

1 landwirtschaftliche Berufsgenossenschaft

Im Juni 2007 wurde durch Zusammenschluss des Bundesverbandes der Unfallkassen (BUK) in München und des Hauptverbandes der gewerblichen Berufsgenossenschaften (HVBG) in Sankt Augustin der

„Spitzenverband Deutsche Gesetzliche Unfallversicherung – DGUV"

mit Sitz in Berlin gegründet.

Dieser Verband nimmt die Interessen seiner Mitglieder wahr und fördert deren Aufgaben zum Wohl der Versicherten und Unternehmen. Der neue Verband hat seinen Sitz in Berlin sowie weitere Geschäftsstellen in Sankt Augustin und München. Im Internet ist der Verband unter www.dguv.de zu erreichen.

3.2 Das Vorschriften- und Regelwerk der Unfallversicherungsträger

3.2.1 Berufsgenossenschaftliche Vorschriften (früher Vorschriften der Berufsgenossenschaften = Unfallverhütungsvorschriften)

Grundlage der Arbeit der Berufsgenossenschaften bildet das Sozialgesetzbuch VII (Gesetzliche Unfallversicherung) (siehe Kapitel 2.3). Aufgrund des § 15 SGB VII (früher § 701 der RVO – Reichsversicherungsordnung) erlassen die Berufsgenossenschaften Vorschriften, die für die versicherten Unternehmen (Arbeitgeber) rechtsverbindlich sind und dem Schutz der Arbeitnehmer gegenüber Gefahren für Leben und Gesundheit aus beruflicher Tätigkeit dienen. Diese Unfallverhütungsvorschriften (UVV), jetzt Berufsgenossenschaftliche Vorschriften (BGV), dienen zusammen mit ihren Durchführungsanweisungen dem Unternehmer (Arbeitgeber) als Richtschnur zum Handeln.

Die Durchführungsanweisungen zu den Unfallverhütungsvorschriften (BGV) ergänzen beispielhaft konkrete Hinweise, wie die in den UVV formulierten Schutzziele zu erreichen sind. Darüber hinaus erläutern die Durchführungsanweisungen die Vorschriften des Normtextes und geben Hinweise auf eventuell anzuwendende technische Regeln.

Die Unfallverhütungsvorschriften werden bei den gewerblichen Berufsgenossenschaften von Fachausschüssen und bei den Unfallversicherungsträgern der öffentlichen Hand von Fachgruppen erarbeitet.

In der Regel erstellen die Fachgremien Musterentwürfe der Unfallverhütungsvorschriften, die anschließend dem Bundesministerium für Arbeit und Sozialordnung zur Genehmigung vorgelegt werden. Nach Prüfung und Abstimmung mit den Ländern erteilt das Ministerium einen so genannten Genehmigungsvorbescheid, der an die Unfallversicherungsträger zurückgeht. Die Vertreterversammlungen beschließen die für die erforderlichen UVV notwendigen Zustimmungen oder Änderungen und reichen diese zur endgültigen Genehmigung an das Ministerium wieder ein. Erfolgt jetzt die Genehmigung, kann die UVV (BGV) öffentlich bekannt gegeben werden und ist sowohl vom Unternehmer als auch vom Versicherten durchzuführen und zu beachten. Sie erhält für die versicherten Unternehmen damit **Gesetzeskraft (autonomes Recht der Unfallversicherungsträger)**.

Obwohl die berufsgenossenschaftlichen Vorschriften in den wesentlichen Teilen identisch sind, gibt es aber leider dennoch Unterschiede für jede einzelne Berufsgenossenschaft. Jeder Arbeitgeber sollte sich deshalb die *für seine BG gültigen Vorschriften* besorgen bzw. über den Technischen Aufsichtsbeamten, der ihn ohnehin regelmäßig besucht, informieren. Auch die Betriebsärzte sowie die Fachkraft für Arbeitssicherheit bzw. Sicherheitsingenieure können hier die entsprechende Hilfe geben.

Die Zahl der UVV (jetzt BGV) ist kaum mehr überschaubar. Jede BG, und davon gibt es auch wieder zahlreiche (siehe oben), hat ihre eigenen Vorschriften herausgegeben. Dies ist teilweise auch verständlich, weil jede BG eine unterschiedliche Klientel an Unternehmen mit unterschiedlicher Aufgabenstellung betreut.

3.2.2 Das berufsgenossenschaftliche Regelwerk

Seit längerer Zeit gibt es nun Bestrebungen, in den Dschungel staatlicher und berufsgenossenschaftlicher Vorschriften mehr Transparenz zu bringen, um somit eine bessere Übersicht zu haben, auch Doppelregelungen von Seiten des Staates sowie der Berufsgenossenschaften zu vermeiden.

Durch das Gesetz zur Modernisierung der gesetzlichen Unfallversicherung (Unfallversicherungsmodernisierungsgesetz – UVMG) vom 30. Oktober 2008 (BGBl. I S. 2130) sind sehr viele Vereinfachungen von bisher sehr unübersichtlichen Regeln (BGV, BGR, BGI, BGG) erfolgt.

Die Deutsche Gesetzliche Unfallversicherung e.V. (DGUV) hat ein BGVR-Verzeichnis „Berufsgenossenschaftliche Vorschriften und Regeln für Sicherheit und Gesundheit bei der Arbeit" herausgegeben, das in Broschürenform beim Carl Heymanns Verlag Köln verlegt wurde und über die Berufsgenossenschaft abrufbar ist.

Darin befindet sich eine Gesamtübersicht aller momentan gültigen Vorschriften.

Im Internet kann man in der Online-Bibliothek unter www.arbeitssicherheit.de/de/html/bgvr-verzeichnis diese auch als pdf-Datei herunterladen (74 Seiten). Auf 28 Seiten findet man hier ein sehr ausführliches Stichwortverzeichnis, aus dem man sich die gewünschte und gesuchte Vorschrift auswählt und sich dann entsprechend der Bestell-Nr. bestellen kann.

Nachdem die Fusionen der Berufsgenossenschaften sowie der Unfallkassen abgeschlossen sind, hat die Deutsche Gesetzliche Unfallversicherung (DGUV) ab 1. Mai 2014 begonnen, das gesamte Regelwerk umzustellen und die bisherige Trennung zwischen berufsgenossenschaftlichen Vorschriften (BGV) und denen der Unfallkassen (GUV-V) durch eine einheitliche Nomenklatur aufzuheben. Damit wird die Handhabung der Schriften wesentlich vereinfacht.

Künftig wird es die berufsgenossenschaftlichen Dokumente nur noch in den nachfolgenden 4 Kategorien geben:

DGUV Vorschriften	Numerierung von 1-99
DGUV Regeln	Numerierung von 100-199
DGUV Informationen	Numerierung von 200-299
DGUV Grundsätze	Numerierung von 300 aufwärts

Teilweise übersteigen bei der Numerierung derzeitig die Anzahl der jeweiligen Dokumente die Zahl 100, so dass künftig eine zusätzliche Zahl benötigt wird, zum Beispiel 100-xx, wenn nicht mehrere Dokumente zusammengefasst werden sollten.

Es ist jetzt schon möglich, sich unter www.dguv.de/publikationen (Transferliste) eine Übersicht zu verschaffen und hier auch bereits verfügbare Schriften zu bestellen, um sie gegen bisherige auszutauschen.

Es wird aber sicher 3-5 Jahre dauern, bis alle Unfallverhütungsvorschriften, Regeln, Informationen und Grundsätze in der neuen Form vorliegen. Bis dahin gelten die bisherigen weiter und sollten schrittweise ausgetauscht werden, wenn neue Dokumente vorliegen.

> **Aus diesem Grunde wird nachfolgend noch das bisherige Regelwerk beschrieben und durch die bereits bekannten neuen Bezeichnungen ergänzt.**
>
> **Es ist sicher nicht auszuschließen, dass durch die dann zweimalige Umstellung innerhalb kleiner Zeiträume Verwirrungen nicht vermeidbar sein werden.**

Folgende Begriffe sind zur Zeit noch parallel zu beachten:

- BGV = DGUV Vorschriften für Sicherheit und Gesundheit bei der Arbeit (vorher UVV-VBG)
- BGR = DGUV Regeln für Sicherheit und Gesundheit bei der Arbeit (vorher ZH 1)
- BGI = DGUV Informationen (vorher ZH 1)
- BGG = DGUV Grundsätze (vorher ZH 1)

Der Bundesverband der Unfallkassen (BUK) hat sich der Nomenklatur des Hauptverbandes der gewerblichen Berufsgenossenschaften (HVBG) angeschlossen und im Frühjahr 2002 beschlossen, dass ab 1. Oktober 2002 die Nummerierung des Regelwerkes dem der HVBG angeglichen werden soll.

Um eine eigene Identität zu bewahren, sind die Buchstaben GUV (Gemeinde-unfallversicherungsverband) bislang erhalten geblieben und wurden jeweils durch einen Zusatzbuchstaben kenntlich gemacht, um welchen Charakter der Vorschrift es sich handelt.

Diese Trennung wird künftig (seit dem 1. April 2014) aufgehoben, da sich die gewerblichen Berufsgenossenschaften und die Unfallkassen zur Deutschen Gesetzlichen Unfallversicherung (DGUV) zusammengeschlossen haben.

Nachfolgend noch die bisherigen Nomenklaturen:.

Inhalte	Gewerbliche Berufsgenossenschaften	Unfallkassen
Unfallverhütungsvorschriften	BGV	GUV-V
Regeln für Sicherheit und Gesundheitsschutz	BGR	GUV-R
Informationen	BGI	GUV-I
Grundsätze	BGG	GUV-G

3.2.2.1 Berufsgenossenschaftliche Vorschriften (DGUV Vorschriften – früher BGV)

Die BG Vorschriften benennen Schutzziele sowie branchen- und verfahrensspezifische Forderungen an den Arbeits- und Gesundheitsschutz und haben die höchste Rechtsqualität. Sie sind **autonomes Satzungsrecht**, das heißt, sie sind für die jeweiligen Mitgliedsbetriebe innerhalb ihrer Berufsgenossenschaft rechtsverbindlich.

Um die Sache etwas überschaubarer zu machen, wurde die bisherige durchgehende Nummerierung verlassen und in 4 neue Kategorien von BGV eingeteilt, die nach BGV A (Ziffer) bis BGV D (Ziffer) geordnet wurden:

- Allgemeine Vorschriften/Betriebliche Arbeitsschutzorganisation   BGV A
- Einwirkungen   BGV B
- Betriebsart/Tätigkeiten   BGV C
- Arbeitsplatz/Arbeitsverfahren   BGV D

Die Nummerierung ist so gewählt, dass alle BG-Vorschriften die gleichen Ziffern verwenden, wenngleich auch zum Teil inhaltliche Unterschiede bestehen. Zur besseren Übersicht erhalten die berufsgenossenschaftlichen Regeln (BGR) als anerkannte Regeln für Sicherheit und Gesundheit bei der Arbeit die gleiche Ziffer (so gehört z.B. jetzt zur BGV D36 auch die BGR D36 – Leitern und Tritte).

Da noch viele Vorschriften mit alter und auch bereits zahlreiche mit neuer Bezeichnung parallel existieren, nennt die nachfolgende Übersicht eine Auswahl wichtiger Vorschriften mit beiden Bezeichnungen nebeneinander.

Um die Übergangzeit zwischen verschiedenen Nomenklaturen besser überbrücken zu können, werden alle bisherigen und teilweise noch gültigen Bezeichnungen neben den neuen DGUV-Schriften parallel verwendet. Daneben sind viele bisherige Vorschriften bereits aufgehoben, in andere integriert oder durch neue ersetzt worden.

Es muss noch einmal betont werden, dass es im Moment relativ schwierig ist, sich in dem Wirrwarr von unterschiedlichen Bezeichnungen der gleichen Sache zurechtzufinden.

Deshalb nochmals der Appell:
Sobald die neuen DGUV-Schriften abrufbar sind, sollten sie unbedingt ersetzt werden.

Bei allen Schriften (Vorschriften, Regeln, Informationen und Grundsätzen) wird stets die Bezeichnung „DGUV Vorschrift..., DGUV Regel..., DGUV Information... und DGUV Grundsatz..." vorangesetzt.

Tab. 3.1: Vergleich von alten und neuen Vorschriften (BGV, VBG, DGUV) (Auswahl)

BGV-Nr.	VBG-Nr.	DGUV-Nr.	Titel der Schriften
BGV A1	VBG 001	Vorschrift 1	Grundsätze der Prävention
(BGV A2)	VBG 122/123	Vorschrift 2 der jeweiligen Berufsgenossenschaft	Betriebsärzte und Fachkräfte für Arbeitssicherheit (aufgehoben seit 2011, durch die DGUV Vorschrift 2 ersetzt
BGV A3	VBG 004	Vorschrift 3	Elektrische Anlagen und Betriebsmittel (seit 1. Januar 2005)
(BGV A4)	VBG 100	–	Seit 2008 (18. Dezember) nicht mehr gültig, wurde durch die ArbMedVV abgelöst
(BGV A5)	VBG 109	–	Erste Hilfe (ab 1. Januar 2004 durch BGV A1 abgelöst)
(BGV A6)	VBG 122	Vorschrift 2	Fachkräfte für Arbeitssicherheit (ab 2005 in BGV A2 umgewandelt, ab 2011 DGUV Vorschrift 2)
(BGV A7)	VBG 123	Vorschrift 2	Betriebsärzte (ab 2005 in BGV A2 umgewandelt, ab 2011 DGUV Vorschrift 2)
BGV A8	VBG 125	Vorschrift 9	Sicherheits- und Gesundheitskennzeichnung am Arbeitsplatz, wird schrittweise durch die GHS-Verordnung bis 2015 abgelöst
GUV-V A8	–	Vorschrift 10	Sicherheits- und Gesundheitskennzeichnung am Arbeitsplatz, wird schrittweise durch die GHS-Verordnung bis 2015 abgelöst

BGV-Nr.	VBG-Nr.	DGUV-Nr.	Titel der Schriften
(BGV B3)	VBG 121	–	Lärm (ungültig, durch Lärm- und Vibrationsschutzverordnung ersetzt)
(BGV B6)	VBG 61	–	Gase (aufgehoben, inhaltlich aufgenommen in BGR 500 Kapitel 2.33)
(BGV B7)	VBG 62	–	Sauerstoff (aufgehoben, inhaltlich in BGR 500 Kapitel 2.32 übernommen)
BGV B11	VBG 25	Vorschrift 15	Elektromagnetische Felder
GUV-V B11	–	Vorschrift 15	Elektromagnetische Felder
(BGV C4)	VBG 102	–	Biotechnologie (aufgehoben siehe § 5 BGV B12)
BGV C7	VBG 68	Vorschrift 23	Wach- und Sicherheitsdienste
GUV-V C7	–	Vorschrift 23	Wach und Sicherheitsdienste
(BGV C8)	VBG 103	–	Gesundheitsdienst (seit 2004 ungültig)
BGV C9	VBG 120	Vorschrift 25	Kassen
GUV-V C9	–	Vorschrift 26	Kassen
BGV C17	VBG 29	Vorschrift 33	Stahlwerke
BGV C22	VBG 37	Vorschrift 38	Bauarbeiten
GUV-V C22	–	Vorschrift 39	Bauarbeiten
BGV C27	VBG 126	Vorschrift 43	Müllbeseitigung
GUV-V C27	–	Vorschrift 44	Müllbeseitigung
BGV C28	VBG 34	Vorschrift 45	Schiffbau
GUV-V C28	–	Vorschrift 46	Schiffbau
(BGV D1)	VBG 15	–	Schweißen, Schneiden und verwandte Verfahren (seit 1. Januar 2005 außer Kraft)
BGV D6	VBG 9	Vorschrift 52	Krane
GUV-V D6	–	Vorschrift 53	Krane
BGV D29	VBG 12	Vorschrift 70	Fahrzeuge
GUV-V D29	–	Vorschrift 71	Fahrzeuge

3.2.2.2 Berufsgenossenschaftliche Regeln (DGUV Regeln – früher BGR)

DGUV Regeln richten sich in erster Linie an den Unternehmer und sollen ihm Hilfestellungen bei der Umsetzung seiner Pflichten aus staatlichen Arbeitsschutzvorschriften und/oder DGUV Vorschriften geben. Sie zeigen ihm Wege auf, wie Arbeitsunfälle, Berufskrankheiten und arbeitsbedingte Gesundheitsschäden vermieden werden können.

DGUV Regeln dienen der Konkretisierung und Erläuterung von DGUV Vorschriften und staatlichen Arbeitsschutzvorschriften. Sie enthalten selbst keine neuen Anforderungen, sondern vor allem diejenigen Dinge, die früher in Durchführungsanweisungen aufgenommen wurden sowie zusätzliches berufsgenossenschaftliches Erfahrungsgut, wie z.b. Lösungsansätze, Erläuterungen, Bezüge zu staatlichen Vorschriften, Technische Regeln und Normen. DGUV Regeln sind somit allgemein anerkannte Regeln für Sicherheit und Gesundheitsschutz.

Bei Beachtung der in den DGUV Regeln enthaltenen Empfehlungen kann der Unternehmer davon ausgehen, dass er die in den DGUV Vorschriften geforderten Schutzziele erreicht. Er kann natürlich auch andere Lösungen anwenden, wenn die Sicherheit und der Gesundheitsschutz in gleicher Weise gewährleistet werden können. Sollte es aber für die Konkretisierung staatlicher Arbeitsschutzmaßnahmen Technische Regeln geben, sind diese vorrangig zu beachten.

> **Da in zahlreichen Unternehmen noch ZH1-Schriften vorhanden sind, sollten diese durch die derzeitigen DGUV Regeln und DGUV Informationen ausgetauscht werden. Da auch noch Schriften BGR und BGI existieren, werden einige Schriften als Beispiele gegenübergestellt.**

Tab. 3.2: Gegenüberstellung von ZH1-Schriften, BGR-Schriften und den neuen DGUV Regeln

BGR-Nr.	ZH 1-Nr.	DGUV Regel	Inhalt
BGR A1	–	Regel 100-001	Grundlagen der Prävention
GUV-R A1	–	Regel 100-002	Grundlagen der Prävention
BGR B11	ZH 1/257	Regel 103-013	Elektromagnetische Felder
GUV-R B11	–	Regel 103-014	Elektromagnetische Felder
BGR 110	ZH 1/36	Regel 110-001	Gaststätten
BGR 111	ZH 1/37	Regel 110-002	Arbeiten in Küchenbetrieben
GUV-R 111	–	Regel 110-003	Arbeiten in Küchenbetrieben
BGR 120	ZH 1/119	–	Laboratorien (fortgeschrieben als TRGS 526)
BGR 127	ZH 1/178	Regel 114-004	Deponien
GUV-R 127	–	Regel 114-005	Deponien
BGR 202	ZH 1/225	Regel 108-005	Verkaufsstellen

3.2.2.3 Berufsgenossenschaftliche Informationen (DGUV Informationen – früher BGI)

In dieser Ebene werden bestimmte spezielle Veröffentlichungen für bestimmte Branchen, Tätigkeiten, Arbeitsmittel, Zielgruppen etc. zusammengefasst. Während die Schriften der ersten beiden Ebenen von berufsgenossenschaftlichen Fachausschüssen erarbeitet werden, sind für die BG-Informationen die Einzelberufsgenossenschaften zuständig.

Tab. 3.3: *Gegenüberstellung von ZH1-Schriften, BGI-Schriften und den neuen DGUV Informationen*

BGI-Nr.	ZH 1-Nr.	DGUV Information	Inhalt
BGI 504	ZH 1/600	Information 250-401	Handlungsanleitung für die arbeitsmedizinische Vorsorge
BGI 506	ZH 1/1	Keine neue Nummer	Die gesetzliche Unfallversicherung
BGI 508	ZH 1/5.2	Information 211-001	Übertragung von Unternehmerpflichten
BGI 509	ZH 1/142	Information 204-022	Erste Hilfe im Betrieb
BGI 522	ZH 1/24.2	zurückgezogen	Gefahrstoffe
BGI 650	ZH 1/418	Information 215-410	Bildschirm- und Büroarbeitsplätze-Leitfaden für die Gestaltung

3.2.2.4 Berufsgenossenschaftliche Grundsätze (DGUV Grundsätze – früher BGG)

Nicht zu den BG-Regeln oder BG-Informationen gehören die Grundsätze für die Prüfung von technischen Arbeitsmitteln oder die arbeitsmedizinischen Grundsätze, wie sie bei der arbeitsmedizinischen Vorsorge Anwendung finden (siehe Kapitel 4.9). Sie werden später noch ausführlich dargestellt.

3.2.3 DGUV Vorschrift 1 (früher BGV A1/GUV-V A1) Grundsätze der Prävention und DGUV Regel 100-001 (früher BGR A1)

Am 1. Oktober 2014 (bei einigen Berufsgenossenschaften – z.B. BGHW – bereits zum 1. August 2014) trat die neue Unfallverhütungsvorschrift „Grundsätze der Prävention" in Kraft. Damit ist die bisherige BGV A1/GUV-V A1 außer Kraft gesetzt.

Der Hauptgrund dieser Neuregelung war neben der Vereinheitlichung aller berufsgenossenschaftlichen Materialien auch die Zusammenführung bisher noch unterschiedlicher Dokumente von gewerblichen Berufsgenossenschaften sowie den Unfallversicherungträgern der öffentlichen Hand.

Mit gleichem Datum erfolgt der Wechsel von der alten BGR A1 zur neuen Regel DGUV Regel 100-001, in der ergänzende Erläuterungen zur Vorschrift 1 zu finden sind.

Die Vorschrift 1 führt Arbeitsschutzvorschriften und berufsgenossenschaftliches Satzungsrecht aller Berufsgenossenschaften in einem einzelnen Regelwerk zusammen. Somit ist diese Vorschrift für alle am Arbeits- und Gesundheitsschutz beteiligten Personen eine der **wichtigsten Vorschriften**. Sie beschreibt die allgemeinen Pflichten für

Unternehmer und Versicherte gleichermaßen und nennt eine Reihe von Regelungen, die bisher in anderen Unfallverhütungsvorschriften zu finden waren. Durch Zusammenführung von bisherigen Einzelvorschriften sowie den Wegfall von Detailvorschriften wird somit die Eigenverantwortung des Unternehmers für den betrieblichen Arbeitsschutz gestärkt. Die seit Oktober 2014 geltende Verordnung ist ein deutlicher Beitrag zum Bürokratieabbau bei der gesetzlichen Unfallversicherung.

Ohne zunächst auf Einzelheiten einzugehen, gibt die nachfolgende Aufstellung den Inhalt der Unfallverhütungsvorschrift „DGUV Vorschrift 1: Grundsätze der Prävention" (früher BGV A1/GUV-V A1) wieder.

Erstes Kapitel – Allgemeine Vorschriften
– Geltungsbereich von Unfallverhütungsvorschriften (§ 1)

Zweites Kapitel – Pflichten des Unternehmers
– Grundpflichten des Unternehmers (§ 2)
– Beurteilung der Arbeitsbedingungen, Dokumentation, Auskunftspflichten (§ 3)
– Unterweisung der Versicherten (§ 4)
– Vergabe von Aufträgen (§ 5)
– Zusammenarbeit mehrerer Unternehmer (§ 6)
– Befähigung für Tätigkeiten (§ 7)
– Gefährliche Arbeiten (§ 8)
– Zutritts- und Aufenthaltsverbote (§ 9)
– Besichtigung des Unternehmens, Erlass einer Anordnung, Auskunftspflicht (§ 10)
– Maßnahmen bei Mängeln (§ 11)
– Zugang zu Vorschriften und Regeln (§ 12)
– Pflichtenübertragung (§ 13)
– Ausnahmen (§ 14)

Zweiter Abschnitt – Maßnahmen bei besonderen Gefahren
– Allgemeine Pflichten des Unternehmers (§ 21)
– Notfallmaßnahmen (§ 22)
– Maßnahmen gegen Einflüsse des Wettergeschehens (§ 23)

Dritter Abschnitt – Erste Hilfe
– Allgemeine Pflichten des Unternehmers (§ 24)
– Erforderliche Einrichtungen und Sachmittel (§ 25)
– Zahl und Ausbildung der Ersthelfer (§ 26)
– Zahl und Ausbildung der Betriebssanitäter (§ 27)
– Unterstützungspflichten der Versicherten (§ 28)

Drittes Kapitel – Pflichten der Versicherten
– Allgemeine Unterstützungspflichten und Verhalten (§ 15)
– Besondere Unterstützungspflichten (§ 16)
– Benutzung von Einrichtungen, Arbeitsmitteln und Arbeitsstoffen (§ 17)
– Zutritts- und Aufenthaltsverbote (§ 18)

Viertes Kapitel – Organisation des betrieblichen Arbeitsschutzes

Erster Abschnitt – Sicherheitstechnische und betriebsärztliche Betreuung, Sicherheitsbeauftragte
– Bestellung von Fachkräften für Arbeitssicherheit und Betriebsärzten (§ 19)
– Bestellung und Aufgaben von Sicherheitsbeauftragten (§ 20)

Vierter Abschnitt – Persönliche Schutzausrüstungen
– Bereitstellung (§ 29)
– Benutzung (§ 30)
– Besondere Unterweisungen (§ 31)

Fünftes Kapitel – Ordnungswidrigkeiten
– Ordnungswidrigkeiten (§ 32)

Sechstes Kapitel – Aufhebung von Unfallverhütungsvorschriften
– Aufhebung von Unfallverhütungsvorschriften (§ 33)

Siebtes Kapitel – Inkrafttreten
– Inkrafttreten (§ 34)

Anlagen:

Anlage 1 –
zu § 2 Abs. 1   Staatliche Arbeitsschutzvorschriften

Anlage 2 –
zu § 26 Abs. 2 Voraussetzungen für die Ermächtigung als Stelle für die Aus- und Fortbildung in
der Ersten Hilfe

Nachfolgend soll auf einige Besonderheiten, Schwerpunkte und Änderungen der DGUV Vorschrift 1 hingewiesen werden. Dies kann aber nicht das Studium der gesamten Vorschrift ersetzen. Jeweilige Erläuterungen und Fallbeispiele findet man in der DGUV Regel 100-001 als Ergänzung zur DGUV Vorschrift 1 „Grundlagen der Prävention". Beide Dokumente sollten in jedem Unternehmen vorhanden sein. Sie werden kostenlos von der jeweiligen Berufsgenossenschaft zur Verfügung gestellt

3.2.3.1   Geltungsbereich

Der § 1 legt eindeutig fest, dass sowohl die Unternehmer als auch die Versicherten Adressaten dieser berufsgenossenschaftlichen Unfallverhütungsvorschrift sind. Es sind Inhalte des § 16 SGB VII (Sozialgesetzbuch VII) eingebunden, um ausländische Unternehmen und Beschäftigte in den Geltungsbereich der Unfallverhütungsvorschrift aufzunehmen.

3.2.3.2   Pflichten des Unternehmers

Im § 2, dem Kernelement der Grundlagenvorschrift, sind die Pflichten des Unternehmers, also des Arbeitgebers, konkret formuliert. Insbesondere wird auf die Pflichten aus staatlichen Arbeitsschutzvorschriften hingewiesen.

Wichtig für den Arbeitgeber ist der Hinweis in Absatz 4 des § 2, dass er keine sicherheitswidrigen Anweisungen erteilen darf, gleichermaßen wird der Arbeitnehmer im § 15 angehalten, evtl. sicherheitswidrige Anweisungen nicht befolgen zu müssen.

3.2.3.3   Gefährdungsbeurteilung

Die Wichtigkeit der Erarbeitung von Gefährdungsbeurteilungen sowie die sich daraus ergebenden Maßnahmen sind in § 3 konkretisiert und stehen nun im Einklang mit Regelungen des Arbeitsschutzgesetzes. Die Pflicht zur Unterweisung der Versicherten wurde durch die Pflicht zur Dokumentation dieser Unterweisung (§ 4) erneut festgeschrieben.

Breiter Raum wird in der DGUV Regel 100-001 der Gefährdungsbeurteilung gewidmet, um deren Wichtigkeit nochmals zu unterstreichen und schafft eine Querverbindung zur Betriebssicherheitsverordnung hinsichtlich Art, Umfang und Fristen erforderlicher Prüfungen an Arbeitsmitteln und Einrichtungen.

3.2.3.4 Kooperation mehrerer Unternehmen

Frühere Schwachstellen sind durch die §§ 5 und 6 beseitigt. Sind mehrere Unternehmen an einer gemeinsamen Aufgabe beteiligt oder arbeiten Versicherte eines Unternehmers im Betrieb seines Partners, müssen sich beide Unternehmen gegenseitig bei der Gefährdungsabschätzung unterstützen und bei Gefährdungsbeurteilungen kooperieren. Es wird die Zusammenarbeit auf der Grundlage des § 8 des Arbeitsschutzgesetzes besonders unterstrichen.

3.2.3.5 Befähigung für Tätigkeiten

Die Sorgfaltspflicht des Unternehmers, sich davon zu überzeugen, dass Versicherte auch in der Lage sind, die angeordnete Tätigkeit ohne Gefahren für sich oder andere Personen ausüben zu können, erhält mit dem neuen § 7 eine deutliche Aufwertung. War der bisherige § 38 der BGV A1 nur auf Alkohol oder andere berauschende Mittel beschränkt, erfährt er jetzt eine deutliche Ausweitung. Die zwar allgemein gehaltene Formulierung des Abs. 2 *„Der Unternehmer darf Versicherte, die erkennbar nicht in der Lage sind, eine Arbeit ohne Gefahr für sich und andere auszuführen, mit dieser Arbeit nicht beschäftigen"* beinhaltet aber alle Zustände, die dazu führen können, dass eine Arbeit zur Gefährdung werden kann. Es ist also ohne Belang, welche Ursachen vorliegen, es gilt ausschließlich das Schutzziel – keine Gefährdung. Das gleiche Ziel der Vermeidung von Gefährdung verfolgt der § 8, der aber auf Detailregelungen wie bisher verzichtet.

3.2.3.6 Bekanntmachung von Arbeitsschutzvorschriften

Der bisherige § 7 Abs. 1 verlangte vom Unternehmer, dass er bestimmte Arbeitsschutzvorschriften „auszulegen" oder „auszuhängen" hat. Modernen Methoden der Informationstechnik Rechnung tragend, können die entsprechenden Texte auch in einer anderen Form „zugänglich gemacht werden" (§ 12).

3.2.3.7 Pflichten der Versicherten

Die Verpflichtung zur Eigen- und Fremdvorsorge des Versicherten bildet einen Schwerpunkt der DGUV Vorschrift 1. Der Versicherte hat für seine eigene und für die Sicherheit und Gesundheit von Personen zu sorgen, die von seinem Handeln oder Unterlassen betroffen sein könnten.

Der § 15 Abs. 2 verweist eindrücklich noch einmal darauf, dass Versicherte sich durch den Konsum von Alkohol, Drogen oder anderen berauschenden Mitteln nicht in einen Zustand versetzen dürfen, durch den sie sich selbst oder andere gefährden können. Es muss darauf hingewiesen werden, dass diese Vorgaben nicht nur für Arbeitsunfälle gelten, sondern auch bei Wegeunfällen wirksam werden.

Gleiches gilt auch für die Einnahme von Medikamenten (§ 15 Abs. 3).

3.2.3.8 Bestellung von Fachkräften für Arbeitssicherheit, Betriebsärzten und Sicherheitsbeauftragten

Auf die Pflicht zur Bestellung von Betriebsärzten und Fachkräften für Arbeitssicherheit auf der Grundlage des Arbeitssicherheitsgesetzes verweist der § 19, gleichzeitig auch auf die Förderung der Zusammenarbeit zwischen Unternehmer, Betriebsarzt und Fachkraft für Arbeitssicherheit.

Die Bestellung sowie die Aufgaben von Sicherheitsbeauftragten (§ 20) haben einen neuen Inhalt bekommen.

Ausgangspunkt ist nach wie vor, dass in Unternehmen mit mehr als 20 Beschäftigten Sicherheitsbeauftragte bestellt werden müssen. Bisher wurden die inhaltlichen Vorgaben an der Betriebsgröße und der Branche festgemacht. Die neue Vorschrift beschränkt sich auf die Formulierung von fünf Kriterien, die bei der Bestellung von Sicherheitsbeauftragten zu erfüllen sind und trägt damit den konkreten Erfordernissen des jeweiligen Unternehmens Rechnung.

Kriterien für die Anzahl der Sicherheitsbeauftragten sind:

1. Im Unternehmen bestehende Unfall- und Gesundheitsgefahren (Gefährdungsbeurteilungen),

2. Räumliche Nähe der zuständigen Sicherheitsbeauftragten zu den Beschäftigten,

3. Zeitliche Nähe der zuständigen Sicherheitsbeauftragten zu den Beschäftigten,

4. Fachliche Nähe der zuständigen Sicherheitsbeauftragten zu den Beschäftigten,

5. Anzahl der Beschäftigten

Auf dieser Grundlage hat jeder Arbeitgeber zu prüfen, welche und wie viel Sicherheitsbeauftragte für sein Unternehmen notwendig sind.

3.2.3.9 Organisation der „Ersten Hilfe" im Betrieb

Mit den §§ 24 bis 28 der DGUV Vorschrift 1 werden wichtige Anforderungen an den Unternehmer gestellt, damit die Erste Hilfe und die Rettung aus Gefahr im Unternehmen jederzeit gesichert ist. Dazu gehört neben den erforderlichen Einrichtungen und Sachmitteln auch das erforderliche Personal.

Es müssen in geeigneter Form Aushänge vorhanden sein, aus denen rasch Hinweise zur Ersten Hilfe, Notruf und Rettungseinrichtungen, das entsprechende Erste-Hilfe-Personal sowie anzufahrende Krankenhäuser zu entnehmen sind.

Wichtig ist auch, dass die Erste-Hilfe-Maßnahmen zu dokumentieren sind und fünf Jahre verfügbar gehalten werden.

Ferner hat er dafür zu sorgen, dass nach einem Unfall sofort Erste Hilfe geleistet werden kann und die notwendige ärztliche Versorgung veranlasst wird. Wichtig sind auch die Festlegungen, wer nach erfolgter Hilfeleistung die verbrauchten Materialien wieder ergänzt bzw. eine Kontrolle der Rettungsmittel in festgelegten Zeitabschnitten vornimmt (§ 25).

Sanitätsräume oder vergleichbare Einrichtungen (§ 25) müssen vorhanden sein:

- in einer Betriebsstätte mit mehr als 1000 dort beschäftigten Versicherten
- in einer Betriebsstätte mit 1000 oder weniger, aber mehr als 100 dort beschäftigten Versicherten, wenn ihre Art und das Unfallgeschehen nach Art, Schwere und Zahl der Unfälle einen gesonderten Raum für Erste Hilfe erfordern,
- auf einer Baustelle mit mehr als 50 dort beschäftigten Versicherten

In Kindertageseinrichtungen, allgemeinbildenden und berufsbildenden Schulen sowie Hochschulen hat der Unternehmer geeignete Liegemöglichkeiten oder geeignete Räume mit Liegemöglichkeit zur Erstversorgung von Verletzten in der erforderlichen Zahl vorzuhalten.

Einzelheiten zur Ausstattung solcher Sanitätsräume oder Sanitätscontainer sind in der Technischen Regel für Arbeitsstätten (ASR A4.3 vom Dezember 2010) „Erste-Hilfe-Räume, Mittel und Einrichtungen zur Ersten Hilfe" aufgeführt.

Für jeden Versicherten muss der Zugang zum Erste-Hilfe-Material (Verbandkasten) jederzeit möglich und leicht erreichbar sein. Das Material ist in ausreichender Menge bereitzuhalten, muss ständig ergänzt bzw. erneuert werden und gegen schädliche Einflüsse geschützt werden.

In der Regel gibt es einen

- Großen Verbandkasten (nach DIN 13 169 „Verbandkasten E") sowie einen
- kleinen Verbandkasten (nach DIN 13 157 „Verbandkasten C").

Welcher Verbandkasten und welche Menge an Verbandkästen und Material für welche Betriebsart entsprechend der Anzahl der Versicherten vorzuhalten ist, wird mit der Durchführungsanweisung zu § 5 geregelt. Die Tabelle 2 der ASR A4.3 listet im Detail den notwendigen Inhalt der Verbandkästen auf.

Der § 26 regelt etwas genauer die Zahl der Ersthelfer, da der Unternehmer die Verpflichtung hat, Ersthelfer für die Erste-Hilfe-Leistung in einer entsprechenden Anzahl zu benennen und entsprechend auszubilden bzw. ausbilden zu lassen:

- bei 2 bis zu 20 anwesenden Versicherten ein Ersthelfer,
- bei mehr als 20 anwesenden Versicherten 5 % in Verwaltungs- und Handelsbetrieben, 10 % in sonstigen Betrieben.
- in Kindertageseinrichtungen ein Ersthelfer je Kindergruppe
- in Hochschulen 10 % der Versicherten

Abweichungen von diesen Zahlen sind möglich nach Rücksprache mit der jeweiligen Berufsgenossenschaft.

Als Ersthelfer dürfen nur Personen eingesetzt werden, die ihre Ausbildung durch eine entsprechende Ausbildungseinrichtung erfahren haben (Anlage 2 der neuen DGUV Vorschrift 1). Dazu zählen

- Arbeiter-Samariter-Bund Deutschlands [ASB],
- Deutsches Rotes Kreuz [DRK],
- Johanniter-Unfall-Hilfe [JUH] oder
- Malteser-Hilfsdienst [MHD].

Daneben ist die Ausbildung auch bei einer von den Berufsgenossenschaften anerkannten sonstigen Ausbildungsstätte möglich.

Die Ausbildung soll einen angemessenen Zeitraum umfassen und ist in der Regel alle 2 Jahre zu wiederholen (§ 26 Abs. 3).

Betriebssanitäter (§ 27) müssen dem Unternehmen zur Verfügung stehen, wenn

- in einem Betrieb mehr als 1500 Versicherte anwesend sind,
- in einem Betrieb mehr als 250 Versicherte anwesend sind und nach Art, Schwere und Zahl der Unfälle dieser Einsatz erforderlich wird,
- auf einer Baustelle mehr als 100 Versicherte anwesend sind.

Die Anforderungen an einen Betriebssanitäter werden höher angesetzt, ebenso die Aus- und Weiterbildung dieser Personen (§ 27).

Für die Ausbildung in Erster Hilfe und zum Ersthelfer hat sich jeder Versicherte im Rahmen seiner Unterstützungspflichten (§ 28 DGUV Vorschrift 1) zur Verfügung zu stellen, wenn nicht besondere persönliche Gründe dagegen sprechen.

Ein bisher wenig beachteter Umstand der Ersthelfer bestand darin, dass es keine gesetzliche Regelung gab, die sie im Fall einer eigenen Verletzung bei ihrem Einsatz gegenüber Infektionsgefährdung durch Kontakt mit Blut oder anderen Körperflüssigkeiten von verunfallten Personen schützt, denen sie erste Hilfe leisten.

Da es sich hier um eine Hilfeleistung im „betrieblichen Auftrag" handelt, hat auch das Unternehmen dafür zu sorgen, dass ein ausreichender Schutz seiner Mitarbeiter, die sich als Ersthelfer zur Verfügung stellen, gewährleistet wird.

Die Ständige Impfkommission (STIKO) am Robert Koch-Institut Berlin gibt alljährlich im Sommer ein Epidemiologisches Bulletin (letzte Ausgabe Nr. 34/2014 vom August 2014) heraus, in dem bei den empfohlenen Impfungen unter Hepatitis B zu lesen ist, dass bei „möglichem Kontakt mit infiziertem Blut oder infizierten Körperflüssigkeiten (Gefährdungsbeurteilung durchführen), z.B... (auch bei) ehrenamtlichen Ersthelfern..." die Impfung gegen Hepatitis B empfohlen wird.

Da bei einer Hilfeleistung, insbesondere bei Verletzungen aller Art im produzierenden Gewerbe, aber auch in allen anderen Branchen, eine potenzielle Gefährdung für den Ersthelfer durchaus bestehen kann, ist es besonders wichtig, wie an anderer Stelle ebenfalls schon betont, eine Gefährdungsbeurteilung zu erarbeiten, in die im positiven Fall auch der Impfschutz für Hepatitis B aufzunehmen ist.

Ein Gegenargument hört man immer wieder, dass man ja eine Hilfeleistung immer nur mit einem entsprechenden Schutz (Handschuhe oder sonstige Materialien) durchführt bzw. durchführen sollte. Das ist zwar richtig, in der Praxis erlebt man oft, dass in der gebotenen Eile oft der eigene Schutz defekt wird und nicht sofort für einen sicheren Ersatz gesorgt werden kann. Ein präventiver (vorbeugender) Schutz durch Impfung (Betriebsarzt) kann alle diese Sorgen ausräumen.

Sollte es zu einem so genannten „Bagatellunfall" oder „Beinaheunfall" gekommen sein, ergibt sich meist keine Krankschreibung oder nur eine kurzfristige Arbeitsunfähigkeit. Diese Unfälle bleiben bei der Berufsgenossenschaft unberücksichtigt, da ja eine Meldung erst bei einer Krankschreibung von mehr als drei Tagen an die Berufsgenossenschaft durchgeführt werden muss.

Für diese Art von Unfällen ist es besonders wichtig, dass jede auch noch so kleine Verletzung in ein Verbandbuch eingetragen wird, welches in jedem Bereich des Unternehmens vorhanden sein muss, häufig im Arbeitsraum der Ersthelfer oder an einem anderen ausgewiesenen Ort, z. B. im Verbandkasten oder in dessen Nähe.

Die Notwendigkeit dieses Eintrages ist deshalb besonders wichtig, auch wenn sie manchmal belächelt wird, weil bei evtl. Folgeschäden (spätere Entzündung, erst später festgestellte Knochen- oder Gelenkverletzung, Krankschreibung erst später nach mehreren Tagen u.a.m.) der Nachweis zu führen ist, dass das primäre Ereignis während der Arbeitstätigkeit passiert ist, ansonsten entfallen alle möglichen Entschädigungsansprüche, die man bei der Berufsgenossenschaft sonst geltend machen kann.

3.2.3.10 Bereitstellung und Umgang mit persönlicher Schutzausrüstung

Letztlich wird im Vierten Abschnitt (§§ 29–31) die Bereitstellung sowie die Benutzung und der Umgang mit persönlichen Schutzausrüstungen geregelt. Eine vorgesehene eigenständige Unfallverhütungsvorschrift zu diesem Thema wird es nicht mehr geben.

Wichtig hierbei ist, dass der Unternehmer geeignete persönliche Schutzausrüstungen in ausreichender Anzahl und zur persönlichen Verwendung am Arbeitsplatz bereitzustellen hat. Er hat dafür zu sorgen, dass diese Schutzausrüstungen den EG-Konformitätserklärungen entsprechen müssen.

Der Arbeitnehmer hat die Schutzausrüstungen bestimmungsgemäß zu benutzen, regelmäßig auf ordnungsgemäßen Zustand zu überprüfen und festgestellte Mängel dem Unternehmer unverzüglich zu melden (§ 30).

Darüber hinaus gilt auch die PSA-Benutzungsverordnung (siehe Kapitel 2.4).

3.2.3.11 Zusammenfassung

In der neuen Unfallverhütungsvorschrift „DGUV Vorschrift 1" haben sich die gewerblichen Berufsgenossenschaften und die Unfallversicherungsträger der öffentlichen Hand auf einheitliche Regelungen verständigt. In Ergänzung zu dieser Vorschrift gibt es die neue DGUV Regel 100-001, die sehr viele und verständliche Erläuterungen zu den einzelnen Paragrafen der Vorschrift 1 enthalten. Beide Dokumente sollten in keinem Unternehmen fehlen. Sie stellen eine wesentliche Grundlage für den betrieblichen Arbeits- und Gesundheitsschutz dar.

Klar formuliert (§ 2 Abs. 1) wurde in der neuen Vorschrift, dass die in staatlichem Recht festgelegten Maßnahmen zum Schutz von Versicherten auch für diejenigen gelten, die keine Beschäftigten sind. Sie unterliegen den gleichen Rechtsvorschriften. Das betrifft insbesondere ehrenamtliche Kräfte, wie Mitarbeiter der freiwilligen Feuerwehr, freiwillige Helfer im Pflegebereich sowie Kinder, Schüler und Studierende beim Besuch von Einrichtungen.

Die neue Vorschrift hat einheitlich für alle Unfallversicherungsträger die Kriterien für die Bestellung von Sicherheitsbeauftragten geregelt. Für die Zahl der zu bestellenden Sicherheitsbeauftragten gelten 5 einheitliche Kriterien und nicht mehr wie bisher eine pauschale Anzahl entsprechend der Anzahl der in der Betriebstätte Beschäftigten.

Klar positioniert das neue Papier die Unterstützungspflichten der Versicherten, die selbst in verstärktem Maße für ihre eigene Sicherheit und Gesundheit sowie für die anderer Personen beitragen müssen.

Zunächst war vorgesehen, auch Fragen der arbeitsmedizinischen Vorsorge aufzunehmen, was aber durch die Neufassung der ArbMedVV entfallen konnte, da hier alle Fragen geklärt sind. Damit konnte auch die BGV A4 sowie die GUV-V A4 endgültig außer Kraft gesetzt werden.

> **Wichtig:**
> **Jeder Arbeitgeber sollte im Besitz der aktuellen DGUV Vorschrift 1 und der DGUV Regel 100-001 seiner Berufsgenossenschaft sein.**

3.2.4 BGV A 2 – aufgehoben

Erst 2005 wurde aus den zuvor geltenden Unfallverhütungsvorschriften BGV A 6 (Fachkräfte für Arbeitssicherheit) und BGV A 7 (Betriebsärzte) eine gemeinsame Unfallverhütungsvorschrift, die BGV A 2 neu formuliert.

Mit dem Jahr 2011 gibt es nunmehr eine neue Unfallverhütungsvorschrift (siehe Kapitel 3.2.5), die gemeinsam für alle gewerblichen Berufsgenossenschaften sowie auch für die Unfallkassen gilt.

3.2.5 DGUV Vorschrift 2 – Unfallverhütungsvorschrift Betriebsärzte und Fachkräfte für Arbeitssicherheit

3.2.5.1 Gründe für eine neue Unfallverhütungsvorschrift ab 2011

Die Berufsgenossenschaften und Unfallversicherungsträger der öffentlichen Hand haben das im Jahre 1974 verabschiedete Arbeitssicherheitsgesetz unabhängig voneinander durch jeweilige Unfallverhütungsvorschriften umgesetzt. Es gab innerhalb einer Branche zwar ein einheitliches Vorgehen, nicht aber branchenübergreifend mit der Folge, dass gleichartige Betriebe je nach Branche oder Unfallversicherungsträger unterschiedlich behandelt wurden (Beispiele sind Krankenhäuser, Kindertagesstätten, Flughäfen, die teilweise in privater oder öffentlicher Trägerschaft waren und unterschiedliche Betreuungsprofile aufwiesen).

Mit der Fusion des Bundesverbandes der Unfallkassen (BUK) mit dem Hauptverband der gewerblichen Berufsgenossenschaften (HVBG) zum gemeinsamen Dachverband Deutsche Gesetzliche Unfallversicherung (DGUV) ergab sich die notwendige Struktur, um für alle Bereiche einheitliche Vorschriften auf den Weg zu bringen.

Die neue gemeinsame Unfallverhütungsvorschrift der gewerblichen Berufsgenossenschaften sowie der Unfallkassen besteht bei allen Berufsgenossenschaften aus 3 Kapiteln, 7 Paragraphen, 4 Anlagen und 7 Anhängen, die je nach Bedürfnissen und Erfordernissen von jeder Berufsgenossenschaft für ihr Mitgliedsunternehmen ausformuliert wurden.

3.2.5.2 Ziele der neuen Unfallverhütungsvorschrift DGUV Vorschrift 2

Die in der bisherigen BGV A2 geregelten Einsatzzeiten, Betreuungsformen sowie auch die Aufgaben von Betriebsärzten und Fachkräften für Arbeitssicherheit waren teilweise sehr unterschiedlich, obwohl es sich um gleichartige Unternehmen handelte, die aber verschiedenen Berufsgenossenschaften oder Unfallversicherungsträgern angehörten.

Das Ziel der neuen Vorschrift ist es daher in erster Linie, eine einheitliche, für alle gleichermaßen gültige Regelung in der betriebsärztlichen und sicherheitstechnischen Betreuung zu finden, so dass gleichartige Betriebe aller Branchen auch gleichartig betreut werden können.

Dabei sind zwei Besonderheiten zu beachten.

Die neue Regelung betrifft nur Unternehmen mit mehr als 10 Beschäftigten. Für Unternehmen mit unter 10 Mitarbeitern ändert sich zu den vorherigen Regelungen nichts.

Etwas verwirrend ist die Tatsache, dass Betriebe mit bis zu 50 Mitarbeitern, die bereits eine Alternativbetreuung (nach BGV A2) gewählt hatten, diese beibehalten können.

3.2.5.3 Wesentliche Neuerungen

In der Vergangenheit war es so, dass es relativ starre Festlegungen zur Leistungserbringung sowohl des Betriebsarztes als auch der Fachkraft für Arbeitssicherheit gab. Diese Festlegungen werden jetzt deutlich flexibler und den jeweiligen Bedürfnissen des Unternehmens angepasst.

So wird künftig nur zwischen einer Grundbetreuung und einer betriebsspezifischen Betreuung unterschieden.

Für die Grundbetreuung gibt es zwar feststehende Berechnungsgrundlagen, das Unternehmen kann aber selbst entscheiden, welchen Anteil der Gesamtzeit dem Betriebsarzt und welcher Anteil der Fachkraft für Arbeitssicherheit zugesprochen wird. Ebenso ist der betriebsspezifische Anteil an der Betreuung individuell für jedes Unternehmen zu ermitteln.

Bei der Betreuung im Rahmen der Grundbetreuung werden flexible Einsätze von Betriebsarzt und Fachkraft so aufgeteilt, dass jeder von beiden einen Mindestanteil an der errechneten Gesamtbetreuung von 20 % erhält, aber nicht weniger als 0,2 Stunden Betreuungszeit pro Jahr und Beschäftigten.

Neu ist auch die Einteilung der Unternehmen in feste Einsatzzeiten entsprechend der Zuordnung zu einem Wirtschaftszweig (gilt nur für die Berechnung der Zeiten der Grundbetreuung). Dabei werden 3 Gruppen gebildet (0,5 Stunden, 1,5 Stunden, 2,5 Stunden im Jahr pro Beschäftigten) (siehe Kapitel 3.2.5.5)

Die Berechnung der Zeiten für die betriebsspezifische Betreuung ist individuell entsprechend der Erfordernisse im Unternehmen festzulegen.

Die Leistungskataloge für die betriebsspezifischen Aufgaben (siehe Kapitel 3.2.5.5) sind eine wertvolle Hilfestellung zur individuellen Ermittlung eines Betreuungsbedarfes im Unternehmen und somit eine sehr gute Grundlage für die Erarbeitung oder Präzisierung vorhandener Gefährdungsbeurteilungen.

Die neue Vorschrift ist zwar insgesamt sehr umfangreich, bietet aber erstmalig allen Beteiligten einen sehr guten Leitfaden für Probleme im Arbeits- und Gesundheitsschutz, insbesondere anhand vieler Aufstellungen mit Nennung von Aufgaben und Inhalten, wie es sie zuvor noch nie gegeben hat. Damit gibt sie insbesondere dem Arbeitgeber, der ja für den gesamten Arbeits- und Gesundheitsschutz in seinem Unternehmen verantwortlich ist, eine äußerst praktische Handlungsanleitung.

Nachfolgend sollen die Vorteile der neuen Regelung zusammenfassend genannt werden:

- Anstelle der Vorgabe starrer Einsatzzeiten bestimmt künftig der individuelle Betreuungsumfang auf der Grundlage der Gefährdungsbeurteilung die Betreuung durch Betriebsarzt und Fachkraft für Arbeitssicherheit.
- Die Einsatzzeiten für die Grundbetreuung sind zwar als Summe vorgegeben, können aber flexibel aus BA und Fasi aufgeteilt werden. Die Aufteilung bestimmen nicht die Unfallversicherungsträger, sondern allein der Unternehmer.

- Die Mitwirkungsrechte der betrieblichen Interessenvertretungen werden deutlich gestärkt.
- In Kleinbetrieben bis zu maximal 50 Beschäftigten haben Unternehmer bzw. öffentliche Verwaltungen zwei Betreuungsmodelle zur Auswahl: die Regelbetreuung oder die alternative bedarfsorientierte Betreuung.
- Die neue Vorschrift 2 sichert Gleichbehandlung und Gerechtigkeit zwischen Betrieben unterschiedlicher Unfallversicherungsträger.
- Alle Beteiligten im Arbeitsschutz erhalten eine stärkere Verantwortung. Die Aufgaben sind zunächst sehr anspruchsvoll, z.b. das Ermitteln des Betreuungsumfanges sowie der Betreuungsinhalte, bringen aber eine deutliche Qualitätssteigerung und Verbesserung des Arbeits- und Gesundheitsschutzes für das Unternehmen.

Die Vorteile und Vereinfachungen durch die neue Regelung der Betreuung ab 1. Januar 2011 lassen sich in einer Übersicht gut gegenüberstellen.

Tab. 3.4: Gegenüberstellung altes – neues Betreuungssystem

	alt (vor Gesamtreform) BGV A2	neu (DGUV Vorschrift 2) ab 1. Januar 2011
Regelbetreuung der Betriebe mit bis zu 10 Beschäftigten	Einsatzzeitvorgabe jeweils für BA und Fasi ohne weitere Spezifizierung der zu erfüllenden Aufgaben	– Grundbetreuung ohne Vorgabe fester Einsatzzeit für BA und Sifa – Wiederholung der Grundbetreuung je nach Betreuungsgruppe (I, II oder III) Ergänzende Betreuung bei in der Vorschrift genannten Anlässen
Regelbetreuung der Betriebe mit mehr als 10 Beschäftigten	Einsatzzeitvorgabe jeweils für BA und Fasi ohne weitere Spezifizierung der zu erfüllenden Aufgaben	– Gesamtbetreuung bestehend aus Grundbetreuung und betriebsspezifischem Teil der Betreuung – Grundbetreuung: Einsatzzeitvorgabe als Summenwert für BA und Fasi, Betreuungsgruppen I, II und III, Festlegung abzuarbeitender Aufgaben – betriebsspezifischer Teil der Betreuung: Betrieb ermittelt den erforderlichen Umfang nach Vorgabe von Ermittlungsverfahren und Aufgabenfeldern – Aufteilung der Betreuungsleistungen auf BA und Fasi durch den Betrieb

	alt (vor Gesamtreform) BGV A2	neu (DGUV Vorschrift 2) ab 1. Januar 2011
Alternative Betreuung der Betriebe mit 1 bis maximal 50 Beschäftigten	Nur bei BGen als so genanntes „Unternehmermodell" eingeführt. Regelfall: sicherheitstechnische Betreuung	Alternative bedarfsorientierte betriebsärztliche und sicherheitstechnische Betreuung (bei UVT der öffentlichen Hand ab 1. Januar 2013): – Motivations- und Informationsmaßnahmen für Unternehmer, Fortbildungsmaßnahmen, Inanspruchnahme der bedarfsorientierten Betreuung nach Festlegung des Unternehmers, ergänzende Betreuung bei in der Vorschrift genannten Anlässen
Alternative Betreuung für Betriebe mit bis zu 10 Beschäftigten durch Kompetenzzentren	Bei einer BG eingeführt (BGN)	Motivations- und Informationsmaßnahmen, Inanspruchnahme der bedarfsorientierten Betreuung, ergänzende Betreuung bei der in der Vorschrift genannten Anlässen
Arbeitsmedizinische Vorsorgeuntersuchungen und Beratungen	Vorsorgeuntersuchungen waren individuell zu vereinbaren	Individuelle arbeitsmedizinische Vorsorgeuntersuchungen gehören zur betriebsspezifischen Betreuung, kollektive arbeitsmedizinische Beratung der Beschäftigten gehört zur Grundbetreuung

3.2.5.4 Inhalt der neuen Unfallverhütungsvorschrift DGUV Vorschrift 2

Erstes Kapitel: Allgemeine Vorschriften

§ 1 Geltungsbereich

§ 2 Bestellung

§ 3 Arbeitsmedizinische Fachkunde

§ 4 Sicherheitstechnische Fachkunde

§ 5 Bericht

Zweites Kapitel: Übergangsbestimmungen

§ 6 Übergangsbestimmungen

Drittes Kapitel: In-Kraft-Treten und Außer-Kraft-Treten

§ 7 In-Kraft-Treten und Außer-Kraft-Treten

Anlage 1 (zu § 2 Abs. 2): Betriebsärztliche und sicherheitstechnische Regelbetreuung in Betrieben bis zu 10 Beschäftigten

Anlage 2 (zu § 2 Abs. 3): Betriebsärztliche und sicherheitstechnische Regelbetreuung in Betrieben mit mehr als 10 Beschäftigten

Anlage 3 (zu § 2 Abs. 4): Alternative bedarfsorientierte betriebsärztliche und sicherheitstechnische Betreuung in Betrieben mit bis zu ... Beschäftigten (variiert bei einzelnen BG)

Anlage 4 (zu § 2 Abs. 4): Alternative bedarfsorientierte betriebsärztliche und sicherheitstechnische Betreuung in Betrieben mit bis zu 10 Beschäftigten durch Kompetenzzentren (variiert bei einzelnen BG)

Anhang 1 (zu § 2) *: Hinweise zur Bestellung und zum Tätigwerden der Betriebsärzte und Fachkräfte für Arbeitssicherheit

Anhang 2 (zu § 4) *: Branchenspezifische Themen der Ausbildung von Fachkräften für Arbeitssicherheit

Anhang 3 (zu Anlage 2 Abschnitt 2) *: Aufgabenfelder der Grundbetreuung und Beschreibung möglicher Aufgaben

Anhang 4 (zu Anlage 2 Abschnitt 3) *: Betriebsspezifischer Teil der Betreuung

* = Anhänge 1–4 enthalten keine rechtsverbindlichen Regelungen

Anhang 5 (zu Anlagen 1 und 2): Bezeichnung der Gewerbezweige (GWZ) und Zuordnung zu den Gruppen (nicht bei allen BG enthalten)

Anhang 6: Gesetz über Betriebsärzte, Sicherheitsingenieure und andere Fachkräfte für Arbeitssicherheit vom 12. Dezember 1973 (BGBl. I S. 1885), zuletzt geändert durch Artikel 226 der Verordnung vom 31. Oktober 2006 (BGBl. I S. 2407)

3.2.5.5 Die neue Regelbetreuung

Die neue „Regelbetreuung" für Betriebe mit mehr als 10 Beschäftigten setzt sich aus 2 Teilen zusammen. Die Grundbetreuung beinhaltet Basisleistungen aus dem Arbeitssicherheitsgesetz, die unabhängig von Art und Größe des Unternehmens anfallen und deshalb pro Beschäftigten und Jahr als Einsatzzeiten vorgegeben werden, während die spezifischen Aspekte der Betreuung nach ASiG Gegenstand der betriebsspezifischen Betreuung sind und nach Inhalt und Umfang vom Betrieb selbst ermittelt werden, deshalb von Betrieb zu Betrieb variieren.

Für die Grundbetreuung werden durch die neue Unfallverhütungsvorschrift feste Einsatzzeiten vorgegeben, die sich entsprechend der Gefährdungspotenziale sowie der Zugehörigkeit zu Wirtschaftszweigen (Betriebsart) wie folgt errechnen.

	Gruppe I	Gruppe II	Gruppe III
Einsatzzeit in Std./Jahr je Beschäftigten	2,5	1,5	0,5

Die Zuordnung der entsprechenden Gruppen erfolgt für jede Berufsgenossenschaft anhand der Klassifikation der Wirtschaftszweige, Ausgabe 2008 (WZ 2008) des Statistischen Bundesamtes Wiesbaden (www.destatis.de). Die Einstufung ist der jeweiligen Anlage 2 zu entnehmen. Die folgende Tabelle 3.5 soll die Zuordnung erleichtern.

Tab. 3.5:   Zuordnung der Betriebsarten zu den Betreuungsgruppen (Klassifikation der Wirtschaftszweige, Ausgabe 2008 (WZ 2008)

Lfd. Nr.	WZ 2008 Kode	WZ 2008-Bezeichnung	Gruppen I–III
1–	A (01–03)	Abschnitt A – Land- und Forstwirtschaft, Fischerei	Anlage 2 der DGUV Vorschrift 2
103–	B (05–09)	Abschnitt B – Bergbau und Gewinnung von Steinen und Erden	Anlage 2 der DGUV Vorschrift 2
149–	C (10–33)	Abschnitt C – Verarbeitendes Gewerbe	Anlage 2 der DGUV Vorschrift 2
759–	D (35)	Abschnitt D – Energieversorgung	Anlage 2 der DGUV Vorschrift 2
784–	E (36–39)	Abschnitt E – Wasserversorgung; Abwasser- und Abfallentsorgung und Beseitigung von Umweltverschmutzungen	Anlage 2 der DGUV Vorschrift 2
816–	F (41–43)	Abschnitt F – Baugewerbe	Anlage 2 der DGUV Vorschrift 2
881–	G (45–47)	Abschnitt G – Handel; Instandhaltung und Reparatur von Kraftfahrzeugen	Anlage 2 der DGUV Vorschrift 2
1161–	H (49–53)	Abschnitt H – Verkehr und Lagerei	Anlage 2 der DGUV Vorschrift 2
1241–	I (55–56)	Abschnitt I – Gastgewerbe	Anlage 2 der DGUV Vorschrift 2
1282–	J (58–63)	Abschnitt J – Information und Kommunikation	Anlage 2 der DGUV Vorschrift 2
1358–	K (64–66)	Abschnitt K – Erbringung von Finanz- und Versicherungsleistungen	Anlage 2 der DGUV Vorschrift 2
1416–	L (68)	Abschnitt L – Grundstücks- und Wohnungswesen	Anlage 2 der DGUV Vorschrift 2
1433–	M (69–75)	Abschnitt M – Erbringung von freiberuflichen, wissenschaftlichen und technischen Dienstleistungen	Anlage 2 der DGUV Vorschrift 2
1513–	N (77–82)	Abschnitt N – Erbringung von sonstigen wirtschaftlichen Dienstleistungen	Anlage 2 der DGUV Vorschrift 2
1611–	O (84)	Abschnitt O – Öffentliche Verwaltung, Verteidigung; Sozialversicherung	Anlage 2 der DGUV Vorschrift 2
1634	P (85)	Abschnitt P – Erziehung und Unterricht	Anlage 2 der DGUV Vorschrift 2
1671–	Q (86–88)	Abschnitt Q – Gesundheits- und Sozialwesen	Anlage 2 der DGUV Vorschrift 2
1714–	R (90–93)	Abschnitt R – Kunst, Unterhaltung und Erholung	Anlage 2 der DGUV Vorschrift 2
1765–	S (94–96)	Abschnitt S – Erbringung von sonstigen Dienstleistungen	Anlage 2 der DGUV Vorschrift 2

Der Anhang 3 zu Anlage 2 der DGUV Vorschrift 2 gibt eine sehr gute Übersicht über die Aufgabenfelder der Grundbetreuung und Beschreibung möglicher Aufgaben. Diese unverbindliche Auflistung der Aufgaben von Betriebsarzt und Fachkraft für Arbeitssicherheit basiert auf den §§ 3 und 6 des Arbeitssicherheitsgesetzes:

1. Unterstützung bei der Gefährdungsbeurteilung (Beurteilung der Arbeitsbedingungen)
   1.1 Unterstützung bei der Implementierung eines Gesamtkonzeptes zur Gefährdungsbeurteilung
   1.2 Unterstützung bei der Durchführung der Gefährdungsbeurteilung
   1.3 Beobachtung der gelebten Praxis und Auswertung der Gefährdungsbeurteilung
2. Unterstützung bei grundlegenden Maßnahmen der Arbeitsgestaltung-Verhältnisprävention
   2.1 Eigeninitiatives Handeln zur Verhältnisprävention an bestehenden Arbeitssystemen
   2.2 Eigeninitiatives Handeln zur Verhältnisprävention bei Veränderung der Arbeitsbedingungen
3. Unterstützung bei grundlegenden Maßnahmen der Arbeitsgestaltung-Verhaltensprävention
   3.1 Unterstützung bei Unterweisungen, Betriebsanweisungen, Qualifizierungsmaßnahmen
   3.2 Motivieren zum sicherheits- und gesundheitsgerechten Verhalten
   3.3 Information und Aufklärung
   3.4 Kollektive arbeitsmedizinische Beratung der Beschäftigten
4. Unterstützung bei der Schaffung einer geeigneten Organisation und Integration in die Führungstätigkeit
   4.1 Integration des Arbeitsschutzes in die Aufbauorganisation
   4.2 Integration des Arbeitsschutzes in die Unternehmensführung
   4.3 Beratung zu erforderlichen Ressourcen zur Umsetzung der Arbeitsschutzmaßnahmen
   4.4 Kommunikation und Information sichern
   4.5 Berücksichtigung der Arbeitsschutzbelange in betrieblichen Prozessen
   4.6 Betriebliche arbeitsschutzspezifische Prozesse organisieren
   4.7 Ständige Verbesserung sicherstellen
5. Untersuchungen nach Ereignissen
   5.1 Untersuchung nach Ereignissen, Ursachenanalysen und deren Auswertungen
   5.2 Ermittlung von Unfallschwerpunkten sowie Schwerpunkten arbeitsbedingter Erkrankungen
   5.3 Verbesserungsvorschläge
6. Allgemeine Beratung von Arbeitgebern und Führungskräften, betrieblichen Interessenvertretungen, Beschäftigten
   6.1 Beratung zu Rechtsgrundlagen, Stand der Technik und Arbeitsmedizin, wissenschaftlichen Erkenntnissen
   6.2 Beantwortung von Anfragen
   6.3 Verbreitung der Information im Unternehmen, einschließlich Teambesprechungen
   6.4 Externe Beratung zu speziellen Problemen des Arbeitsschutzes organisieren

7. Erstellung von Dokumentationen, Erfüllung von Meldepflichten

   7.1 Unterstützung bei der Erstellung von Dokumentationen

   7.2 Unterstützung bei der Erfüllung von Meldepflichten gegenüber den zuständigen Behörden und Unfallversicherungsträgern

   7.3 Dokumentation von Vorschlägen an den Arbeitgeber einschließlich Angabe des jeweiligen Umsetzungsstandes

   7.4 Dokumentation zur eigenen Tätigkeit und zur Inanspruchnahme der Einsatzzeiten

8. Mitwirken in betrieblichen Besprechungen

   8.1 Direkte persönliche Beratung von Arbeitgebern

   8.2 Teilnahme an Dienstgesprächen des Arbeitsgebers mit seinen Führungskräften

   8.3 Teilnahme an Besprechungen der betrieblichen Beauftragten entsprechend §§ 9, 10 und 11 Arbeitssicherheitsgesetz

   8.4 Teilnahme an sonstigen Besprechungen, einschließlich Betriebsversammlungen

   8.5 Nutzung eines ständigen Kontaktes mit Führungskräften

   8.6 Sitzungen des Arbeitsschutzausschusses

9. Selbstorganisation

   9.1 Ständige Fortbildung organisieren (Aktualisierung und Erweiterung)

   9.2 Wissensmanagement entwickeln und nutzen

   9.3 Erfassen und Aufarbeiten von Hinweisen der Beschäftigten

   9.4 Erfahrungsaustausch insbesondere mit den Unfallversicherungsträgern und den zuständigen Behörden nutzen

Die betriebsspezifische Betreuung ermittelt der Arbeitgeber anhand des Leistungskataloges im Anhang 4 der DGUV Vorschrift 2. Hier sind dem Unternehmer bereits entsprechende Vorschläge unterbreitet, aus denen er dann die für sein Unternehmen zutreffenden auswählen kann. Daraus ergeben sich dann die Notwendigkeiten einer Betreuung.

Wichtig ist zu betonen, dass die arbeitsmedizinischen Vorsorgeuntersuchungen in den betriebsspezifischen Teil der Betreuung fallen und somit gesondert zu vereinbaren sind.

Der Anhang 4 zur Anlage 2 der DGUV Vorschrift 2 beschreibt unverbindlich die zu berücksichtigenden Aufgabenfelder sowie Auslöse- und Aufwandkriterien und Leistungen, die ergänzend zur Grundbetreuung betriebsspezifisch erforderlich sein können. Darüber hinaus können sich zusätzliche Aufgabenfelder aufgrund der jeweiligen Gefährdungsbeurteilung ergeben. Es werden konkrete Vorschläge unterbreitet, die nur mit „trifft zu-ja" oder „trifft zu-nein" zu beantworten sind. Bei Beantwortung mit „ja" wird die Auslöseschwelle überschritten und es besteht Handlungsbedarf, d.h., es ist eine betriebsspezifische Betreuung notwendig, woraus dann der jeweilige Personalaufwand (Betriebsarzt oder Fachkraft für Arbeitssicherheit) festzulegen ist.

Im Abschnitt B erfolgt die Leistungsermittlung als sehr hilfreiche Unterstützung für die notwendigen Inhalte:

1. Regelmäßig vorliegende betriebsspezifische Unfall- und Gesundheitsgefahren, Erfordernisse zur menschengerechten Arbeitsgestaltung

    1.1 Besondere Tätigkeiten

    1.2 Arbeitsplätze und Arbeitsstätten, die besondere Risiken aufweisen

    1.3 Arbeitsaufgaben und Arbeitsorganisation mit besonderen Risiken

    1.4 Erfordernis arbeitsmedizinischer Vorsorge

    1.5 Erfordernis besonderer betriebsspezifischer Anforderungen beim Personaleinsatz

    1.6 Sicherheit und Gesundheit unter den Bedingungen des demografischen Wandels

    1.7 Arbeitsgestaltung zur Vermeidung arbeitsbedingter Gesundheitsgefahren, Erhalt der individuellen gesundheitlichen Ressourcen im Zusammenhang mit der Arbeit

    1.8 Unterstützung bei der Weiterentwicklung eines Gesundheitsmanagements

2. Betriebliche Veränderungen in den Arbeitsbedingungen und in der Organisation

    2.1. Beschaffung von grundlegend neuartigen Maschinen, Geräten

    2.2 Grundlegende Veränderungen zur Einrichtung neuer Arbeitsplätze bzw. der Arbeitsplatzausstattung; Planung, Neuerrichtung von Betriebsanlagen; Umbau, Neubaumaßnahmen

    2.3. Einführung völlig neuer Stoffe, Materialien

    2.4. Grundlegende Veränderung betrieblicher Abläufe und Prozesse; grundlegende Veränderung der Arbeitszeitgestaltung; grundlegende Änderung, Einführung neuer Arbeitsverfahren

    2.5. Spezifische Erfordernisse zur Schaffung einer geeigneten Organisation zur Durchführung der Maßnahmen des Arbeitsschutzes sowie zur Integration in die Führungstätigkeit und zum Aufbau eines Systems der Gefährdungsbeurteilung

3. Externe Entwicklung mit spezifischem Einfluss auf die betriebliche Situation

    3.1 Neue Vorschriften, die für den Betrieb umfangreichere Änderungen nach sich ziehen

    3.2 Weiterentwicklung des für den Betrieb relevanten Stands der Technik und Arbeitsmedizin

4. Betriebliche Aktionen, Programme und Maßnahmen

    4.1 Schwerpunktprogramme, Kampagnen sowie Unterstützung von Aktionen zur Gesundheitsförderung

3.2.5.6 Neue Regelungen für Unternehmen mit bis zu 10 Beschäftigten

Bei Kleinbetrieben bis zu 10 Mitarbeitern (bei einigen Berufsgenossenschaften gilt dies bis zu 50 Beschäftigten) können die Arbeitgeber wie bisher zwischen der so genannten Regelbetreuung und einer anlassbezogenen Betreuung wählen.

Bei den meisten Unfallversicherungsträgern ist diese Betreuung in der Anlage 1 geregelt.

Für die Regelbetreuung gelten nicht mehr Mindesteinsatzzeiten pro Beschäftigten und Jahr, sondern richten sich an den konkret vorliegenden Gefährdungen aus.

Damit erhält die Erarbeitung einer Gefährdungsbeurteilung auch in kleinen Unternehmen eine besondere Wichtigkeit.

Bei der anlassbezogenen bedarfsorientierten Betreuung durch Betriebsarzt und Fachkraft für Arbeitssicherheit wird der Unternehmer zu allen Fragen des Arbeits- und Gesundheitsschutzes auf der Grundlage der Gefährdungsbeurteilungen informiert. Dadurch wird die Eigenverantwortung des Unternehmers in besonderem Maße gestärkt. Somit erfolgt eine Umorientierung auf den tatsächlichen Bedarf des einzelnen Unternehmens.

Tab. 3.6:   Die Regelbetreuung für Betriebe mit bis zu 10 Beschäftigten

Grundbetreuung	Keine Zeitangaben
Anlassbezogene Betreuung	Grundlage sind besondere Anlässe

Grundbetreuung

Die Grundbetreuung besteht inhaltlich in erster Linie aus der Erstellung bzw. Aktualisierung der Gefährdungsbeurteilungen, wobei die Unterstützung durch Betriebsarzt und Fachkraft für Arbeitssicherheit einbezogen werden sollte. Dabei ist nicht mehr die Anzahl der Beschäftigten für den Betreuungsumfang wichtig, sondern die tatsächlich im Unternehmen vorhandenen Gefährdungen.

Bei der Grundbetreuung werden keine verbindlichen Einsatzzeiten festgelegt. Dennoch sollten die in der nachstehenden Tabelle aufgeführten zeitlichen Fristen und Betreuungsumfänge als Richtwerte eingehalten werden.

Tab. 3.7:   Längstmögliche Fristen und empfohlene Umfänge der Grundbetreuung (Anlage 1 DGUV Vorschrift 2)

1	2	3
Betreuungsgruppe	**Längstmögliche Frist zur Wiederholung der Grundbetreuung**	**Richtwert für den zeitlichen Umfang der Grundbetreuung**
I	1 Jahr	8 Stunden
II	3 Jahre	8 Stunden
III	5 Jahre	8 Stunden

Die Zuordnung der Betriebsarten zu den Betreuungsgruppen erfolgt anhand des WZ-Schlüssels gemäß Anlage 2, Abschnitt 4 der DGUV Vorschrift 2.

Anlassbezogene Betreuung

Der Unternehmer ist verpflichtet, sich bei besonderen Anlässen durch einen Betriebsarzt oder eine Fachkraft für Arbeitssicherheit mit branchenbezogener Fachkunde in Fragen der Sicherheit und des Gesundheitsschutzes betreuen zu lassen.

Besondere Anlässe für eine Betreuung (für Betriebsarzt und Fachkraft für Arbeitssicherheit) können unter anderem sein:

- Planung, Errichtung und Änderung von Betriebsanlagen,
- Einführung neuer Arbeitsmittel, die ein erhöhtes oder verändertes Gefährdungspotenzial zur Folge haben,
- grundlegende Änderungen von Arbeitsverfahren,
- Gestaltung neuer Arbeitsplätze und -abläufe,
- Einführung neuer Arbeitsstoffe bzw. Gefahrstoffe, die ein erhöhtes oder verändertes Gefährdungspotenzial zur Folge haben,
- Beratung der Beschäftigten über besondere Unfall- und Gesundheitsgefahren bei der Arbeit,
- Untersuchung von Unfällen und Berufskrankheiten,
- Erstellung von Notfall- und Alarmplänen,
- Einführung neuer persönlicher Schutzausrüstung und Einweisung der Beschäftigten, falls erforderlich.

Anlass für das Tätigwerden der Fachkraft für Arbeitssicherheit kann auch die Durchführung sicherheitstechnischer Überprüfungen und Beurteilungen von Anlagen, Arbeitssystemen und Arbeitsverfahren sein.

Weitere Anlässe für das Tätigwerden eines Betriebsarztes können unter anderem sein:

- eine grundlegende Umgestaltung von Arbeitszeit-, Pausen- und Schichtsystemen,
- die Erforderlichkeit der Durchführung arbeitsmedizinischer Vorsorgeuntersuchungen, Beurteilungen und Beratungen,
- Suchterkrankungen, die ein gefährdungsfreies Arbeiten beeinträchtigen,
- Fragen des Arbeitsplatzwechsels sowie der Eingliederung und Wiedereingliederung behinderter Menschen und der (Wieder-)Eingliederung von Rehabilitanden,
- Wunsch des Arbeitnehmers nach betriebsärztlicher Beratung,
- die Häufung gesundheitlicher Probleme,
- das Auftreten von Gesundheitsbeschwerden oder Erkrankungen, die durch die Arbeit verursacht sein könnten,
- das Auftreten posttraumatischer Belastungszustände.

3.2.5.7 Alternative bedarfsorientierte betriebsärztliche und sicherheitstechnische Betreuung in Betrieben mit bis zu 50 Beschäftigten (Anlage 3 DGUV Vorschrift 2) (Unternehmermodell)

Das Unternehmermodell charakterisiert sich dadurch, dass der Unternehmer selbst einen Teil der Betreuung übernimmt, dies aber nur dann umsetzen kann, wenn er sich selbst entsprechend weitergebildet hat (Ausnahme ist eine andere juristische Person, der gesetzliche Vertreter oder der vertretungsberechtigte Gesellschafter). Da der Unternehmer aktiv in das Betriebsgeschehen hinsichtlich des Arbeits- und Gesundheitsschutzes eingebunden ist, haben die Unfallversicherungsträger eine Betriebsgrößenobergrenze von bis zu maximal 50 Beschäftigten festgelegt.

Tab. 3.8: Alternative bedarfsorientierte Betreuung

Ablassbetreuung	Anlass gemäß Vorschrift
Bedarfsgerechte Betreuung	Festlegung durch Unternehmer selbst
Informations- und Motivationsmaßnahmen	Vorgabe der jeweiligen Unfallversicherungsträgers

Die Umfänge der entsprechenden Seminare müssen der jeweiligen DGUV Vorschrift 2 Anlage 3 der eigenen Berufsgenossenschaft entnommen werden.

Die alternative bedarfsorientierte betriebsärztliche und sicherheitstechnische Betreuung besteht aus

- Motivations- und Informationsmaßnahmen,
- Fortbildungsmaßnahmen,
- der Inanspruchnahme der bedarfsorientierten Betreuung und
- der Dokumentation der genannten Maßnahmen.

Unabhängig von der durch den Unternehmer selbst erworbenen Kenntnisse durch geeignete Fortbildungsmaßnahmen ist er verpflichtet, sich bei besonderen Anlässen qualifiziert durch einen Betriebsarzt oder Fachkraft für Arbeitssicherheit mit branchenbezogener Fachkunde betreuen zu lassen.

Bei Inanspruchnahme dieser Betreuungsform sind im Unternehmen die nachfolgend aufgeführten schriftlichen Nachweise zur Einsichtnahme durch die zuständigen Aufsichtsorgane vorzuhalten:

- Teilnahmenachweise an den Maßnahmen zur Motivation, Information sowie der Fortbildung,
- aktuelle Unterlagen über die im Betrieb durchgeführten Gefährdungsbeurteilungen,
- die Berichte nach § 5 der Unfallverhütungsvorschrift DGUV Vorschrift 2.

Wichtig ist zu wissen, dass bei Nichterfüllung dieser Verpflichtungen (alternative bedarfsorientierte Betreuungsform) der Unternehmer mit seinem Unternehmen der Regelbetreuung nach § 2 Abs. 2 oder 3 der DGUV Vorschrift 2 unterliegt (siehe Kapitel 3.2.5.5 und 3.2.5.6).

3.2.6 Bestellung von Betriebsärzten und Fachkräften für Arbeitssicherheit

§ 1 der neuen DGUV Vorschrift 2 (ehemals BGV A2) legt die Maßnahmen fest, die der Unternehmer der sich aus dem Arbeitssicherheitsgesetz ergebenden Pflichten zu erfüllen hat.

Nach § 2 des Gesetzes über Betriebsärzte, Sicherheitsingenieure und andere Fachkräfte für Arbeitssicherheit (Arbeitssicherheitsgesetz) (Kapitel 2.10) hat der Unternehmer einen oder mehrere Betriebsärzte zur Wahrnehmung der darin formulierten Aufgaben (§ 3) schriftlich zu bestellen oder zu verpflichten. Das gleiche gilt nach § 6 ASiG für die sicherheitstechnische Betreuung.

Das Arbeitssicherheitsgesetz ist in der neuen DGUV Vorschrift 2 jeweils im Anhang als Text abgedruckt.

War früher noch eine individuelle Festlegung der Einsatzzeiten und Aufgabeninhalte zu verzeichnen, wird durch die neue Vorschrift eine relative Vereinheitlichung erreicht:

- bei Betrieben bis zu 10 Beschäftigten entsprechend der Anlage 1,
- bei Betrieben mit mehr als 10 Beschäftigten entsprechend der Anlage 2,
- alternatives Betreuungsmodell, wenn der Unternehmer selbst aktiv in das Betreuungsmodell eingebunden ist (Beschäftigtenzahl unter 50) (Anlage 3) (gilt nicht für allen Berufsgenossenschaften) (Unternehmermodell).

3.2.6.1 Arbeitsmedizinische Fachkunde

§ 3 der DGUV Vorschrift 2 legt fest, dass der Unternehmer für die arbeitsmedizinische Betreuung seiner Arbeitnehmer nur Ärzte bestellen darf, die die für diese Aufgabe erforderliche Fachkunde besitzen.

Die Fachkunde ist gegeben, wenn der zu bestellende Arzt zur Führung einer der beiden Bezeichnungen berechtigt ist:

- Gebietsbezeichnung „Arbeitsmedizin",
- Zusatzbezeichnung „Betriebsmedizin" zu einer anderen Gebietsbezeichnung.

3.2.6.2 Sicherheitstechnische Fachkunde

Für die Fachkräfte für Arbeitssicherheit sind im § 4 der DGUV Vorschrift 2 die Anforderungen zusammengestellt, die für die erforderliche sicherheitstechnische Fachkunde notwendig sind.

Fachkräfte für Arbeitssicherheit sind:

- Sicherheitsingenieure,
- Sicherheitstechniker und
- Sicherheitsmeister.

Sicherheitsingenieure erfüllen die Fachkunde, wenn sie

- berechtigt sind, die Berufsbezeichnung Ingenieur zu führen oder einen Bachelor- oder Masterabschluss der Studienrichtung Ingenieurwissenschaften erworben haben,
- danach eine praktische Tätigkeit in diesem Beruf mindestens zwei Jahre lang ausgeübt und einen staatlichen oder von den Unfallversicherungträgern veranstalteten Ausbildungslehrgang oder einen staatlichen oder von Unfallversicherungträgern anerkannten Ausbildungslehrgang eines anderen Veranstaltungsträgers mit Erfolg abgeschlossen haben.
- Ebenso sind diejenigen berechtigt, die die Berufsbezeichnung „Sicherheitsingenieur" aufgrund ihrer Ausbildung führen dürfen und eine einjährige praktische Tätigkeit als Ingenieur haben.

Sicherheitstechniker erfüllen die Anforderungen, wenn sie

- eine Prüfung als staatlich anerkannter Techniker erfolgreich abgelegt haben,
- danach eine praktische Tätigkeit als Techniker mindestens 2 Jahre lang ausgeübt haben und
- einen staatlichen oder von den Unfallversicherungträgern veranstalteten Ausbildungslehrgang oder einen staatlichen oder von Unfallversicherungträgern anerkannten Ausbildungslehrgang eines anderen Veranstaltungsträgers mit Erfolg abgeschlossen haben.
- Ebenso werden die Voraussetzungen erfüllt, wer ohne Prüfung als staatlich anerkannter Techniker mindestens 4 Jahre lang als Techniker tätig war und die entsprechenden Lehrgänge besucht hat.

Sicherheitsmeister erfüllen die Anforderungen, wenn sie

- die Meisterprüfung erfolgreich abgelegt haben,
- danach eine praktische Tätigkeit als Meister mindestens 2 Jahre lang ausgeübt haben und

- einen staatlichen oder von Unfallversicherungsträgern veranstalteten Ausbildungslehrgang oder einen staatlich oder von den Unfallversicherungsträgern
anerkannten Ausbildungslehrgang eines anderen Veranstaltungsträgers mit Erfolg abgeschlossen haben.
- Ebenso werden die Voraussetzungen erfüllt, wer ohne Meisterprüfung mindestens
4 Jahre lang als Meister tätig war und die entsprechenden Lehrgänge besucht hat.

3.2.7 Berichterstattung

Gemäß § 2 der DGUV Vorschrift 2 hat der Unternehmer die so bestellten Betriebsärzte und Fachkräfte für Arbeitssicherheit zu verpflichten, über die Erfüllung der
ihnen übertragenen Aufgaben regelmäßig schriftlich zu berichten.

Aus den Berichten soll auch hervorgehen, wie die Zusammenarbeit der Betriebsärzte und der Fachkräfte für Arbeitssicherheit funktioniert hat. Er kann deshalb
auch als gemeinsamer Report zusammengefasst werden.

Somit dient der Bericht einerseits als Tätigkeitsnachweis, soll aber vor allem mögliche Schwachstellen, Probleme und Änderungsbedarf aufzeigen. Er sollte deshalb
auch Lösungswege aufzeigen und Vorschläge zur Erreichung der Veränderungen
beinhalten.

3.2.8 BGV A 4 – aufgehoben

Mit der Verordnung zur Rechtsvereinfachung und Stärkung der arbeitsmedizinischen Vorsorge vom 18. Dezember 2008 (BGBl. I S. 2768) wird die BGV A 4 (früher VBG 100) (Arbeitsmedizinische Vorsorge) als berufsgenossenschaftliche Vorschrift komplett aufgehoben und durch die neue staatliche Verordnung ersetzt. Es
ergeben sich zahlreiche Änderungen, Konkretisierungen und Ergänzungen verschiedener Gesetze und Vorschriften.

Die neue Verordnung enthält in ihrem Artikel 1 die Verordnung zur arbeitsmedizinischen Vorsorge (ArbMedVV). Die neuen Inhalte arbeitsmedizinischer Vorsorge-
leistungen können im Kapitel 4.10 ausführlich nachgelesen werden.

3.2.9 BGV A 5 – aufgehoben

Alle Fragen der Ersten Hilfe und Erste-Hilfe-Leistungen im Unternehmen wurden
bisher durch die BGV A 5 (früher VBG 109) „Erste Hilfe" mit ihren Durchführungsanweisungen vom 1. April 1997 in der Fassung vom 1. Januar 1997 (Erster
Nachtrag) geregelt. Außerdem legte sie das Verhalten bei Unfällen fest, wer, was
und wie zu tun hat.

Mit der Einführung der neuen BGV A 1 „Grundlagen der Prävention" am 1. Januar 2004 wurden mit den §§ 24–28 des Dritten Abschnittes sowie der Anlage 3 neue Festlegungen getroffen und die gesamte UVV „Erste Hilfe" (BGV A 5) abgelöst [§ 34 (2)]. Die Organisation der „Ersten Hilfe" im Unternehmen siehe auch Kapitel 3.2.3.9.

3.2.10 Berufsgenossenschaftliche Grundsätze (DGUV Grundsätze – früher BGG)

Die Grundsätze der Berufsgenossenschaften stellen keine gesetzlich relevanten Verbindlichkeiten dar, dienen aber als Leitlinie und sind für Betriebsärzte eine wichtige Orientierung für qualitativ einheitliches Vorgehen.

Mit der Verordnung zur arbeitsmedizinischen Vorsorge (ArbMedVV) und im Zusammenhang mit arbeitsmedizinischen Regeln (AMR) (siehe Kapitel 4.10) gelten die berufsgenossenschaftlichen Grundsätze nur als Empfehlungen und Orientierung.

Die Grundsätze der Berufsgenossenschaften decken den größten Teil der erforderlichen Untersuchungen im Rahmen arbeitsmedizinischer Vorsorge ab. Darüber hinaus gibt es noch weitere staatliche Rechtsvorschriften für arbeitsmedizinische Untersuchungen, die sogar eine höhere Rechtsverbindlichkeit haben als die berufsgenossenschaftlichen (siehe Kapitel 4.10 Arbeitsmedizinische Vorsorge).

Durchführung, Organisation und Verantwortlichkeit für arbeitsmedizinische Vorsorge bewegen sich in einem Wechselspiel zwischen Unternehmer, Betriebsarzt, Berufsgenossenschaft, staatlichen Stellen, Arbeitssicherheitsgesetz und Betriebsverfassungsgesetz bzw. Personalvertretungsgesetz. Dabei darf der Arbeitnehmer nicht ausgeklammert werden, da die berufliche Belastung nur eine der Einflussgrößen für Gesundheit und Krankheit ist. Der große Bereich der Freizeit und des Freizeitverhaltens spielt eine nicht zu unterschätzende Rolle.

Wie an anderer Stelle bereits mehrfach betont, muss einer arbeitsmedizinischen Vorsorge eine **Gefährdungsbeurteilung der Tätigkeit vorausgehen**, um festlegen zu können, aufgrund welcher Gefährdungen die Vorsorge durchzuführen ist. Im umgekehrten Falle kann aber auch die arbeitsmedizinische Vorsorgeuntersuchung als eine Art der Gefährdungsbeurteilung herangezogen werden, wenn durch auffällige Untersuchungsbefunde vielleicht auf mögliche Gefährdungen und arbeitsbedingte Gesundheitsgefahren aufmerksam gemacht wird.

Tab. 3.9: *Bisher sind von den Berufsgenossenschaften (DGUV) die folgenden 46 Grundsätze veröffentlich worden (DGUV Grundsatz 350-001)*

G 1.1	Mineralischer Staub, Teil 1: Silikogener Staub
G 1.2	Mineralischer Staub, Teil 2: Asbestfaserhaltiger Staub
G 1.3	Mineralischer Staub, Teil 3: Künstlicher mineralischer Faserstaub
G 1.4	Staubbelastung
G2	Blei oder seine Verbindungen (mit Ausnahme der Bleialkyle)
G3	Bleialkyle
G4	Gefahrstoffe, die Hautkrebs hervorrufen
G5	Glykoldinitrat oder Glycerintrinitrat
G6	Schwefelkohlenstoff (Kohlenstoffdisulfid)
G7	Kohlenmonoxid
G8	Benzol
G9	Quecksilber oder seine Verbindungen
G 10	Methanol
G 11	Schwefelwasserstoff
G 12	Phosphor (weißer)
G 13	Tetrachlormethan (Tetrachlorkohlenwasserstoff) *
G 14	Trichlorethen (Trichlorethylen) und andere Chlorkohlenwasserstoff-Lösungsmittel
G 15	Chrom-VI-Verbindungen
G 16	Arsen oder seine Verbindungen
G 17	Tetrachlorethan (Perchlorethan) *
G 18	Tetrachlorethan oder Pentachlorethan) *
G 19	Dimethylformamid *
G 20	Lärm
G 21	Kältearbeiten
G 22	Säureschäden der Zähne
G 23	Obstruktive Atemwegserkrankungen
G 24	Hauterkrankungen (mit Ausnahme von Hautkrebs)
G 25	Fahr-, Steuer- und Überwachungstätigkeiten
G 26	Atemschutzgeräte
G 27	Isocyanate
G 28	Monochlormethan (Methylchlorid) *
G 29	Toluol und Xylol
G 30	Hitzearbeiten
G 31	Überdruck
G 32	Cadmium oder seine Verbindungen
G 33	Aromatische Nitro- oder Aminoverbindungen

G 34	Fluor oder seine anorganischen Verbindungen
G 35	Arbeitsaufenthalt im Ausland
G 36	Vinylchlorid
G 37	Bildschirmarbeitsplätze
G 38	Nickel oder seine Verbindungen
G 39	Schweißrauche
G 40	Krebserzeugende und erbgutverändernde Gefahrstoffe – allgemein
G 41	Arbeiten mit Absturzgefahr
G 42	Tätigkeiten mit Infektionsgefährdung
G 44	Hartholzstäube
G 45	Styrol
G 46	Belastungen des Muskel- und Skelettsystems einschließlich Vibrationen

Die mit * versehenen Grundsätze sind in den Grundsatz G 14 überführt worden.

Durch den Wegfall der BGV A 4 und die Neuregelungen durch die Verordnung zur arbeitsmedizinischen Vorsorge (ArbMedVV) sind aus einigen bisherigen Rechtsformen neue Pflichtuntersuchungen sowie Angebotsuntersuchungen geworden. Für einige bisherige Grundsätze der gewerblichen Berufsgenossenschaften gibt es künftig keine Rechtsnorm mehr (G 25, G 41). Um diese für das Unternehmen wiederherzustellen, sollte über eine Gefährdungsanalyse geprüft werden, welche Untersuchungen zum Schutz der Arbeitnehmer notwendig sind und welche evtl. auch künftig wegfallen können.

Hier empfiehlt sich eine enge Zusammenarbeit des Arbeitgebers sowie der Personalvertretungen mit dem Betriebsarzt bzw. der Fachkraft für Arbeitssicherheit, die in der Regel an der Erarbeitung der Gefährdungsbeurteilungen für das Unternehmen beteiligt sind.

Arbeitsmedizinisch notwendige Untersuchungen, die nicht ausdrücklich gesetzlich geregelt sind, können in einer Betriebsvereinbarung (siehe Kapitel 4.9) (betrieblicher Vorsorgeplan) festgeschrieben werden.

Bisher hatten die landwirtschaftlichen Berufsgenossenschaften eigene Richtlinien, sogenannte H-Sätze (10 Hinweise), die in mehr als der Hälfte den Grundsätzen der gewerblichen Berufsgenossenschaften entsprachen.

Mit der Vereinheitlichung der Aufgaben innerhalb des neuen Dachverbandes, nach dem Zusammenschluss mehrerer gewerblicher Berufsgenossenschaften zu derzeitig 9, der Vereinigung aller landwirtschaftlichen Berufsgenossenschaften zur Sozialversicherung für Landwirtschaft, Forsten und Gartenbau (SVLFG) sowie der künftigen Vereinigung der Unfallversicherer der öffentlichen Hand (siehe Kapitel 3.1) werden alle Unfallversicherer die Kriterien der ArbMedVV anwenden. Die bisherigen Grundsätze und Hinweise werden sich den Festlegungen der ArbMedVV unterordnen. Somit entsteht mehr Vergleichbarkeit, mehr Einheitlichkeit und mehr Transparenz bei der arbeitsmedizinischen Vorsorge.

In der folgenden Tabelle werden die Inhalte der ArbMedVV den gewerblichen und landwirtschaftlichen Grundsätzen und Hinweisen gegenübergestellt und die wesentlichen Hauptinhalte herausgestellt. Gleichzeitig wird auf die bisherigen arbeitsmedizinischen Regeln (eine Art Durchführungsbestimmungen) hingewiesen und die jeweilige Gesetzlichkeit für die Vorsorge zugrunde gelegt.

Tab. 3.10: Gegenüberstellung der arbeitsmedizinischen Vorsorge entsprechend der Gefährdungen

Untersuchungsanlass	Gesetzliche/ betriebliche Regelung	BG-Grundsatz H-Hinweis	Zweck	Bemer- kungen
Acrylnitril	ArbMedVV, AMR 2.1	–	PV, (AV), NU	
Alkylquecksilber- verbindungen	ArbMedVV, AMR 2.1	–	PV, (AV)	
Alveolengängiger Staub (A-Staub)	ArbMedVV, AMR 2.1	G 1.4	PV, (AV)	
Aromatische Nitro-und Ami- noverbindungen (K1- und K2-Gruppe)	ArbMedVV, AMR 2.1	G 33	PV, (AV), NU	
Arsen und Arsenverbindun- gen	ArbMedVV, AMR 2.1	G 16	PV, (AV), NU	
Asbest (ab 45. Lebensjahr)	ArbMedVV, AMR 2.1	G 1.2, H4	PV, (AV), NU	
Benzol	ArbMedVV, AMR 2.1	G 8	PV, (AV), NU	
Beryllium	ArbMedVV, AMR 2.1		PV, (AV)	
Bleitraethyl und Bleitetramethyl	ArbMedVV, AMR 2.1	G 2	PV, (AV)	
Blei und anorganische Blei- verbindungen	ArbMedVV, AMR 2.1	G 2	PV, AV, NU	
Cadmium und Cadmium- verbindungen	ArbMedVV, AMR 2.1	G 32	PV, (AV), NU	
Chrom-VI-Verbindungen	ArbMedVV, AMR 2.1	–	PV, (AV), NU	
Dimethylformamid	ArbMedVV, AMR 2.1	G 14	PV, (AV)	
Einatembarer Staub (E-Staub)	ArbMedVV, AMR 2.1	G 1.4	PV , (AV)	
Fluor und anorganische Fluorverbindungen	ArbMedVV, AMR 2.1	G 34	PV, (AV)	
Glycerintrinitrat und Glykoldi- nitrat (Nitroglycerin/Nitrogly- kol)	ArbMedVV, AMR 2.1	G 5	PV, (AV)	
Hartholzstaub	ArbMedVV, AMR 2.1	G 44, H5	PV, (AV), NU	
Kohlenstoffdisulfid	ArbMedVV, AMR 2.1		PV, (AV)	
Kohlenmonoxid	ArbMedVV	G 7	PV	

Untersuchungsanlass	Gesetzliche/ betriebliche Regelung	BG-Grundsatz H-Hinweis	Zweck	Bemer-kungen
Methanol	ArbMedVV, AMR 2.1	G 10	PV, (AV)	
Nickel und Nickel-verbindungen	ArbMedVV, AMR 2.1	G 38	PV, (AV), NU	
Polycyclische aromatische Kohlenwasserstoffe (Pyro-lyseprodukte aus organi-schem Material)	ArbMedVV, AMR 2.1	G 14	PV, (AV), NU	
Weißer Phosphor (Tetraphosphor)	ArbMedVV	G 12	PV	
Platinverbindungen	ArbMedVV, AMR 2.1	–	PV, (AV)	
Quecksilber und anorgani-sche Quecksilber-verbindungen	ArbMedVV, AMR 2.1	G 9	PV, (AV)	
Schwefelwasserstoff	ArbMedVV, AMR 2.1	G 11	PV, (AV)	
Silikogener Staub	ArbMedVV, AMR 2.1	G 1.1	PV, (AV)	
Styrol	ArbMedVV, AMR 2.1	G 45	PV, (AV)	
Tetrachlorethen	ArbMedVV, AMR 2.1	G 14	PV, (AV)	
Toluol	ArbMedVV, AMR 2.1	G 29	PV , (AV)	
Trichlorethen	ArbMedVV, AMR 2.1		PV, (AV), NU	
Vinylchlorid	ArbMedVV, AMR 2.1	G 36	PV, (AV), NU	
Xylol (alle Isomeren)	ArbMedVV, AMR 2.1	G 29	PV, (AV)	
Lärm	ArbMedVV, AMR 2.1, LärmVibrationsArbSchV	G 20, H1	PV, AV	
Vibrationen	ArbMedVV, AMR 2.1	–	PV, AV	
Kältearbeiten	ArbMedVV, AMR 2.1	G 21	PV	
Säureschäden Zähne	Betriebsvereinbarung	G 22		
Obstruktive Atemwegser-krankungen	Betriebsvereinbarung	G 23, H 6		
Mehlstaub	ArbMedVV, AMR 2.1	G 23	PV, AV	
Atemsensibilisierende oder hautresorptive Stoffe	ArbMedVV	G 23	AV	
Hautkrankheiten (außer Hautkrebs)	Betriebsvereinbarung ArbMedVV	G 24		
Exposition gegenüber inkohärenter künstlicher opti-scher Strahlung	ArbMedVV	–	PV, AV	
Hochtemperaturwolle	ArbMedVV		PV, AV, NV	
Arbeitsstoffe, die Hautkrebs verursachen (Teere, Teeröle, Peche)	ArbMedVV	G 4	PV, NV	
Krebserzeugende oder erb-gutverändernde Stoffe oder Zubereitungen	ArbMedVV, AMR 2.1	G 4	PV, AV, NV	
Fahr-, Steuer- und Überwa-chungstätigkeiten	Betriebsvereinbarung, FeV	G 25	Eignung	

Untersuchungsanlass	Gesetzliche/ betriebliche Regelung	BG-Grundsatz H-Hinweis	Zweck	Bemer- kungen
Isocyanate	ArbMedVV	G 27	PV, AV	
Hitzearbeiten	ArbMedVV, AMR 2.1, AMR 13.1	G 30	PV	
Druckluft/Taucherarbeiten	DruckluftV, ArbMedVV, AMR 2.1	G 31	PV	
Arbeitsaufenthalt im Ausland unter best. klimat. und gesundheitl. Bedingungen	ArbMedVV, AMR 2.1	G 35	PV	
Bildschirmarbeitsplätze	ArbMedVV, AMR 2.1, BildscharbV	G 37	AV	
Tragen von Atemschutzgerä- ten der Gruppe 2+3	ArbMedVV, AMR 2.1	G 26, H 7	PV, Eignung	
Tragen von Atemschutzgerä- ten der Gruppe 1	ArbMedVV, AMR 2.1	G 26, H7	AV	
Schweißrauche	ArbMedVV, AMR 2.1	G 39, H3	PV, AV	
Naturgummilatex- handschuhe	ArbMedVV, AMR 2.1	G 24	PV	
Epoxidharze	ArbMedVV, AMR 2.1		PV	
Krebserzeugende Gefahr- stoffe – Sonstige	ArbMedVV, AMR 2.1	G 4,40,44	PV ,AV, NV	
Arbeiten mit Absturzgefahr	Betriebsvereinbarung	G 41	Eignung	
Infektionskrankheiten	ArbMedVV, AMR 2.1	G 42	PV, AV	Einzel- heiten Kapitel 7
Biotechnologie	ArbMedVV, AMR 2.1	G 43	PV, AV	Einzel- heiten Kapitel 7
Belastungen des Muskel- und Skelettsystems	LasthandhabV, ArbMedVV, ASIG PV	G 46	AV	
Radioaktive Stoffe	StrSchV	–	PV, NV	Einzel- heiten Kapitel 12
Röntgenstrahlen	RöV	–	PV, NV	Einzel- heiten Kapitel 12
Gesundheitsbergverordnung	GesBergV	–	PV	
Begasungen	GefStoffV, ArbMedVV, AMR 2.1	H 2	AV	
Schädlingsbekämpfung	GefStoffV, ArbMedVV, AMR 2.1	H 2	AV	
Feuchtarbeit > 4 Std. täglich	ArbMedVV, AMR 2.1	G 24	PV	
Feuchtarbeit 2-4 Std. täglich	ArbMedVV, AMR 2.1	G 24	AV	
Arbeiten im Forst	Betriebsvereinbarung	H 8		
Baumarbeiten	Betriebsvereinbarung	H 9		
Pflanzenschutzmittel	Betriebsvereinbarung	H 2		

Untersuchungsanlass	Gesetzliche/ betriebliche Regelung	BG-Grundsatz H-Hinweis	Zweck	Bemer- kungen
Arbeiten in Kompostierungs- anlagen	Betriebsvereinbarung	H 10		
Getreide-, Futtermittelstaub	ArbMedVV, AMR 2.1	G 23, H 6	PV, AV	
Labortierstaub	ArbMedVV, AMR 2.1		PV	

Legenden:

PV = Pflichtvorsorge nach ArbMedVV
AV = Angebotsvorsorge nach ArbMedVV
NV = Nachgehende Vorsorge
NU = Nachgehende Untersuchungen
E = Eignung
G = Grundsatz der gewerblichen Berufsgenossenschaft
H = Hinweis der landwirtschaftlichen Berufsgenossenschaft

Bei den Gefahrstoffen in der obigen Tabelle gilt nach ArbMedVV die vorgeschriebenen arbeitsmedizinische Vorsorge als Pflichtvorsorge nur dann, wenn

1. der Arbeitsplatzgrenzwert für den Gefahrstoff nach der Gefahrstoffverordnung
   nicht eingehalten wird,
2. eine wiederholte Exposition nicht ausgeschlossen werden kann und der Gefahrstoff krebserzeugend oder erbgutverändernes Potenzial besitzt. Ebenso gültig
   für eine Zubereitung der Kategorie 1 oder 2 im Sinne der Gefahrstoffverordnung (siehe Kapitel 4.3.6.5)
3. der Gefahrstoff hautresorptiv ist und eine Gesundheitsgefährdung durch Hautkontakt nicht ausgeschlossen werden kann

Ansonsten darf man von einer Angebotsvorsorge ausgehen.

In jedem Falle sollten sowohl der Betriebsarzt als auch die Fachkraft für Arbeitssicherheit hinzugezogen werden, um für alle Tätigkeiten eine Gefährdungsbeurteilung erstellen zu lassen, in der die einzelnen Gefährdungsmöglichkeiten für den
jeweiligen Arbeitsplatz festgelegt werden.

Nachfolgend werden einige häufige Tätigkeiten detaillierter beschrieben. In ähnli-
cher Weise kann man innerbetrieblich vorgehen, wenn es um die Beschreibung, die
Gefährdungen und die erforderlichen Schutzmaßnahmen geht. Dabei sollte bedacht
werden, dass die arbeitsmedizinische Vorsorge nicht nur eine medizinische Untersuchung ist, sondern eine komplexe Aufgabe, deren Hauptbestandteile die

1. Begehung oder die Kenntnis des Arbeitsplatzes durch den Arzt bzw. die Fachkraft für Arbeitssicherheit,
2. die Mitarbeit an der Gefährdungsbeurteilung für jede Tätigkeit und jeden
   Arbeitsplatz,

3. die arbeitsmedizinische Befragung und evtl. Untersuchung der Beschäftigten,
4. die Beurteilung des Gesundheitszustandes der Beschäftigten in Abhängigkeit ihrer Tätigkeit,
5. die individuelle arbeitsmedizinische Beratung,
6. die Dokumentation der Untersuchungs-bzw. Beratungsergebnisse und
7. die Beratung des Arbeitgebers zum Arbeits- und Gesundheitsschutz

sind.

3.2.11 Grundsatz G 20 – Lärm

Die Wahrnehmung von Tönen, Geräuschen, so auch von Lärm erfolgt im Innenohr des Menschen, nachdem die Schwingungen über die Luft des äußeren Gehörganges, über das Trommelfell und die Gehörknöchelchen in das Innenohr gelangt sind.

Bei ohrgesunden Personen ist im Allgemeinen nicht anzunehmen, dass sich ein Gehörschaden entwickelt, solange ein Lärmpegel unter 80 dB(A) einwirkt.

Mit der neuen Lärm- und Vibrations-Arbeitsschutzverordnung vom 6. März 2007 wurden neue Begriffe und neue Grenzwerte eingeführt, die erst noch in die Dokumente der Berufsgenossenschaften eingearbeitet werden müssen (G 20).

Die Gefährdung des Gehörs ist insbesondere von mehreren Größen abhängig:

- dem Tages-Lärmexpositionspegel ($L_{EX,8h}$) (alle gemittelten Schallereignisse am Arbeitsplatz innerhalb einer 8-Stundenschicht),
- dem Wochen-Lärmexpositionspegel ($L_{EX,40h}$) (alle gemittelten Schallereignisse am Arbeitsplatz bezogen auf eine 40-Stundenwoche),
- dem Spitzenschalldruckpegel ($L_{pC,peak}$).

Die Gefahr des Entstehens von Gehörschäden besteht bei einer Lärmbelastung mit einem Beurteilungspegel ab 80 dB(A). Während bei Beurteilungspegeln unter 80 dB(A) Gehörschäden nur bei langdauernder Lärmbelastung auftreten können, nimmt bei Beurteilungspegeln von 80 dB(A) und mehr die Schädigungsgefahr deutlich zu.

Werden Personen in Lärmbereichen beschäftigt, ist grundsätzlich die Gefahr einer Gehörschädigung gegeben.

Lärmbereiche und Kennzeichnungspflicht

> **Definition:**
> **Lärmbereiche sind Bereiche, in denen der Tages-Lärmexpositionspegel = Obere Auslösewerte ($L_{EX,8h}$) 85 dB(A) oder der Spitzenschalldruckpegel ($L_{pC,peak}$) 137 dB (C) erreicht oder überschritten wird.**

Diese Tages-Lärmexpositionspegel = Obere Auslösewerte ($L_{EX,8h}$) kommen in vielen Branchen vor. Wenn diese Pegel 85 dB(A) erreichen oder überschritten werden oder der Spitzenschalldruckpegel ($L_{pC,peak}$) 137 dB(C) erreicht oder überschritten wird, ist dieser Bereich nach der Lärm- und Vibrations-Arbeitsschutzverordnung mit dem Gebotszeichen M 003 zu kennzeichnen (Abb. 3.1). Gleichermaßen ist in einem solchen Bereich entsprechender Gehörschutz zu tragen (siehe Kapitel 13.3 – Gehörschutz). Neu ist in der Verordnung, dass unter Einbeziehung des dämmenden Gehörschutzes die Werte von 85 dB(A) bzw. 137 dB(C) nicht überschritten werden dürfen.

Abb. 3.1: Gebotszeichen M003 „Gehörschutz benutzen"

Die Abhängigkeit eines möglichen Innenohrschadens durch Lärmeinwirkung von der Zeit der Einwirkung und der Intensität des Schalldruckpegels wird deutlich, wenn man bedenkt, dass oberhalb eines Schalldruckpegels von 120 dB bereits nach wenigen Minuten ein bleibender Schaden resultieren kann. Noch eindrucksvoller ist die Tatsache, dass bei einem extrem hohen Schalldruckpegel von mehr als 140 dB ein Gehörschaden bereits durch ein einziges solches Ereignis ausgelöst werden kann (z.B. Explosionen, Knalle usw.)

Hörminderungen und Hörschaden

Eine lärmbedingte Hörminderung lässt sich durch spezielle Hörtests nachweisen. Der nachweisbare Hörverlust bildet sich vorzugsweise bei Frequenzen oberhalb 1 kHz aus. Charakteristisch ist dann eine so genannte Tonsenke zwischen 3 und 6 kHz, später auch in höheren Frequenzen, dann in den mittleren Bereichen.

Zu einer vorübergehenden Hörminderung kann es durch Lärmeinwirkung kommen, die sich aber meist am Ende der täglichen Lärmbelastung wieder zurückbildet. Die Erholung des Gehörs nach einer Lärm- oder Geräuschbelastung ist umso besser, je niedriger der Geräuschpegel in der Erholungszeit ist und je länger diese Erholung andauert. Im Allgemeinen kann man davon ausgehen, dass eine hinreichende Gehörerholung möglich ist, wenn während der Erholungszeit 70 dB nicht überschritten werden und die Erholungszeit wenigstens 10 Stunden andauert.

Arbeitsmedizinische Vorsorge

Rechtsgrundlage für die spezielle arbeitsmedizinische Vorsorgeuntersuchung bilden bisher die §§ 13+14 der LärmVibrationsArbSchV, die eindeutig festlegen, wer eine Pflichtvorsorge erhalten muss und wem der Arbeitgeber nur ein Angebot einer arbeitsmedizinischen Vorsorge unterbreiten muss. Mit der Verordnung zur arbeitsmedizinischen Vorsorge (ArbMedVV) wurden im Anhang Teil 3 die früheren Festlegungen übernommen.

Eine arbeitsmedizinische Vorsorge ist zu veranlassen (= **Pflichtvorsorge**) bei **Erreichen oder Überschreiten der oberen** Auslösewerte ($L_{EX,8h}$) 85 dB(A) und ($L_{pC,peak}$) 137 dB(C).

Eine arbeitsmedizinische Vorsorge ist anzubieten (= **Angebotsvorsorge**) bei **Erreichen oder Überschreiten der unteren** Auslösewerte ($L_{EX,8h}$) 80 dB(A) und ($L_{pC,peak}$) 135 dB(C).

Erfolgt die Pflichtvorsorge nicht, darf der Arbeitgeber seinen Mitarbeiter nicht weiterhin mit Arbeiten beschäftigen, bei denen er lärmexponiert ist. Dies gilt unabhängig vom Tragen eines geeigneten Gehörschutzes. Gleichermaßen hat der Arbeitgeber eine Vorsorgekartei zu führen, die dem Beschäftigten bei seinem Ausscheiden auszuhändigen ist.

Es ist wichtig, dass eine Prüfung der Hörleistung immer nur nach einer ausreichenden Erholungsphase des Gehörs (mindestens 14 Stunden bei einer Schalleinwirkung von mehr als ($L_{EX,8h}$) 85 dB(A) und ($L_{pC,peak}$) 137 dB(C) durchgeführt werden sollte, um nicht falsche Ergebnisse zu erhalten. Sollte der Versicherte vor der Untersuchung einem Lärmpegel von ($L_{EX,8h}$) 80–85 dB(A) und ($L_{pC,peak}$) 135–137 dB(C) ausgesetzt gewesen sein, sollte die Untersuchung nicht eher als nach 30 Minuten Lärmpause durchgeführt werden.

Ebenso wichtig ist es, dass für die Durchführung der Hörprüfung die geeigneten Untersuchungsbedingungen vorherrschen. Das macht verständlich, warum nicht jeder beliebige Raum in einem Unternehmen gleichermaßen als Raum für die Untersuchung des Gehörs geeignet ist.

Für die Gehörprüfung müssen geeignete Räumlichkeiten existieren, wenn die Untersuchung im Unternehmen durchgeführt werden soll.

Eine erste Untersuchung hat vor Aufnahme einer Tätigkeit in einem Lärmbereich zu erfolgen, eine erste Nachuntersuchung nach 12 Monaten. Danach, vorausgesetzt, dass keine Hörminderung festgestellt wird, können die Abstände auf 36 Monate (bei Beurteilungspegeln von $\geq$ 85 dB(A)) sowie 60 Monate (bei Beurteilungspegeln von $\geq$ 80 dB(A), aber unter 85 dB(A)) festgelegt werden. Vorzeitige Nachuntersuchungen sind jederzeit durch den Betriebsarzt möglich, wenn es dafür einen wichtigen Grund gibt.

Tab. 3.11:   *Nachuntersuchungsfristen nach G 20 und ArbMedVV Anhang Teil 3 (Tabelle 1d AMR 2.1 vom 27. Dezember 2012, GMBl. 2013 S. 906–907)*

Nachuntersuchungsfristen		
Erste Untersuchung	Erste Nachuntersuchung	Weitere Nachuntersuchungen
Vor erstmaliger Aufnahme der Tätigkeit	12 Monate	36 Monate $\geq$ 85 dB(A), aber < 90 dB(A) 60 Monate $\geq$ 80 dB(A), aber < 85 dB(A)
		Bei Beendigung der Tätigkeit

Die abschließende medizinische Beurteilung nach Untersuchung des Gehörs entspricht den allgemein üblichen Aussagen (siehe Kapitel 4.10).

Sollte es trotz entsprechender Maßnahmen zu einem bleibenden Gehörschaden kommen, kann nach Nr. 2301 der Anlage zur Berufskrankheitenverordnung (BKV) „Lärmschwerhörigkeit" beantragt werden (siehe Kapitel 11).

Für bestimmte Personengruppen gibt es Beschäftigungsbeschränkungen auf einem Lärmarbeitsplatz (§ 22 Jugendarbeitsschutzgesetz, § 4 Mutterschutzgesetz i.V.m. §§ 3 bis 5 Mutterschutzrichtlinienverordnung).

Tab. 3.12:   *Zusammenfassung der Neuregelungen nach Inkrafttreten der neuen Lärmschutzverordnung (LärmVibrationsArbSchV) am 6. März 2007 sowie der Verordnung zur arbeitsmedizinischen Vorsorge (ArbMedVV) vom 31. Oktober 2013*

	vorher	neue Festlegungen
Kennzeichnungspflicht des Lärmbereiches	Erreichen oder Überschreiten von 90 dB(A) oder 140 dB(C)	Erreichen oder Überschreiten von 85 dB(A) oder 137 dB(C)
Obere Auslösewerte	Ortgebundener Beurteilungspegel 85 dB(A) bzw. 140 dB(C)	($L_{EX,8h}$) 85 dB(A) ($L_{pC,peak}$) 137 dB(C) ohne Berücksichtigung von Gehörschutz

	vorher	neue Festlegungen
Untere Auslösewerte		$(L_{EX,8h})$ 80 dB(A) $(L_{pC,peak})$ 135 dB(C) ohne Berücksichtigung von Gehörschutz
Pflichtvorsorge	Erreichen oder Überschreiten $(L_{EX,8h})$ 85 dB(A) oder $(L_{pC,peak})$ 140 dB(C).	Erreichen oder Überschreiten $(L_{EX,8h})$ 85 dB(A) oder $(L_{pC,peak})$. 137 dB(C)
Angebotsvorsorge	War nicht geregelt, daher individuelle Entscheidung	Erreichen oder Überschreiten $(L_{EX,8h})$ 80 dB(A) oder $(L_{pC,peak})$. 135 dB(C)
Gehörschutz	Musste angemessen sein	Unter **Einbeziehung** des Gehörschutzes dürfen folgende Werte nicht überschritten werden $(L_{EX,8h})$ 85 dB(A) oder $(L_{pC,peak})$ 137 dB(C)

3.2.12 Grundsatz G 24 – Hauterkrankungen (mit Ausnahme von Hautkrebs)

Anwendungsbereich

Dieser Grundsatz gibt Anhaltspunkte für die gezielte arbeitsmedizinische Vorsorge von Versicherten, die durch ihre Tätigkeit einer besonderen Belastung der Haut ausgesetzt sind. Die Vorsorge soll dazu dienen, Hauterkrankungen zu verhindern oder frühzeitig zu erkennen.

Personen mit einer entsprechenden Disposition sind besonders belastet

* bei entsprechender Feuchtbelastung der Haut,
* beim Umgang mit irritativen Substanzen,
* beim Umgang mit Kontaktallergenen.

Arbeitsmedizinische Vorsorge

Besonders wichtig ist bei der Vorsorge die Vorgeschichte des Untersuchten im Hinblick auf bisherige Verträglichkeit von hautbelastenden Tätigkeiten oder berufsbedingten Hauterkrankungen. Wichtig ist auch, ob in der Familie bestimmte Hauterkrankungen bereits aufgetreten sind.

Mit der neuen Verordnung zur arbeitsmedizinischen Vorsorge (ArbMedVV) bekommt der Grundsatz 24 der gewerblichen Berufsgenossenschaften, der bisher lediglich eine Angebotsuntersuchung war, eine neue Wertigkeit.

Auf der Grundlage der Gefahrstoffverordnung wurden hautbelastende Tätigkeiten neu formuliert, die zu folgender Vorsorge führen (Anhang ArbMedVV Teil 1):

1. Pflichtvorsorge bei Tätigkeiten mit Gefahrstoffen
   a Feuchtarbeit von regelmäßig 4 Stunden oder mehr am Tag
   b. Exposition gegenüber Isocyanaten, bei denen ein regelmäßiger Hautkontakt nicht vermieden werden kann
   c. Benutzung von Naturgummilatexhandschuhen mit mehr als 30 Mikrogramm Protein je Gramm im Handschuhmaterial
2. Angebotsvorsorge bei Tätigkeiten mit Gefahrstoffen
   a. Feuchtarbeit von regelmäßig mehr als 2 Stunden je Tag
3. Untersuchungsfristen bei Feuchtarbeit nach ArbMedVV Anhang 1 und AMR 2.1 vom 27. Dezember 2013 (GMBl.2013 S. 906–907)

Intensität der Feuchtarbeit	Vorsorgetermine
Feuchtarbeit > 4 Stunden täglich	Pflichtvorsorge alle 24 Monate
Feuchtarbeit > 2 Stunden, aber < 4 Stunden täglich	Angebotsvorsorge alle 24 Monate

4. Untersuchungsfristen bei Arbeiten mit Isocyanaten nach ArbMedVV Anhang 1 und AMR 2.1 Tabelle 1b vom 27. Dezember 2013 (GMBl.2013 S. 906–907)

Tätigkeiten	Vorsorgetermine
Bei Exposition mit Isocyanaten, bei denen ein regelmäßiger Hautkontakt nicht vermieden werden kann oder eine Luftkonzentration von 0,05 mg/m3 überschritten wird	**Pflicht**vorsorge als 1. Nachuntersuchung nach 3 Monaten, jede weitere Nachuntersuchung 12–36 Monate

5. Untersuchungsfristen bei Benutzung von Naturlatexgummihandschuhen mit mehr als 30 µg Protein/Handschuhmaterial nach ArbMedVV Anhang 1 und AMR 2.1 Tabelle 1b vom 27. Dezember 2013 (GMBl.2013 S. 906-907).

Pflichtvorsorge alle 6–12 Monate

Eine Angebotsvorsorge gibt es bei dieser Tätigkeit nicht.

6. Untersuchungsfristen bei Tätigkeiten mit dermaler Gefährdung oder inhalativer Exposition mit Gesundheitsgefährdung, verursacht durch unausgehärtete Epoxidharze nach ArbMedVV Anhang 1 und AMR Tabelle 1 b 2.1 vom 27. Dezember 2013 (GMBl.2013 S. 906–907)

Pflicht Vorsorgetermine:

1. vor Aufnahme der Tätigkeiten
2. erste Nachuntersuchung (Pflichtvorsorge) nach 3 Monaten
3. jede weitere Pflichtvorsorge alle 12–36 Monate

Angebotsvorsorge gibt es bei dieser Tätigkeit nicht.

Für alle Tätigkeiten muss in einer Gefährdungsbeurteilung für jeden einzelnen Arbeitsplatz festgelegt werden, ob die Möglichkeit besteht, dass Hautkontakt zu allergisierenden Stoffen oder zu hautirritativen Stoffen besteht. In diesem Fall muss immer eine verpflichtende arbeitsmedizinische Vorsorge für diesen Arbeitsplatz festgeschrieben werden (entsprechend der ArbMedVV).

Diese Regelungen gelten unabhängig von der Notwendigkeit eines entsprechenden Hautschutzprogrammes.

Untersuchungsumfang

Für die Beurteilung ist es notwendig, das gesamte Hautorgan zu untersuchen, insbesondere im Hinblick auf Ekzemherde, trockene Haut, keratotische Finger- und Fußrhagaden, Ohr-/Mundwinkelrhagaden, Hinweise auf Psoriasis und andere Dermatosen.

Wenn eine der oben genannten Tätigkeiten nicht zutrifft, aber dennoch eine Hautbelastung vorliegen sollte, muss entsprechend der Gefährdungsbeurteilung der G 24 der Berufsgenossenschaften im Sinne einer Empfehlung gesehen werden, wobei dann andere Fristen gelten und diese abhängig davon sind, ob es sich um eine Angebots- oder Pflichtvorsorge handelt oder vielleicht sogar eine Tätigkeitsvoraussetzung bestehen sollte. Dies lässt sich mit einer Gefährdungsbeurteilung gut definieren.

Eine Nachuntersuchung bei Beendigung der Tätigkeit ist anzubieten, wenn während der Tätigkeit Pflichtvorsorge erforderlich war bzw. Vorsorge angeboten werden musste.

4 Gruppen von Schädigungsmöglichkeiten sollten beachtet werden (Auswahl):

1. subtoxisch-kumulativ wirkende Stoffe:
   Wasser, Kühlschmierstoffe, alkalische Substanzen, Lösemittel, technische Öle und Fette, Benzine, Petroleum
2. sensibilisierende Stoffe:
   Metallionen (Nickel, Chrom, Kobalt), Dauerwellmittel, Farbstoffe, Gummi, Desinfektions- und Konservierungsstoffe u.a.m.
3. physikalische Einwirkungen:
   Mineralfasern, Keramikfasern, Metall- und Glassplitter, Haare, Strahlen, Hitze und Kälte
4. sonstige Einwirkungen:
   hautpathogene Mikroorganismen

Bei entsprechendem Verdacht auf eine berufsbedingte Hauterkrankung kann ein so genanntes Hautarztverfahren eingeleitet werden oder der Verdacht auf eine Berufserkrankung geäußert werden (Einleitung der nötigen Verfahrensschritte; siehe Kapitel 11).

Hautschutz

Die arbeitsmedizinische Vorsorge umfasst neben der Untersuchung selbst auch die entsprechende Beratung zum Einsatz geeigneter Hautschutzmittel. Diese werden im Kapitel Hautschutz (siehe Kapitel 13.2) ausführlicher behandelt.

3.2.13 Grundsatz G 25 – Fahr-, Steuer- und Überwachungstätigkeiten

Anwendungsbereich

In diesem Grundsatz vereinen sich eine ganze Reihe unterschiedlicher Tätigkeiten. Er wendet sich zum einen an alle Beschäftigten, die ein kraftbetriebenes Fahrzeug führen, zum anderen an diejenigen, die Steuer- und Überwachungstätigkeiten zum Beispiel von komplexen Verfahrensabläufen in der Industrie durchführen.

Fahr-, Steuer- und Überwachungstätigkeiten sind häufig innerbetrieblicher Art, z.B. Führen von Flurförderzeugen, Hebezeugen oder Erdbaumaschinen, Steuern von Seilbahnanlagen oder Hubarbeitsbühnen, Überwachen von Leitstellen oder Stellwerken.

Arbeitsmedizinische Vorsorge

Die arbeitsmedizinische Vorsorge, wie wir sie von anderen Tätigkeiten her kennen, muss hier anders bewertet werden. Zum einen entstehen Belastungen bei Fahr-, Steuer- und Überwachungstätigkeiten zum Teil durch unergonomische Arbeitsplatzgestaltung mit der Folge von Muskelverspannungen, vorwiegend im Schulter-Nacken-Bereich sowie im Bereich der Lendenwirbelsäule. Zum anderen sind es aber besonders bei Überwachungstätigkeiten die geistigen Leistungen, die die Beschäftigten erbringen müssen.

Die häufig gleichförmigen Tätigkeiten führen zu einer psychomentalen Belastung. Akustische und optische Reize müssen schnell und fehlerfrei erkannt werden und in richtige Handlungen umgesetzt werden. Deshalb werden an das Seh- und Hörvermögen besondere Anforderungen gestellt.

Für die arbeitsmedizinischen Untersuchungen nach G 25 galt bisher, dass es eine Angebotsuntersuchung des Arbeitgebers an den Arbeitnehmer war, wenn nicht in innerbetrieblichen Dokumenten (Betriebsvereinbarung) eine andere Regelung getroffen wurde.

Es ist mit der Verordnung zur Rechtsvereinfachung und Stärkung der arbeitsmedizinischen Vorsorge eine neue inhaltliche Form für die Untersuchungen zur Fahr-, Steuer- und Überwachungstätigkeit (Berufsgenossenschaftlicher Grundsatz 25) gefunden worden, die mehr die Fahreignung sowie die Eignung für Steuer- und Überwachungstätigkeiten beschreibt als die Folgen für die Gesundheit durch Ausübung dieser Tätigkeiten. Dies entspricht mehr einer Tätigkeitsvoraussetzung zur Ausübung der Aufgaben als bestimmten Schädigungsmustern.

Da diese Tätigkeitsvoraussetzung aber in keiner Rechtsvorschrift verankert ist, bleibt es jedem Unternehmer vorbehalten, diese Untersuchungen auch weiterhin durchführen zu lassen (durch den Betriebsarzt), wenn dies im Einvernehmen mit der Personalvertretung in einer Betriebsvereinbarung geregelt wird (siehe Kapitel 4.9). Aus der bisherigen arbeitsmedizinischen Vorsorge(untersuchung) wird eindeutig eine Eignungsuntersuchung für diese bestimmte Tätigkeit. Sie ist in der ArbMedVV nicht erwähnt. Somit gibt es auch keine Festlegung, wie man diese „Vorsorge" einordnen soll. Eignungsuntersuchungen werden von arbeitsmedizinischer Vorsorge deutlich getrennt und erhalten nun einen anderen Stellenwert.

Es wurde an anderer Stelle bereits darauf hingewiesen, dass alle Tätigkeiten und Arbeitsabläufe, die nicht irgendwo gesetzlich oder berufsgenossenschaftlich geregelt sind, einer besonderen innerbetrieblichen Regelung bedürfen (z.B. als Betriebsvereinbarung), bis vielleicht der Gesetzgeber eine diesbezügliche Verfahrensweise vorgibt.

Der Auftraggeber für eine arbeitsmedizinische Vorsorgeuntersuchung nach G 25 ist in der Regel der Arbeitgeber, der Beratungsempfänger ist aber zunächst der untersuchte Beschäftigte. Oftmals ist bei ärztlich festgestellter Nichteignung der ganze Arbeitsplatz und ein ganzes Berufsbild durch diese Entscheidung gefährdet. Solange es keine betrieblichen Regelungen gibt und die Untersuchung ein Angebot bleibt, muss es dem Beschäftigten auch freigestellt bleiben, ob er trotz der ärztlichen Bedenken seinen Beruf und seine Tätigkeit weiter ausüben will und kann. Eine einzige Bedingung muss allerdings erfüllt sein – die Gefährdung Dritter muss ausgeschlossen werden.

Wichtig:

In strenger Güterabwägung (**Prinzip des höheren Rechtsgutes**) ist es dem untersuchenden Betriebsarzt erlaubt, auch an einem völlig uneinsichtigen Beschäftigten vorbei den Arbeitgeber oder die Behörde über die negative Tauglichkeitsbeurteilung zu informieren. In der Praxis wird man aber versuchen, bei starker Bedenklichkeit zunächst den Beschäftigten davon zu überzeugen, dass es für seine eigene und die Sicherheit Dritter besser wäre, wenn man gemeinsam mit dem Arbeitgeber über eine andere Tätigkeit nachdenkt. In den meisten Fällen wird man auch eine geeignete andere Tätigkeit im Unternehmen finden. Manchmal reichen auch bestimmte Veränderungen der Arbeitsgestaltung oder der Arbeitsorganisation bereits aus, die ärztlichen Bedenken auszuräumen oder zumindest zu minimieren.

Für bestimmte Bereiche gibt es allerdings Festlegungen, dass eine tätigkeitsbezogene Eignung festzustellen ist:

- für den Straßenverkehr in §§ 11–14, 23 und 48 Fahrerlaubnis-Verordnung (FeV) und § 3 Verordnung über den Betrieb von Kraftfahrunternehmen im Personenverkehr (BOKraft)
- für den Schienenverkehr in § 48 Eisenbahn-Bau- und Betriebsordnung (EBO) und § 11 Straßenbahn-Bau- und Betriebsordnung (BOStrab),
- für die Benutzung mobiler selbstfahrender Arbeitsmittel im Anhang 1 Abschnitt 1 Betriebssicherheitsverordnung (BetrSichV).,
- für den innerbetrieblichen Transport und Verkehr in den Unfallverhütungsvorschriften
  - Krane (BGV D 6 § 29) (DGUV Vorschrift 52/53)
  - Schienenbahnen (BGV D 30 § 24 Abs. 1) (DGUV Vorschrift 73)
  - Fahrzeuge (BGV D 29 § 35 Abs. 1) (DGUV Vorschrift 70/71)
  - Flurförderzeuge (BGV D 27 § 7) (DGUV Vorschrift 68/69)
  - Seilschwebebahnen und Schlepplifte (BGV D 31 § 21) (DGUV Vorschrift 74)
  - Luftfahrt (BGV C 10 § 74)
  - Arbeiten im Bereich von Gleisen (BGV D 33 § 5 Abs. 3 und § 6 Abs. 1) (DGUV Vorschrift 77/78)

Untersuchungsumfang

Für die Durchführung von Untersuchungen nach G 25 sind nur Ärzte mit der Fachgebietsbezeichnung Arbeitsmedizin oder der Zusatzbezeichnung Betriebsmedizin berechtigt. Eine Ermächtigung durch die Berufsgenossenschaft ist nicht mehr erforderlich.

Die Untersuchung schließt folgende Details ein:

- allgemeine und tätigkeitsbezogene Anamnese sowie mögliche aktuelle Beschwerden,
- Ganzkörperstatus (körperliche Untersuchung) unter besonderer Berücksichtigung von Herz-Kreislauf-Erkrankungen, neurologischen und psychischen Auffälligkeiten sowie schlafbezogenen Atmungsstörungen,
- Untersuchung von Hör- und Sehvermögen,

- Laboruntersuchung des Urins mittels Mehrfachstreifen als Routineuntersuchung,
- fakultativ und nach Bedarf können weitere Blutuntersuchungen erfolgen (Einzelfallentscheidung).

Die Untersuchungen sollten als Erstuntersuchung vor Aufnahme der Tätigkeit sowie **während** der Tätigkeiten erfolgen. Nachuntersuchungen sind in der Regel **vor Ablauf von 36 Monaten** durchzuführen, wenn nicht aus ärztlicher Sicht ein früherer Zeitpunkt für notwendig gehalten wird.

Tab. 3.13: Nachuntersuchungsfristen nach G 25

Erstuntersuchungen	Vor Aufnahme von Fahr-, Steuer- und Überwachungstätigkeiten
Nachuntersuchungen	– bis zum vollendeten 40. Lebensjahr nach 36 bis 60 Monaten (auf der Grundlage der Gefährdungsbeurteilung und nach betrieblichem Ermessen) – ab dem vollendeten 40. bis zum vollendeten 60. Lebensjahr nach 24 bis 36 Monaten (auf der Grundlage der Gefährdungsbeurteilung und nach betrieblichem Ermessen) – ab dem vollendeten 60. Lebensjahr nach 12 bis 24 Monaten (auf der Grundlage der Gefährdungsbeurteilung und nach betrieblichem Ermessen)
Vorzeitige Nachuntersuchung	– nach längerer Arbeitsunfähigkeit – bei Aufnahme einer neuen Tätigkeit – nach ärztlichem Ermessen in Einzelfällen – auf Wunsch des Beschäftigten – wenn Hinweise auftreten, die Bedenken für die Tätigkeit zulassen

Anforderungen an das Sehvermögen

Es gab lange Zeit getrennte Richtwerte für das Sehvermögen, ob es sich um eine Untersuchung nach G 25 der Berufsgenossenschaften (meist für innerbetriebliche Fahrtätigkeiten) handelte oder eine Untersuchung nach FeV.

Diese Trennung sollte nicht mehr vorgenommen werden, da es sich beim G 25 nicht mehr um eine arbeitsmedizinische Vorsorge handelt, sondern um eine Eignungseinschätzung für eine bestimmte Tätigkeit.

Da es sich nach der FeV ebenfalls um eine Eignungsprüfung zum Führen eines bestimmten Fahrzeuges handelt, sollten auch diese gesetzlichen Vorgaben der FeV zugrunde gelegt werden (siehe Kapitel 10.4).

Für die Eignung zum Führen von Fahrzeugen sollten Mindestanforderungen gestellt werden, die ausreichend Sicherheit gewährleisten, dass die erforderlichen Arbeiten für den Beschäftigten selbst und andere Mitarbeiter gefahrlos ausgeübt werden können. Das erfordert zunächst eine ausreichende Sehleistung (Visus), aber auch das räumliche Sehvermögen ist unbedingt als sicherheitsrelevanter Faktor beim Führen von Gabelstaplern, Kranen oder fahrbaren Arbeitsmaschinen erforderlich. Hier ist eine tätigkeitsbezogene Beurteilung notwendig, um festzustellen, ob der Fahrer Gegenstände oder auch Personen in entsprechenden Entfernungen korrekt zuordnen kann.

Farbsinnstörungen sind dann sehr bedeutsam, wenn die Farbe „Rot" als Warnfarbe im innerbetrieblichen Verkehr unbedingt erkannt werden muss. Eine Tauglichkeit besteht nicht, wenn im Rotbereich ein Anomaliequotient unter 0,5 vorliegt (durch Zusatzuntersuchung eines Augenarztes zu prüfen).

Eine arbeitsplatzbezogene Beurteilung ist ebenfalls bei der Beurteilung des Dämmerungssehens und der Blendungsempfindlichkeit (Scheinwerfer, Flutlicht, stark wechselnde Lichtverhältnisse u.a.m.) notwendig.

Wird eine Sehhilfe getragen, liegen keine Bedenken für die Ausübung der Tätigkeit vor, wenn mit der Sehhilfe die erforderlichen Parameter erfüllt werden.

Anforderungen an das Hörvermögen

Für die Untersuchung des Hörvermögens reicht die Feststellung des Sprachverständnisses bei Flüster- und Umgangssprache von 5 Meter aus. Bei Überwachungstätigkeiten muss man allerdings von einem erhöhten Anforderungsprofil ausgehen, wenn sich die Überwachung auf die Erkennung akustischer Signale bezieht.

Wenn mit einem Hörgerät ein den Anforderungen entsprechendes Hörvermögen erzielt wird, ist dies kein Hinderungsgrund zur Ausübung der Tätigkeit. Auch hier ist ein Vermerk zum Tragen des Hörgerätes in den medizinischen Unterlagen erforderlich.

Beschäftigungsbeschränkungen/-verbote

Bei einigen Personengruppen gibt es bestimmte Einschränkungen oder Verbote für Tätigkeiten:

- nach § 22 Jugendarbeitsschutzgesetz (siehe Kapitel 9)
- nach §§ 4, 6 Mutterschutzgesetz (siehe Kapitel 8)
- nach §§ 3–5 Mutterschutzrichtlinienverordnung (siehe Kapitel 8)

3.2.14 Tragen von Atemschutzgeräten

Die ArbMedVV sowie die arbeitsmedizinische Regel AMR 2.1 geben den gesetzlichen Rahmen für arbeitsmedizinische Vorsorge vor. Der berufsgenossenschaftliche Grundsatz G 26 stellt dazu die inhaltlichen Parameter bereit.

Personen, die bei ihrer Tätigkeit ein Atemschutzgerät tragen müssen, sind dadurch einer zusätzlichen Belastung ausgesetzt. Diese wird einerseits durch das Gewicht des Gerätes, zum anderen durch die entstehenden Druckdifferenzen beim Ein- und Ausatmen sowie die Behinderungen der Atemmaske verursacht. Weiterhin sind die Benutzungsdauer des Gerätes, die Schwere der Arbeit sowie die speziellen Arbeitsplatzbedingungen zu beachten.

Entsprechend dem zu benutzenden Gewicht werden 3 Klassen unterschieden:

- Gruppe 1: Gerätegewicht bis 3 kg
- Gruppe 2: Gerätegewicht bis 5 kg
- Gruppe 3: Gerätegewicht über 5 kg

Wichtig ist zu beachten, dass das Tragen von Schutzanzügen mit Geräten der Gruppe 3 und Regenerationsgeräten über 5 kg eine zusätzliche Belastung für den Träger darstellen.

Arbeitsmedizinische Vorsorge

Entsprechend der Einteilung nach dem Gewicht bzw. nach der Belastung des Trägers von Atemschutzgeräten wird die arbeitsmedizinische Vorsorge durchgeführt.

Erstuntersuchungen sind vor Aufnahme der Tätigkeit zu veranlassen. Für die Durchführung der Nachuntersuchungen gelten folgende Fristen, wobei die zu erwartenden Belastungen (Gerätegewicht und Alter) Berücksichtigung finden:

Tab. 3.13: Nachuntersuchungsfristen nach AMR 2.1 (Pflichtuntersuchung Gruppe 2 und 3, Angebotsuntersuchung Gruppe 1)

Nachuntersuchungsfristen		
	Nachuntersuchung Gruppe 2 u. 3	Nachuntersuchung Gruppe 1
Personen bis 50 Jahre	36 Monate	36 Monate
Personen über 50 Jahre Gerätegewicht bis 5 kg Gerätegewicht über 5 kg	24 Monate 12 Monate	24 Monate 24 Monate
	sowie jeweils bei Beendigung der Tätigkeit	

Untersuchungsumfang

Die Untersuchung umfasst ein ziemlich breites Spektrum und wird durch einige Zusatzuntersuchungen ergänzt (in Abhängigkeit von der Gruppenzuordnung). So ist zumindest bei den Gruppen 2 und 3 in der Regel eine Röntgenaufnahme des Brustkorbes gefordert, die nicht älter als 2 Jahre sein darf. Es müssen die Lungenfunktion mit einer Spirometrie sowie die Herz-Kreislauf-Leistung in Form einer Fahrradergometerbelastung geprüft werden. Weiterhin gehören dazu eine Seh- und Hörprüfung sowie eine Spiegelung des Gehörganges mit Trommelfell.

Anforderungen an die Erteilung einer Tauglichkeit zum Tragen von Atemschutz

Es versteht sich fast von selbst, dass aufgrund des Anforderungsprofiles an die vorhandene Leistung des Geräteträgers einige Erkrankungen oder körperliche Veränderungen die Tauglichkeit ausschließen. Die nachfolgende Übersicht zeigt summarisch eine Auflistung der Erkrankungen, die als teilweise oder gänzliche Ausschlusskriterien für die Eignung zum Tragen von Atemschutz in Frage kommen.

Ausschlusskriterien zum Tragen von Atemschutz (Auswahl):

- Jugendliche unter 18 Jahren (Rettungswesen und Tragen von Geräten der Gruppe 3)
- Personen über 50 Jahre (Rettungswesen und Tragen von Geräten der Gruppe 3)
- Allgemeine Körperschwäche
- Bewusstseins- und Gleichgewichtsstörungen sowie Anfallsleiden
- Erkrankungen oder Schäden des zentralen und peripheren Nervensystems
- Gemüts- und Geisteskrankheiten
- Chronischer Missbrauch von Alkohol und Suchtmitteln
- Trommelfellperforation
- Zahnvollprothese (bei Geräten mit Mundstückatemanschluss)
- Erkrankungen der Atmungsorgane
- Erkrankungen des Herzens und Kreislaufs
- Erkrankungen und Veränderungen des Stütz- und Bewegungsapparates
- Infektiöse und allergische Hauterkrankungen
- Erkrankungen und Veränderungen der Augen (Rettungswesen)
- Schwerhörigkeit (für Gruppen 2 und 3)
- Übergewicht von mehr als 30 % nach Broca (für Gruppen 2 und 3)
- (Broca-Index = Körpergröße minus 100)
- Stoffwechselerkrankungen, z.B. Diabetes mellitus (für Gruppen 2 und 3)
- Eingeweidebrüche (für Gruppen 2 und 3).

Der untersuchende Arzt kann entsprechend der oben genannten Kriterien Abweichungen zulassen, so z.B. eine Befristung von Tauglichkeiten ausstellen oder verkürzte Nachuntersuchungsfristen veranlassen.

Beschäftigungsbeschränkungen/-verbote

- nach § 22 Jugendarbeitsschutzgesetz (siehe Kapitel 9)
- nach §§ 4, 6 Mutterschutzgesetz (siehe Kapitel 8)
- nach §§ 3–5 Mutterschutzrichtlinienverordnung (siehe Kapitel 8)

3.2.15 Bildschirmarbeitsplätze (nach ArbMedVV AMR 2.1 und G37 der Berufsgenossenschaften)

Anwendungsbereich

Versicherten, die entsprechend der Definition ein Bildschirmgerät benutzen und an einem Bildschirmarbeitsplatz sitzen, ist eine arbeitsmedizinische Vorsorge durch den Arbeitgeber anzubieten.

Es ist über kaum eine andere berufliche Tätigkeit so viel geschrieben und festgelegt worden, wie zur Tätigkeit an einem Bildschirmarbeitsplatz. Obwohl die Untersuchung nur eine Angebotsvorsorge [ArbMedVV Anhang Teil 4 (2)] und für den Arbeitnehmer nicht verpflichtend ist, gibt es dafür sogar eine eigene Verordnung (Bildschirmarbeitsverordnung).

Definition Bildschirmarbeitsplatz

Ein **Bildschirmgerät** ist ein Bildschirm zur Darstellung alphanumerischer Zeichen oder Grafikdarstellung, ungeachtet des Darstellungsverfahrens (ZH 1/600.37) (BGJ/GUVJ 504-37) (DGUV Vorschrift 250-438).

Ein **Bildschirmarbeitsplatz** ist ein Arbeitsplatz mit einem Bildschirmgerät, der ausgestattet sein kann (ZH 1/600.37) (BGJ/GUVJ 504-37) (BGUV Vorschrift 250-438)

- mit Einrichtungen zur Erfassung von Daten,
- mit Software, die den Beschäftigten bei der Ausführung ihrer Arbeitsaufgabe zur Verfügung steht,
- mit Zusatzgeräten und Elementen, die zum Betreiben oder Benutzen des Bildschirmgerätes gehören oder sonstigen Arbeitsmitteln.

Arbeitsmedizinische Vorsorge

Die arbeitsmedizinische Vorsorgeuntersuchung ist eine Angebotsvorsorge nach § 3 Arbeitssicherheitsgesetz und ArbMedVV Anhang Teil 4 (2). Der Arbeitgeber hat aber die Möglichkeit, wenn die Tätigkeit dies zwingend erfordert, die Vorsorgeuntersuchung zu einer Tätigkeitsvoraussetzung zu erklären (Betriebsvereinbarung) und sie damit zu einer Pflichtvorsorge umzugestalten.

Je nach Intensität und Dauer der Tätigkeit am Bildschirmgerät können bei nicht ausreichendem Sehvermögen oder bei unergonomisch gestalteten Arbeitsplätzen entsprechende Beschwerden wie Kopfschmerzen, Augenbeschwerden (Flimmern, Brennen, Tränen usw.), Nacken- und Schulterbeschwerden sowie Rückenschmerzen auftreten.

Aus diesem Grunde kann nur jedem Arbeitnehmer empfohlen werden, dass er trotz der Freiwilligkeit der Untersuchung diese in Anspruch nimmt. Häufig werden beginnende Sehschwächen selbst nicht bemerkt, weil sie ausgeglichen werden, ohne dass dies demjenigen immer bewusst wird. Durch die Augenprüfung können diese Störungen frühzeitig und rechtzeitig bemerkt werden, bevor ernste Schäden auftreten.

Untersuchungsumfang

Die arbeitsmedizinische Vorsorge umfasst neben der ausführlichen Erhebung einer Anamnese (Vorgeschichte) sowie eventueller Beschwerden eine klinische Untersuchung im Hinblick auf die Tätigkeit und bei entsprechenden Auffälligkeiten oder Beschwerden.

Ganz ausführlich wird ein Siebtest zur Feststellung des Sehvermögens durchgeführt, der folgende Parameter enthält:

- Sehschärfe Ferne (wenn vorhanden mit Sehhilfe)
- Sehschärfe Nähe (wenn vorhanden mit Sehhilfe)
- Räumliches Sehen (Stereopsis)
- Stellung der Augen (Phorie)
- Zentrales Gesichtsfeld (ab dem 50. Lebensjahr oder bei entsprechenden Beschwerden)
- Farbensinn.

Entsprechend des Alters der/des Beschäftigten sowie der weiteren Untersuchungsergebnisse kann der untersuchende Arzt sich an die allgemein empfohlenen Nachuntersuchungstermine halten oder kürzere Fristen festlegen.

Tab. 3.14:   Nachuntersuchungsfristen nach AMR 2.1 und G 37

Nachuntersuchungsfristen		
	Erstuntersuchung	Nachuntersuchungen
Personen bis 40 Jahre	vor Aufnahme einer Tätigkeit an Bildschirmarbeitsplätzen	vor Ablauf von 60 Monaten
Personen über 40 Jahre	vor Aufnahme einer Tätigkeit an Bildschirmarbeitsplätzen	vor Ablauf von 36 Monaten

Mindestanforderungen an das Sehvermögen

Für die Anforderungen an das Sehvermögen (korrigiert oder nicht korrigiert) gibt der Grundsatz 37 folgende Grenzwerte vor:

Sehschärfe Ferne	0,8 / 0,8
Sehschärfe Nähe, arbeitsplatzbezogen	0,8 / 0,8
Zentrales Gesichtsfeld	regelrecht
Farbensinn	regelrecht

Sollten diese Werte nicht erreicht werden können, wird in der Regel die Empfehlung zum Aufsuchen eines Augenarztes außerhalb der arbeitsmedizinischen Vorsorge ausgesprochen, um die Möglichkeit einer Korrektur oder Behandlung zu prüfen. Durch einen von der BG ermächtigten Augenarzt kann dann eine Ergänzungsuntersuchung durchgeführt werden.

Bildschirmbrille

Wenn eine bestimmte spezielle arbeitsplatzbezogene Korrektur der Augen durch eine Brille notwendig ist, sollte diese auch die am Arbeitsplatz notwendigen Sehabstände berücksichtigen. Dazu ist eine Prüfung erforderlich (Arbeitsplatzanalyse), welche Bildschirmgröße welchen Sehabstand erfordert. Danach sollte dann die Korrektur ausgerichtet werden. Das gilt auch für die normale Sehprüfung im Rahmen des G 37, dass der geforderte Abstand bekannt ist.

Ein weiterer Aspekt muss beachtet werden. Für die Art der Gläser muss bekannt sein, ob der Beschäftigte nur die Bildschirmarbeit zu verrichten hat oder gleichzeitig noch Publikumsverkehr besteht, da in diesem Falle eine reine Nahbrille nicht ausreichen wird.

Hinsichtlich der Kostenübernahme durch den Arbeitgeber gibt es den Hinweis im § 6 Abs. 2 der Bildschirmarbeitsverordnung, dass „den Beschäftigten im erforderlichen Umfang spezielle Sehhilfen für ihre Augen an Bildschirmgeräten zur Verfügung zu stellen sind, wenn die Ergebnisse einer Untersuchung (Ergänzung: durch den Augenarzt) … ergeben, dass spezielle Sehhilfen notwendig und normale Sehhilfen nicht geeignet sind". Eine ähnliche Aussage trifft die neue Verordnung zur arbeitsmedizinischen Vorsorge (ArbMedVV) im Anhang Teil 4 (2). Die Erfahrungen zeigen, dass eine besondere, speziell auf den Arbeitsplatz ausgerichtete Sehhilfe nur bei etwa 5 % der Mitarbeiter notwendig ist. Da Gläser und Fassungen von Brillen unterschiedliche Preise haben, liegt es allein im Ermessen des Arbeitgebers, welchen Anteil der Finanzierung er übernimmt.

Rechtsgrundlage für die arbeitsmedizinische Vorsorgeuntersuchung

- Bildschirmarbeitsverordnung (BildschArbV) (siehe Kapitel 2.5)
- Arbeitsschutzgesetz (ArbSchG) (siehe Kapitel 2.1)
- Arbeitssicherheitsgesetz § 3 (ASiG) (siehe Kapitel 2.10)
- Abschnitt 5 der „Sicherheitsregeln für Bildschirmarbeitsplätze im Bürobereich" (ZH 1/618)
- Verordnung zur arbeitsmedizinischen Vorsorge (ArbMedVV) Anhang Teil 4 (2) (siehe Kapitel 2.9)
- AMR 2.1 Punkt 3.5 Tabelle 1e

3.2.16 Tätigkeiten mit biologischen Arbeitsstoffen

Die Grundlagen für diese Tätigkeiten bilden die ArbMedVV, die AMR 3.2 und der berufsgenossenschaftliche Grundsatz G 42. Im Kapitel 7.4 werden die Maßnahmen bei Infektionsgefährdung ausführlich besprochen.

4 Organisation des betrieblichen Arbeits- und Gesundheitsschutzes (Aufgaben und Pflichten für Arbeitgeber und Arbeitnehmer)

4.1 Aufgaben und Pflichten des Arbeitgebers im Arbeits- und Gesundheitsschutz (Organisationspflichten)

4.1.1 Grundlagen

Das Arbeitsschutzgesetz (ArbSchG) verpflichtet den Arbeitgeber (§ 3 ff), alle erforderlichen Maßnahmen des Arbeitsschutzes zu treffen, um Arbeitsunfällen, Berufskrankheiten und arbeitsbedingten Gesundheitsgefahren entgegenzuwirken. Dazu hat er entsprechende Einrichtungen zu schaffen, Anordnungen und Maßnahmen zu ergreifen, die den gesetzlichen Vorgaben entsprechen (Gesetze und Verordnungen zum Arbeits- und Gesundheitsschutz, Unfallverhütungsvorschriften, sicherheitstechnische und arbeitsmedizinische Maßnahmen). Für alle Festlegungen trägt der Arbeitgeber (Unternehmer) die volle und alleinige Verantwortung.

4.1.2 Delegierung von Unternehmerpflichten

In kleinen Unternehmen kann sich der Arbeitgeber in der Regel noch um alle Belange selbst kümmern, in mittleren und größeren Unternehmen (ab 500 Beschäftigte) ist das kaum mehr möglich. Hier muss er bestimmte Entscheidungs- und Aufsichtsbefugnisse an Mitarbeiter übertragen, die in der Regel als Vorgesetzte in bestimmten Bereichen und Abteilungen eingesetzt sind.

Die Übertragung solcher Pflichten sind nicht bindend schriftlich zu formulieren. Es hat sich in der Praxis aber immer wieder als gut erwiesen, wenn es klare schriftliche Formulierungen gibt, da eine klare Abgrenzung bei sicherheitswidrigen Verstößen von großer Bedeutung sein kann. Um als Arbeitgeber sicher zu sein, dass auch die übertragenen Pflichten verstanden wurden, ist es notwendig, auch vom Verpflichteten sich dies schriftlich bestätigen zu lassen. Mit der Übertragung von Unternehmerpflichten werden gleichzeitig auch bestimmte Befugnisse übertragen, die notwendig sind, um die übertragenen Pflichten auch erfüllen zu können. Auch diese Rechte sollten schriftlich fixiert werden.

Merke:

Unternehmerpflichten können auf Mitarbeiter übertragen werden, sollten möglichst schriftlich formuliert werden und gleichermaßen Rechte und Pflichten enthalten.

Mit der Übertragung von Pflichten und Rechten auf seine Mitarbeiter, selbst wenn der Unternehmer alle Entscheidungs- und Aufsichtspflichten delegiert hat, bleibt die Hauptverantwortung für die Einhaltung des Arbeits- und Gesundheitsschutzes für ihn bestehen. Er ist deshalb gut beraten, den Personenkreis, dem er Unternehmerpflichten überträgt, sorgfältig auszuwählen. Er muss auch dafür sorgen, dass dieser Personenkreis die zur Durchführung dieser Tätigkeiten notwendigen Fachkenntnisse hat oder durch fortlaufende Weiterbildung erwerben kann.

Merke:

Trotz Delegierung von Aufgaben im Arbeits- und Gesundheitsschutz bleiben die Hauptverantwortung sowie die Kontrollpflicht beim Arbeitgeber.

4.1.3 Betriebsbeauftragte des Arbeitgebers

Neben dem Arbeitsschutzausschuss (siehe Kapitel 4.13) räumt der Gesetzgeber ein, dass sich der Unternehmer weitere Fachleute zur Seite stellen kann, die für ihn bestimmte Aufgaben im Betrieb wahrnehmen und ihn bei deren Durchführung aktiv unterstützen.

Die wichtigsten Berater sind zweifelsohne der Betriebsarzt sowie die Fachkraft für Arbeitssicherheit, über deren anteilige Aufgaben bereits informiert wurde (Kapitel 2.10)

Daneben gibt es noch eine Reihe von Aufgaben, die an so genannte Betriebsbeauftragte oder Koordinatoren vergeben werden sollten, die auf der Grundlage der entsprechenden gesetzlichen Festlegungen den Arbeitgeber zu diesen speziellen Problemen beraten (Auswahl):

Tab. 4.1: Betriebsbeauftragte mit Aufgabengebiet (Auswahl)

Aufgabengebiet	Funktionen
Arbeits- und Gesundheitsschutz-beauftragter	Gewährleistung, Durchsetzung und Kontrolle aller Vorschriften zum Arbeitsschutz im Unternehmen (Betriebsarzt, Fachkraft für Arbeitssicherheit, Sicherheitsbeauftragte)
Beauftragter für Abfall	Überwachung der Entstehung, des Transportes sowie der sachgerechten Entsorgung von Abfall unter Einhaltung der gesetzlichen Bestimmungen
Beauftragter für biologische Sicherheit	Gewährleistung des sicheren Umganges mit biologischen und gentechnisch veränderten Arbeitsstoffen

Aufgabengebiet	Funktionen
Betriebsbeauftragter für Gewässer-schutz	Kontrolle der Abwasseranlagen auf Funktionsfähigkeit, Wartung der Anlagen
Betriebsbeauftragter für Umwelt-schutz	Überwachung der Einhaltung von Vorschriften zum Umweltschutz aus betrieblicher Sicht
Betriebskoordinator für den Einsatz von Fremdfirmen im Unternehmen	Vermeidung von möglichen Gefährdungen durch Unkenntnis der betrieblichen Besonderheiten
Brandschutzbeauftragter	Überwachung der Einhaltung der betrieblichen Brandschutzpläne, Organisation des vorbeugenden Brandschutzes
Gefahrgutbeauftragter	Überwachung der korrekten Einhaltung der Vorschriften für die Gefahrgutbeförderung, Gewährleistung der Sicherheit beim Transport von gefährlichen Gütern, Vermeidung von Störfällen
Immissionsschutzbeauftragter	Überwachung von Anlagen, die dem Bundesimmissionsschutzgesetz unterliegen
Laserschutzbeauftragter	Überwachung des Umganges mit Laserstrahlung
Sicherheits- und Gesundheitskoor-dinator auf Baustellen	Gewährleistung eines reibungslosen Ablaufs und einer problemfreien Zusammenarbeit mehrerer Firmen an einem gemeinsamen Projekt
Störfallbeauftragter für besonders genehmigungspflichtige Anlagen	Verhinderung von Störfällen, Begrenzung des Schadensrisikos
Strahlenschutzbeauftragter	Überwachung des Umganges mit radioaktiven Stoffen und ionisieren-der Strahlung
Qualitätsbeauftragter	Aufbau und Aufrechterhaltung von Qualitätssicherheitssystemen, Schulung der Mitarbeiter zum Qualitätsmanagement
Beauftragter für Datenschutz und Informationsfreiheit	Überwachung der gesetzlichen Bestimmungen zum Datenschutz im Unternehmen

4.2 Die Gefährdungsbeurteilung als Hauptbestandteil des Arbeits- und Gesundheitsschutzes im Unternehmen

4.2.1 Gesetzliche Grundlagen

Der Arbeitgeber wird durch zahlreiche Gesetze und Verordnungen aufgefordert, für sein Unternehmen in allen Bereichen die jeweiligen Gefährdungen zu ermitteln, um die für den Arbeits- und Gesundheitsschutz der Beschäftigten notwendigen Maßnahmen festzulegen.

Stichproben verschiedener Kontrollorgane haben ergeben, dass von einem flächendeckenden Vorliegen von Gefährdungsbeurteilungen in deutschen Unternehmen noch längst nicht die Rede sein kann. Auch die Qualität der vorgefundenen Gefährdungsbeurteilungen schwankt stark. Insbesondere herrschen Unsicherheiten in den Unternehmen zu folgenden Fragen:

- Wie kann die Gefährdungsbeurteilung genutzt werden?
- Lohnt sich der Aufwand der Erarbeitung?
- Was muss beurteilt werden?
- Was ist zu dokumentieren?
- Wie ausführlich soll die Dokumentation sein?
- Wer erarbeitet die entsprechenden Dokumente?
- Wann sind die Dokumente zu überarbeiten?
- Wer prüft die Richtigkeit und die Gültigkeit nach Erarbeitung?

Das sind nur einige der Fragen, die immer wieder gestellt werden und manchmal auch der Grund dafür sind, die Erarbeitung der Dokumentation hinauszuzögern.

Die nachfolgenden Kapitel sollen eine kleine Unterstützung geben, die vielen offenen Fragen klären zu helfen und vielleicht entsprechende Antworten zu geben. Die nachfolgenden Übersichten erheben aber keinen Anspruch auf Vollständigkeit und vermitteln keine für jeden Einzelfall geeignete Lösung. Sie sollen lediglich einen Anstoß für eigene Gedanken im Unternehmen geben.

> **Merke:**
> **Wer Gefährdungen vermeiden will, muss die Gefährdungen kennen und die notwendigen Maßnahmen ergreifen.**

Die wichtigste gesetzliche Grundlage bildet das Arbeitsschutzgesetz (ArbSchG), das im § 5 festlegt, dass die mit ihrer Arbeit verbundenen Gefährdungen zu ermitteln sind, unabhängig davon, welche Arbeit verrichtet wird. Dies sollte möglichst mit den Beschäftigten sowie der Vertretung der Beschäftigten gemeinsam erfolgen.

Eine Gefährdung kann sich (siehe Kapitel 4.2.2) insbesondere ergeben durch

1. die Gestaltung und Einrichtung der Arbeitsstätte und des Arbeitsplatzes,

2. physikalische, chemische und biologische Einwirkungen,

3. die Gestaltung, die Auswahl und den Einsatz von Arbeitsmitteln, insbesondere von Arbeitsstoffen, Maschinen, Geräten und Anlagen sowie den Umgang damit,

4. die Gestaltung von Arbeits- und Fertigungsverfahren, Arbeitsabläufen und Arbeitszeit und deren Zusammenwirken,

5. unzureichende Qualifikation und Unterweisung der Beschäftigten,

6. Überforderung der Beschäftigten, physische und psychische Überlastungen, Aushilfe in artfremden Bereichen (durch Ausfall von Mitarbeitern) ohne ausreichende Kenntnisse des neuen Aufgabengebietes.

Allein aus dieser kurzen Auflistung von Gefährdungsmöglichkeiten (Auswahl) ergibt sich die Vielfalt bei der Erarbeitung einer Gefährdungsbeurteilung, die den jeweiligen Bedingungen des Arbeitsplatzes sowie der Personen angepasst sein muss.

Bei gleichen Arbeitsbedingungen ist die Beurteilung eines Arbeitsplatzes oder einer Tätigkeit ausreichend.

In der letzten Zeit haben zahlreiche Gesetze und Verordnungen auf die Wichtigkeit und die zentrale Bedeutung einer Gefährdungsbeurteilung hingewiesen und sie zum Kernstück jedweder Aufgaben im Arbeits- und Gesundheitsschutz erklärt.

Die zentrale Rolle (Schlüsselrolle) der Gefährdungsbeurteilung beim Arbeits- und Gesundheitsschutz lässt sich auch erkennen aus einem Urteil des Bundesarbeitsgerichtes (BAG) (Urteil vom 12. August 2008, 9 AZR 117/06), in dem festgelegt wurde, dass Beschäftigte das Recht haben, eine Gefährdungsbeurteilung sogar einzuklagen, zu der der Arbeitgeber verpflichtet ist. Allerdings besteht kein Anspruch auf bestimmte Kriterien und Methoden der Gefährdungsbeurteilung, dies ist allein Handlungsspielraum des Arbeitgebers. Das Mitbestimmungsrecht der betrieblichen Interessenvertretung wird hierdurch nochmals (wurde bereits in früheren Urteilen herausgestellt) unterstrichen (siehe Kapitel 5).

Merke:

Die Gefährdungsbeurteilung jedes einzelnen Arbeitsplatzes im Unternehmen ist das Kernstück zur Erfüllung aller Aufgaben im Arbeits- und Gesundheitsschutz und einer der wichtigsten Parameter des betrieblichen Gesundheitsmanagements, sie ist somit zentrales Präventionsinstrument des betrieblichen Arbeitsschutzes.

Merke:

Die Gefährdungsbeurteilung ist die Grundlage für alle arbeitsmedizinischen Vorsorgemaßnahmen im Unternehmen und ebenso Grundlage für die Arbeit der Fachkraft für Arbeitssicherheit.

Als Arbeitsgrundlage, in welchen Gesetzen und Verordnungen Hinweise auf die Erarbeitung einer Gefährdungsbeurteilung zu finden sind, soll die nachfolgende Tabelle dienen (Tab. 4.2). Der Arbeitgeber kann jetzt entscheiden, ob die in seinem

Unternehmen vorhandenen Arbeiten oder Arbeitsplätze sowie Arbeitsverfahren den jeweiligen gesetzlichen Vorgaben entsprechen. Sollte das der Fall sein, ist eine derartige Gefährdungsbeurteilung zu erarbeiten (siehe auch jeweilige nachfolgende Kapitel).

Tab. 4.2: Gesetzliche Regelungen zur Erarbeitung einer Gefährdungsbeurteilung (Auswahl)

Verordnung	Ergänzungen/Bemerkungen
Arbeitsschutzgesetz (ArbSchG § 5)	
Gefahrstoffverordnung (GefStoffV § 6)	TRGS 401 „Gefährdung durch Hautkontakt – Ermittlung, Beurteilung, Maßnahmen" TRGS 420 „Verfahrens- und stoffspezifische Kriterien für die Gefährdungsbeurteilung"
Betriebssicherheitsverordnung (BetrSichV § 3)	TRBS 1111 „Gefährdungsbeurteilung und sicherheitstechnische Bewertung"
Biostoffverordnung (BioStoffV §§ 5–8)	TRBA 250 „Biologische Arbeitsstoffe im Gesundheitswesen und der Wohlfahrtspflege" Nr. 3.1 TRBA 400 „Handlungsanleitung zur Gefährdungsbeurteilung und für die Unterrichtung der Beschäftigten bei Tätigkeiten mit biologischen Arbeitsstoffen"
Verordnung zur arbeitsmedizinischen Vorsorge (ArbMedVV § 3)	
Verordnung über Arbeitsstätten (ArbStättV § 3)	
Arbeitsschutzverordnung zu künstlicher optischer Strahlung (OStrV § 3)	
BGV A 1/2004 Grundlagen der Prävention (§ 3, § 7) GUV-V A1 (Gemeindeunfallversicherung) (jetzt DGUV Vorschrift 1)	
Bildschirmarbeitsverordnung (BildscharbV § 3)	
Lärm- und Vibrations-Arbeitsschutzverordnung (LärmVibrations ArbSchV § 3)	
Lastenhandhabungsverordnung (LasthandhabV § 2 (2))	
Mutterschutzrichtlinienverordnung (MuSchRiV § 1)	
Jugendarbeitsschutzgesetz (JArbSchG § 28a)	

4.2.2 Methodisches Vorgehen zur Erarbeitung einer Gefährdungsbeurteilung sowie Festlegung daraus resultierender Maßnahmen

Verantwortlich für die Durchführung ist der Arbeitgeber oder eine von ihm beauftragte Person. Beratende Personen sind z.b. die Sicherheitsfachkraft, die Sicherheitsbeauftragten und der Betriebsarzt. Aber auch die Technischen Aufsichtsbeamten der gewerblichen Berufsgenossenschaft sind in der Lage, entsprechende Unterstützung zu geben (z.b. anlässlich einer Betriebsbegehung oder Betriebsüberprüfung). Sollten entsprechende Messungen erforderlich werden, um erst danach bestimmte Gefährdungen einschätzen zu können (z.b. Lärm, Strahlung, Stäube u.a.m.), sind die Technischen Aufsichtsbeamten die richtigen Ansprechpartner. Auch zahlreiche Internetmöglichkeiten können für die Erarbeitung einer Gefährdungsbeurteilung genutzt werden.

Im Folgenden sollen einige Möglichkeiten des Herangehens an die Erarbeitung und Gestaltung einer Gefährdungsbeurteilung gegeben werden. Es sei aber vorangeschickt, dass bei der Vielfalt von Gefährdungen in den einzelnen Branchen nicht alle Berücksichtigung finden können. Hier sei auf die Unterstützung der fachkundigen Personen vor Ort (Betriebsarzt, Fachkraft für Arbeitssicherheit, Technischer Aufsichtsdienst der Berufsgenossenschaften) verwiesen. Die Bundesanstalt für Arbeitsschutz und Arbeitsmedizin (BAuA) bietet Unterstützung bei der Durchführung einer Gefährdungsbeurteilung (www.gefaehrdungsbeurteilung.de). Auch viele Berufsgenossenschaften bieten auf ihren Webseiten entsprechende Unterstützung an.

4.2.3 Arbeitsschritte zur Erarbeitung einer Gefährdungsbeurteilung

Folgende Schritte sollten bei der Erarbeitung der Gefährdungsbeurteilung berücksichtigt werden, um die geeigneten Maßnahmen daraus ableiten zu können.

1. Festlegen der Arbeitsbereiche oder der jeweiligen Tätigkeiten

2. Ermitteln der Gefährdungen

3. Beurteilen der Gefährdungen

4. Festlegen konkreter und geeigneter Arbeitsschutzmaßnahmen (§ 4 ArbSchG)

5. Durchführung (Einführung) der Maßnahmen

6. Überprüfen der Wirksamkeit der Maßnahmen (Abstände festlegen)

7. Fortschreiben der Gefährdungsbeurteilung oder Änderung entsprechend der Änderung von Arbeitsbedingungen, Arbeitsabläufen usw.

4.2.3.1 Festlegungen der jeweiligen Betrachtungseinheiten

Als Betrachtungseinheit werden Arbeitsbereiche oder einzelne Tätigkeiten bzw. einzelne Arbeitsplätze angesehen.

4.2.3.2 Ermittlung der Gefährdungen und Belastungen

Hierzu gibt es eine allgemeine Übersicht (Tab. 4.3) für fast alle Arbeitsbereiche, aus denen dann spezifische Festlegungen getroffen werden können und zu den jeweiligen Belastungsaspekten weitere Regelungen möglich sind. Zur Ermittlung einer groben Übersicht sollten z.B. Ergebnisse von Betriebsbegehungen hinzugezogen werden, Arbeitsabläufe analysiert werden, arbeitsbedingte Erkrankungen, evtl. auch „Beinaheunfälle", herangezogen werden.

Tab. 4.3: Allgemeine Übersicht von Gefährdungsfaktoren

1.	1.1	1.2	1.3	1.4	1.5	1.6	
Mechanische Gefährdungen	Ungeschützte bewegte Teile	Teile mit gefährlichen Oberflächen	Bewegte Transportmittel, bewegte Arbeitsmittel	Unkontrolliert bewegte Teile	Sturz auf der Ebene, Ausrutschen, Stolpern, Umknicken, Fehltreten	Absturz	
2.	2.1	2.2					
Elektrische Gefährdungen	Gefährliche Körperströme	Lichtbögen					
3.	3.1	3.2	3.3	3.4	3.5	3.6	
Gefahrstoffe	Gase	Dämpfe	Schwebstoffe (Nebel, Rauche, Stäube)	Flüssigkeiten, Feuchtarbeit	Feststoffe, Pasten	Durchgehende Reaktionen	
4.	4.1	4.2	4.3				
Biologische Gefährdungen	Infektionsgefahr durch Mikroorganismen und Viren	Gentechnisch veränderte Organismen	Allergene und toxische Stoffe von Organismen				
5.	5.1	5.2	5.3	5.4			
Brand- und Explosionsgefährdung	Brandgefährdung durch Feststoffe, Flüssigkeiten, Gase	Explosionsfähige Atmosphäre	Explosivstoffe	Elektrostatische Aufladung			
6.	6.1	6.2					
Thermische Gefährdungen	Kontakt mit heißen Medien	Kontakt mit kalten Medien					
7.	7.1	7.2	7.3	7.4	7.5	7.6	7.7
Physikalische Gefährdungen/ Belastungen	Schall (Lärm)	Vibrationen	Strahlung	Elektromagnetische Felder	Arbeiten im Unter- oder Überdruck	Klima	Beleuchtung

8.	8.1	8.2	8.3				
Physische Belastungen/Arbeitsschwere	Schwere dynamische Arbeit	Einseitige dynamische Arbeit	Haltungsarbeit/Haltearbeit				
9.	9.1	9.2	9.3				
Psychische Belastungen	Überforderung	Unterforderung	Zeitdruck				
10.	10.1	10.2	10.3				
Arbeitsplatzgestaltung/ Ergonomie	Maßliche Gestaltung	Bedienelemente	Anzeigeelemente				
11.	11.1	11.2					
Sonstige Gefährdungen/Belastungen	Persönliche Schutzausrüstung	durch Menschen					

Um die einzelnen Übersichten (Tab. 4.3) zu präzisieren und näher zu erläutern, sollen nachfolgend einige Faktoren genannt werden, die als Orientierung dienen können, an welche Gefährdungs- und Belastungsfaktoren gedacht werden sollte. Dabei kann man sich an der Gruppeneinteilung der vorstehenden Tabelle orientieren. Die Berufsgenossenschaften geben in der Regel dazu weitere wertvolle Hilfe durch geeignete Publikationen, die man sich anfordern kann und die meist kostenlos erhältlich sind.

Tab. 4.4:   Gefährdungs- und Belastungsfaktoren

Gruppe 1 Mechanische Gefährdungen

1.1 Ungeschützte bewegte Teile	Quetschstellen
	Scherstellen
	Stoßen
	Schneidstellen
	Stechen
	Einzugsstellen
1.2 Teile mit gefährlichen Oberflächen	Ecken
	Kanten
	Spitzen
	Schneiden
	Rauhigkeit

133

1.3 Bewegte Transportmittel, bewegte Arbeitsmittel	Anfahren
	Aufprallen
	Überfahren
	Umkippen
	Abstürzen
1.4 Unkontrolliert bewegte Teile	Kippende, pendelnde Teile
	Rollende, gleitende Teile
	Herabfallende, sich lösende Teile
	Berstende, wegfliegende Teile
	Unter Druck austretende Medien
1.5 Sturz auf der Ebene, Ausrutschen, Stolpern, Umknicken, Fehltreten	Verunreinigungen (Öle, Fette, Futterrest u.ä.)
	Witterungsbedingte Glätte
	Unebenheiten, Höhenunterschiede
	Herumliegende Teile
	Unzureichende Größe der Trittfläche
1.6 Absturz	Zusammenbruch, Umkippen
	Abrutschen, Abgleiten
	Überschreiten der Begrenzung

Gruppe 2 Elektrische Gefährdungen

2.1 Gefährliche Körperströme	Berühren normal unter Spannung
	Berühren fehlerhaft unter Spannung
2.2 Lichtbögen	Kurzschlüsse
	Schalten unter Last
	Nichteinhalten von Sicherheitsabständen zu stromführenden Teilen

Gruppe 3 Gefahrstoffe

3.1 Gase	Einatmen, Verschlucken, Hautkontakt
3.2 Dämpfe	Gefahrstoffe
3.3 Schwebstoffe (Nebel, Rauche, Stäube)	Tierstäube
3.4 Flüssigkeiten, Feuchtarbeit	Pflanzliche Stäube
3.5 Feststoffe, Pasten	

Gruppe 4 Biologische Gefährdungen

4.1 Infektionsgefahr durch Mikroorganismen und Viren	Umgang mit infizierten Materialien oder Tieren (Zooanthroponosen)
4.2 Gentechnisch veränderte Organismen	Arbeiten in Laboratorien und biotechnischen Anlagen
4.3 Allergene und toxische Stoffe und Organismen	Einatmen, Verschlucken, Hautkontakt – Schimmelpilze – Milben/Endotoxine – Pflanzen oder Pflanzenteile

Gruppe 5 Brand- und Explosionsgefährdung

5.1 Brandgefährdung durch Feststoffe, Flüssigkeiten, Gase	Brandentstehung, Brandausbreitung
5.2 Explosionsfähige Atmosphäre	Durch Luft und – Gase, – Dämpfe, Nebel – Stäube
5.3 Explosivstoffe	Explosionsgefährliche Stoffe
	Sprengstoffe
	Sprengzubehör
5.4 Elektrostatische Aufladung	Funkenbildung bei Ladungsstreuung durch Reibung oder Strömung

Gruppe 6 Thermische Gefährdungen

6.1 Kontakt mit heißen Medien	Offene Flamme
	Heiße Teile
	Heiße Flüssigkeiten
6.2 Kontakt mit kalten Medien	Kalte Teile
	Kalte Flüssigkeiten (z.b. flüssiger Stickstoff)

Gruppe 7 Physikalische Gefährdungen/Belastungen

7.1 Schall (Lärm)	Hörbarer Schall (Lärm)
	Infraschall
	Ultraschall
7.2 Vibrationen	Ganzkörper-Vibrationen
	Hand-Arm-Vibrationen
7.3 Strahlung	UV-Strahlung (z.b. beim E-Schweißen)
	Infrarotstrahlung
	Laser
	Röntgenstrahlung
	Radioaktive Strahlung
7.4 Elektromagnetische Strahlung	Arbeiten in der Umgebung von Hochspannungsanlagen
7.5 Arbeiten in Unter- oder Überdruck	
7.6 Klima	Lufttemperatur
	Relative Luftfeuchtigkeit
	Luftgeschwindigkeit
	Strahlungswärme
7.7 Beleuchtung	Beleuchtungsstärke
	Kontrast
	Blendung, Reflexion
	Örtliche und zeitliche Gleichmäßigkeit

Gruppe 8 Physische Belastung/Arbeitsschwere

8.1 Schwere dynamische Arbeit	Heben und Tragen von Lasten
	Ziehen und Schieben von Lasten
	Rumpfbeugewinkel > 60 °
8.2 Einseitige dynamische Arbeit	Sich ständig wiederholende Arbeitsgänge
	Wiederkehrende Bewegungen kleiner Muskelgruppen (Finger, Hände, Arme)
8.3 Haltungsarbeit/Haltearbeit	Zwangshaltungen
	Überkopfarbeit

Gruppe 9 Psychische Belastungen

9.1 Überforderung	Zu hohe Informationsdichte
	Zu komplizierte Arbeitsaufgabe
9.2 Unterforderung	Monotone Tätigkeit
	Zu geringe Anforderungen
9.3 Zeitdruck	Taktzeiten
	Termindruck

Gruppe 10 Arbeitsplatzgestaltung/Ergonomie

10.1 Maßliche Gestaltung	Arbeitsplatzmaße
	Bildschirmarbeitsplatz
	Sichtverhältnisse
10.2 Bedienelemente	Gestaltung
	Anordnung (Greifraum)
	Bedienkräfte/Bedienhäufigkeit
10.3 Anzeigeelemente	Erkennbarkeit
	Optische, akustische Signale
	Informationsdichte

Gruppe 11 Sonstige Gefährdungen/Belastungen

11.1 Persönliche Schutzausrüstung	Belastung durch Atemschutz
	Akzeptanz der Schutzausrüstung
11.2 Durch Menschen	Unachtsamkeit
	Überschätzung
	Eignung

Die Auflistungen in der rechten Spalte lassen sich beliebig entsprechend der lokalen Gegebenheiten im Unternehmen erweitern.

4.2.3.3 Bewertung der Gefährdungen

Zur Bewertung der ermittelten Gefährdungen kann man sich verschiedenartigster Quellen bedienen, wie

- Betriebserfahrungen sowie eigene Einschätzungen der an der Gefährdungsanalyse beteiligten Personen
- Betriebsanleitungen
- Herstellerinformationen
- Messergebnisse
- Vorschriften und Regelwerke von Unfallversicherungsträgern
- Technische Regelwerke (TRGS, TRBA, TRBS)
- Expertenmeinungen
- verschiedene Internetadressen
- u.a.m.

Es gibt zahlreiche Möglichkeiten und Vorschläge, die Risiken zu bewerten. Ein Modell, welches sich in der Praxis bereits bewährt hat, besteht aus der Definition von Risikoklassen. Es soll als Beispiel und Vorschlag dargestellt werden.

- Risikoklasse 1: Hierunter fallen alle Risiken, die man als Restrisiken akzeptieren kann, die beispielsweise allgemeinen Lebensrisiken entsprechen.
- Risikoklasse 2: Hierzu gehören alle Gefährdungen, die mittel- bis langfristig beseitigt oder minimiert werden müssen.
- Risikoklasse 3: Gefährdungen dieser Kategorie sind inakzeptabel, weshalb unverzüglich Schutzmaßnahmen getroffen werden müssen. Eventuell ist eine sofortige Einstellung der Arbeiten notwendig.

Neben der Bewertung der Gefährdungen in Risikoklassen sollten möglichst Schutzziele festgelegt werden. Man ermittelt den Ist-Zustand der Gefährdungen und legt gleichzeitig den Soll-Zustand fest. Dadurch sind Defizite deutlich erkennbar und demzufolge auch zu beseitigen.

Die Schutzziele sollten sich an den rechtlich vorgegebenen Mindestanforderungen orientieren (Gesetze, Verordnungen, Technische Regeln, Unfallverhütungsvorschriften, Grenzwerten u.a.m.). Im Zweifelsfall kann man immer die zuständige Berufsgenossenschaft konsultieren und sich einen verbindlichen Rat einholen.

4.2.3.4 Festlegung von individuellen Maßnahmen

Es ist Aufgabe des Arbeitgebers, auf der Grundlage der Gefährdungsbeurteilung entsprechende Maßnahmen festzulegen. Sie sollen dazu dienen, die Gefahren zu beseitigen oder zumindest zu minimieren. Dabei sollten die allgemeinen Grundsätze nach § 4 ArbSchG beachtet werden (TOP-Modell – siehe Kapitel 4.2.3.5):

- Vermeidung der Gefährdung,
- Verbleibende Gefährdung möglichst gering halten,
- Schutz vor Gefährdung durch Einsatz technischer Maßnahmen,
- Personen aus dem Gefahrenbereich entfernen,
- Schulungen und Unterweisungen,
- Schutz vor Gefährdungen durch den Einsatz persönlicher Schutzausrüstung.

4.2.3.5 Umsetzung festgelegter Maßnahmen

Der Arbeitgeber hat die entsprechend der Gefährdungsbeurteilung festgelegten Maßnahmen auch umzusetzen bzw. für seine Umsetzung zu sorgen. Er kann bei seinen vielen Aufgaben, um die er sich zu kümmern hat, nicht alles „im Auge behalten" und selbst abarbeiten. Dafür stehen ihm die von ihm benannten Sachverständigen zur Seite, die er mit dieser Aufgabe betrauen kann. Die letztliche Kontrolle aller Maßnahmen liegt dennoch in seiner Hand.

Das TOP-Modell der Arbeitsschutzmaßnahmen dient der groben Orientierung für Festlegungen im Arbeits- und Gesundheitsschutz:

Technische Veränderungen
Organisatorische Veränderungen
Persönliche Schutzmaßnahmen

Wenn es Maßnahmen im Unternehmen gibt, den Arbeits- und Gesundheitsschutz zu verbessern, sollte man immer in der genannten Reihenfolge vorgehen. Leider kann man in der Praxis immer wieder feststellen, dass persönliche Schutzausrüstungen angewandt werden, obwohl technische oder organisatorische Lösungen zu wesentlich besseren Ergebnissen geführt hätten.

4.2.3.6 Dokumentation der Wirksamkeit von Maßnahmen

Die Dokumentation von Maßnahmen des Gesundheits- und Arbeitsschutzes im Unternehmen erfolgt nach § 6 ArbSchG und dient dem Zweck, zu prüfen, ob die einmal festgelegten Maßnahmen noch ausreichend sind oder ob Änderungen und Ergänzungen notwendig werden.

Als praktische Hilfe für die notwendigen Dokumentationen soll die untenstehende Tabelle (Tab. 4.5) dienen, die die wichtigsten Dokumente in einer Übersicht aufzeigt und gleichzeitig Notizen für evtl. Ergänzungen und Kontrolltermine bietet. Die Tabelle kann beliebig erweitert werden, wenn es für das eigene Unternehmen Gefährdungen gibt, die nicht erfasst sind.

Tab. 4.5:   Praktische Hilfe für die notwendige Dokumentation

Dokument	notwendig ja	notwendig nein	vorhanden	zu erledigen bis	Bemerkungen
Gefährdungsbeurteilung (allgemein als Übersicht)					
Gefährdungsbeurteilung (Gefahrstoffverordnung)					
Gefährdungsbeurteilung (Biostoffverordnung/ Infektionsschutzgesetz)					
Gefährdungsbeurteilung (Betriebssicherheits-verordnung)					
Gefährdungsbeurteilung (über-wachungspflichtige Anlagen)					
Technische Regeln Betriebs-sicherheit (TRBS)					
Gefährdungsbeurteilung (Mutterschutzgesetz)					
Gefährdungsbeurteilung (Jugendarbeitsschutz-gesetz)					

Dokument	notwendig ja	notwendig nein	vorhanden	zu erledigen bis	Bemerkungen
Gefahrstoffverzeichnis					
Betriebsanweisungen					
Betriebsanweisung Leiharbeiter					
Hygieneordnung					
Brandschutzordnung					
Fuhrparkordnung					
Diverse Betriebsvereinbarungen					
Sicherheitsdatenblätter					
Vorsorgekartei					
Arbeitsmedizinische Vorsorge (Pflichtvorsorge)					
Arbeitsmedizinische Vorsorge (Angebotsvorsorge)					
Checkliste PSA (persönliche Schutzausrüstungen)					
Checkliste Hautschutz					
Checkliste Erste Hilfe					
Checkliste Bildschirmarbeit					
Checkliste Lärm/Gehörschutz					
Checkliste Leitern					
Checkliste Medizinprodukte					
Aushangpflichtige Gesetze					

4.3 Gefährdungen bei Tätigkeiten mit Gefahrstoffen

Gefahrstoffe kommen in fast allen Bereichen unseres täglichen Lebens vor, nicht nur in der Produktion, selbst im Haushalt finden wir zahlreiche Hinweise.

Wenn nun aber mit Gefahrstoffen berufsbedingt umgegangen wird, hat dies eine besondere Wertigkeit. Damit bedarf es eines besonderen Schutzes derjenigen, die der Gefährdung ausgesetzt sind.

Der Gesetzgeber hat dieser Tatsache Rechnung getragen und alle wichtigen Regelungen in der Gefahrstoffverordnung (GefStoffV) (siehe Kapitel 2.17) verankert, die wiederum auf Festlegungen der Europäischen Gemeinschaft beruhen. Die Gefahrstoffverordnung und weitere darauf aufbauende Rechtsvorschriften treffen Festlegungen über die Einstufung, die Kennzeichnung, Verpackung, Zubereitung sowie den Umgang mit Gefahrstoffen, die den Menschen vor arbeitsbedingten und sonstigen Gesundheitsgefahren sowie auch die Umwelt schützen sollen. Die Gefahrstoffe sollen erkennbar werden, die von ihnen ausgehenden Gefahren sollen abgewendet werden und ihrer Entstehung bei bestimmten Arbeitsvorgängen vorgebeugt werden.

Die Gefahrstoffverordnung ist heute nicht mehr der rechtliche Rahmen für den Umgang mit Gefahrstoffen allein. Es sind weitere Vorschriften hinzugekommen, die alle zusammen bei der Bewertung von Gefahrstoffen beachtet werden müssen:

1. Gefahrstoffverordnung vom 26. November 2010 (BGBl. I S. 1643) (GefStoffV) in der Änderung vom 3. Februar 2015 (BGBl. I S. 49) (siehe Kapitel 2.17)

2. TRGS 400 (Ausgabe 2010)

3. Verordnung zur arbeitsmedizinischen Vorsorge vom 18. Dezember 2010 (BGBl. I S. 2768) (ArbMedVV) in der Änderung vom 31. Oktober 2013 (BGBl. I S. 3882) (siehe Kapitel 2.9)

4. REACH-Verordnung der EU vom 8. Dezember 2010 (ABl.L 324 vom 9. Dezember 2010) (siehe Kapitel 2.18)

5. REACH-Anpassungsgesetz vom 1. Juni 2008 (BGBl. I S. 922) (REACH-AnpG) (siehe Kapitel 2.18.1)

6. Europäische GHS-Verordnung vom 20. Januar 2009 (EG Nr.1272/2008) in der Änderung vom 2. Oktober 2013 (Verordnung-EU Nr.944/2013), genannt CLP-Verordnung (siehe Kapitel 2.18.2)

Durch die Umsetzung von REACH- und CLP-Verordnung auf nationaler Ebene wurde eine Reihe von prinzipiellen Änderungen in der Gefahrstoffverordnung notwendig, die ein vielfaches Umdenken gegenüber früheren Bestimmungen erforderlich machen.

Es sollen einleitend einige wesentliche Aspekte der Gefahrstoffverordnung genannt werden:

- Die bisherigen Paragraphen wurden neu zugeordnet.
- Der Begriff Gefahrstoffe wird auf alle Stoffe mit Arbeitsplatzgrenzwerten erweitert.
- Die Begriffe „sachkundig" und „fachkundig" wurden neu definiert (§ 2 Abs.12 + 13), wobei der Betriebsarzt sowie die Fachkraft für Arbeitssicherheit „fachkundig" sein können, sie sind es nicht mehr automatisch wie bisher.
- Die Inhalte sowie die Dokumentation der Gefährdungsbeurteilung wurden präzisiert. Die Gefahrstoffverordnung orientiert sich an den jeweiligen Gefährdungen, aus denen sich dann auch die notwendigen Schutzmaßnahmen automatisch ergeben. Somit erhält die Gefährdungsbeurteilung einen zentralen Stellenwert (§ 6).
- Das Gefahrstoffverzeichnis als wesentliche Quelle für die Festlegung von Gefährdungen ist gegenüber bisherigen Vorschriften zu erweitern.
- Das bisherige Schutzstufenkonzept wurde abgeschafft, da das bisherige Einstufungs- und Kennzeichnungssystem von Gefahrstoffen grundlegend geändert wurde. Schutzstufen müssen künftig anders definiert werden, obwohl das Wort Schutzstufe in der Gefahrstoffverordnung nicht mehr zu finden ist. Dafür finden wir die Bezeichnung Schutzmaßnahmen (§§ 8–11).
- Nach der GHS-Verordnung werden nur noch toxische Stoffe und Gemische mit dem Gefahrensymbol Totenkopf (GHS 06 Abb. 4.2) gekennzeichnet.
- CMR-Stoffe (cancerogen, mutagen, reproduktionstoxisch) werden mit dem neu eingeführten Gefahrensymbol, dem sogenannten „Korpussymbol" (GHS 08 Abb. 4.2) für Gesundheitsgefahren gekennzeichnet.
- Für Stoffe ist nach der CLP-Verordnung ab 1. Dezember 2010 zwingend die neue Kennzeichnung zu verwenden, für Gemische gibt es noch eine Übergangsfrist bis 1. Juni 2015. Danach wird die Gefahrstoffverordnung komplett auf EU-GHS umgestellt.
- Neu eingeführt werden technische Regeln für Gefahrstoffe zum Sprengstoffbereich (§ 12).

Die neue Gefahrstoffverordnung gliedert sich folgendermaßen auf:

Abschnitt 1: Zielsetzung, Anwendungsbereich und Begriffsbestimmungen

Abschnitt 2: Gefahrstoffinformation

Abschnitt 3: Gefährdungsbeurteilung und Grundpflichten

Abschnitt 4: Schutzmaßnahmen

Abschnitt 5: Verbote und Beschränkungen

Abschnitt 6: Vollzugsregelungen und Ausschuss für Gefahrstoffe

Abschnitt 7: Ordnungswidrigkeiten und Straftaten

Es folgen dann in 2 Anhängen besondere Vorschriften für bestimmte Gefahrstoffe und Tätigkeiten sowie zum Brand- und Explosionsschutz.

4.3.1 Beurteilung von Gefährdungen und Belastungen

Für die Beurteilung von Gefährdungen und Belastungen am Arbeitsplatz sind in der Regel umfangreiche Ermittlungen und Recherchen notwendig. Diese hat der Arbeitgeber zu veranlassen, da er sie nicht immer selbst durchführen kann. Hierbei sollten ihn seine Fachkraft für Arbeitssicherheit sowie die Sicherheitsbeauftragten tatkräftig unterstützen, ebenso auch der Betriebsarzt.

Für den Umgang mit Gefahrstoffen gibt es zahlreiche technische Regeln, von denen die wichtigsten kurz systematisiert und angesprochen werden sollen.

Grenzwerte und Einstufungen

- TRGS 900 – Arbeitsplatzgrenzwerte (Ausgabe Januar 2006, zuletzt geändert am 2. April 2014 GMBl. 2014 S. 271–274)
- TRGS 903 – Biologische Grenzwerte (BGW) (Ausgabe Februar 2013, zuletzt geändert am 19. September 2013 GMBl.2013 S. 948–951)
- TRGS 905 – Verzeichnis krebserzeugender, erbgutverändernder und fortpflanzungsgefährdender Stoffe (Ausgabe Juli 2005, zuletzt geändert Mai 2008)
- TRGS 906 – Verzeichnis krebserzeugender Tätigkeiten oder Verfahren nach § 3 Abs. 2 Nr. 3 GefStoffV (Ausgabe Juli 2005, zuletzt geändert März 2007)
- TRGS 907 – Verzeichnis sensibilisierender Stoffe und von Tätigkeiten mit sensibilisierenden Stoffen (Ausgabe November 2011, zuletzt geändert 2011 GMBl. 2011 S. 1019)

Gefährdungsermittlung und -beurteilung

- TRGS 200 – Einstufung von Stoffen, Zubereitungen und Erzeugnissen (Ausgabe Oktober 2011, zuletzt geändert am 24. November 2011 GMBl. 2011 S. 831)

- TRGS 400 – Gefährdungsbeurteilung für Tätigkeiten mit Gefahrstoffen (Ausgabe 2010) (GMBl. Nr. 2 S. 19–32, zuletzt geändert am 13. September 2012 GMBl. 2012 S. 715)
- TRGS 401 – Gefährdung durch Hautkontakt – Ermittlung, Beurteilung Maßnahmen (Ausgabe Juni 2008, zuletzt geändert am 30. März 2011 GMBl. 2011 S. 175)
- TRGS 402 – Ermitteln und Beurteilen der Gefährdungen bei Tätigkeiten mit Gefahrstoffen: Inhalative Exposition (Ausgabe Januar 2010, zuletzt geändert am 2. April 2004 (GMBl. 2014 S. 254–257)

Umgang mit Gefahrstoffen (Auswahl)

- TRGS 220 – Sicherheitsdatenblatt (Ausgabe Juni 2013 GMBl. S. 639–650)
- TRGS 500 – Schutzmaßnahmen (Ausgabe Januar 2008, ergänzt Mai 2008)
- TRGS 525 – Gefahrstoffe in Einrichtungen der medizinischen Versorgung (Ausgabe September 2014 GMBl. 2014 S. 1294–1367 v. 13. Oktober 2014 (Nr. 63))
- TRGS 555 – Betriebsanweisung und Information der Beschäftigten (Ausgabe Januar 2013 GMBl. S. 321–327)

4.3.2 Wichtige Definitionen

Auslöseschwelle

Als Auslöseschwelle wird die Konzentration eines Stoffes in der Luft am Arbeitsplatz bezeichnet, bei deren Überschreitung zusätzliche Maßnahmen zum Schutz der Gesundheit erforderlich werden.

Die Auslöseschwelle ist überschritten, wenn die Einhaltung des Luftgrenzwertes nicht nachgewiesen ist.

Biologischer Grenzwert

Mit BAT (biologischer Arbeitsplatztoleranzwert) (TRGS 903) wird die Konzentration eines Stoffes oder seines Umwandlungsproduktes im Körper bezeichnet oder die dadurch ausgelöste Abweichung eines biologischen Indikators von seiner Norm, bei der im Allgemeinen die Gesundheit der Arbeitnehmer nicht beeinträchtigt wird [§ 2 (9) GefStoffV]. Als neue Bezeichnung bei gleichem Inhalt hat die Gefahrstoffverordnung den biologischen Grenzwert (BGW) eingeführt.

Arbeitsplatzgrenzwert (AGW)

Der bisherige MAK-Wert (maximale Arbeitsplatzkonzentration) (TRGS 900) (jetzt Arbeitsplatzgrenzwert – AGW) ist die Konzentration eines Stoffes in der Luft am Arbeitsplatz, bei deren Unterschreiten im Allgemeinen die Gesundheit der Arbeitnehmer nicht beeinträchtigt wird [§ 2 (8) GefStoffV].

Mit der Gefahrstoffverordnung 2005 wurde bereits der Begriff des Arbeitsplatzgrenzwertes (AGW) eingeführt. Er stellt die zeitlich gewichtete durchschnittliche Konzentration eines Stoffes in der Luft am Arbeitsplatz in Bezug auf einen gegebenen Referenzzeitraum dar und entspricht etwa den bisherigen MAK-Werten.

Technische Richtkonzentration (TRK-Wert)

Der TRK-Wert (Technische Richtkonzentration) ist die Konzentration eines Stoffes in der Luft am Arbeitsplatz, die nach dem Stand der Technik erreicht werden kann [§ 3 (7) alte GefStoffV]. Sie wird in der neuen Gefahrstoffverordnung durch den AGW (siehe oben) ersetzt.

Sensibilisierende Stoffe

Stoffe oder Zubereitungen werden als sensibilisierend bezeichnet, wenn sie beim Einatmen oder der Aufnahme über die Haut zu Überempfindlichkeitsreaktionen führen können, so dass bei künftiger Exposition gegenüber dem Stoff oder der Zubereitung charakteristische Störungen auftreten.

4.3.3 Gefährdungsbeurteilung

Nach dem Arbeitsschutzgesetz (siehe Kapitel 2.1) wie auch der Betriebssicherheitsverordnung (siehe Kapitel 2.7) ist der Unternehmer verpflichtet, die Gefährdungen und Belastungen am Arbeitsplatz zu ermitteln und zu beurteilen. Dies hat unabhängig davon zu erfolgen, ob es sich jetzt um Gefährdungen durch den Umgang mit Gefahrstoffen oder anderweitige Gefährdungen handelt (z.B. physische und psychische Gefährdungen oder biologische Arbeitsstoffe).

Eine Gefährdungsanalyse ist für jedes Unternehmen zu erstellen, unabhängig von der Zahl der Beschäftigten (§ 4–7 GefStoffV). Sehr hilfreich ist dabei die neue TRGS 400 (Dezember 2010), die die Vorgehensweise zur Informationsermittlung und Gefährdungsbeurteilung nach § 6 GefStoffV beschreibt.

Im Ergebnis dieser Analyse, wobei der Unternehmer zahlreiche Hilfsangebote (Berufsgenossenschaft, Aufsichtsbehörde, Sicherheitsfachkräfte, Betriebsarzt) in Anspruch nehmen kann, müssen geeignete technische und organisatorische Schutzmaßnahmen festgelegt werden. Wenn die Gefährdung trotz dieser Maßnahmen nicht ausreichend beseitigt werden kann, sind persönliche Schutzausrüstungen (siehe Kapitel 13) bereitzustellen und zu verwenden.

Das Ergebnis der Gefährdungsbeurteilung sowie die sich daraus ergebenden Maßnahmen sind schriftlich festzuhalten, ebenso wie das Ergebnis der Überprüfung dieser Maßnahmen auf ihre Wirksamkeit.

4.3.4 GHS-Verordnung und CLP-Verordnung

Das GHS (**G**lobally **H**armonized **S**ystem – Global Harmonisierte System zur Einstufung und Kennzeichnung von Chemikalien), in Europa als CLP-Verordnung (**C**lassification, **L**abelling and **P**acking) (EG Nr. 1272/2008) bezeichnet, enthält einheitliche Kriterien zur Klassifizierung von Chemikalien entsprechend ihrem Gefährdungspotential sowie harmonisierte Elemente zur Kommunikation von Gefahren einschließlich ihrer Kennzeichnung und Sicherheitsdatenblatt und trat am 20. Januar 2009 in Kraft.

Die GHS-Verordnung wird von der Europäischen Union als CLP-Verordnung umgesetzt und ist als europäisches Recht in allen Mitgliedsstaaten gültig.

Es werden Übergangsfristen eingeräumt:

1. Stoffe müssen ab dem 1. Dezember 2010 nach GHS eingestuft und gekennzeichnet sein (Übergangsfrist für Stoffe).
2. Gemische (bisher „Zubereitungen") müssen ab dem 1. Juni 2015 nach GHS eingestuft und gekennzeichnet werden (Übergangsfrist für Gemische).
3. Zwischen 1. Dezember 2010 und 1. Juni 2015 müssen Stoffe nach der Stoff-RL 67/548/EWG und nach dem neuen GHS-System eingestuft werden. Beide Einstufungen werden im Sicherheitsdatenblatt angegeben. Die Kennzeichnung und die Verpackung darf jedoch nur nach den „neuen" GHS-Bestimmungen erfolgen.
4. Bereits ab dem 20. Januar 2009 können gefährliche Stoffe und Gemische optional nach GHS eingestuft werden. Die Kennzeichnung und Verpackung darf in diesem Fall nur nach GHS erfolgen.

Auffälliges Merkmal der GHS-Verordnung (1355 Seiten umfassend) sind die neuen Gefahrenpiktogramme, die die früheren Gefahrensymbole der EG ablösen. Die neuen GHS-Piktogramme bestehen aus einem schwarzen Symbol auf weißem Grund in einem auf der Spitze stehenden roten Quadrat (Abb. 4.2).

Eingeführt wurden auch 2 neue Signalwörter als spezifische Kennzeichnungsmerkmale. Sie geben Auskunft über den relativen Gefährdungsgrad, der einem Stoff oder Gemisch innewohnt.

Gefahr (Danger) für die schwerwiegenden Gefahrenkategorien
Warnung (Warning) für die weniger schwerwiegenden Gefahrenkategorien

---

Neben der Umwandlung der Kennzeichnungen (Gefahrenpiktogramme) wurden die R-Sätze durch neue Gefahrenhinweise (Hazard Statements) („H") ersetzt, die bisherigen S-Sätze durch neue Sicherheitshinweise (Precautionary Statements) („P") ersetzt.

Aufgrund der Übergangsfristen soll versucht werden, neben den bisherigen Kennzeichnungen auch die neuen darzustellen, wobei nicht jedes bisherige Symbol durch ein neues ersetzt wurde, sondern durchaus Unterschiede zu verzeichnen sind, auf die im Einzelnen verwiesen werden wird.

4.3.5 Gefährdungsanalyse/Gefahrstoffverzeichnis

Jeder Arbeitgeber ist verpflichtet, von den in seinem Unternehmen benutzten und aufbewahrten Gefahrstoffen ein Verzeichnis zu führen (§ 6 Abs. 12 GefStoffV), das auch einer ständigen Aktualisierung bedarf.

Das Verzeichnis muss mindestens folgende Angaben enthalten:

- Bezeichnung des Gefahrstoffes,
- Einstufung des Gefahrstoffes oder Angaben zu den gefährlichen Eigenschaften,
- Angaben zu den im Betrieb verwendeten Mengenbereichen,
- Bezeichnung der Arbeitsbereiche, in denen Beschäftigte dem Gefahrstoff ausgesetzt sein können.

4.3.6 Erfassung von Gefährdungen und Belastungen

4.3.6.1 Kennzeichnung von Gefahrstoffen (Piktogramme)

Stoffe und Zubereitungen mit gefährlichen Eigenschaften müssen entsprechend der Stoff- und Zubereitungsrichtlinie deutlich gekennzeichnet werden. Die Kennzeichnung (§§ 4–6 GefStoffV) soll einmal dazu dienen, darauf aufmerksam zu machen, dass es sich um eine gefährliche Substanz handelt, zum anderen soll sie gleichzeitig auf die Handhabung aufmerksam machen.

Für die Kennzeichnung verwendet man Gefahrensymbole und Gefahrenbezeichnungen, die jeweils die Hauptgefahr des Stoffes oder der Zubereitung erkennen lassen.

Merke:

Gefahrensymbole werden als schwarzer Aufdruck auf orangefarbenem Grund aufgebracht (Piktogramme).

Die gefährlichen Eigenschaften von Gefahrstoffen werden durch folgende Symbole und folgende Attribute charakterisiert:

Stoffe mit sehr giftigen, giftigen oder gesundheitsschädlichen Eigenschaften		Stoffe mit brandfördernden Eigenschaften	
T+ 	sehr giftig	O 	brandfördernd
T+ 	giftig*	Stoffe mit hochentzündlichen, leichtentzündlichen oder entzündlichen Eigenschaften	
Xn 	gesundheitsschädlich	F+ 	hochentzündlich
Stoffe mit ätzenden Eigenschaften		F 	leichtentzündlich
C 	ätzend	kein Gefahrensymbol	entzündlich
Stoffe mit reizenden Eigenschaften		Stoffe mit explosionsgefährlichen Eigenschaften	
Xi 	reizend	E 	explosionsgefährlich

* Krebserzeugende, erbgutverändernde und fortpflanzungsgefährdende Stoffe werden ebenfalls mit diesen Symbolen gekennzeichnet

Abb. 4.1:   Gefahrstoffsymbole (nach EG-RL 67/548/EWG)

Diese bisherigen Kennzeichnungen (orangefarbene Piktogramme) werden künftig durch die CLP-Verordnung durch neun neue Symbole abgelöst. Dabei wird auch das bisherige Andreaskreuz mit den Zusatzbuchstaben Xn und Xi abgelöst. An deren Stelle treten künftig die Gefahrenpiktogramme „Ätzwirkung" (GHS 05), „Gesundheitsgefahr" (GHS 08) oder „Ausrufezeichen" (GHS 07). Stoffe müssen zwingend seit 1.12.2010 und Gemische (Zubereitungen) zwingend ab 1.6.2015 nach der CLP-Verordnung gekennzeichnet sein.

Bezeichnung	Piktogramm	Kodierung	Erläuterungen
Explodierende Bombe		GHS 01	Bsp. Explosive Stoffe
Flamme		GHS 02	Bsp. Entzündliche Flüssigkeiten
Flamme über einem Kreis		GHS 03	Bsp. Oxidierende Stoffe
Gasflasche		GHS 04	Bsp. Gase unter Druck
Ätzwirkung		GHS 05	Bsp. Hautätzend Kat. 1; korrosiv gegenüber Metallen, Kat.1
Totenkopf mit gekreuzten Knochen		GHS 06	Bsp. Akute Toxizität, Kat. 1–3
Ausrufezeichen		GHS 07	Bsp. Gesundheitsschäd-lich (akute Toxizität), Kat. 4; ätzend, Kat. 2; haut-sensibilisierend

Bezeichnung	Piktogramm	Kodierung	Erläuterungen
Gesundheitsgefahr		GHS 08	Bsp. Krebserzeugend, mutagen, reproduktionstoxisch; Aspirationsgefahr; atemwegsensibilisierend
Umwelt		GHS 09	Bsp. Gewässergefährlich; umweltgefährlich

Abb. 4.2:   Gefahrenpiktogramme der Kennzeichnung gemäß CLP-Verordnung

Die Piktogramme werden künftig mit zwei möglichen Signalwörtern ergänzt:

1. „Gefahr" und
2. „Achtung".

4.3.6.2   GHS-Gefahrenklassen

Bisher kannten wir aus dem Einstufungs- und Kennzeichnungssystem 15 verschiedene Gefahrenklassen, die durch die GHS-Verordnung mit jetzt 28 Gefahrenklassen (Tab. 4.6) deutlich erweitert werden:

16 Gefahrenklassen für physikalische Gefahren
10 Gefahrenklassen für die menschliche Gesundheit
2 Gefahrenklassen für die Umwelt

Tab. 4.6: GHS-Gefahrenklassen

Gefahrenklassen für physikalische Eigenschaften

- Explosive Stoffe/Gemische und Erzeugnisse mit Explosivstoff
- entzündliche Gase
- entzündbare Aerosole
- oxidierende Gase
- Gase unter Druck
- entzündbare Flüssigkeiten
- entzündbare Feststoffe

- selbstzersetzliche Stoffe und Gemische
- pyrophore Flüssigkeiten
- pyrophore Feststoffe
- selbsterhitzungsfähige Stoffe und Gemische
- Stoffe und Gemische, die in Berührung mit Wasser entzündliche Gase entwickeln
- oxidierende Flüssigkeiten
- oxidierende Feststoffe
- organische Peroxide
- korrosiv gegenüber Metallen

Gefahrenklassen für toxische Eigenschaften

- Akute Toxizität
- Ätz-/Reizwirkung auf die Haut
- schwere Augenschädigung/Augenreizung
- Sensibilisierung der Atemwege oder der Haut
- Keimzellmutagenität
- Karzinogenität
- Reproduktionstoxizität
- spezifische Zielorgan-Toxizität (einmalige Exposition)
- spezifische Zielorgan-Toxizität (wiederholte Exposition)
- Aspirationsgefahr

Gefahrenklassen für ökotoxische Eigenschaften

- Gewässergefährdend
- die Ozonschicht schädigend (EU)

In Abhängigkeit vom Gefährdungspotenzial erfolgt innerhalb der Gefahrenklasse die Zuordnung zu unterschiedlichen „Gefahrenkategorien" (hazard categories) als Gefahrenhinweis.

4.3.6.3 Umwandlung von R-Sätzen (Risiken) in H-Sätze (hazard statements – Gefahrenhinweise)

Neben den Gefahrensymbolen, die lediglich auf die Hauptgefahren hinweisen, kennen wir bisher noch so genannte R-Sätze, die die besonderen Risiken beim Umgang mit dem Gefahrstoff beschreiben. Diese R-Sätze werden künftig durch die H-Sätze (hazard statements – Gefahrenhinweise) abgelöst.

Die bisherigen standardisierten R-Sätze findet man im Anhang III der Richtlinie 67/548/EWG. Sie sollen noch genannt werden, da sie momentan noch üblich bei der Kennzeichnung sind. Hier nur einige wenige Beispiele (Auswahl):

- R 14 – reagiert heftig mit Wasser
- R 20 – gesundheitsschädlich beim Einatmen
- R 21 – gesundheitsschädlich bei Berührung mit der Haut
- R 22 – gesundheitsschädlich beim Verschlucken
- R 23 – giftig beim Einatmen
- R 26 – sehr giftig beim Einatmen
- R 28 – sehr giftig beim Verschlucken
- R 42 – Sensibilisierung durch Einatmen möglich
- R 45 – kann Krebs erzeugen
- R 46 – kann vererbbare Schäden verursachen
- R 49 – kann Krebs erzeugen beim Einatmen

Die künftigen H-Sätze werden mit dem Kürzel „H" und einer dreistelligen Zahl kodiert. Dabei steht die erste Zahl für

- Ziffer 2 = physikalische Gefahren
- Ziffer 3 = Gesundheitsgefahren
- Ziffer 4 = Umweltgefahren.

4.3.6.4 Umwandlung von S-Sätzen (Sicherheitsratschläge) in P-Sätze (precautionary statements – Sicherheitshinweise)

Daneben werden die notwendigen Vorsichtsmaßnahmen in standardisierten Sicherheitsratschlägen, den so genannten S-Sätzen, ausgedrückt (Anhang IV, 67/548/EWG). Auch sie werden künftig durch die P-Sätze (precautionary statements) – Sicherheitshinweise) abgelöst. Auch hier einige wenige Beispiele (Auswahl), da sie entsprechend der Übergangfristen noch gebräuchlich sind:

- S 1 – unter Verschluss aufbewahren
- S 3 – kühl aufbewahren
- S 22 – Staub nicht einatmen
- S 30 – niemals Wasser hinzugießen
- S 37 – geeignete Schutzhandschuhe tragen
- S 39 – Schutzbrille/Gesichtsschutz tragen
- S 49 – nur im Originalbehälter aufbewahren

Das künftige Kennzeichnungsetikett wird neben den bisherigen Hinweisen auch die relevanten Sicherheitshinweise (precautionary statements) (P-Sätze) enthalten (für die bisherigen S-Sätze = Standardaufschriften zur Beschreibung von Sicher-

heitsmaßnahmen zum Schutz von Mensch und Umwelt beim Umgang mit gefährlichen Stoffen).

Die Sicherheitshinweise werden mit dem Kürzel „P" und einer dreistelligen Zahl
kodiert. Die erste Ziffer gibt an, um welche Art von Sicherheitshinweisen es sich
handelt, während die beiden letzten Ziffern die laufende Nummer ausdrücken.

- Ziffer P1.. = allgemeine Sicherheitshinweise (z.B. P 102:
  „Darf nicht in die Hände von Kindern gelangen")
- Ziffer P2.. = Prävention (z.B. P 211:
  „Nicht in offene Flamme oder andere Zündquelle sprühen")
- Ziffer P3.. = Reaktion (z.B. P 330: „Mund ausspülen")
- Ziffer P4.. = Lagerung (z.B. P 402: „An einem trockenen Ort aufbewahren")
- Ziffer P5.. = Entsorgung (z.B. P 501: „Inhalt/Behälter....... zuführen")

4.3.6.5 Krebserzeugende, erbgutverändernde oder fortpflanzungs-gefährdende Stoffe (TRGS 905)

Krebserzeugende oder erbgutverändernde Gefahrstoffe (TRGS 905) unterliegen
besonderen Vorschriften. Dazu zählen auch alle Zubereitungen, Stoffe und Erzeugnisse, aus denen bei der Herstellung oder Verwendung krebserzeugende oder erbgutverändernde Stoffe entstehen oder freigesetzt werden.

Stoffe sind krebserzeugend, wenn sie mit den Hinweisen auf besondere Gefahren

R 45 oder R 49

gekennzeichnet sind.

Krebserzeugende Gefahrstoffe sind auch

- Buchenholzstaub und Eichenholzstaub,
- Azofarbstoffe mit einer krebserzeugenden Aminkomponente,
- Pyrolysederivate aus organischem Material,
- Dieselmotorenemissionen,
- Arbeiten, bei denen Rauch, Staub und Nebel beim Rösten entsteht,
- u.a.m.

Eine andere Einteilung in 3 Kategorien kennen wir aus den technischen Regeln, wo
sowohl die Gefahrstoffsymbole als auch die Gefahrenhinweise berücksichtigt werden:

Für die CMR-Stoffe (**C**arcinogenic, **M**utagenic, toxic to **R**eproduction) gibt es eine Gesamtliste, die folgende Stoffe enthält, die

1. gemäß Tabelle 3 des Anhangs VI der Verordnung (EG) Nr.1272/2008 (CLP-Verordnung) bis einschließlich des Anhangs VI der Verordnung 944/2013 (5. Anpassung der CLP-Verordnung) als krebserzeugend, erbgutverändernd oder fortpflanzungsgefährdend eingestuft sind,

2. in der TRGS 905 „Verzeichnis krebserzeugender, erbgutverändernder oder fortpflanzungsgefährdender Stoffe" aufgeführt werden oder

3. in der TRGS 907 „Verzeichnis krebserzeugender Tätigkeiten oder Verfahren nach § 3 Abs. 2 Nr.3 GefStoffV" verzeichnet sind.

Tab. 4.7: Kategorien für krebserregende Stoffe

Kategorie	Gefahrensymbol	Gefahrenhinweis	
K 1	T	R 45	kann Krebs erzeugen
K 2	T	R 49	kann Krebs erzeugen beim Einatmen
K 3	Xn	R 40	Verdacht auf krebserzeugende Wirkung

Für krebserzeugende und erbgutverändernde Stoffe oder Zubereitungen der Kategorie 1 und 2 nach Gefahrstoff-Verordnung gilt eine Aufbewahrungsfrist für ärztliche Unterlagen (Betriebsarzt) nach ArbMedVV und AMR 6.1 von 40 Jahren. Dieser Zeitraum ist der Tatsache geschuldet, dass es bei diesen Stoffen häufig erst nach einer längeren Latenzzeit zu Gesundheitsstörungen kommen kann, um auch dann noch einen eventuellen Zusammenhang mit vorausgegangenen Tätigkeiten nachvollziehen zu können.

Erbgutverändernde Stoffe werden ebenfalls entsprechend ihrer Gefährlichkeit in 3 Klassen eingestuft:

Tab. 4.8: Kategorien für erbgutverändernde Stoffe

Alte Kategorie gemäß EU-Kennzeichnung (noch bis 2015 gültig)		Neue Kategorie GHS-Kennzeichnung
Kategorie 1 (M 1)	Stoffe, die beim Menschen bekanntermaßen erbgutverändernd wirken	1 A
Kategorie 2 (M 2)	Stoffe, die als erbgutverändernd angesehen werden sollten	1 B
Kategorie 3 (M 3)	Stoffe, die wegen der möglichen erbgutverändernden Wirkung auf den Menschen Anlass zur Besorgnis geben	2

Stoffe sind erbgutverändernd, wenn sie beim Inverkehrbringen mit dem bisherigen Hinweis auf besondere Gefahren

R 46

gekennzeichnet sind.

Auch hier werden künftig andere Symbole und Kennzeichnungen eingeführt werden, die der GHS-Verordnung entsprechen. Diese sind dem Sicherheitsdatenblatt zu entnehmen.

Für den Umgang mit krebserregenden und erbgutverändernden Gefahrstoffen hat der Gesetzgeber besondere zusätzliche Ermittlungspflichten, Vorsorge- und Schutzmaßnahmen (§ 10 GefStoffV) vorgesehen. Wie bei vielen anderen gefährlichen Stoffen gilt hier besonders der Grundsatz, dass der Arbeitgeber krebserzeugende Gefahrstoffe, soweit dies nach dem Stand der Technik möglich ist, durch Stoffe, Zubereitungen oder Erzeugnisse austauschen muss, die ein geringeres gesundheitliches Risiko für die Beschäftigten darstellen. Das gleiche gilt für Arbeitsabläufe und Arbeitsverfahren.

Auch für fruchtbarkeitsgefährdende Stoffe (R 60 = kann die Fortpflanzung beeinträchtigen) gibt es eine Einteilung in 3 Kategorien entsprechend der Gefährlichkeit:

Kategorie 1 (RF 1)	Stoffe, die beim Menschen die Fortpflanzungsfähigkeit (Fruchtbarkeit) bekanntermaßen beeinträchtigen
Kategorie 2 (RF 2)	Stoffe, die als beeinträchtigend für die Fortpflanzungstätigkeit beim Menschen angesehen werden
Kategorie 3 (RF 3)	Stoffe, die wegen möglicher Beeinträchtigung der Fortpflanzungsfähigkeit beim Menschen Besorgnis erregen

In der EU-Richtlinie (67/548/EWG) werden neben den fortpflanzungsgefährdenden Stoffen noch die fruchtschädigenden Stoffe (RE) aufgeführt. Diese fruchtschädigenden (entwicklungsschädigenden Stoffe) werden in der Gefahrstoffverordnung nicht berücksichtigt. Sie sind aber im Rahmen des Mutterschutzes unbedingt zu berücksichtigen (R 61 = kann das Kind im Mutterleib schädigen).

4.3.7   Sicherheitsdatenblätter (TRGS 200)

Zu jedem Stoff, der eine Gefährdung aufweist, ist der Hersteller verpflichtet (nach Maßgabe der Richtlinie 91/155/EWG sowie § 5 GefStoffV), ein Sicherheitsdatenblatt kostenlos mitzuliefern. Aus diesem gehen die wichtigsten Gefährdungen hervor, aus denen sich die notwendigen Maßnahmen ableiten lassen. Einzelheiten, wie ein Sicherheitsdatenblatt auszusehen hat und welche Angaben es zu enthalten hat, kann man der TRGS 220 entnehmen.

Wichtig:

Sollte der Hersteller kein Sicherheitsdatenblatt liefern, sollte vom Erwerb dieses Stoffes dringend Abstand genommen werden.

Die Angaben im Sicherheitsdatenblatt sind wichtig für die Gestaltung der Betriebsanweisung (siehe Kapitel 4.7), da wesentliche Bestandteile in diese übernommen werden können.

Künftig werden die Sicherheitsdatenblätter die neuen Kennzeichnungen enthalten, die dann entsprechend der betrieblichen Dokumente in diese zu übernehmen sind.

Eine parallele Verwendung von alter und neuer Nomenklatur durch die Hersteller von Chemikalien in den Sicherheitsdatenblättern ist nicht erlaubt.

4.3.8   Auswirkungen der GHS-Verordnung auf den Arbeitsschutz

In erster Linie wurde die GHS-Verordnung für alle diejenigen entwickelt und verabschiedet, die Chemikalien in den Verkehr bringen. Mittelfristig müssen alle gefährlichen Chemikalien nach dem neuen GHS-System gekennzeichnet und eingestuft werden, woraus sich für die betrieblichen Arbeitsabläufe und den Arbeitsschutz gravierende Folgen ergeben.

Durch die neuen GHS-Gefahrenpiktogramme ergeben sich enorme Veränderungen, da die uns allen vertrauten Gefahrensymbole wegfallen und durch die neuen ersetzt werden. Diese neuen Symbole müssen sich erst einmal einprägen, womit ein erheblicher Umdenkprozess verbunden ist.

Für die betriebliche Praxis entsteht ein beträchtlicher Aufwand. Zu den Chemikalien, die nach GHS gekennzeichnet sind, werden neue Etiketten und Sicherheitsdatenblätter gehören. Die darin enthaltenen neuen Informationen müssen betrieblich umgesetzt werden, d.h., sie sind in die Gefährdungsbeurteilungen einzuarbeiten, es sind neue Betriebsanweisungen zu erstellen, wobei es sinnvoll wäre, wenn man zunächst alte und neue Nomenklatur nebeneinander verwendet, solange die Übergangsfristen laufen.

Das im Unternehmen geführte Gefahrstoffverzeichnis muss neu an GHS angepasst werden. Hierbei sollte man auf Stoffdatenbanken im Internet zurückgreifen, die künftig durch verschiedene Anbieter erhältlich sein werden.

Künftig sind Schulungen und Unterweisungen notwendig, um die Mitarbeiter mit den neuen Symbolen vertraut zu machen und auf die neuen Einstufungen hinzuweisen.

Die Übergangsfristen sind relativ lang. Bis etwa Mitte 2015 kann es Kennzeichnungen parallel nach dem alten und dem neuen System geben, was zu einem Mehraufwand im Unternehmen und nicht zuletzt auch zu einer allgemeinen Verunsicherung der Mitarbeiter führen kann. Um hier Fehler zu vermeiden, ist eine rechtzeitige Information aller Mitarbeiter dringend geboten, da bereits seit Anfang 2009 erste Gebinde von Chemikalien mit den neuen GHS-Piktogrammen erhältlich sind.

Es ist zu erwarten, dass durch die neue Einstufung von Chemikalien noch weitere gesetzliche Regelungen angepasst werden, insbesondere auch technische Regeln für Gefahrstoffe (TRGS). Dies bleibt aber abzuwarten, da es sich teilweise um nationale Regelungen handelt.

4.3.9 Arbeitmedizinische Vorsorge

Mit Inkrafttreten der neuen Verordnung zur Arbeitsmedizinischen Vorsorge (ArbMedVV) am 18. Dezember 2008 sind die §§ 15 und 16 der Gefahrstoffverordnung vom 1. Januar 2005 gestrichen worden und in die neue Verordnung übertragen worden.

Auch die neue Gefahrstoffverordnung vom 26. November 2010 führt arbeitsmedizinische Vorsorgeuntersuchungen nicht mehr auf.

Die arbeitsmedizinische Vorsorge umfasst

- die arbeitsmedizinische Beurteilung gefahrstoff- und tätigkeitsbedingter Gesundheitsgefährdungen einschließlich der Empfehlungen geeigneter Schutzmaßnahmen,
- die Aufklärung und Beratung der Beschäftigten über die mit der Tätigkeit verbundenen Gesundheitsgefährdungen einschließlich solcher, die sich aus vorhandenen gesundheitlichen Beeinträchtigungen ergeben können,

- spezielle arbeitsmedizinische Vorsorgeuntersuchungen zur Früherkennung von Gesundheitsstörungen und Berufskrankheiten,
- arbeitsmedizinisch begründete Empfehlungen zur Überprüfung von Arbeitsplätzen und zur Wiederholung der Gefährdungsbeurteilung,
- die Fortentwicklung des betrieblichen Gesundheitsschutzes bei Tätigkeiten mit Gefahrstoffen auf der Grundlage gewonnener Erkenntnisse.

Die Art der arbeitsmedizinischen Vorsorge wird bestimmt durch die neue Verordnung und wird gleichgesetzt mit anderen arbeitsmedizinischen Vorsorgeuntersuchungen entsprechend festgelegter Gefährdungen (siehe unten).

- Erstuntersuchung **vor Aufnahme** einer gefährdeten Tätigkeit,
- Nachuntersuchungen in regelmäßigen Abständen **während dieser Tätigkeit,**
- Nachuntersuchungen **bei Beendigung** dieser Tätigkeit,
- Nachgehende Untersuchungen bei **Tätigkeiten mit krebserzeugenden** oder **erbgutverändernden Stoffen** der Kategorien 1 und 2 im Sinne der Gefahrstoffverordnung,
- Untersuchungen aus **besonderem Anlass.**

Die Verordnung zur arbeitsmedizinischen Vorsorge macht auch einen deutlichen Unterschied zwischen arbeitsmedizinischer Vorsorge, die der Arbeitgeber zu veranlassen hat (**Pflichtvorsorge**) und denen, die er anzubieten hat (**Angebotsvorsorge**).

Pflichtvorsorge ist demnach (Anhang zur ArbMedVV – Arbeitsmedizinische Pflicht- und Angebotsvorsorge sowie weitere Maßnahmen der arbeitsmedizinischen Vorsorge – Teil 1) anzubieten bei Tätigkeiten mit den folgenden Gefahrstoffen, wenn der Arbeitsplatzgrenzwert nach der Gefahrstoffverordnung nicht eingehalten wird, oder, soweit die genannten Gefahrstoffe hautresorptiv sind, eine Gesundheitsgefährdung durch direkten Hautkontakt besteht:

Acrylnitrit *
Alkylquecksilber *
Alveolengängiger Staub (A-Staub)
Aromatische Nitro- und Aminoverbindungen *
Arsen und Arsenverbindungen
Asbest
Benzol *
Beryllium
Blei und anorganische Bleiverbindungen
Bleitetraethyl und Bleitetramethyl *
Cadmium und Cadmiumverbindungen

Chrom-VI-Verbindungen
Dimethylformamid *
Einatembarer Staub (E-Staub)
Fluor und anorganische Fluorverbindungen *
Glycerintrinitrat und Glykoldinitrat (Nitroglycerin/Nitroglykol) *
Hartholzstaub
Kohlenstoffdisulfid *
Kohlenmonoxid
Mehlstaub
Methanol *
Nickel und Nickelverbindungen
Polycyclische aromatische Kohlenwasserstoffe (Pyrolyseprodukte aus organischem Material) *
Weißer Phosphor (Tetraphosphor)
Platinverbindungen
Quecksilber und anorganische Quecksilberverbindungen *
Schwefelwasserstoff
Silikogener Staub
Styrol
Tetrachlorethen
Toluol *
Trichlorethen
Vinylchlorid
Xylol *

* Hautresorptive Stoffe entsprechend Angaben der TRGS 900

Weitere Pflichtvorsorge hat der Arbeitgeber zu veranlassen bei sonstigen Tätigkeiten mit Gefahrstoffen:

1) Feuchtarbeit von regelmäßig 4 Stunden oder mehr pro Tag

2) Schweißen und Trennen von Metallen bei Überschreitung einer Luftkonzentration von 3 Milligramm pro Kubikmeter Schweißrauch

3) Tätigkeiten mit Exposition gegenüber Getreide- und Futtermittelstäuben bei Überschreitung einer Luftkonzentration von 4 Milligramm pro Kubikmeter einatembarer Staub

4) Tätigkeiten mit Exposition gegenüber Isocyanaten, bei denen ein regelmäßiger Hautkontakt nicht vermieden werden kann oder eine Luftkonzentration von 0,05 Milligramm pro Kubikmeter überschritten wird

5) Tätigkeiten mit einer Exposition mit Gesundheitsgefährdung durch Labortierstaub in Tierhaltungsräumen und -anlagen

6) Tätigkeiten mit Benutzung von Naturgummilatexhandschuhen mit mehr als 30 Mikrogramm Protein pro Gramm im Handschuhmaterial

7) Tätigkeiten mit dermaler Gefährdung oder inhalativer Exposition mit Gesundheitsgefährdung, verursacht durch unausgehärtete Epoxidharze

Angebotsvorsorge ist erforderlich bei

1. „Tätigkeiten mit den in Absatz 1 genannten Gefahrstoffen (siehe obige Auflistung), wenn eine Exposition besteht und

2. Sonstige Tätigkeiten mit Gefahrstoffen":

   1) Schädlingsbekämpfung nach Anhang I Nr. 3 der Gefahrstoffverordnung

   2) Begasungen nach Anhang I Nr. 4 der Gefahrstoffverordnung

   3) Tätigkeiten mit folgenden Stoffen oder deren Gemischen: n-Hexan, n-Heptan, 2-Butanon, 2-Hexanon, Methanol, Ethanol, 2-Methoxyethanol, Benzol, Toluol, Xylol, Styrol, Dichlormethan, 1,1,1-Trichlorethan, Trichlorethen, Tetrachlorethen

   4) Tätigkeiten mit krebserzeugenden oder erbgutverändernden Stoffen oder Zubereitungen der Kategorien 1 oder 2 im Sinne der Gefahrstoffverordnung

   5) Feuchtarbeit von regelmäßig mehr als 2 Stunden je Tag

   6) Schweißen und Trennen von Metallen bei Einhaltung einer Luftkonzentration von 3 Milligramm pro Kubikmeter Schweißrauch

   7) Tätigkeiten mit Exposition gegenüber Getreide- und Futtermittelstäuben bei Überschreitung einer Luftkonzentration von 1 Milligramm pro Kubikmeter einatembarem Staub.

„Untersuchungen nach den Nummern 1 und 2 (Angebotsvorsorge) müssen nicht angeboten werden, wenn nach der Gefährdungsbeurteilung die Voraussetzungen des § 6 Abs. 9 der Gefahrstoffverordnung vorliegen und die nach § 8 der Gefahrstoffverordnung ergriffenen Maßnahmen zum Schutz der Beschäftigten ausreichen."

Für viele Gefahrstoffe gilt die Festlegung, dass die Beschäftigten auch nach Beendigung der Tätigkeit mit diesen Stoffen einer weiteren arbeitsmedizinischen Untersuchung zuzuführen sind. Diese nachgehenden Untersuchungen finden in der Regel alle 5 Jahre statt und sind der einschlägigen Literatur zu entnehmen.

Nachgehende Untersuchungen sind durchzuführen (ArbMedVV) bei Tätigkeiten mit Exposition gegenüber krebserzeugenden oder erbgutverändernden Stoffen oder Zubereitungen der Kategorie 1 oder 2 im Sinne der Gefahrstoffverordnung.

4.4 Gefährdungen bei Tätigkeiten mit biologischen Arbeitsstoffen

Da biologische Arbeitsstoffe in der Lage sind, beim Menschen zu Infektionserkrankungen, zu Allergien, Sensibilisierungen, Vergiftungen und langfristig auch zu Schwächungen und Erkrankungen des Immunsystems zu führen, kommt den gesetzlichen Regelungen zum Schutz der Arbeitnehmer eine zentrale Bedeutung zu. Aus dieser grundlegenden Schutzhaltung heraus wird den Arbeitgebern, an die in erster Linie die Biostoffverordnung adressiert ist, eine Reihe von recht gut definierten Aufgaben und Verpflichtungen vorgeschrieben.

Die gesetzlichen Grundlagen für alle Tätigkeiten mit biologischen Arbeitsstoffen und die daraus resultierenden Maßnahmen bildet die Biostoffverordnung, die seit dem 18. Dezember 2008 durch die Verordnung zur arbeitsmedizinischen Vorsorge erweitert wurde. Durch die letztgenannte Verordnung wurden einige Passagen der Biostoffverordnung in die ArbMedVV übernommen (insbesondere §§ 15, 15a sowie die Anlage IV) und den aktuellen Gegebenheiten angepasst.

4.4.1 Umsetzung der Biostoffverordnung

4.4.1.1 Einführung

Mit der Biostoffverordnung liegt seit dem 1. April 1999 eine branchenübergreifende Regelung zum Schutz aller Beschäftigten für Tätigkeiten mit biologischen Arbeitsstoffen vor, die Europäisches Recht in deutsches Recht umsetzt. Sie basiert auf dem Arbeitsschutzgesetz und ist eine weiterführende gesetzliche Regelung, die aufgrund des sehr breiten Anwendungsbereiches in sehr zahlreichen Branchen der Industrie, Wirtschaft sowie des Dienstleistungsgewerbes für jedes Anwendungsgebiet eine gesonderte Interpretation benötigt. Schätzungsweise sind in Deutschland etwa 5 Millionen Arbeitnehmerinnen und Arbeitnehmer mehr oder weniger mit biologischen Arbeitsstoffen täglich belastet.

Die Biostoffverordnung umfasst die prinzipiell grundlegenden Aufgaben und wird durch zahlreiche Ergänzungstexte (TRBA = Technische Regeln biologische Arbeitsstoffe) erweitert, in denen dann Einzelfragen festgelegt werden. Auch andere gesetzliche Regelungen müssen bei der Umsetzung der Biostoffverordnung in der Praxis beachtet werden (Gefahrstoffverordnung, Chemikaliengesetz, Mutterschutzgesetz, Jugendarbeitsschutzgesetz, Heimarbeitsgesetz u.a.m.).

Seit dem 1. Januar 2005 und erst kürzlich seit dem 15. Juli 2013 (BGBl. I S. 2514) gibt es zahlreiche Veränderungen im Gesetzestext (Novellierungen der Biostoffverordnung in Anpassung an das neue Gefahrstoffrecht), auf die im Folgenden jeweils hingewiesen wird.

4.4.1.2 Geltungsbereich der Biostoffverordnung

Die Biostoffverordnung gilt für alle Tätigkeiten mit biologischen Arbeitsstoffen einschließlich Tätigkeiten in deren Gefahrenbereich (§ 1) und dient dem Schutz der Beschäftigten in diesen Bereichen vor der Gefährdung ihrer Sicherheit und Gesundheit bei der Ausübung dieser Tätigkeiten.

Die Verordnung gilt nicht für Tätigkeiten, die dem Gentechnikrecht unterliegen, soweit dort gleichwertige oder sogar strengere Regelungen vorliegen.

Es ist beabsichtigt, beide gesetzlichen Regelungen in der Zukunft zu verknüpfen und zu einer einheitlichen Regelung zusammenzufassen. Derzeitig müssen beide Verordnungen noch getrennt betrachtet und auch umgesetzt werden. In der Verordnung zur arbeitsmedizinischen Vorsorge sind zahlreiche Dinge bereits vereinheitlicht.

Begriffsbestimmung

„Biostoffe sind:

1. Mikroorganismen, Zellkulturen und Endoparasiten einschließlich ihrer gentechnisch veränderten Formen,

2. mit Transmissibler Spongiformer Enzephalopathie (TSE) assoziierte Agenzien, die den Menschen durch Infektionen, übertragbare Krankheiten, Toxinbildung, sensibilisierende oder sonstige, die Gesundheit schädigende Wirkungen gefährden können.

Den Biostoffen gleichgestellt sind

1. Ektoparasiten, die beim Menschen eigenständige Erkrankungen verursachen oder sensibilisierende oder toxische Wirkungen hervorrufen können,

2. technisch hergestellte biologische Einheiten mit neuen Eigenschaften, die den Menschen in gleicher Weise gefährden können wie Biostoffe.

Mikroorganismen sind alle zellulären oder nichtzellulären mikroskopisch oder submikroskopisch kleinen biologischen Einheiten, die zur Vermehrung oder zur Weitergabe von genetischem Material fähig sind, insbesondere Bakterien, Viren, Protozoen und Pilze."

Alle Biostoffe sind in der Lage, beim Menschen Infektionen, sensibilisierende oder toxische Wirkungen hervorzurufen.

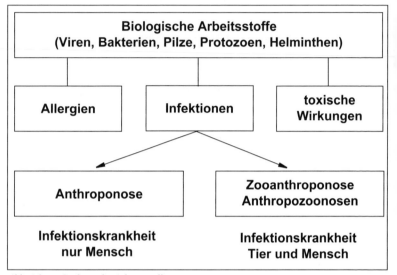

Abb. 4.3: Biologische Arbeitsstoffe

Die folgenden Tätigkeiten fallen unter die Biostoffverordnung (§ 2 Abs. 4):

- Herstellen und Verwenden von biologischen Arbeitsstoffen,
- Isolieren, Erzeugen und Vermehren,
- Aufschließen, Ge- und Verbrauchen,
- Be- und Verarbeiten,
- Ab- und Umfüllen, Mischen und Abtrennen,
- innerbetriebliches Befördern, Lagern und Aufbewahrung,
- Inaktivieren und Entsorgen,
- Umgang mit Menschen, Tieren, Pflanzen, biologischen Produkten, Gegenständen und Materialien, wenn dabei biologische Arbeitsstoffe freigesetzt werden können und die Beschäftigten direkt mit biologischen Arbeitsstoffen in Berührung kommen können.

Für das Verständnis und vor allem für den Umgang mit der gesamten Biostoffverordnung ist die Differenzierung in zwei wichtige Aspekte von fundamentaler

Bedeutung. Es muss zunächst immer differenziert werden, ob es sich um gezielte Tätigkeiten oder um nicht gezielte Tätigkeiten mit biologischen Arbeitsstoffen handelt.

> **Grundvoraussetzung für alle Maßnahmen nach der Biostoffverordnung ist die Frage nach gezielten oder nicht gezielten Tätigkeiten.**

Gezielte Tätigkeiten liegen vor, wenn

- biologische Arbeitsstoffe mindestens der Spezies nach bekannt sind,
- die Tätigkeiten auf einen oder mehrere biologische Arbeitsstoffe unmittelbar ausgerichtet sind und
- die Exposition der Beschäftigten im Normalbetrieb hinreichend bekannt oder abschätzbar ist.

Nicht gezielte Tätigkeiten liegen immer dann vor, wenn einer der drei oben genannten Faktoren nicht zutrifft.

Immer dann, wenn man weiß, um welchen biologischen Arbeitsstoff es sich handelt, die Tätigkeit direkt auf den Umgang damit ausgerichtet ist und dies auch dem Beschäftigten bewusst ist, handelt es sich um eine **gezielte Tätigkeit** im Umgang mit diesem Stoff. Ein charakteristisches Beispiel ist ein Labor, in dem Mikroorganismen gezüchtet und vermehrt werden.

Alle anderen Tätigkeiten, bei denen zwar eine Gefährdung gegeben ist, diese aber nicht genau bekannt ist oder sein könnte, sind **nicht gezielte Tätigkeiten**. Typische Beispiele hierfür bieten das Gesundheitswesen und die Wohlfahrtspflege, wo zwar die Gefährdung durch biologische Arbeitsstoffe fast überall und ständig gegeben ist, aber die Tätigkeit nicht direkt darauf ausgerichtet ist. Ähnlich verhält es sich in der Veterinärmedizin, bei Betreuungs-, Instandsetzungs-, Reinigungs-, Änderungs- oder Prüftätigkeiten an kontaminierten Geräten oder Anlagen (z.B. Lüftungstechnische Anlagen), Reinigungstätigkeiten in Krankenhäusern und ähnlichen Einrichtungen.

Typische Arbeiten mit nicht gezielten Tätigkeiten finden wir z.B. in der Abfallwirtschaft, in abwassertechnischen Anlagen, in der Land- und Fortwirtschaft, bei Restaurations- und Sanierungsarbeiten oder in der Alten- und Wohlfahrtspflege. Alle möglichen Bereiche hier aufzuzählen, würde den Rahmen sprengen.

Es ist eine Aufgabe der Gefährdungsbeurteilung (siehe Kapitel 4.2), zu der jeder Arbeitgeber für sein Unternehmen ohnehin verpflichtet ist, festzustellen, ob in dem jeweiligen Unternehmen Tätigkeiten vorkommen, die unter „Tätigkeiten mit biologischen Arbeitsstoffen" fallen. Wenn das der Fall ist, ist entsprechend dieser Vorordnung weiter zu verfahren.

Die Differenzierung in gezielte oder nicht gezielte Tätigkeiten ist deshalb von so fundamentaler Bedeutung, weil sich alle Beurteilungen hinsichtlich der Einstufung der Gefährdung (Gefährdungsbeurteilung) sowie der sich daraus ableitenden Maßnahmen (Schutzstufen, Hygienemaßnahmen, Schutzausrüstungen) auf diese prinzipielle Unterteilung beziehen.

4.4.2 Gefährdungsbeurteilung

Um nun den Grad der Gefährdung des einzelnen Beschäftigten festlegen zu können und die erforderlichen Maßnahmen ableiten zu können, ist eine sehr sorgfältige Beurteilung notwendig. Wie wichtig eine exakte Gefährdungsanalyse und Gefährdungsbeurteilung der jeweiligen Tätigkeiten ist, wird durch konkretere Festlegungen im § 8 der Biostoffverordnung sichtbar, wonach die Analyse und Beurteilung von Gefährdungen eine zentrale Stellung erfährt.

4.4.2.1 Einstufung in Risikogruppen

Die Biostoffverordnung hat insgesamt 4 Risikogruppen formuliert, die für die Einstufung der Gefährdung zugrunde gelegt werden (§ 3) (Tab. 4.9).

Tab. 4.9: Risikogruppen und ihre Bedeutung

Risikogruppe (RG)	Krankheit	Verbreitung in der Bevölkerung	Vorbeugung oder Behandlung
RG 1	unwahrscheinlich	ohne Bedeutung	nicht erforderlich
RG 2	Krankheit, Gefahr für Beschäftigte	unwahrscheinlich	normalerweise möglich
RG 3	schwere Krankheit, ernste Gefahr für Beschäftigte	Gefahr kann bestehen	normalerweise möglich
RG 4	schwere Krankheit, ernste Gefahr für Beschäftigte	Gefahr ist groß	normalerweise nicht möglich

Risikogruppe 1:

Es handelt sich hier um biologische Arbeitsstoffe, bei denen es unwahrscheinlich ist, dass sie beim Menschen eine Krankheit verursachen können.

Zu dieser Gruppe zählt eine Reihe von Mikroorganismen, die als normale „Bewohner" beim Menschen anzutreffen sind, weiterhin auch zahlreiche „harmlose" Schimmelpilze.

166

Risikogruppe 2:

In die Risikogruppe 2 sind alle diejenigen biologischen Arbeitsstoffe eingeteilt, die eine Krankheit beim Menschen hervorrufen können und eine Gefahr für den Arbeitnehmer darstellen können. Eine Verbreitung des Stoffes in der Bevölkerung ist aber unwahrscheinlich. Eine wirksame Vorbeugung oder Behandlung ist normalerweise möglich.

Bekannteste Vertreter dieser Gruppe sind bei den Viren das Hepatitis-A-Virus oder das Poliovirus, bei den Pilzen Candida albicans.

Risikogruppe 3:

Hierunter fallen biologische Arbeitsstoffe, die eine schwere Krankheit beim Menschen hervorrufen können und eine ernste Gefahr für Arbeitnehmer darstellen können. Die Gefahr einer Verbreitung in der Bevölkerung kann bestehen, doch ist normalerweise eine wirksame Vorbeugung oder Behandlung möglich.

Die Gruppe 3 betrifft gefährliche Bakterien, wie Salmonellen und die Erreger der Tuberkulose, bei den Viren sind die bekanntesten die Erreger der Hepatitis B oder C, der Tollwut oder des Gelbfiebers. Von den Parasiten kennen wir viele tropische Krankheitserreger, wie Echinococcus usw.

Risikogruppe 4:

Hierzu zählen alle biologischen Arbeitsstoffe, die eine schwere Krankheit beim Menschen hervorrufen können und eine ernste Gefahr für Arbeitnehmer darstellen. Die Gefahr einer Verbreitung in der Bevölkerung ist unter Umständen groß, eine wirksame Vorbeugung oder Behandlung ist meist nicht möglich.

Die allgemein gefährlichsten Erreger gehören in diese Gruppe, meist ausschließlich Viren wie Lassa, Ebola usw.

Um nun die fast unzähligen (zurzeit etwa 7000) Mikroorganismen der jeweiligen Risikogruppe zuordnen zu können, gibt es ergänzend technische Regeln für biologische Arbeitsstoffe (TRBA), z.B.

TRBA 460 Einstufung von Pilzen in Risikogruppen (Oktober 2002)
TRBA 462 Einstufung von Viren in Risikogruppen (April 2012)
TRBA 464 Einstufung von Parasiten in Risikogruppen (Juli 2013)
TRBA 466 Einstufung von Bakterien in Risikogruppen (Dezember 2010)

Aus diesen TRBA können die notwendigen Daten entnommen werden und der entsprechenden Tätigkeit zugeordnet werden.

Wichtig sei erwähnt, dass beim Vorkommen mehrere Risikogruppen immer die Einstufung in die Risikogruppe mit dem höheren Gefährdungsgrad vorzunehmen ist (§ 4 Abs. 3).

4.4.2.2 Informationsbeschaffung für die Gefährdungsbeurteilung

Um eine vom Gesetzgeber geforderte und vom Arbeitgeber zu erarbeitende Gefährdungsbeurteilung auch praxisrelevant erstellen zu können, hat der Arbeitgeber zahlreiche Informationen zu beschaffen und zu berücksichtigen (§ 5):

- Informationen über vorkommende biologische Arbeitsstoffe, über mögliche oder auftretende infektiöse, sensibilisierende oder toxische Wirkungen und über die Zuordnung zu einer Risikogruppe,

- Informationen über Tätigkeiten mit biologischen Arbeitsstoffen, Betriebsabläufe und Arbeitsverfahren,

- Informationen über Art und Dauer der Tätigkeiten, über damit verbundene Übertragungswege und Expositionsverhältnisse,

- Informationen über Erfahrungen aus vergleichbaren Tätigkeiten, Belastungs- und Expositionssituationen und die dort angewandten Schutzmaßnahmen.

> **Die Informationsbeschaffung ist Grundlage der Gefährdungsbeurteilung.**

Da dieser Komplex sehr umfangreich und auch teilweise sehr schwierig ist, bieten sich viele Möglichkeiten der Unterstützung für den Arbeitgeber:

- Arbeitsschutzbehörden,
- Berufsgenossenschaften,
- Industrie- und Handelskammern,
- Handwerkskammern,
- arbeitsmedizinische Dienste,
- zahlreiche Verbände,
- sonstige Informationsquellen.

4.4.2.3 Festlegung der Schutzmaßnahmen

Sind die Risikogruppen festgelegt und die Frage gezielte oder nicht gezielte Tätigkeit geklärt, kann es an die Festlegung entsprechender Maßnahmen gehen.

Zu 4 Risikogruppen gibt es auch 4 Schutzstufen. Bei gezielten Tätigkeiten mit biologischen Arbeitsstoffen gilt die einfache Regel:

Risikogruppe 1 = Sicherheitsmaßnahmen der Schutzstufe 1
Risikogruppe 2 = Sicherheitsmaßnahmen der Schutzstufe 2
Risikogruppe 3 = Sicherheitsmaßnahmen der Schutzstufe 3
Risikogruppe 4 = Sicherheitsmaßnahmen der Schutzstufe 4

Im Anhang II und III der Biostoffverordnung sind die einzelnen Sicherheitsmaßnahmen definiert und müssen im Einzelfall dort nachgelesen werden.

Für alle Risikogruppen gelten immer die allgemeinen Hygieneregeln, die in der TRBA 500 „Grundlegende Maßnahmen bei Tätigkeiten mit biologischen Arbeitsstoffen" beschrieben werden.

Weitere technische Regeln konkretisieren bestimmte Sicherheitsmaßnahmen in bestimmten Arbeitsbereichen:

- TRBA 100 – Schutzmaßnahmen für Tätigkeiten mit biologischen Arbeitsstoffen in Laboratorien
- TRBA 105 – Sicherheitsmaßnahmen bei Tätigkeiten mit biologischen Arbeitsstoffen der Risikogruppe 3 ** (keine Infizierung über den Luftweg) (wurde aufgehoben und inhaltlich in die TRBA 100 integriert).
- TRBA 120 – Versuchstierhaltung

Bei nicht gezielten Tätigkeiten mit biologischen Arbeitsstoffen entspricht nicht die Risikogruppe auch gleichzeitig der jeweiligen Schutzstufe. Es muss nach Anhang II und III überlegt werden, welche Schutzstufe zur Anwendung kommen muss. Mindestens die Maßnahmen der Schutzstufe 1 sind aber immer erforderlich.

4.4.2.4 Durchführung der Gefährdungsbeurteilung

Der Arbeitgeber ist nach § 5 ArbSchG verpflichtet, eine Gefährdungsbeurteilung für sein Unternehmen anzufertigen. Wird im Rahmen dieser Gefährdungsbeurteilung festgestellt, dass Tätigkeiten mit biologischen Arbeitsstoffen vorkommen, ist dieser Teil der Gefährdungsbeurteilung nach der Biostoffverordnung (§§ 5–8) vorzunehmen (TRBA 250 „Biologische Arbeitsstoffe im Gesundheitswesen und in der Wohlfahrtspflege").

Die Gefährdungsbeurteilung ist durchzuführen:

- vor Aufnahme einer Tätigkeit mit biologischen Arbeitsstoffen,
- bei Änderungen der Arbeitsbedingungen, die zu einer erhöhten Gefährdung der Beschäftigten führen können,
- bei der Feststellung einer Kontamination des Arbeitsplatzes,

- bei Auftreten einer Infektion am Arbeitsplatz,
- bei gesundheitlichen Bedenken durch den Betriebsarzt.

Die bisherige jährliche pauschale Überprüfung ist weggefallen. Der § 8 Biostoffverordnung schreibt vor, dass bei der Erarbeitung sowie Kontrolle der Gefährdungsbeurteilung der Personenkreis in besonderem Maße fachkundig zu sein hat, wobei insbesondere der Betriebsarzt sowie die Fachkraft für Arbeitssicherheit dazu gehören, wenn der Arbeitgeber nicht selbst über die notwendige eigene Fachkunde verfügen sollte.

Wenn das Arbeitsschutzgesetz (§ 6 Abs. 1 Satz 1 + 2) vorschreibt, dass eine Gefährdungsbeurteilung in schriftlicher Form erst ab 10 Beschäftigten zu erstellen ist, geht die Biostoffverordnung über diese Maßgabe hinaus. Wenn in Betrieben mit bis zu 10 Beschäftigten gezielte Tätigkeiten mit biologischen Arbeitsstoffen der Risikogruppe 1 ohne sensibilisierende oder toxische Wirkungen oder nicht gezielte Tätigkeiten mit vergleichbaren Gefährdungen durchgeführt werden, kann auf die Dokumentation in schriftlicher Form verzichtet werden. Für alle anderen Tätigkeiten mit biologischen Arbeitsstoffen sind schriftliche Unterlagen zu führen, unabhängig von der Mitarbeiterzahl. Eine Ausnahmegenehmigung durch die Arbeitsschutzbehörde kann auch erteilt werden, wenn es sich um gezielte Tätigkeiten handelt mit biologischen Arbeitsstoffen der Risikogruppe 1 mit sensibilisierender oder toxischer Wirkung bzw. Risikogruppe 2 oder bei nicht gezielten Tätigkeiten mit vergleichbaren Gefährdungen. Über die jeweiligen biologischen Arbeitsstoffe ist ein Verzeichnis zu führen, wenn sie für die Gefährdungsbeurteilung (nach § 7 BioStoffV) maßgeblich sind.

4.4.3 Schutzmaßnahmen, Hygienemaßnahmen, Schutzausrüstungen

Der Arbeitgeber hat die erforderlichen Schutzmaßnahmen zur Sicherheit und zum Gesundheitsschutz der Beschäftigten auf der Grundlage der Gefährdungsbeurteilung sowie nach weiteren Vorschriften zu treffen.

Wie im Gefahrstoffrecht gilt das Substitutionsgebot gleichermaßen auch für biologische Arbeitsstoffe, d.h., es muss versucht werden, biologische Arbeitsstoffe, die eine Gefährdung darstellen, durch weniger gefährliche Substanzen zu ersetzen oder auszutauschen, wenn das möglich sein sollte.

Daneben sind eine Anzahl weiterer Schutzmaßnahmen beim Umgang mit biologischen Arbeitsstoffen einzuhalten (Auswahl):

- Ersatzpflicht,
- Minimierungsgebot,

- Exposition vermeiden bzw. minimieren,
- Begrenzung der Anzahl der exponierten Beschäftigten,
- Kennzeichnung der Arbeitsplätze und Gefahrenbereiche,
- Notfallplan ab Risikogruppe 3,
- Einhaltung allgemeiner Hygienemaßnahmen (TRBA 500),
- Übertragung der Arbeiten nur auf unterwiesene Beschäftigte mit besonderer Fachkunde und gesonderte Einweisung bei Tätigkeiten mit biologischen Arbeitsstoffen der Risikogruppen 3 und 4,
- ständige Anpassung der Arbeitsverfahren zur Minimierung der Gefahren,
- sicherer Transport und Lagerung von biologischen Arbeitsstoffen in geeigneten Behältnissen,
- Beschäftigungsbeschränkung für Heimarbeiter auf biologische Arbeitsstoffe der Risikogruppe 1 ohne sensibilisierende oder toxische Wirkung,
- Erstellung eines Havarieplanes bei möglicher Freisetzung biologischer Arbeitsstoffe der Risikogruppen 3 und 4.

Aufgrund der Gefährdungsbeurteilung sind die erforderlichen Hygienemaßnahmen zur Desinfektion und Dekontamination zu treffen und persönliche Schutzausrüstungen einschließlich geeigneter Schutzbekleidung bereitzustellen. Der Arbeitgeber hat auch dafür zu sorgen, dass persönliche Schutzausrüstungen überprüft, desinfiziert, gereinigt, ausgebessert, ausgetauscht und erforderlichenfalls vernichtet werden.

Besonders hinzuweisen ist auf die nach TRBA 500 vom Arbeitsplatz getrennte Umkleidemöglichkeiten für alle Tätigkeiten mit biologischen Arbeitsstoffen. Es müssen Umkleideräume bzw. Umkleidemöglichkeit (je nach Gefährdungspotenzial) zur Verfügung gestellt werden (§ 11).

Selbstverständlich sollte es sein, dass an Arbeitsplätzen, an denen mit biologischen Arbeitsstoffen umgegangen wird, keine Nahrungs- und Genussmittel zu sich genommen werden.

4.4.4 Unterrichtung der Beschäftigten

Beim Umgang mit biologischen Arbeitsstoffen ist es besonders wichtig, dass alle Beschäftigten ausreichend und in geeigneter Form über den Umgang mit biologischen Arbeitsstoffen sowie die jeweiligen Maßnahmen unterrichtet sind (§ 12).

Dazu dient in erster Linie eine **arbeitsbereichs-, arbeitsplatz- und tätigkeitsbezogene Betriebsanweisung**. In dieser muss auf die Gefahren hingewiesen werden, die bei den entsprechenden Tätigkeiten auftreten können. Wie bei jeder anderen Betriebsanweisung auch (Gefahrstoffe) sind Hinweise auf erforderliche Schutzmaßnahmen und Verhaltensregeln sowie Anweisungen über das Verhalten bei Unfällen und Betriebsstörungen sowie zur Ersten Hilfe festzulegen. Sie muss in einer verständlichen Weise abgefasst werden und sollte an geeigneter Stelle in der Arbeitsstätte bekannt gemacht werden bzw. ausgehängt werden.

Die Betriebsanweisung genügt natürlich nicht, um eine ausreichende Information an die Beschäftigten weiterzugeben. Es hat **vor** Aufnahme der Tätigkeit in mündlicher Form eine arbeitsplatzbezogene **Unterweisung** zu erfolgen, die bei Änderung der Arbeitsbedingungen zu wiederholen ist. Der Zeitpunkt sowie der Gegenstand der Unterweisung sind schriftlich festzuhalten und vom Unterwiesenen durch Unterschrift zu bestätigen.

Für besonders gefährliche Tätigkeiten müssen darüber hinaus **Arbeitsanweisungen** zur Vermeidung von Betriebsunfällen am Arbeitsplatz vorliegen, die einzelne Tätigkeiten und ihren Ablauf vorschreiben.

Für alle Beschäftigten mit biologischen Arbeitsstoffen hat der Arbeitgeber eine allgemeine arbeitsmedizinische Beratung sicherzustellen (§ 12 Abs. 2a), die im Rahmen der Unterweisung erfolgen kann. Dabei sind die Beschäftigten auf die arbeitsmedizinischen Angebotsuntersuchungen hinzuweisen. An diesen Beratungen ist der Betriebsarzt zu beteiligen.

Bei **Betriebsstörungen**, die die Sicherheit oder Gesundheit von Beschäftigten gefährden können, sind die im Gefahrenbereich Beschäftigten sowie der Betriebs- oder Personalrat unverzüglich zu unterrichten. Ebenso müssen Angaben des § 13 Abs. 1–3 im Rahmen von Anzeige- und Aufzeichnungspflichten (betrifft gezielte Tätigkeiten der Risikogruppe 3 und 4) dem Betriebs- oder Personalrat zur Verfügung gestellt werden (§ 12 Abs. 4 Satz 2).

4.4.5 Anzeige- und Aufzeichnungspflichten

Spätestens 30 Tage vor der erstmaligen Aufnahme von gezielten Tätigkeiten der Risikogruppen 3 und 4 muss der Arbeitgeber dies bei der zuständigen Behörde anzeigen. Gleichermaßen muss er ein Verzeichnis der Personen führen, die diese Tätigkeiten ausüben. Dieses Personenverzeichnis ist mindestens 10 Jahre (in besonderen Fällen 40 Jahre) nach Beendigung der Tätigkeit aufzubewahren. Sollte der Betrieb aufgelöst werden, ist das Verzeichnis dem zuständigen Unfallversicherungsträger unaufgefordert zu übergeben (§ 13 Abs. 4).

Für nicht gezielte Tätigkeiten mit biologischen Arbeitsstoffen gilt das gleiche, wenn sie hinsichtlich ihrer Gefährdung den gezielten Tätigkeiten gleichkommen, was in der Praxis aber nur selten und in wenigen speziellen Fällen zutreffen dürfte.

4.4.6 Arbeitsmedizinische Vorsorge

Eine große Breite hat der Gesetzgeber der arbeitsmedizinischen Vorsorge für Beschäftigte mit Gefährdung durch biologische Arbeitsstoffe gewidmet. Früher fand man Einzelheiten in den §§ 15 und 15a sowie im Anhang IV zur Biostoffverordnung.

Diese wurden jetzt mit der neuen Verordnung zur arbeitsmedizinischen Vorsorge (ArbMedVV) im Anhang „Arbeitsmedizinische Pflicht- und Angebotsvorsorge" als Teil 2 „Tätigkeiten mit biologischen Arbeitsstoffen einschließlich gentechnischen Arbeiten mit humanpathogenen Organismen" fast 1:1 überführt.

Dabei wird wie in anderen Gefährdungsbereichen auch nach Pflicht- und Angebotsvorsorge differenziert.

Insgesamt hat sich der Begriff der arbeitsmedizinischen Vorsorge wesentlich erweitert, da er sich bisher doch überwiegend nur auf die arbeitsmedizinischen Vorsorgeuntersuchungen begrenzte. Die notwendigen Maßnahmen werden jetzt deutlich formuliert:

- Beurteilung der biologischen Arbeitsstoffe und Tätigkeiten einschließlich Empfehlungen von Maßnahmen,
- Aufklärung und Beratung der Beschäftigten,
- Spezielle arbeitsmedizinische Vorsorge zur Früherkennung von Gesundheitsstörungen und Berufskrankheiten,
- Empfehlungen zur Überprüfung von Arbeitsplätzen und zur Wiederholung der Gefährdungsbeurteilung,
- Fortentwicklung des betrieblichen Gesundheitsschutzes.

Die Formen der arbeitsmedizinischen Vorsorge, die vom Arbeitgeber zu veranlassen oder anzubieten sind, entsprechen weitgehend den bisherigen Festlegungen:

- Erstvorsorge vor Aufnahme der Tätigkeit mit biologischen Arbeitsstoffen,
- Nachuntersuchungen in regelmäßigen Abständen während der Tätigkeit,
- Nachuntersuchungen in kürzeren Abständen nach Festlegungen des untersuchenden Arztes,
- Nachuntersuchungen am Ende der Beschäftigung,
- Untersuchungen aus besonderem Anlass.

Der Umfang der Vorsorge umfasst:

- Begehung oder Kenntnis des Arbeitsplatzes,
- Arbeitsmedizinische Befragung und Untersuchung der Beschäftigten,

- Beurteilung des Gesundheitszustandes der Beschäftigten,
- Individuelle arbeitsmedizinische Beratung,
- Dokumentation der Untersuchungsergebnisse.

Die in der ArbMedVV von 2008 aufgelisteten Spalten für Arbeitsbereiche und Expositionsbedingungen entfallen mit der Fassung 2013. Noch vorhandene Exemplare dieser ArbMedVV sollten durch die gültige Version von 2013 ausgetauscht werden, da es zu Unstimmigkeiten kommen kann. Da es sich aus der Sicht des betrieblichen Gesundheitsschutzes um sehr wichtige Festlegungen handelt, die auch von bisherigen Regeln abweichen, sollen diese etwas ausführlicher dargestellt werden.

Pflichtvorsorge bei gezielten Tätigkeiten

Grundsätzlich besteht Pflichtvorsorge bei gezielten Tätigkeiten mit einem biologischen Arbeitsstoff der Risikogruppe 4 oder mit zahlreichen Bakterien und Viren, die im Teil 2 Absatz 1 unter 1. aufgelistet sind und hier nachgelesen werden können.

Pflichtvorsorge bei nicht gezielten Tätigkeiten

Eine Pflichtvorsorge bei nicht gezielten Tätigkeiten besteht bei folgenden Tätigkeiten:

1. in Forschungseinrichtungen oder Laboratorien mit Kontaktmöglichkeit zu biologischen Arbeitsstoffen der Gruppe 1 (siehe gezielte Tätigkeiten)

2. in Tuberkuloseabteilungen und anderen pulmologischen Einrichtungen

3. in Einrichtungen zur medizinischen Untersuchung, Behandlung und Pflege von Menschen
   a) Tätigkeiten mit regelmäßigem Kontakt zu erkrankten oder krankheitsverdächtigen Personen hinsichtlich
      - Bordetella pertussis
      - Hepatitis A-Virus (HAV)
      - Masernvirus,
      - Mumpsvirus oder
      - Rubivirus

   b) Tätigkeiten, bei denen es regelmäßig oder in größerem Umfang zu Kontakt mit Körperflüssigkeiten, Körperausscheidungen oder Körpergewebe kommen kann, insbesondere Tätigkeiten mit Verletzungsgefahr oder Gefahr von Verspritzen und Aerosolbildung, hinsichtlich
      - Hepatitis B-Virus (HBV)
      - Hepatitis C-Virus (HCV)

Diese Pflichtvorsorge gilt auch für Bereiche, die der Versorgung oder der Aufrechterhaltung dieser Einrichtungen dienen (z.b. Entsorgung, Reinigung usw.)

4. in Einrichtungen zur medizinischen Untersuchung, Behandlung und Pflege von Kindern, ausgenommen Einrichtungen ausschließlich zur Betreuung von Kindern: Tätigkeiten mit regelmäßigem, direkten Kontakt zu erkrankten oder krankheitsverdächtigen Kindern hinsichtlich Varizelle-Zoster-Virus (VZV)

5. in Einrichtungen ausschließlich zur Betreuung von Menschen: Tätigkeiten, bei denen es regelmäßig und in größerem Umfang zu Kontakt mit Körperflüssigkeiten, Körperausscheidungen oder Körpergewebe kommen kann, insbesondere Tätigkeiten mit erhöhter Verletzungsgefahr oder Gefahr von Verspritzen und Aerosolbildung, hinsichtlich
   – Hepatitis-A-Virus (HAV),
   – Hepatitis-B-Virus (HBV) oder
   – Hepatitis C-Virus (HCV)

6. in Einrichtungen zur vorschulischen Betreuung von Kindern: Tätigkeiten mit regelmäßigem direkten Kontakt zu Kindern hinsichtlich
   – Bordetella pertussis,
   – Masernvirus,
   – Mumpsvirus,
   – Rubivirus oder
   – Varizella-Zoster-Virus (VZV)

7. in Notfall- und Rettungsdiensten: Tätigkeiten, bei denen es regelmäßig und in größerem Umfang zu Kontakt mit Körperflüssigkeiten, Körperausscheidungen oder Körpergewebe kommen kann, insbesondere Tätigkeiten mit erhöhter Verletzungsgefahr oder Gefahr von Verspritzen und Aerosolbildung, hinsichtlich Hepatitis-B-Virus (HBV) oder Hepatitis-C-Virus (HCV)

8. in der Pathologie: Tätigkeiten, bei denen es regelmäßig und in größerem Umfang zu Kontakt mit Körperflüssigkeiten, Körperausscheidungen oder Körpergewebe kommen kann, insbesondere Tätigkeiten mit erhöhter Verletzungsgefahr oder Gefahr von Verspritzen und Aerosolbildung, hinsichtlich Hepatitis-B-Virus /HBV) oder Hepatitis-C-Virus (HCV)

9. in Kläranlagen oder in der Kanalisation: Tätigkeiten mit regelmäßigem Kontakt zu fäkalienhalteigen Abwässern oder mit fäkalienkontaminierten Gegenständen hinsichtlich Hepatitis-A-Virus (HAV)

10. in Einrichtungen zur Aufzucht und Haltung von Vögeln oder zur Geflügel-schlachtung: regelmäßige Tätigkeiten mit Kontakt zu infizierten Proben oder Verdachtsproben, zu infizierten Tieren oder krankheitsverdächtigen Tieren beziehungsweise zu erregerhaltigen oder kontaminierten Gegenständen oder Materialien, wenn dabei der Übertragungsweg gegeben ist, hinsichtlich Chlamydophila psittaci (aviäre Stämme)

11. in einem Tollwut gefährdeten Bezirk: Tätigkeiten mit regelmäßigem Kontakt zu frei lebenden Tieren hinsichtlich Tollwutvirus

12. in oder in der Nähe von Fledermaus-Unterschlupfen: Tätigkeiten mit einem Kontakt zu Fledermäusen hinsichtlich Europäischem Fledermaus-Lyssavirus (EBLV 1 und 2)

13. auf Freiflächen, in Wäldern, Parks und Gartenanlagen, Tiergärten und Zoos: regelmäßige Tätigkeiten in niederer Vegetation oder direkter Kontakt zu frei lebenden Tieren hinsichtlich Borrelia bergdorferi oder in Endemiegebieten des Frühsommermeningoenzephalitis-(FSME)-Virus

Angebotsvorsorge

Wenn keine Pflichtvorsorge in Fragen kommt, hat der Arbeitgeber eine Angebots-vorsorge anzubieten bei

1. gezielten Tätigkeiten mit biologischen Arbeitsstoffen der Risikogruppe 3 der Biostoffverordnung und nicht gezielten Tätigkeiten, die der Schutzstufe 3 der Biostoffverordnung zuzuordnen sind oder für die eine vergleichbare Gefähr-dung besteht

2. gezielten Tätigkeiten mit biologischen Arbeitsstoffen der Risikogruppe 2 der Biostoffverordnung und nicht gezielten Tätigkeiten, die der Schutzstufe 2 der Biostoffverordnung zuzuordnen sind, oder für die eine vergleichbare Gefähr-dung besteht, es sei denn, nach der Gefährdungsbeurteilung und auf Grund der getroffenen Schutzmaßnahmen ist nicht von einer Infektionsgefährdung auszu-gehen

3. Tätigkeiten mit Exposition gegenüber sensibilisierenden oder toxisch wirken-den biologischen Arbeitsstoffen, für die nach Absatz 1, Buchstabe a oder b keine arbeitsmedizinische Vorsorge vorgesehen ist.

Am Ende einer Tätigkeit, bei der eine Pflichtvorsorge zu veranlassen war, hat der Arbeitgeber eine Angebotsvorsorge anzubieten. Für gentechnische Arbeiten mit humanpathogenen Organismen gelten die Aussagen zu Pflicht- und Angebotsvor-sorge gleichermaßen.

Die Untersuchungsfristen sind in der AMR 2.1 geregelt, die Untersuchungsinhalte entsprechen dem G 42 der Berufsgenossenschaften.

Tab. 4.10: Untersuchungsanlässe und -fristen

Untersuchungsanlass	Pflichtvorsorge	Angebotsvorsorge
1. Nachuntersuchung	6–12 Monate	6–12 Monate
jede weitere Nachuntersuchung grundsätzlich	24–36 Monate	24–36 Monate
jede weitere Nachuntersuchung nach Schutzimpfung	abhängig von der Dauer des Impfschutzes	abhängig von der Dauer des Impfschutzes
jede weitere Nachuntersuchung bei lebenslanger Immunität	entfällt	entfällt

Die kurze Nachuntersuchungsfrist nach der Erstuntersuchung dient dazu, alle noch erforderlichen Maßnahmen (z.B. Impfungen) rasch nachzuholen, ebenso alle notwendigen Befunde herbeizuziehen, die für die Einschätzung der Unbedenklichkeit für Arbeiten mit Infektionserregern notwendig sind.

Eindeutig geregelt ist die Frage von **Impfungen**. Beschäftigten, die biologischen Arbeitsstoffen ausgesetzt sein können, ist eine Impfung anzubieten, wenn ein wirksamer Impfstoff zur Verfügung steht (Anhang zur Verordnung zur arbeitsmedizinischen Vorsorge). **Die Impfungen gehören zur arbeitsmedizinischen Vorsorge.**

Wenn ein Arbeitnehmer biologischen Arbeitsstoffen ausgesetzt ist (siehe Ergebnis der Gefährdungsbeurteilung) und dafür ein wirksamer Impfstoff zur Verfügung steht, hat der Arbeitgeber diese Impfung anzubieten. Eine Beratung durch den Betriebsarzt ist in der Regel unerlässlich. Der Arzt hat die Beschäftigten über die zu verhütenden Krankheiten, über den Nutzen der Impfung und die möglichen Nebenwirkungen aufzuklären. Wichtig ist die Feststellung, dass eine Duldung des Beschäftigten zur Impfung nicht besteht. Nimmt er das Angebot des Arbeitgebers zum Schutz seiner Gesundheit durch Impfung nicht an, muss er allerdings damit rechnen, dass ihn der Arbeitgeber mit der (ohne Impfung) für ihn gefährlichen Tätigkeit nicht mehr beschäftigen kann.

Mit der neuen BGV A 1 gibt der § 7 im Absatz 1 einen zusätzlichen deutlichen Hinweis, indem es dort heißt: *„Bei der Übertragung von Aufgaben ... hat der Unternehmer je nach Art der Tätigkeit zu berücksichtigen, ob der Versicherte befähigt ist, die für seine Sicherheit und den Gesundheitsschutz bei der Aufgabenerfüllung zu beachtenden Bestimmungen und Maßnahmen einzuhalten."* Und im Absatz 2 heißt es weiter: *„Der Unternehmer darf Versicherte, die erkennbar nicht in der Lage sind, eine Arbeit ohne Gefahr für sich oder andere auszuführen, mit dieser Arbeit nicht beschäftigen."*

Hiermit wird ein deutlicher Akzent gesetzt, dass bei einer Gefährdungsmöglichkeit (auf der Grundlage einer Gefährdungsbeurteilung für diesen Arbeitsplatz) diese Tätigkeit durch den Arbeitgeber nicht angeordnet werden darf, wenn nicht der Nachweis eines effektiven Schutzes (bei möglicher Impfung) vorhanden ist. Das bedeutet bei allen Infektionserregern, für die es eine effektive Impfung gibt und gleichzeitig die Gefährdungsmöglichkeit nachgewiesen ist, der Arbeitnehmer den entsprechenden Impfschutz vorweisen muss, wenn der Arbeitgeber ihn mit einer solchen Tätigkeit betrauen will (Impfschutz gilt hier als Eignungsvoraussetzung). Im Einzelfall muss geprüft werden, ob bei nicht erreichbarem Impfschutz trotz Impfungen (Non-Responder, Low-Responder) oder aus anderen wichtigen, meist medizinischen Gründen auch ein besonderes Infektionsschutzprogramm angewendet werden kann. Das kann aber nur der Einzelfall sein, für den diese individuellen Maßnahmen abzustimmen sind.

Völlig unberührt bleibt natürlich die strikte Einhaltung grundsätzlicher Verhaltensregeln beim Umgang mit Infektionserregern (Allgemeine Hygienevorschriften, Hygieneplan).

Das **Untersuchungsergebnis** ist schriftlich festzuhalten. Die arbeitsmedizinische Vorsorge darf nur von Ärzten durchgeführt werden, die Fachärzte für Arbeitsmedizin sind oder die Zusatzbezeichnung „Betriebsmedizin" zu einer anderen Facharztbezeichnung tragen. Außerdem müssen sie über spezielle Fachkenntnisse hinsichtlich biologischer Arbeitsstoffe verfügen. Eine früher notwendige behördliche Ermächtigung (durch die staatliche Gewerbeaufsicht) zur Durchführung der arbeitsmedizinischen Vorsorge nach Biostoffverordnung ist nicht mehr erforderlich.

Wichtig ist die Festlegung, dass der Arzt bei **Feststellung gesundheitlicher Bedenken** gegen eine Tätigkeit mit biologischen Arbeitsstoffen dem Arbeitgeber zu empfehlen hat, den Arbeitsplatz oder die Arbeitsbedingungen (Wiederholung der Gefährdungsbeurteilung) zu überprüfen. Erfolgt eine solche Beurteilung, hat der Arbeitgeber die Verpflichtung, dies dem Betriebs- oder Personalrat mitzuteilen, ebenso der zuständigen Behörde.

4.4.7 Beschäftigungsverbote

Nach dem Jugendarbeitsschutzgesetz (JArbSchG) besteht nach § 22 Abs. 1 Nr. 7 grundsätzlich Beschäftigungsverbot für Jugendliche. Ausnahmen bestehen darin, wenn die Tätigkeit zur Erreichung des Ausbildungszieles notwendig ist und unter Aufsicht eines Fachkundigen durchgeführt wird. Ein absolutes Beschäftigungsverbot trotz der Ausnahmen besteht bei gezielten Tätigkeiten der Risikogruppen 3 und 4.

Das Mutterschutzgesetz sowie die Mutterschutzrichtlinienverordnung verlangen bei Tätigkeiten mit biologischen Arbeitsstoffen eine besondere individuelle Betrachtungsweise und Beurteilung der Arbeitsbedingungen (siehe Kapitel 8).

4.4.8 Ausschuss für biologische Arbeitsstoffe (ABAS)

Bereits vor Inkrafttreten der Biostoffverordnung gab es beim Bundesministerium für Arbeit und Sozialordnung den Ausschuss für biologische Arbeitsstoffe (ABAS), der die EG-Richtlinie 90/679/EWG umsetzen sollte. Mit der Biostoffverordnung wurde ihm die Aufgabe zuteil,

- den Grundsätzen des § 4 des Arbeitsschutzgesetzes folgend entsprechende Regeln und Erkenntnisse für Tätigkeiten mit biologischen Arbeitsstoffen aufzustellen,
- zu ermitteln, wie die mit der Biostoffverordnung gestellten Aufgaben erfüllt werden,
- die bestehenden Vorschriften dem jeweiligen Stand von Wissenschaft, Technik und Medizin anzupassen,
- das Bundesministerium für Arbeit und Sozialordnung in allgemeinen Fragen der biologischen Sicherheit zu beraten.

Eine wichtige Aufgabe ist die Erarbeitung und ständige Aktualisierung der Technischen Regeln Biologische Arbeitsstoffe (TRBA), von denen es inzwischen eine ganze Anzahl gibt (Auswahl):

TRBA 001 – „Allgemeines und Aufbau des Technischen Regelwerkes zur Biostoffverordnungs-Anwendung von Technischen Regeln für Biologische Arbeitsstoffe (TRBA)" vom 14. Februar 2008 (GMBl. S. 82–83)

TRBA 100 – „Schutzmaßnahmen für Tätigkeiten mit biologischen Arbeitsstoffen in Laboratorien" vom 17. Oktober 2013 (GMBl. 2013 S. 1010–1042)

TRBA 105 – „Sicherheitsmaßnahmen bei Tätigkeiten mit biologischen Arbeitsstoffen der Risikogruppe 3 **" (wurde aufgehoben und in die TRBA 100 integriert)

TRBA 120 – „Versuchstierhaltung" vom 24. Juli 2012 (BMBl. 2012 S. 579–594)

TRBA 200 – „Anforderungen an die Fachkunde nach Biostoffverordnung" vom Juni 2014 (GMBl. 2014, Nr. 38 vom 30. Juni 2014)

TRBA 210 – „Abfallsortieranlagen: Schutzmaßnahmen" (aufgehoben und inhaltlich in die TRBA 214 Ausgabe April 2007 integriert)

TRBA 211 – „Biologische Abfallbehandlungsanlagen: Schutzmaßnahmen" (aufgehoben und inhaltlich in die TRBA 214 Ausgabe 2007 integriert)

TRBA 212 – „Thermische Abfallbehandlung: Schutzmaßnahmen" (Ausgabe Oktober 2003)

TRBA 220 – „Sicherheit und Gesundheit bei Tätigkeiten mit biologischen Arbeitsstoffen in abwassertechnischen Anlagen" vom 6. Dezember 2010 (GMBl. S. 1405)

TRBA 230 – „Schutzmaßnahmen bei Tätigkeiten mit biologischen Arbeitsstoffen in der Land- und Forstwirtschaft und bei vergleichbaren Tätigkeiten" vom 14. Februar 2008 (GMBl. Nr.14 S. 72)

TRBA 250 – „Biologische Arbeitsstoffe im Gesundheitswesen und in der Wohlfahrtspflege" vom 27. März 2014 (GMBl. 2014 S. 206)

TRBA 310 – „Arbeitsmedizinische Vorsorgeuntersuchungen Anhang VI Gentechnik-Sicherheitsverordnung" (aufgehoben)

TRBA 400 – „Handlungsanleitung zur Gefährdungsbeurteilung und für die Unterrichtung der Beschäftigten bei Tätigkeiten mit biologischen Arbeitsstoffen" (Ausgabe vom April 2006)

TRBA 405 – „Anwendung und Messverfahren und technischen Kontrollwerte für Luftgetragene Biologische Arbeitsstoffe" vom Mai 2001, zuletzt ergänzt Juli 2006 (BArb.Bl.7/2006)

TRBA 450 – „Einstufungskriterien für Biologische Arbeitsstoffe" (Ausgabe vom Juni 2000, geändert und ergänzt BArbBl.4/2002 und 10/2002 sowie 11/2004)

TRBA 460 – „Einstufung von Pilzen in Risikogruppen" (BArbBl.10/2002 S. 78–84)

TRBA 462 – „Einstufung von Viren in Risikogruppen" (Ausgabe 25. April 2012 GMBl. 2012 S. 299–372)

TRBA 466 – „Einstufung von Prokaryonten (Bacteria und Archaea) in Risikogruppen" vom 6. Dezember 2010 (GMBl. S. 1428), zuletzt geändert 25. April 2012 (GMBl. 2012 S. 380)

TRBA 500 – „Grundlegende Maßnahmen bei Tätigkeiten mit biologischen Arbeitsstoffen" vom 25. April 2012 (GMBl. 2012 S. 373–379)

4.4.9 Zusammenfassung der Arbeitgeberpflichten nach der Biostoffverordnung

Tabellarisch werden noch einmal die wichtigsten Pflichten für den Arbeitgeber zusammengestellt, die sich bei der Umsetzung der Biostoffverordnung in der Praxis ergeben:

- Pflicht zur Beurteilung der Arbeitsbedingungen (§§ 5–8),
- Informationsbeschaffung (§ 5 Abs. 1),
- Einstufung in Risikogruppen (§ 4 Abs. 2),
- Festlegung von Sicherheitsmaßnahmen (§§ 6 Abs. 2, 7 Abs. 2, 10),
- Erarbeitung einer Gefährdungsbeurteilung (§§ 5–8)
- Maßnahmepflichten (§§ 10, 11, 12),
- Bereitstellungspflicht (§ 11),
- Ersetzung biologischer Arbeitsstoffe (§ 10 Abs. 2),
- Erstellung einer Betriebsanweisung (§ 12),
- Veranlassung der arbeitsmedizinischen Vorsorge – Impfangebot (Anhang der ArbMedVV),
- Pflicht zur Übernahme der Kosten für Arbeitsschutzmaßnahmen (§ 3 Arbeitsschutzgesetz),
- Unterweisungspflicht (§ 12),
- Unterrichtungspflicht (§§ 12, 16),
- Dokumentationspflicht (§ 13),
- Anzeigepflicht (§ 13).

4.5 Gefährdungen nach Betriebssicherheitsverordnung

4.5.1 Gesetzliche Grundlagen

Die Verordnung über Sicherheit und Gesundheitsschutz bei der Verwendung von Arbeitsmitteln (Betriebssicherheitsverordnung – BetrSichV) vom 3. Februar 2015 stellt ein sehr komplexes Gesetzeswerk dar, das mit vielen teils verworrenen Regelungen zum Arbeitsschutz der Vergangenheit aufräumt.

Es ist ein Regelwerk, das die Bereitstellung von Arbeitsmitteln durch den Arbeitgeber sowie die Benutzung derselben durch die Arbeitnehmer regelt. Somit umfasst das Regelwerk auch alle Geräte, Maschinen und Anlagen einschließlich der überwachungspflichtigen Anlagen, die sich in einem Unternehmen befinden.

4.5.2 Gefährdungsbeurteilung

Auch hier findet sich die direkte Aufforderung an den Arbeitgeber zur Erarbeitung einer Gefährdungsbeurteilung auf der Grundlage des § 5 des Arbeitsschutzgesetzes sowie der Gefahrstoffverordnung. In dieser Gefährdungsbeurteilung entsprechend § 3 der Betriebssicherheitsverordnung sind alle notwendigen Maßnahmen für die sichere Bereitstellung und Benutzung der Arbeitsmittel zu ermitteln. Dabei sind die Gefährdungen zu berücksichtigen, die mit der Benutzung der Arbeitsmittel verbunden sind und die am Arbeitsplatz durch Wechselwirkungen der Arbeitsmittel untereinander oder mit Arbeitsstoffen oder der Arbeitsumgebung hervorgerufen werden.

Der Anhang 1 der Verordnung beschreibt besondere Vorschriften an bestimmte Arbeitsmittel, die durch den Arbeitgeber zu erfüllen sind.

Wichtig ist auch, dass der Arbeitgeber neben anderen Prüfungen auch für die Arbeitsmittel die Art, den Umfang und die Fristen erforderlicher Prüfungen zu ermitteln hat.

Die Beurteilungen von möglichen explosionsgefährdeten Bereichen ist in Anhang 2 Abschnitt 3 geregelt. Die Dokumentation im Explosionsschutzdokument erfolgt nun nach § 6 Absatz 8 der Gefahrstoffverordnung.

Für alle überwachungspflichtigen Anlagen werden entsprechende Regelungen getroffen. Zu solchen Anlagen, die einer ständigen Überwachung bedürfen gehören insbesondere (Auswahl)

- Dampfkesselanlagen,
- Druckbehälteranlagen,
- Aufzugsanlagen,
- Anlagen in explosionsgefährdeten Bereichen.

Die Prüffristen sind für jede Anlage festzuschreiben (durch den Betreiber), wobei Grundlage die Gefährdungsbeurteilung bildet. Die Prüffristen sind der zuständigen Arbeitsschutzbehörde mitzuteilen, ebenso wie jeder Schadensfall im Zusammenhang mit einer solchen Anlage.

Hinsichtlich der Erarbeitung einer Gefährdungsbeurteilung durch den Arbeitgeber ist die TRBS 111 (Technische Regel 1111 – Gefährdungsbeurteilung und sicherheitstechnische Bewertung) eine sehr wertvolle Hilfe. Sie gibt im Detail Auskunft über die einzelnen Schritte und Inhalte einer Gefährdungsbeurteilung im Zusammenhang mit den Verpflichtungen seitens der Betriebssicherheitsverordnung.

4.5.3 Technische Regeln für Betriebssicherheit (TRBS)

Nach § 21 der Betriebssicherheitsverordnung (BetrSichV) wurde beim Bundesministerium für Arbeit und Soziales der Ausschuss für Betriebssicherheit (ABS) gebildet, dessen Aufgabe darin besteht:

1. dem Stand der Technik „Arbeitsmedizin und Hygiene" entsprechende Regeln und sonstige gesicherte arbeitswissenschaftliche Kenntnisse zu ermitteln,

2. Regeln zu ermitteln, wie die in der BetrSichV gestellten Anforderungen erfüllt werden können und

3. das Bundesministerium für Arbeit und Soziales in Fragen der betrieblichen Sicherheit zu beraten.

Mit der Einführung der Betriebssicherheitsverordnung 2002 wurden zahlreiche Vereinfachungen in der Gesetzgebung und die Grundlage für konkrete Regelungen geschaffen.

Auf dieser Grundlage wurde es möglich, auch einzelne konkrete Festlegungen in Form von Technischen Regeln zu formulieren, wie wir dies bereits bei der Gefahrstoffverordnung (TRGS) oder der Biostoffverordnung (TRBA) kennen.

Die Technischen Regeln für Betriebssicherheit (TRBS) haben eine klare Einteilung nach Gefährdungsprofilen:

Tab. 4.11: Einteilung der TRBS nach Gefährdungsprofilen

Gliederung	Titel der TRBS	Status
1.	Allgemeines und Grundlagen	TRBS 1001–1009
1.1	Methodisches Vorgehen	
1.1.1	Gefährdungsbeurteilung und sicherheitstechnische Bewertung	TRBS 1111–1119
1.1.2	Änderung und wesentliche Veränderung	TRBS 1121–1129
1.1.3	Dokumentation	TRBS 1131–1139
1.1.4	Information und Kennzeichnung	TRBS 1141–1149
1.1.5	Ergonomische Zusammenhänge	TRBS 1151–1159
1.2	Prüfungen	TRBS 1201–1209
1.3	Erfassung und Behandlung von Unfällen und Schadensfällen	TRBS 1301–1309
2.	Gefährdungsbezogene Regeln	
2.1	Allgemeine Gefährdungen	
2.1.1	Mechanische Gefährdungen	TRBS 2111–2119
2.1.2	Gefährdungen durch Absturz von Personen, Lasten und Materialien	TRBS 2121–2129
2.1.3	Elektrische Gefährdungen	TRBS 2131–2139
2.1.4	Gefährdung durch Dampf und Druck	TRBS 2141–2149
2.1.5	Brand- und Explosionsgefährdung	TRBS 2151–2159
2.1.6	Thermische Gefährdungen	TRBS 2161–2169
2.1.7	Gefährdungen durch physikalische Einwirkungen	TRBS 2171–2179
2.1.8	Sonstige Gefährdungen	TRBS 2181–2189
2.2	Gefährdungen durch Wechselwirkungen	TRBS 2201–2209
2.3	Tätigkeitsbezogene und sonstige Gefährdungen	
2.3.1	Tätigkeitsbezogene Gefährdungen	TRBS 2311–2319
2.3.2	Sonstige Gefährdungen	TRBS 2321–2329
3.	Spezifische Regeln für Arbeitsmittel, überwachungsbedürftige Anlagen oder Tätigkeiten	

Es gibt zahlreiche Einzelwerke, in denen die interessierenden Regeln nachgelesen werden können. Die Bundesanstalt für Arbeitsschutz und Arbeitsmedizin (BAuA) (http://www.baua.de) hat alle Regeln veröffentlicht und sie zum Download bereitgestellt.

Viele frühere eigenständige Technische Regelungen werden durch die Technischen Regeln Betriebssicherheit ersetzt und somit die bisherigen teilweise nicht mehr dem neuesten Stand der Technik angepasst.

Das kann, um nur einige Beispiele zu nennen, die Technischen Regeln für brennbare Flüssigkeiten (TRbF), die Technischen Regeln für Dampfkessel (TRD), Druckbehälter (TRB), für Schankanlagen (TRSK) oder auch für Druckgase (TRG) und andere betreffen. Anwender sollten sich daher kundig machen, welche Regeln noch ihre aktuelle Gültigkeit haben und welche z.B. durch neue Technische Regeln für Betriebssicherheit ersetzt wurden. Sie alle einzeln nennen zu wollen, würde den Rahmen des Ratgebers sprengen, sie können der einschlägigen Literatur entnommen werden.

4.5.4 Betriebsanweisung und Unterweisung

Der § 12 der BetrSichV verpflichtet den Arbeitgeber, eine sachbezogene Betriebsanweisung zu erstellen, in der auf die durch den Umgang mit Geräten, Arbeitsmitteln und Anlagen verbundenen Gefahren für Mensch und Umwelt hingewiesen wird. Außerdem sind daraus die entsprechenden Schutzmaßnahmen und Verhaltensregeln abzulesen.

Nach § 12 des Arbeitsschutzgesetzes hat der Arbeitgeber die erforderlichen Vorkehrungen zu treffen, damit

- die Beschäftigten, die Arbeitsmittel benutzen, eine angemessene Unterweisung insbesondere über die mit der Benutzung verbundenen Gefahren erhalten und

- die mit der Durchführung von Instandsetzungs-, Wartungs- und Umbauarbeiten beauftragten Beschäftigten eine angemessene spezielle Unterweisung erhalten.

Wichtig ist der Hinweis, dass die Betriebsanweisungen sowie die Unterweisungen in verständlicher Form und in der Sprache der Beschäftigten abzufassen sind sowie an geeigneter Stelle (am besten an der Stelle, wo die Gefahren möglich sind) bekannt zu machen sind.

Anweisungen über Maßnahmen der Ersten Hilfe und Verhalten im Gefahrfall sollen ebenfalls enthalten sein. Die Betriebsanweisung muss bei jeder maßgeblichen Veränderung der Arbeitsbedingungen aktualisiert werden. Auch der Zugang der Arbeitnehmer zu den Sicherheitsdatenblättern ist zu gewährleisten.

4.6 Gefährdungen durch psychische Belastungen

Schon lange ist bekannt, dass psychische Belastungen einen erheblichen Anteil an Ausfall- und Fehltagen bei Arbeitnehmern ergeben. Um diesem Umstand Rechnung zu tragen, hat der Gesetzgeber im Arbeitsschutzgesetz in der Änderung vom 16. Oktober 2013 (BGBl. I S. 3836) im § 5 Beurteilung der Arbeitsbedingungen eine Ergänzung vorgenommen, indem künftig die „psychischen Belastungen bei der Arbeit" in die jeweiligen Gefährdungsbeurteilungen aufzunehmen sind.

Die Analyse der psychischen Belastungen im Arbeitsprozess soll helfen, die Sicht auf psychische Belastungen und Fehlbeanspruchungen zu analysieren, um vor allem deren Folgen, wie Unfallgefahr, Arbeitsunzufriedenheit, Arbeitsausfall bis hin zu echten Krankheitsbildern wie das Burnout-Syndrom zu vermeiden.

Nicht nur die Betriebsärzte und die Fachkräfte für Arbeitssicherheit sollten aufgrund ihrer Kenntnisse der Arbeitsplätze, der Arbeitsbelastungen und der Gespräche mit den Arbeitnehmern mehr als bisher erkennen können, wo und wie sich psychische Fehlbelastungen entwickeln; auch die Arbeitnehmer sind aufgerufen, und das jetzt auch auf gesetzlicher Grundlage, psychische Belastungen und die damit verbundenen Gefährdungen zu erkennen und geeignete Maßnahmen zu ergreifen, für eine Abhilfe Sorge zu tragen.

Die Problematik ist eigentlich nicht neu, sie ist seit langem bekannt und zieht sich durch fast alle Branchen der Arbeitswelt hindurch. Da die Bedingungen teilweise schwer fassbar sind, die zu Fehlbelastungen auf psychischer Grundlage führen, hat der Gesetzgeber dies jetzt durch rechtliche Aufgaben an alle am Arbeits- und Gesundheitsschutz Beteiligten festgeschrieben. In vielen weiteren gesetzlichen Regelungen finden wir Hinweise auf arbeitsbedingte Gesundheitsgefahren (Sozialgesetzbuch VII, Arbeitsschutzgesetz, Arbeitssicherheitsgesetz, Verordnung zur arbeitsmedizinischen Vorsorge, Gefahrstoffverordnung, Biostoffverordnung, u.a.m.).

In der DIN EN 10075-1 „Ergonomische Grundlagen bezüglich psychischer Arbeitsbelastungen" werden die psychischen Belastungen als „die Gesamtheit aller erfassbaren Einflüsse, die von außen auf den Menschen zukommen und psychisch auf ihn einwirken", definiert.

Psychische Belastungen können sich aus:

- der Arbeitsaufgabe (z.B. fehlender Handlungs- und Entscheidungsspielraum, fehlende Informationen, Zeitdruck, monotone Tätigkeiten),

- der Arbeitsumgebung (z.b. nicht angepasster ergonomischer Arbeitsplatz und Arbeitsmittel, Lärm, Kälte, Hitze, Beleuchtung),
- der Arbeitsorganisation (z.b. mangelnde qualitative und quantitative Anforderungen, unzureichende Kooperation, Schichtarbeit, Nachtarbeit, Arbeitszeitüberschreitungen),
- den psychosozialen Rahmenbedingungen (Mensch-Mensch-Schnittstelle) (z.b. Konflikte, soziale Isolierung, Ärger mit Kollegen, Vorgesetzten, Kunden, widersprüchliche Anweisungen) und
- weiteren betrieblichen Rahmenbedingungen (z.b. drohender Arbeitsplatzverlust, befristetes Arbeitsverhältnis, extreme Überstundenerwartung)

ergeben.

Wichtige Instrumente für die Beurteilung von psychischen Belastungen im Unternehmen und damit gleichzeitig auch Möglichkeiten der Erkennung und Veränderungen ergeben sich aus unter anderem:

- arbeitsmedizinischen Vorsorge(-untersuchungen)gesprächen,
- Wunschuntersuchungen der Mitarbeiter nach § 2 ArbMedVV, § 11 ArbSchG,
- Arbeitsplatzbesichtigungen,
- Betriebsbegehungen,
- Unfalluntersuchungen,
- Gefährdungsbeurteilungen,
- vorhandenen Gesundheitsschutz-Managementsystemen,
- Hinweisen der Mitarbeiter oder Angehörigen,
- Hinweisen der Personalvertretungen,
- Hinweisen der Fachkraft für Arbeitssicherheit,
- Ausfallstatistik (Arbeitsunfähigkeitsstatistik)

Aus all diesen Informationsquellen können Rückschlüsse gezogen werden, inwieweit mögliche psychische Belastungen vorliegen, die früher oder später in Krankheiten und meist längeren Ausfällen enden.

4.7 Betriebsanweisungen

Für einen reibungslosen Ablauf im Unternehmen ist der Arbeitgeber verpflichtet, für die entsprechenden Tätigkeiten für die Beschäftigten Betriebsanweisungen zu erarbeiten.

Rechtliche Grundlagen kennen wir zahlreiche, wie z.b.

- Arbeitsschutzgesetz § 4: („... den Beschäftigten geeignete Anweisungen zu erteilen")

- Betriebssicherheitsverordnung § 12 (1): („... hat der Arbeitgeber ihnen ausreichende und angemessene Informationen anhand der Gefährdungsbeurteilung in einer für die Beschäftigten verständlichen Sprache zur Verfügung zu stellen ...")

- Gefahrstoffverordnung § 14 (1): („Der Arbeitgeber hat sicherzustellen, dass den Beschäftigten eine schriftliche Betriebsanweisung, die der Gefährdungsbeurteilung nach § 6 Rechnung trägt, in einer für den Beschäftigten verständlichen Form und Sprache zugänglich gemacht wird")

- Biostoffverordnung § 12 (1): („Forderung nach Betriebsanweisungen für die Schutzstufen 2–4")

- Baustellenverordnung § 5 (2): („Die Arbeitgeber haben die Beschäftigten in verständlicher Form und Sprache über die sie betreffenden Schutzmaßnahmen zu informieren")

- Verordnung über Sicherheit und Gesundheitsschutz bei der Benutzung persönlicher Schutzausrüstungen bei der Arbeit § 3 (2): („Für jede bereitgestellte persönliche Schutzausrüstung hat der Arbeitgeber erforderliche Informationen für die Benutzung in für die Beschäftigten verständlicher Form und Sprache bereitzuhalten")

Daneben gibt es meist berufsgenossenschaftliche Vorschriften, in denen für bestimmte Tätigkeiten und Arbeiten geeignete Betriebsanweisungen gefordert werden.

Daneben bieten fast alle Berufsgenossenschaften im Internet auf ihrer Homepage entsprechende Muster an, die teilweise bereits schon stoffbezogen oder tätigkeitsbezogen angeboten werden.

Jede Fachkraft für Arbeitssicherheit kann dem Arbeitgeber, wenn er eine solche Fachkraft bestellt hat (DGUV Vorschrift) (siehe Kapitel 3.2.4), die für ihn erforderlichen Betriebsanweisungen erarbeiten.

Bei der Erstellung einer Betriebsanweisung nach Gefahrstoffverordnung hilft die TRGS 555 nebst ihren Anhängen, wo auch Beispiele vorgestellt werden.

Eine Betriebsanweisung sollte mindestens folgende Inhalte haben:

- Arbeitsbereiche, Arbeitsplatz, Tätigkeit
- Gefahrstoff (Bezeichnung)
- Gefahren für Mensch und Umwelt
- Schutzmaßnahmen und Verhaltensregeln
- Verhalten im Gefahrfall
- Erste Hilfe
- Sachgerechte Entsorgung

Eine Betriebsanweisung kann sich auf bestimmte Tätigkeiten direkt konzentrieren, so als

- arbeitsplatzbezogene Betriebsanweisung,
- arbeitsbereichsbezogene Betriebsanweisung,
- tätigkeitsbezogene Betriebsanweisung.

Wichtig, und das findet man in fast allen gesetzlichen Regelungen, ist der Hinweis, dass die Betriebsanweisung in verständlicher Form und in der Sprache der Beschäftigten abzufassen ist sowie an geeigneter Stelle bekannt gemacht wird. In der Regel sollte sie bei Umgang mit Gefahrstoffen dort angebracht werden, wo auch der Gefahrstoff zur Anwendung kommt.

Sollten sich Arbeitsbedingungen oder Arbeitsabläufe ändern oder der Gefahrstoff gewechselt werden, muss die Betriebsanweisung natürlich den neuen Bedingungen angepasst werden.

Eine Muster-Betriebsanweisung wird nachfolgend vorgestellt und sollte nach gegebenen Hinweisen und dem speziellen Gegebenheiten des jeweiligen Arbeirsplatzes ausgefüllt werden. Aus optischen Gründen sollten die jeweiligen Gefahrensymbole mit aufgenommen werden.

Nummer:	**Gefahrstoff-**	Betrieb:
Arbeitsplatz: Tätigkeitsbereich:	**BETRIEBSANWEISUNG**	

ANWENDUNGSBEREICH

Aceton

GEFAHREN FÜR MENSCH UND UMWELT

Gefahr

- Flüssigkeit und Dampf sind leicht entzündbar. Dampf- / Luftgemische können explosionsfähige Atmosphäre bilden.
- Dämpfe sind schwerer als Luft und können durch Leitungen, Rohre und Kanalisation kriechen und u. U. noch in Entfernung explosionsgefährlich sein.
- Aceton verursacht schwere Augenreizung, führt u.U. bis zur Hornhauttrübung.
- Aceton entfettet die Haut. Bei längerem oder dauerndem Kontakt führt dies zu spröder, rissiger Haut und begünstigt dadurch die Ekzembildung.
- Dämpfe können Benommenheit und Schläfrigkeit verursachen.

SCHUTZMASSNAHMEN UND VERHALTENSREGELN

- Dämpfe / Aerosole nicht einatmen. Bei geringfügigen Arbeiten sehr gut lüften / Bei hohen Konz. / größeren Mengen Schutzmaske mit Filter AX / umluftunabhängiges Atemschutzgerät tragen. Umgang im Abzug bzw. bei örtlicher Absaugung <nichtzutreffendes streichen>.
- Hautkontakt vermeiden. Flammensichere und antistatische Schutzkleidung tragen.
- Schutzbrille benutzen und Schutzhandschuhe Butylkautschuk 0,7 mm (Vollkontakt) oder Naturlatex 0,6 mm (Spritzkontakt) tragen.
- Zündquellen fernhalten, Maßnahmen gegen elektrostatische Aufladung treffen.
- Nur gegen Aceton beständige, bruchsichere, gekennzeichnete Behältnisse benutzen.
- Im Labor nur Mengen für den Handgebrauch vorhalten. Behälter an gut gelüftetem Ort aufbewahren.
- Aceton und damit getränkte Putzlappen etc. in dicht geschlossen Gefäßen, an gut belüftetem Ort, von Zünd- und Wärmequellen entfernt lagern.
- Hautschutzplan beachten. Essen, Trinken, Rauchen und Aufbewahren von Nahrungs- und Genußmitteln im Arbeitsraum ist untersagt.
- Stabilität und chemische Reaktivität (gefährliche Reaktionen) beachten, nicht mit oxidierend wirkenden Stoffen und starken Reduktionsmitteln in Kontakt bringen oder zusammen lagern.
- Nicht in die Kanalisation gelangen lassen.

VERHALTEN IM GEFAHRFALL

- Bei Bränden sofern gefahrlos möglich bereitgehaltene Löschmittel (CO_2, Schaum, Pulver) einsetzen; nächster Standort: _____. Behälter mit Sprühstrahl kühlen.
- Brandgase sind gefährlich; Eigenschutz beachten; Dämpfe / Gase nicht einatmen.
- Bei verschüttetem Aceton sehr gut lüften, Zündquellen vermeiden und das ausgelaufene Material mit bereitgestelltem Universalchemikalienbinder aufnehmen und entsorgen.
- O. g. Schutzausrüstung tragen.
- Bei vermuteten hohen Raumluftkonzentrationen Raum nur mit Schutzmaske (Filter AX) bzw. umluftunabhängigem Atemschutz betreten. <nichtzutreffendes streichen>

NOTRUF:

ERSTE HILFE

- Hautkontakt: Kontaminierte Kleidung sofort auszuziehen. Mit Wasser abspülen.
- Augenkontakt: Mit viel Wasser bei geöffnetem Lidspalt spülen. Augenarzt kontaktieren.
- Nach Einatmen: Für Frischluft sorgen, bei anhaltenden Beschwerden Arzt aufsuchen.
- Nach Verschlucken: Mund mit Wasser ausspülen, 1-2 Glas Wasser trinken; kein Erbrechen herbeiführen (Aspirationsgefahr), Sofort Arzt hinzuziehen und Verpackung oder Etikett vorzeigen.
- Verbrennungen: Brennende Person ablöschen; mit heißen Stoffen behaftete Kleidung sofort entfernen; auf der Haut fest haftende Stoffe nicht entfernen; lokale Kaltwasseranwendung; vor Wärmeverlust schützen; Kontrolle von Bewusstsein, Atmung und Kreislauf.

NOTRUF:

Tel. Ersthelfer:	Tel. Arzt:	Tel. Vorgesetzter:

SACHGERECHTE ENTSORGUNG

- Reste und Aufsaugmaterial gemäß Anweisung Nr. ..... entsorgen.
- Vollständig entleerte und entgaste Behälter der Wiederverwertung zuführen.

Erstellt am: Nächste Überprüfung am:	Verantwortlicher: Unterschrift Verantwortlicher:

Abb. 4.4:   *Muster-Betriebsanweisung für Gefahrstoffe*

190

4.8 Unterweisungen

Arbeitnehmer, die mit Gefahrstoffen umgehen, sind anhand der für sie geltenden Betriebsanweisungen regelmäßig (vor Aufnahme der Tätigkeit und mindestens einmal jährlich mündlich und arbeitsplatzbezogen) zu unterweisen (§ 14 Abs. 2 GefStoffV). Der Inhalt und der Zeitpunkt der Unterweisungen sind schriftlich festzuhalten und vom Unterwiesenen schriftlich zu bestätigen.

Der Arbeitgeber hat sicherzustellen, dass im Rahmen der Unterweisung die Arbeitnehmer auf die Möglichkeiten der arbeitsmedizinischen Vorsorge (siehe Kapitel 4.10) hingewiesen werden.

Der Betriebs- oder Personalrat ist entsprechend § 14 Abs. 3 GefStoffV in die Festlegungen zu Betriebsanweisungen, insbesondere aber in die Durchführung und die Ergebnisse von Überwachungsmessungen am Arbeitsplatz einzubeziehen. Bei Überschreitungen der Arbeitsplatzgrenzwerte (AGW) (früher maximale Arbeitsplatzkonzentration (MAK-Werte), technische Richtkonzentration (TRK-Werte) oder der Auslöseschwelle (siehe Kapitel 4.3.2) hat der Arbeitgeber neben dem Arbeitnehmer auch dem Betriebs- oder Personalrat unverzüglich Mitteilung zu machen und hat diese zu den zu treffenden Maßnahmen zu hören.

4.9 Der betriebliche Vorsorgeplan (Betriebsvereinbarung)

Die verschiedenen Möglichkeiten der arbeitsmedizinischen Vorsorge, wie sie im folgenden Kapitel (siehe Kapitel 4.10) aufgezeigt werden, sind häufig Anlass für Unsicherheiten zwischen den beteiligten Vertragspartnern. Durch die Erarbeitung eines Vorsorgeplanes unter Beteiligung vieler Interessenvertreter ergeben sich aber Möglichkeiten, für das jeweilige Unternehmen und die jeweilige Situation im Unternehmen konkrete betriebliche Regelungen und Praktiken einzuführen, zu kontrollieren und so eine an viele unterschiedliche Situationen angepasste Gesundheitsvorsorge betreiben zu können.

Der Wandel der arbeitsmedizinischen Vorsorge in den letzten Jahren weg von verbindlichen Vorgaben und mehr hin zu betrieblichen Regelungen, auch unter Beteiligung mehrerer Entscheidungsträger, erfordert natürlich auch für diese betrieblichen Abläufe detaillierte Absprachen und Regelungen.

Ein betrieblicher Vorsorgeplan dient nun dazu, alle diese betrieblichen Aktivitäten zur arbeitsmedizinischen Vorsorge, zum Arbeits- und Gesundheitsschutz für alle Beteiligten verbindlich festzuschreiben. Er sollte in der Regel vom Betriebsarzt oder zumindest unter seiner Mitarbeit sowie von der Fachkraft für Arbeitssicherheit entworfen werden, im Arbeitsschutzausschuss zwischen Arbeitgeber, Betriebsarzt, Fachkraft für Arbeitssicherheit und Betriebsrat (Mitwirkungsrechte siehe Kapitel 5) diskutiert und formuliert werden. Danach kann der Arbeitgeber ihn als wichtiges innerbetriebliches Instrument verbindlich verabschieden. Damit erhalten alle darin aufgeführten Festlegungen eine rechtsverbindliche Struktur und dienen gleichzeitig als Gesprächsgrundlage für die jährlichen Arbeitsschutzbelehrungen.

Der Vorsorgeplan, auch in Form einer Betriebsvereinbarung zur Durchführung arbeitsmedizinischer Vorsorge möglich, dient dazu, all jene Dinge für das Unternehmen zu regeln, bei denen der Gesetzgeber sowie die Berufsgenossenschaften **Freiräume** gelassen haben. Damit kann das Unternehmen für seine Mitarbeiter die notwendigen Festlegungen selbst treffen. Diese neue Praxis arbeitsmedizinischer Vorsorge geht weg von bisher teilweise sehr unglücklichen verbindlichen Vorgaben und einer relativen Unflexibilität in der täglichen Praxis.

Ohne solche betrieblichen Entscheidungen in Form eines Vorsorgeplanes oder einer Betriebsvereinbarung würde sich die arbeitsmedizinische Vorsorge teilweise chaotisch entwickeln, weil es für bestimmte Dinge keine konkreten Festlegungen gibt, die Entscheidungsträger nicht richtig benannt worden sind, die Gefahrenquellen teilweise nicht richtig bekannt oder erkannt sind bzw. sogar vernachlässigt werden und viele Dinge mehr.

Insbesondere sollte der Vorsorgeplan Regelungen treffen, wie bei freiwilligen Untersuchungsangeboten des Arbeitgebers vorgegangen werden soll, wie das Angebot an die Mitarbeiter herangetragen werden soll, welche Dokumentationen geführt werden, wer die Vorsorgebestrebungen beaufsichtigt, wie und wo sie durchzuführen sind u.a.m.

In Anlehnung an Mitteilungen des Landesinstitutes für Arbeitsmedizin Berlin vom Dezember 1994 wird ein Vorschlag eines betrieblichen Vorsorgeplanes vorgestellt, der für die Praxis brauchbar ist und sich bisher bereits mehrfach bewährt hat. Da die Aufgaben und Gefährdungen von Unternehmen zu Unternehmen und in verschiedenen Branchen der Wirtschaft sehr unterschiedlich sind, sollte nun jeder Betriebsarzt und jeder Betrieb auf der Basis seiner speziellen Gegebenheiten im Unternehmen die wesentlichen und wichtigen Dinge herausfiltern und mit Antworten belegen. Dabei sind in allen Abschnitten auch Ergänzungen oder Streichungen möglich, wenn sie dem Ziel dienen, sich den Notwendigkeiten im Betrieb weitestgehend anzunähern.

Insbesondere kommt es darauf an, die genannten Fragen mit **konkreten** Antworten zu füllen. Damit wird ein Instrument geschaffen, was allen Beteiligten eine zielorientierte Zusammenarbeit ermöglicht und diese vor allem überschaubar und für jedermann nachvollziehbar macht. Ein 8-Punkte-Katalog nennt die wesentlichen Inhalte eines Vorsorgeplanes:

1. Gefährdungsanalyse und darauf aufbauendes Untersuchungsprogramm
   Festlegungen, welche Gefährdungen im Unternehmen vorliegen und welche Untersuchungen deshalb im Betrieb durchgeführt werden sollen

2. Übertragung der Arbeitgeberaufgaben
   Festlegung der Zuständigkeiten für die Veranlassung der Untersuchungen und zur Umsetzung der Ergebnisse als direkter Auftrag des Arbeitgebers

3. Konfliktmanagement
   Festlegung des Vorgehens in besonderen Situationen bei der „speziellen arbeitsmedizinischen Vorsorge": Noncompliance und Widerspruch gegen die Beurteilung

4. Zugangsregelung
   Regelungen zur Sicherstellung des freien Zuganges der Arbeitnehmer zum Betriebsarzt

5. Ausführende Ärzte
   Festlegung, welche Ärzte die Untersuchungen durchführen (Regelfall, Ersatz, notwendige Zusatzuntersuchungen)

6. Formblattwesen
   Festlegung der zu verwendenden Formblätter (Einbestellschreiben, Mahnschreiben, Ärztliche Bescheinigung, Aufträge für zusätzliche Untersuchungen bei externen Ärzten)

7. Ärztliche Unterlagen
   Festlegungen zur Dokumentation, Auswertung und Zugänglichkeit der Untersuchungsergebnisse

8. Zusammenarbeit zwischen verschiedenen Entscheidungsträgern
   Festlegungen zur Art, zum Umfang sowie zu Art und Inhalt gegenseitiger Informationen bei notwendigen Maßnahmen als Ergebnis der Untersuchungen

Gesetzliche und berufsgenossenschaftliche Grundlagen zur arbeitsmedizinischen Vorsorge stellen **Rahmenbedingungen und Mindestanforderungen** dar. Mit einem Vorsorgeplan werden Regelungen getroffen, die meist über dieses Mindestmaß hinausgehen. Der Arbeitgeber muss sich im Klaren sein, dass in der Regel auch höhere Einsatzzeiten resultieren, da die von der BG vorgeschlagenen Einsatzzeiten wirklich nur das **absolute Minimum** darstellen. Sie **reichen in der Praxis** ohnehin **kaum aus**, eine für alle Seiten vernünftige Vorsorgemedizin betreiben zu können.

Es sollte daher geprüft werden, bevor ein Vorsorgeplan verabschiedet wird, in welchem Umfang sich möglicherweise die bisher vereinbarten Einsatzzeiten des Betriebsarztes und/oder der Sicherheitsfachkraft verändern werden. Diese Änderungen sollten im Dokument auch festgehalten und konkret benannt werden.

Die **Mitbestimmung des Betriebsrates** bei der Erarbeitung sowie der späteren Kontrolle eines Vorsorgeplanes ergibt sich aus den §§ 77, 80, 87, 88, 89, 90 und 91 des **Betriebsverfassungsgesetzes (BetrVG)** bzw. des Personalvertretungsgesetzes (Einzelheiten siehe Kapitel 5).

4.9.1 Vorschlag für die Erstellung eines Vorsorgeplanes (Muster)

Vorwort

Unter teilweiser Verwendung eines Vorschlages des Landesinstitutes für Arbeitsmedizin Berlin wird ein einfaches Konzept zur Erstellung eines Vorsorgeplanes vorgeschlagen. Dieses Konzept ist für spezielle Fragestellungen entsprechend der Unternehmensstruktur und der konkreten Bedürfnisse und Erfordernisse des einzelnen Unternehmens jederzeit erweiterbar.

Der betriebliche Vorsorgeplan sollte grundsätzlich aus 2 Teilen bestehen,

A) den Vorklärungen, d.h., **was soll** im Vorsorgeplan stehen und geregelt werden (Inhalt und Ziele) und

B) der Implementierung, d.h., **wie soll** der Vorsorgeplan eingeführt und realisiert werden.

Es wird damit lediglich ein Gerüst zur Orientierung und als Handlungshilfe empfohlen.

Text

Auf der Grundlage folgender gesetzlicher und berufsgenossenschaftlicher Regelungen:

- Arbeitssicherheitsgesetz (ASiG)
- Arbeitsschutzgesetz (ArbSchG)
- Verordnung zur arbeitsmedizinischen Vorsorge (ArbMedVV)
- Berufsgenossenschaftliche Grundsätze („BG-Ziffern")
- DGUV Vorschrift 1 (Grundsätze der Prävention)

- DGUV Vorschrift 2 (Betriebsärzte und Fachkräfte für Arbeitssicherheit)
- Betriebsverfassungsgesetz (BetrVG)/Personalvertretungsgesetz (PersVG)
- usw. (bitte nach spezifischem Bedarf erweitern)

wird für das Unternehmen:

[FIRMA]

folgender Vorsorgeplan als Betriebsvereinbarung abgeschlossen.

A. Vorklärungen für den Entwurf eines Vorsorgeplanes

Fragen	Antworten
1. Klärung der Gefährdungslage und daraus abzuleitende Maßnahmen	
– Welche Belastungen lassen sich im Betrieb finden, die die Beschäftigten in ihrer Gesundheit gefährden könnten?	
– Welche gesundheitlichen Störungen sind daraus zu befürchten?	
– Lassen sich die Belastungen durch arbeitshygienische Maßnahmen soweit reduzieren, dass eine nennenswerte Gefahr nicht mehr besteht?	
– Welche Maßnahmen sind dazu notwendig?	
– Existiert ein Gefahrstoffverzeichnis? Wenn ja, wann erfolgte die letzte Überarbeitung? (Aktualisierung) (als Anlage beifügen)	
– Welche gesetzlichen Vorsorgeuntersuchungen oder berufsgenossenschaftlichen Grundsätze kommen zur Anwendung? (Gefährdungsanalyse = Feststellung des individuellen Risikos und Früherkennung arbeitsbedingter Schäden) Welche Abteilungen betreffen diese? Welcher Personenkreis kommt infrage?	
– Welche betrieblichen Handlungsziele könnten mit der Überwachung verfolgt werden? (Maßnahmeempfehlungen zur menschengerechten Gestaltung der Arbeit, individuelle Arbeitsplatzgestaltung, Information und Beratung des Arbeitnehmers, individuelle Risiken, Schutzmöglichkeiten, Berufsbiographie)	
2. Klärung der Verbindlichkeit der Überwachung	
– Ist die Überwachung in einer Rechtsnorm vorgeschrieben?	
– als Tätigkeitsvoraussetzung	
– mit Bescheinigung und Verpflichtung des Arbeitgebers für bestimmte Maßnahmen	
– mit Bescheinigung ohne Bindung des Arbeitgebers an das Ergebnis	
– als Arbeitnehmerrecht	
– Ist die Überwachung so wichtig, dass sie durch betriebliche Regelung verbindlich gemacht werden muss?	
– Soll der Arbeitgeber eine ärztliche Bescheinigung über das Ergebnis der Untersuchung erhalten?	
– Soll die Überwachung auf freiwilliger Basis durchgeführt werden?	

3. Klärung des Durchführungsverfahrens

- Wer soll den Kreis der zu überwachenden Personen festlegen?
- Wer stellt die tatsächliche Gefahrenlage fest?
- Wer trifft die Entscheidung, ob die Gefahr beseitigt werden kann?
- Wer legt fest, welche Arbeitnehmer der Gefahr unterliegen?
- Wie soll der Zugang zur Untersuchung geregelt werden?
- Wer veranlasst die verbindlichen Untersuchungen?
- Wer setzt die verbindlichen Untersuchungen durch?
- Wie soll bei Untersuchungsverweigerung verfahren werden?
- Wie soll der Zugang bei freiwilligen Untersuchungen geregelt werden?
- Welche Formblätter oder „Merkblätter" für bestimmte Untersuchungen sollen verwendet werden?
- Welcher Arzt soll die Überwachung durchführen?
- Ist eine Ermächtigung des Arztes erforderlich?
- Wer soll als Vertreter des Arztes eingesetzt werden?
- Wie kann die freie Arztwahl sichergestellt werden?
- Wo soll die Untersuchung durchgeführt werden?
- Welche Untersuchungsfrequenz ist angemessen?
- Welcher Untersuchungsumfang ist adäquat?
- Wie soll verfahren werden, wenn zusätzliche Untersuchungen erforderlich sind? (Kostenübernahmeregelung)
- In welcher Form soll der Arbeitnehmer über die Untersuchungsbefunde informiert werden?
- In welcher Form wird der Arbeitnehmer ärztlich beraten? (mündlich, Schriftform)
- Soll dem Arbeitnehmer eine Bescheinigung über das Ergebnis der Untersuchung ausgestellt werden?
- Wie soll verfahren werden, wenn der Arbeitnehmer die Bescheinigung freiwillig beim Arbeitgeber vorlegt und damit einen Umsetzungswunsch verbindet? (gilt nur, wenn der Arbeitgeber nicht generell eine Bescheinigung erhält)
- Soll dem Arbeitgeber generell eine Bescheinigung über das Ergebnis der Untersuchung ausgestellt werden („Beurteilung")?
- Welche Formulierungen darf die Bescheinigung enthalten?
- Welche betriebliche Stelle erhält die Bescheinigung?
- Wie sollen die ärztlichen Empfehlungen umgesetzt werden?
- Wer ist verantwortlich für die Umsetzung der ärztlichen Empfehlungen?
- Welche Verbindlichkeit haben die ärztlichen Empfehlungen?
  - insbesondere: Welche Veranlassungen sind aufgrund der verschiedenen ärztlichen Empfehlungen jeweils zu treffen? Wie soll verfahren werden, wenn ärztliche Bedenken geäußert werden, der Arbeitgeber durch die Rechtsnorm jedoch nicht auf bestimmte Maßnahmen festgelegt ist?

- Welche Absicherungen sollen den Arbeitnehmer gegen Arbeitsplatzverlust schützen?
- Kann die Richtigkeit der ärztlichen Bescheinigung überprüft werden?
- Muss bzw. soll eine Vorsorgekartei geführt werden?
- Wer ist verantwortlich für das Führen der Vorsorgekartei?
- Wie lange soll die Vorsorgekartei aufgehoben werden?
- Wie wird verfahren, wenn der Arbeitnehmer aus der Überwachung ausscheidet?
- Wie soll die Gesundheitsakte geführt werden?
- Welchen Inhalt soll die Gesundheitsakte haben?
- Wo werden die Gesundheitsakten archiviert?
- Wer ist Eigentümer der Gesundheitsakte?
- Wie lange sollen die Gesundheitsakten aufbewahrt werden?
- Wie bleiben die Gesundheitsakten bei Arztwechsel zugänglich?
- Wie werden die Ergebnisse der Überwachungsuntersuchungen ausgewertet?
- In welcher Form werden die Belastungsdaten und die Berufsbiographie dokumentiert?
- Wie werden die Untersuchungsergebnisse mit den Belastungsdaten verknüpft?

B. Implementierung des Vorsorgeplanes

1. Vorbesprechungen mit Arbeitgeber und Betriebsrat

- Begründung der Notwendigkeit einer betrieblichen Regelung zur arbeitsmedizinischen Vorsorge
- Vorlegen einer Analyse evtl. bereits eingetretener Konflikte und Darlegung zu erwartender Konflikte um die arbeitsmedizinische Vorsorge
- Erste Sondierungen, inwieweit die Vorstellungen des Arztes zur Durchführung der arbeitsmedizinischen Vorsorge konsensfähig sind

2. Vorstellung des Konzeptes für einen Vorsorgeplan im Arbeitsschutzausschuss (ASA)

- Diskussion des Entwurfs
- Beschlussfassung (ASA-Beschluss, ggf. Betriebsvereinbarung)
- Welche möglichen Änderungen resultieren aus bisherigen vertraglichen Vereinbarungen zur arbeitsmedizinischen Vorsorge? (Inhalte, Zeiten, Festlegungen u.a.m.)

3. Durchführung des Vorsorgeplanes

- Der Arbeitgeber weist alle Verantwortlichen an, entsprechend dem Vorsorgeplan zu verfahren (Aufzählung des Personenkreises).
- Sollte es bestimmte Formblätter oder Merkblätter für die jeweilige Gefährdung geben, sollten diese als Bestandteil der jährlichen Unterweisung der betroffenen Arbeitnehmern dienen.
- Bei der Einbestellung zur Arbeitsmedizinischen Vorsorge wird dem Aufforderungs- bzw. Einladungsschreiben ein Exemplar des jeweils relevanten „Informationsblattes" beigegeben.
- Der Arzt berichtet jeweils in der letzten ASA-Sitzung des Jahres über die Umsetzung des Vorsorgeplanes.

Literatur:

1. Das Arbeitssicherheitsgesetz (ASiG) (Gesetz über Betriebsärzte, Sicherheitsingenieure und andere Fachkräfte für Arbeitssicherheit) vom 12. Dezember 1973 (BGBl. I S. 1885), zuletzt geändert am 20. April 2013 (BGBl. I S. 868)
2. DGUV Grundsätze für arbeitsmedizinische Vorsorgeuntersuchungen, 5. vollständig neu bearbeitete Auflage; Herausgeber: Deutsche Gesetzliche Unfallversicherung (DGUV), Gentner Verlag 2010
3. Betriebsverfassungsgesetz in der Bekanntmachung des Gesetzes vom 25. September 2001 (BGBl. I S. 2518), zuletzt geändert am 20. April 2013 (BGBl. I S. 868)
4. Verordnung zur arbeitsmedizinischen Vorsorge (ArbMedVV) vom 18. Dezember 2008, zuletzt geändert am 31. Oktober 2013 (BGBl. I S. 3882)

4.10 Arbeitsmedizinische Vorsorgeuntersuchungen

4.10.1 Rechtsgrundlagen

Das Grundgesetz schreibt in Artikel 1 Abs. 1 für den Staat und seine Behörden (bezugnehmend auf den Arbeitsschutz sowie Gesundheitsschutz sind dies Gewerbeaufsicht und Gewerbeärzte – jetzt Amt für Arbeitsschutz und technische Sicherheit) sowie den Sozialpartnern (hier die Träger der gesetzlichen Unfallversicherung) vor, das Rechtsgut (Art. 2 Abs. 1, 2 Grundgesetz) der einzelnen Persönlichkeit zu schützen. Die Gesundheit des Menschen gehört nach Art. 2 Abs. 2 GG zu diesem garantierten Recht auf Leben und körperliche Unversehrtheit.

Das Grundgesetz räumt nun dem Staat nach Artikel 2 (2) die Fürsorgepflicht für Leben und Gesundheit seiner Bürger ein und berechtigt ihn, hierzu entsprechende Gesetze und Verordnungen zu erlassen. Die Einhaltung dieser Festlegungen überträgt er den jeweiligen Aufsichtsbehörden der Länder.

Für den Arbeits- und Gesundheitsschutz gelten demnach als elementare Grundrechte jedes Bürgers folgende Rechtsnormen (siehe Tabelle 4.12):

- Unverletzlichkeit der Person (Artikel 2 (2) GG),
- freie Entfaltung der Persönlichkeit (Artikel 2 (1) GG),
- freie Berufsausübung bzw. Berufswahl (Artikel 12 (1) GG),
- Einschränkungen der Grundrechte nur durch Gesetz möglich (Artikel 2 (2) GG).

Tab. 4.12: Grundrechte des Arbeitsschutzes und Gesundheitsschutzes im Grundgesetz

---

Artikel 2
Jeder hat das Recht auf freie Entfaltung seiner Persönlichkeit, soweit es nicht die Rechte anderer verletzt ...

Jeder hat das Recht auf Leben und körperliche Unversehrtheit ...

In diese Rechte darf nur auf Grund eines Gesetzes eingegriffen werden.

Artikel 12
Alle Deutsche haben das Recht, Beruf, Arbeitsplatz und Ausbildungsstätte frei zu wählen.

Artikel 20
Die Bundesrepublik Deutschland ist ein demokratischer und sozialer Bundesstaat.

Aufbauend auf diesen prinzipiellen Rechtsnormen bildet die Grundlage zur Festlegung von arbeitsmedizinischer Vorsorge, die der Unternehmer zu veranlassen hat, das Sozialgesetzbuch VII, wo es im § 15 Abs. 1 heißt: „Die Unfallversicherungsträger können als autonomes Recht Unfallverhütungsvorschriften über

3. vom Unternehmer zu veranlassende arbeitsmedizinische Untersuchungen und sonstige arbeitsmedizinische Maßnahmen (jetzt arbeitsmedizinische Vorsorge) vor, während und nach der Verrichtung von Arbeiten, die für Versicherte oder für Dritte mit arbeitsbedingten Gefahren für Leben und Gesundheit verbunden sind, ..."

Das Arbeitssicherheitsgesetz (Gesetz über Betriebsärzte, Sicherheitsingenieure und andere Fachkräfte für Arbeitssicherheit – ASiG) schreibt im § 3 zu den Aufgaben der Betriebsärzte:

„§ 3 Aufgaben der Betriebsärzte
(2) die Arbeitnehmer zu untersuchen, arbeitsmedizinisch zu beurteilen und zu beraten sowie die Untersuchungsergebnisse zu erfassen und auszuwerten," ...

Bisherige gesetzliche Grundlage war die BGV A4 – Arbeitsmedizinische Vorsorge der gewerblichen Berufsgenossenschaften, die GUV 0.6 der Unfallkassen sowie die VSG 1.2 (früher UVV 1.2.) der landwirtschaftlichen Berufsgenossenschaften, die die Berufsgenossenschaften als Träger der gesetzlichen Unfallversicherung erlassen durften. Sie wurden durch die neue Verordnung vom 18. Dezember 2008

(Verordnung zur arbeitsmedizinischen Vorsorge – ArbMedVV) in der Fassung 2013 (siehe Kap. 2.9) abgelöst.

Durch die neue Verordnung wurde erreicht, dass die teilweise sehr verwirrenden Festlegungen zu arbeitsmedizinischen Vorsorge(-untersuchungen) relativ klar und auch sehr transparent geregelt werden konnten.

Berechtigt zur Durchführung von arbeitsmedizinischer Vorsorge sind nur noch Ärzte oder Ärztinnen, die entweder

- die Gebietsbezeichnung „Arbeitsmedizin" oder
- die Zusatzbezeichnung „Betriebsmedizin"

zu einer anderen Gebietsbezeichnung führen dürfen.

Davon ausgenommen sind wenige Regelungen für einzelne Untersuchungsanlässe.

Die früher von den staatlichen Behörden (Gewerbeaufsicht bzw. Amt für Arbeitsschutz und technische Sicherheit) sowie den Berufsgenossenschaften erteilten Ermächtigungen für bestimmte Untersuchungen sind aufgehoben. Einige wenige Ermächtigungen sind durch besondere Gesetzlichkeiten nach wie vor noch notwendig (nach Strahlenschutz-VO, Röntgenverordnung, Druckluftverordnung).

Absolut im Vordergrund jeder arbeitsmedizinischer Vorsorge steht die Gefährdungsanalyse und Gefährdungsbeurteilung für jeden einzelnen Arbeitsplatz, die zwar vor Inkrafttreten der neuen Verordnung bereits existierte, aber durch die ArbMedVV noch einmal stark unterstrichen wurde und zur absoluten Priorität jeglicher Maßnahmen des Arbeits- und Gesundheitsschutzes im Unternehmen erklärt wurde (siehe auch Kapitel 4.2).

Zusammenfassend kann man Folgendes feststellen:

Für eine ärztliche Untersuchung, die immer einen Eingriff in die körperliche Unversehrtheit des Untersuchten darstellt, bedarf es auf der Grundlage der Fürsorgepflicht des Staates (geregelt durch das Grundgesetz Artikel 2 Abs. 2) immer einer gesetzlichen Grundlage (siehe Tabelle 4.12).

Im Auftrag des Staates wurden entsprechende Gesetzlichkeiten geschaffen, nicht zuletzt auch durch die selbstverwalteten Träger der gesetzlichen Unfallversicherung für ihre Mitglieder/Versicherten.

4.10.2 Verordnung zur arbeitsmedizinischen Vorsorge

Da die Verordnung zur arbeitsmedizinischen Vorsorge (ArbMedVV) vom 18. Dezember 2008 (BGBl. I 2768) in der aktuellen Fassung vom 23. Oktober 2013 (BGBl. I S. 3882) eine zentrale Stellung einnimmt und viele bisherige Regelungen und Festlegungen sowohl staatlicher als auch berufsgenossenschaftlicher Art ersetzt, muss etwas näher darauf eingegangen werden.

Mit der neuen Verordnung zur arbeitsmedizinischen Vorsorge hinsichtlich der arbeitsmedizinischen Vorsorge(-untersuchungen) haben sich in mehreren Gesetzen einige Paragraphen geändert oder wurden gestrichen. Sie wurden durch die neue Verordnung (ArbMedVV) ersetzt:

- Gefahrstoffverordnung (§§ 15, 16, Anhang V),
- Biostoffverordnung (§§ 15, 15a, Anhang IV),
- Gentechnik-Sicherheitsverordnung (Anhang VI
- Lärm- und Vibrationsschutzverordnung (§§ 13, 14)
- Druckluftverordnung (§§ 10, 15, 16)
- Bildschirmarbeitsverordnung (§§ 6, 7)

Inhalt der neuen Verordnung

Ziel und Anwendungsbereich (§ 1)
Begriffsbestimmungen (§ 2)
Allgemeine Pflichten des Arbeitgebers (§3)
Pflichtvorsorge (§ 4)
Angebotsvorsorge (§ 5)
Wunschvorsorge (§ 5a)
Pflichten des Arztes oder der Ärztin (§ 6)
Anforderungen an den Arzt oder die Ärztin (§ 7)
Maßnahmen nach der arbeitsmedizinischen Vorsorge (§ 8)
Ausschuss für Arbeitsmedizin (§ 9)
Ordnungswidrigkeiten und Straftaten (§ 10)

Anhang: Arbeitsmedizinische Pflicht- und Angebotsvorsorge
Teil 1: Tätigkeiten mit Gefahrstoffen
Teil 2: Tätigkeiten mit biologischen Arbeitsstoffen einschließlich gentechnischer Arbeiten mit humanpathogenen Organismen
Teil 3: Tätigkeiten mit physikalischen Einwirkungen
Teil 4: Sonstige Tätigkeiten

Die jeweiligen Änderungen werden in den kommenden Kapiteln dargestellt und gegen bisherige Festlegungen ausgetauscht.

4.10.3 Neuformulierung arbeitsmedizinischer Vorsorge

Die arbeitsmedizinische Vorsorge hat neue Inhalte erfahren, indem man von der teilweise bisherigen reinen Untersuchungsmedizin mehr hin zur Beratungsmedizin kommen möchte. Außerdem wird den Arbeitnehmern mehr Eigenverantwortung für sich und den Arbeitsprozess eingeräumt. Eine Trennung der Vorsorge von der Beurteilung von Tätigkeitsbeschränkungen oder -verboten ist ein weiterer Schritt der neuen Regelungen. Die neue Verordnung verlässt den Begriff „arbeitsmedizinische Untersuchung" und prägt künftig nur noch den Begriff „arbeitsmedizinische Vorsorge".

Somit ist arbeitsmedizinische Vorsorge (ArbMedVV § 2 Abs. 1) nun:

- „ein Teil der arbeitsmedizinischen Präventionsmaßnahmen im Betrieb,
- sie dient der Beurteilung der individuellen Wechselwirkungen von Arbeit und physischer und psychischer Gesundheit und der Früherkennung arbeitsbedingter Gesundheitsstörungen sowie der Feststellung, ob bei Ausübung einer bestimmten Tätigkeit eine erhöhte gesundheitliche Gefährdung besteht,
- sie beinhaltet ein ärztliches Beratungsgespräch mit Anamnese einschließlich Arbeitsanamnese sowie körperliche oder klinische Untersuchungen, soweit diese für die individuelle Aufklärung und Beratung erforderlich sind und der oder die Beschäftigte diese Untersuchung nicht ablehnt,
- sie umfasst die Nutzung von Erkenntnissen aus der Vorsorge für die Gefährdungsbeurteilung und für sonstige Maßnahmen des Arbeitsschutzes,
- und sie umfasst nicht den Nachweis der gesundheitlichen Eignung für berufliche Anforderungen nach sonstigen Rechtsvorschriften oder individual- oder kollektivrechtlichen Vereinbarungen."

4.10.4 Durchführung arbeitsmedizinischer Vorsorge

Der Unternehmer (oder eine von ihm beauftragte Person) ist verpflichtet, anhand von potenziellen Gefahren in seinem Unternehmen zu entscheiden, welche seiner Versicherten spezielle arbeitsmedizinische Vorsorge erhalten sollen. Dazu dienen in erster Linie die Gefährdungsbeurteilungen am Arbeitsplatz (siehe vorausgegangene Kapitel).

Die Entscheidung, ob ein Arbeitnehmer beim Umgang mit einem Gefahrstoff einer arbeitsmedizinischen Vorsorge (als Pflicht- oder Angebotsvorsorge) zuzuführen ist, hängt immer davon ab, ob in der Gefährdungsanalyse eine vorsorgepflichtige Gefährdung ausgewiesen wird oder nicht (siehe auch Kapitel 4.2 Gefährdungsanalyse). Die Gefährdungsbeurteilung wird damit zum zentralen Problem für die arbeitsmedizinische Betreuung der Arbeitnehmer im Unternehmen.

In der Praxis ist ein Aspekt immer wieder strittig, weil sich die **Arbeitgeber** oft nicht der Festlegung bewusst sind, dass sie die Vorsorge **zu veranlassen oder anzubieten haben.** Der **Unternehmer trägt** auch **die Kosten** für die Vorsorge, darüber hinaus auch die Fahrt- und Lohnausfallkosten, da der Mitarbeiter einer Anweisung des Arbeitsgebers Folge leistet.

Ärztliche Untersuchungen von Arbeitnehmern im Sinne arbeitsmedizinischer Vorsorge und im Auftrage des Arbeitgebers (des Gesetzgebers) können verschiedene Schutzziele verfolgen, die voneinander zu trennen sind.

Alle Untersuchungen dienen aber einem Ziel:

* dem Schutz von Leben und Gesundheit des Beschäftigten am Arbeitsplatz sowie
* dem Schutz Dritter (z.B. Kunden, Arbeitskollegen, Gästen, Patienten und anderen betreuten Personen u.a.m.) oder anderen schützenswerten Interessen, Allgemeingütern oder Sachwerten (z.B. Betriebsanlagen, Produktsicherheit).

4.10.5 Pflichtvorsorge

Die Verordnung zur arbeitsmedizinischen Vorsorge (ArbMedVV) verpflichtet den Arbeitgeber, die in bestimmten gesetzlichen Grundlagen sowie in der ArbMedVV verzeichneten Untersuchungen (Vorsorge) durchführen zu lassen (sowohl als Erst- wie auch als Nachvorsorge). Wenn durch gesetzliche Regelungen eine Pflichtvorsorge vorgeschrieben ist, darf der Arbeitgeber eine Tätigkeit nur ausüben oder weiter ausüben lassen, wenn zuvor diese Pflichtvorsorge durchgeführt wurde.

Die früher übliche Bescheinigung der gesundheitlichen Unbedenklichkeit und somit gleichzeitige Tätigkeitsvoraussetzung für die Ausübung dieser Arbeiten entfällt.

Bei allen arbeitsmedizinischen Pflichtvorsorgen erhält der Arbeitgeber eine ärztliche Bescheinigung, aus der lediglich hervorgeht, dass eine Vorsorge stattgefunden hat, weshalb und wann der nächste Vorsorgetermin sein sollte (siehe Kapitel 4.10.12). In keinem Fall werden einzelne Untersuchungsbefunde oder gar Diagnosen mitgeteilt; diese unterliegen sämtlich der ärztlichen Schweigepflicht und gehören ausschließlich nur in die ärztliche Dokumentation.

Über Pflichtvorsorge hat der Arbeitgeber eine Vorsorgekartei zu führen, aus der Anlass, Tag und nächster Termin hervorgehen. Diese Kartei ist bis zur Beendigung des Beschäftigungsverhältnisses aufzubewahren und anschließend zu löschen (außer bei besonderen Festlegungen durch entsprechende Rechtsnormen). Bei Beendigung des Beschäftigungsverhältnisses hat der Arbeitgeber der betroffenen Person eine Kopie der Kartei auszuhändigen. Bisher galt die Regelung, dass der Beschäftigte sich die Kartei abverlangen konnte.

Für die Pflichtvorsorge generell besteht Teilnahmepflicht, eine Duldungspflicht ergibt sich nur in weniger Fällen, die gesetzlich besonders geregelt sind (z.B. RöV, StrSchV). Dennoch entscheidet der Arbeitnehmer selbst, ob eine im Rahmen der Pflichtvorsorge notwendige ärztliche Untersuchung stattfindet oder nicht. Wenn ein Arbeitnehmer mit dem im Betrieb tätigen Betriebsarzt/Betriebsärztin nicht einverstanden ist, steht es ihm natürlich frei, einen anderen für diese Untersuchung berechtigten Facharzt/-ärztin aufzusuchen, er trägt dann allerdings auch die dadurch entstehenden Kosten.

Bei Nichtteilnahme an einer Pflichtvorsorge erfüllt der Beschäftigte nicht mehr die Voraussetzung, diese Tätigkeit auch ausüben zu können. Der Arbeitgeber hat dann entsprechende Regelungen zu treffen.

4.10.6 Angebotsvorsorge

Untersuchungen sind nach Maßgabe gesetzlicher Vorschriften durch den Arbeitgeber dem Beschäftigten anzubieten, wenn die tätigkeitsbezogenen oder arbeitsplatzbezogenen Beanspruchungen oder Gefährdungen zu arbeitsbedingten Krankheiten oder Störungen führen können, bei denen aber keine der bisher genannten gesetzlichen Regelungen (Pflichtvorsorge) zutrifft.

Aus diesem Grunde ist diese Vorsorge für den Arbeitnehmer auch völlig **freiwillig** und hat keine arbeitsrechtliche Konsequenz, falls von dem Angebot des Arbeitgebers kein Gebrauch gemacht wird. Diese Tatsache entbindet aber den Arbeitgeber nicht davon, diese Untersuchungen trotzdem auch weiterhin anzubieten.

Es hat sich in der Praxis bewährt, die Verfahrensweise für arbeitsmedizinische Vorsorge (Pflichtvorsorge, Angebotsvorsorge, Wunschvorsorge) in einer Betriebsvereinbarung (siehe Kapitel 4.9) festzuhalten. Das ist insbesondere dann notwendig, weil der Arbeitgeber ja eine Information über eine mögliche Nichtteilnahme benötigt, um weitere Angebotstermine überhaupt unterbreiten zu können. Dies ist auch aus dem Grunde wichtig, da die neue Verordnung (ArbMedVV) lediglich vorsieht, dass der Arbeitgeber darüber unterrichtet wird, wann, weshalb die Vorsorge durchgeführt wurde und wann der nächste Vorsorgetermin geplant werden sollte. Eine Bescheinigung zum Untersuchungsergebnis, wie sie bisher üblich war, gibt es nicht mehr.

Sollten aber ärztlich festgestellte Gesundheitsgefahren bestehen, muss im Einvernehmen mit dem Arbeitnehmer versucht werden, eine Umgestaltung des Arbeitsplatzes oder gar einen innerbetrieblichen Arbeitsplatzwechsel vorzunehmen. Hier hat es sich bewährt, dass der Betriebsarzt mit dem Beschäftigten über die notwendigen Maßnahmen spricht und sein Einverständnis einholt, dass mit dem Arbeitgeber darüber gesprochen werden kann. Ansonsten sind Änderungen nicht zu erwarten.

4.10.7 Wunschvorsorge des Arbeitnehmers

Ein Arbeitnehmer oder eine Arbeitnehmerin, der/die einen ursächlichen Zusammenhang zwischen seiner/ihrer Erkrankung und seiner/ihrer Tätigkeit am Arbeitsplatz vermutet, kann sich auf Verlangen einer arbeitsmedizinischen Vorsorge unterziehen.

Wunschvorsorge ist sowohl nach § 11 des Arbeitsschutzgesetzes als auch nach § 5a der ArbMedVV durch den Arbeitgeber zu ermöglichen. Für diese Vorsorge hat der Arbeitgeber auch die Kosten zu tragen. Voraussetzung dafür ist allerdings, dass eine berechtigte Annahme besteht, dass die Beschwerden des Beschäftigten auch mit seiner Arbeitstätigkeit im Zusammenhang stehen. Der Arbeitnehmer muss dem Arbeitgeber gegenüber aber nicht begründen, warum und wegen welcher Beschwerden er eine Vorsorge wünscht.

4.10.8 Eignungsuntersuchungen

Eignungsuntersuchungen sind auch nach der neuen Verordnung zur arbeitsmedizinischen Vorsorge möglich, sollen aber grundsätzlich getrennt von der arbeitsmedizinischen Vorsorge durchgeführt werden. Eignungsuntersuchungen unterliegen besonderen arbeitsrechtlichen und datenschutzrechtlichen Bestimmungen und sind daher im eigentlichen Sinne keine Untersuchungen zur arbeitsmedizinischen Vorsorge.

Von einer Eignungsuntersuchung kann der Arbeitgeber zum Beispiel den Abschluss eines Arbeitsvertrages abhängig machen, wenn die vorgesehene Tätigkeit eine entsprechende gesundheitliche Eignung voraussetzt. Auch während eines bestehenden Beschäftigungsverhältnisses kann der Arbeitgeber eine solche Untersuchung fordern, wenn tatsächliche Anhaltspunkte bestehen, dass es Zweifel an der weiteren Eignung für diese Tätigkeit gibt (§ 32 Absatz 1 Satz des Bundesdatenschutzgesetzes).

Einige Gesetzlichkeiten verlangen aber die Feststellung der gesundheitlichen Eignung/Tauglichkeit des Bewerbers für die vorgesehene Aufgabe. Es handelt sich hierbei ebenfalls um eine Art Einstellungsuntersuchung, aber nicht auf ausschließlichen Wunsch des Arbeitgebers, sondern auf einer gesetzlichen Grundlage. Bei negativem Ausfall der medizinischen Untersuchung und damit auszusprechender Nichteignung ergeben sich automatisch arbeitsrechtliche Probleme.

Die einzelnen für die jeweilige Tätigkeit geschaffenen gesetzlichen Regelungen beziehen sich auf einen unterschiedlichen Tatbestand und verfolgen unterschiedliche Ziele. So formuliert für alle Beschäftigten im öffentlichen Dienst der TVöD im § 3 Abs. 4 Folgendes:

„Der Arbeitgeber ist bei begründeter Veranlassung berechtigt, die/den Beschäftigte/n zu verpflichten, durch ärztliche Bescheinigung nachzuweisen, dass sie/er zur Leistung der arbeitsvertraglich geschuldeten Tätigkeit in der Lage ist." Die Kosten trägt der Arbeitgeber, er bestimmt auch den untersuchenden Arzt/Ärztin (in der Regel der Betriebsarzt).

Anders verhält es sich zum Beispiel beim Jugendarbeitsschutz (§§ 32 JArbSchG), wo der Jugendliche nicht eingestellt werden darf, wenn er nicht eine Bescheinigung von einem von ihm frei gewählten Arzt dem Arbeitgeber vorlegt (siehe Kapitel 9):

§ 32 Abs. 1 „Ein Jugendlicher, der in das Berufsleben eintritt, darf nur beschäftigt werden, wenn er innerhalb der letzten vierzehn Monate von einem Arzt untersucht worden ist (Erstuntersuchung) und dem Arbeitgeber eine von diesem Arzt ausgestellte Bescheinigung vorlegt".

In diesem Falle spricht der Gesetzgeber sogar von einer Erstuntersuchung und nicht von einer Tauglichkeitsuntersuchung.

Die **Nomenklatur ist** teilweise recht **verwirrend**. Es muss aber grundsätzlich die arbeitsmedizinische Vorsorge von der Prüfung der Eignung für eine Tätigkeit getrennt werden. Natürlich können bei der ärztlichen Beratung und evtl. Untersuchung im Rahmen der arbeitsmedizinischen Vorsorge auch Eignungsaspekte eine Rolle spielen. Dies betrifft aber, und das ist ganz wichtig, nur die beiden Beteiligten, den Arbeitnehmer und den Betriebsarzt (sozusagen im Innenverhältnis). Der Arbeitnehmer muss sicher sein können, dass personenbezogene Ergebnisse und Befunde vom Betriebsarzt nicht an den Arbeitgeber weitergegeben werden. Sollten sich aus der Beratung zur arbeitsmedizinischen Vorsorge aber Aspekte ergeben, die einen Wechsel des Arbeitsplatzes oder der Tätigkeit ergeben, so kann der Betriebsarzt dieses dem Arbeitgeber nur vorschlagen, wenn der Arbeitnehmer damit einverstanden ist.

Einige Tätigkeiten, für die eine Eignung aufgrund gesetzlicher Vorgaben nachgewiesen werden muss, bevor die Tätigkeit aufgenommen wird, sind nachfolgend aufgelistet.

- Arbeiten im Bergbau (§§ 2, 3, 11–14 Bergverordnung zum gesundheitlichen Schutz der Beschäftigten (Gesundheitsschutz-Bergverordnung (GesBergV) vom 31. Juli 1991) (BGBl. I S. 1751, zuletzt geändert am 26. November 2010 (BGBl. I S. 1643)
- Klimaeinwirkungen im Bergbau (§ 12 Bergverordnung zum Schutz der Gesundheit gegen Klimaeinwirkungen (Klima-Bergverordnung (KlimaBergV) vom 9. Juni 1983 (BGBl. I S. 685)
- Arbeiten unter Tage (§ 66 Bundesberggesetz (BBergG) vom 13. August 1980 (BGBl. I S. 1310), zuletzt geändert am 7. August 2013 (BGBl. I S. 3154)
- Arbeiten in Druckluft (außer Arbeiten in Taucherglocken ohne Schleusen und für Taucherarbeiten) (§§ 10–14 Druckluftverordnung (DruckLV) vom 4. Oktober 1972 (BGBl. I S. 1909), geändert am 23. Oktober 2013 (BGBl. I S. 3882)
- Jugendliche unter 18 Jahren (§§ 32–46 Jugendarbeitsschutzgesetz (JArbSchG) vom 12. April 1976 (BGBl. I S. 965), zuletzt geändert am 20. April 2013 (BGBl. I S. 868) in Verbindung mit Jugendarbeitsschutz-Untersuchungsverordnung (JArbSchUV) vom 16. Oktober 1990 (BGBl. I S. 2221)
- Radioaktive Stoffe (§§ 60–64 Verordnung über den Schutz vor Schäden durch ionisierende Strahlen – Strahlenschutzverordnung (StrlSchV) vom 20. Juli 2001/2002 (BGBl. I S. 1714, 2002 I S. 1459), zuletzt geändert am 24. Februar 2012 (BGBl. I S. 212)
- Röntgenstrahlen (§§ 37–41 Verordnung über den Schutz vor Schäden durch Röntgenstrahlung – Röntgenverordnung (RöV) in der Fassung vom 30. April 2003 BGBl. I S. 604), zuletzt geändert am 4. Oktober 2011 (BGBl. I S. 2000)
- Seeleute, einschließlich Hochseefischer (§§ 6 und 9 Verordnung über die Seediensttauglichkeit (SeeDTauglV) vom 19. August 1970 BGBl. I S. 1241, zuletzt geändert am 5. Mai 2004 BGBl. I S. 718)
- Binnenschiffer (§§ 13, 14 Verordnung über die Schiffssicherheit in der Binnenschifffahrt – Binnenschiffsuntersuchungsordnung (BinSchUO) vom 6. Dezember 2008 (BGBl. I S. 2450), zuletzt geändert am 20. Dezember 2012 (BGBl. I S. 2802)
- Verordnung zur arbeitsmedizinischen Vorsorge (ArbMedVV) vom 18. Dezember 2008 (BGBl. I S. 2768), zuletzt geändert am 23. Oktober 2013 (BGBl. I S. 3882) mit Wirkung vom 31. Oktober 2013
- Bundeswehr (Zivilangestellte sowie Zeitsoldaten)

Dennoch gibt es Tätigkeiten, für die es keine eindeutigen gesetzlichen Regelungen gibt und die auch nicht durch die neue ArbMedVV beantwortet werden können.

Um diese Lücke zu schließen, wird es künftig für bestimmte Tätigkeiten seitens der Berufsgenossenschaften und der DGUV (Deutsche Gesetzliche Unfallversicherung) Branchenregelungen geben, die tätigkeits-, arbeitsplatz- und arbeitsverfahren bezogene Konzepte beinhalten, die als fachliche Empfehlung zu bewerten sind. Um sie betriebsintern relevant werden zu lassen, sollten die Empfehlungen für bestimmte Eignungsuntersuchungen in einem betrieblichen Dokument festgeschrieben werden (z.B. betrieblicher Vorsorgeplan, Betriebsvereinbarung, Gefährdungsbeurteilung, Präventionsmanagement, Gesundheitsmanagement u.a.m.).

4.10.9 Einstellungsuntersuchungen auf Verlangen des Arbeitgebers

Einstellungsuntersuchungen sind Eignungsuntersuchungen im Sinne gutachterlicher Untersuchungen allein im Auftrage des Arbeitgebers. Diese Art der Untersuchung sowie den untersuchenden Arzt legt der Arbeitgeber fest (private Wirtschaft), wofür es keine gesetzliche Regelung gibt, dass dies unabdingbar notwendig ist. Es handelt sich deshalb auch nicht um eine arbeitsmedizinische Vorsorgeuntersuchung, sondern um eine Art vertrauensärztliche Untersuchung allein im Interesse des künftigen Arbeitsgebers.

Da es auch keine gesetzliche Pflicht gibt, sich der Untersuchung unterziehen zu müssen, kann der Bewerber dies natürlich ablehnen. Dem Arbeitgeber steht aber dann auch das Recht zu, seinerseits keinen Arbeitsvertrag abzuschließen.

Anlass einer solchen Untersuchung ist in der Regel die Frage nach der Eignung des Bewerbers für eine bestimmte Tätigkeit vor Abschluss eines Arbeitsvertrages. Hierbei sollen die gesundheitlichen und körperlichen Eignungen festgestellt werden. In der Regel hängt der Abschluss des Arbeitsvertrages dann mit davon ab, ob es bei der Untersuchung zu einem positiven Ergebnis gekommen ist. Mit der Entscheidung einer gesundheitlichen Tauglichkeit/Untauglichkeit für die vorgesehene Arbeitsaufgabe entstehen gleichzeitig auch Bedenken seitens der Arbeitnehmervertretungen, dass der Arzt eine negative oder positive Auslese im Auftrage und Interesse des Arbeitgebers trifft (vertrauensärztliche Tätigkeit).

Dem kann man entgegenhalten, dass die Entscheidung einer Einstellung oder die Ablehnung nicht allein vom Ergebnis der medizinischen Untersuchung abhängt. Genauso wichtig sind die fachlich/geistigen Qualitäten, die an die Tätigkeit gebunden sind sowie in erster Linie der Inhalt und das Ergebnis des Einstellungsgespräches. Dass mitunter geäußerte gesundheitliche Bedenken des Arztes eine mitentscheidende Rolle spielen, ist unstrittig. Letztlich dienen aber auch die gesundheitlichen Bedenken oder vielleicht geäußerte Untauglichkeit dem Schutz der Gesundheit des Bewerbers, wenn er gesundheitlich nicht in der Lage ist, die vorgesehene Tätigkeit auszuführen oder bei entsprechender Vorerkrankung durch die Arbeitsaufnahme künftig weitergehend geschädigt werden könnte. Andererseits soll natürlich auch das Risiko des Bewerbers für den Betrieb (z.B. zu erwartende Ausfallzeiten, erhöhtes Krankheitsrisiko) neben dem Schutz Dritter und dem von Allgemeingütern berücksichtigt werden. Die Einschätzung gilt immer nur für die vorgesehene Tätigkeit und fällt nicht gleichermaßen für eine andere Tätigkeit aus. Der Vorteil des Betriebsarztes liegt nun darin, dass er sowohl die körperlichen und gesundheitlichen Probleme einschätzen kann und dazu noch die genauen Arbeitsbedingungen für die vorgesehene Tätigkeit kennt. Es muss betont werden, dass der Betriebsarzt nicht Arbeitgeberarzt, also Vertrauensarzt des Arbeitsgebers ist, er zwar von ihm bestellt ist, aber trotzdem eine unabhängige Stellung einnimmt und nur seinem ärztlichen Wissen und Gewissen gegenüber verpflichtet ist.

Einstellungsuntersuchungen sind nach dem Arbeitssicherheitsgesetz primär keine Aufgabe des Betriebsarztes, können aber durchaus von ihm durchgeführt werden. Dies bedarf dann einer gesonderten Vereinbarung.

4.10.10 Untersuchungen bei Vorhandensein einer Betriebsvereinbarung

Wie aus dem Vorangegangenen unschwer ablesbar wird, gibt es unterschiedliche Interessen bei arbeitsmedizinischer Vorsorge und Vorsorgeuntersuchungen, die oftmals nicht parallel mit den betrieblichen Interessen sowie den Interessen der Arbeitnehmer gehen. Um häufigen Konfliktsituationen und Rechtsstreitigkeiten zwischen den verschiedenen Parteien zu begegnen, gibt es die Möglichkeit des Abschlusses von Betriebsvereinbarungen zwischen Arbeitgeber und Arbeitnehmervertretung (Kapitel 4.8).

In zahlreichen mittleren und größeren Unternehmen werden zwischen dem Arbeitgeber und den Arbeitnehmervertretungen (Betriebsrat/Personalrat) Vereinbarungen abgeschlossen, die dann Bestandteil des Arbeitsvertrages werden und damit den Treuepflichten unterliegen.

Die Betriebsvereinbarung ist ein wichtiges Instrument zur Regelung von innerbetrieblichen Verfahrensweisen, die durch gesetzliche oder berufsgenossenschaftliche Festlegungen und Verordnungen nicht oder nicht eindeutig oder ausreichend geregelt sind. Gesetze und Verordnungen gelten für alle Bereiche der Wirtschaft und können nicht immer den Einzelfall jedes Unternehmens regeln. Hierin besteht die große Chance eines Unternehmens, zusätzliche eigene Regelungen zu treffen, die für den betrieblichen Ablauf von Bedeutung sind. In keinem Fall darf aber eine Betriebsvereinbarung bestehende Gesetze oder Verordnungen außer Kraft setzen, es sind immer nur Zusatzvereinbarungen oder innerbetriebliche Präzisierungen zu bestehenden gesetzlichen Verordnungen oder anderweitigen Regelungen.

Mit der neuen ArbMedVV werden einige Fragen nicht berücksichtigt, die es in bisherigen Regelungen durchaus gab. So finden wir keine Regelung zur Fahr-, Steuer- und Überwachungstätigkeit (berufsgenossenschaftlicher Grundsatz G 25) oder auch Arbeiten mit Absturzgefährdung (G 41). Hier sollten betriebseigene Festlegungen getroffen werden (siehe auch Kapitel 4.9.8 Eignungsuntersuchungen).

Welche Regelungen im Einzelfall sinnvoll und notwendig sind, sollte gemeinsam zwischen Arbeitgeber, Arbeitnehmervertretung, Betriebsarzt und Fachkraft für Arbeitssicherheit gemeinsam erarbeitet werden. Sehr hilfreich kann bei der Ermittlung von Notwendigkeiten die betriebliche Gefährdungsbeurteilung sein.

Die Palette der Festlegungen kann betriebsbezogen, arbeitsplatzbezogen oder bereichsbezogen entsprechend den jeweiligen Gegebenheiten erweitert werden.

Somit ist die Betriebsvereinbarung in der Lage, einige Lücken in den vielen zahlreichen Bestimmungen und Verordnungen zu schließen und damit Sicherheit im Unternehmen zu schaffen. Sie sollte unverzichtbarer Bestandteil eines betrieblichen Gesundheitsmanagements sein und gehört in jedes QM-Handbuch. Gleichermaßen ist sie ein sinnvolles Instrument für eine Zertifizierung, da sie sowohl der Unternehmensleitung als auch der Arbeitnehmervertretung Sicherheit bei der Gewährleistung des Gesundheits- und Arbeitsschutzes bietet. Sie ist gleichermaßen Grundlage für die Tätigkeit von Betriebsarzt und Fachkraft für Arbeitssicherheit.

4.10.11 Zeitrahmen der arbeitsmedizinischen Vorsorge

Nachdem im vorausgegangenen Abschnitt nach der Art der Vorsorge auf der Grundlage der jeweils gültigen gesetzlichen Bestimmungen differenziert wurde, soll im folgenden Abschnitt nach dem Zeitraum der Vorsorge unterschieden werden. In Abhängigkeit vom Zeitrahmen teilt man ein in:

- arbeitsmedizinische Vorsorge **vor** Aufnahme einer bestimmten Tätigkeit
- arbeitsmedizinische Vorsorge **während** einer bestimmten Tätigkeit oder anlässlich ihrer Beendigung
- Wunschvorsorge in regelmäßigen Abständen, es sei denn, aufgrund der Beurteilung der Arbeitsbedingungen und der getroffenen Schutzmaßnahmen ist nicht mit einem Gesundheitsschaden zu rechnen (siehe Gefährdungsbeurteilung).

4.10.11.1 Erstvorsorge

Der Arbeitgeber ist verpflichtet, eine Tätigkeit, die nach dem Anhang zur Arb-MedVV eine Pflichtvorsorge vorsieht, nur dann ausüben zu lassen, wenn zuvor diese Pflichtvorsorge durchgeführt wurde. Somit sind Arbeitnehmer verpflichtet, an diesem Vorsorgetermin teilzunehmen. Inwieweit sie dann z.b. einer körperlichen oder klinischen Untersuchung zustimmen, falls diese überhaupt nötig ist, entscheiden sie selbst. Die „Erstvorsorge" kann zum Beispiel auch nur ein Gespräch oder eine Beratung zu arbeitsrelevanten Fragestellungen sein, der Betriebsarzt kann aber auch eine klinische Untersuchung vorschlagen, wenn diese zur Meinungsfindung medizinisch notwendig und sinnvoll ist.

Die Erstvorsorge hat der Unternehmer **vor Beginn der Tätigkeit** durchführen zu lassen, sie sollte im Allgemeinen nicht länger als 12 Wochen vor Arbeitsaufnahme zurückliegen, damit eine möglichst aktuelle Einschätzung erfolgen kann.

Häufig wird nicht daran gedacht, dass eine Erstvorsorge auch dann durchgeführt werden sollte, wenn sich die Arbeitsplatzbedingungen am gleichen Arbeitsplatz verändert haben oder ein Wechsel des Arbeitsplatzes vorgenommen wurde.

An dieser Stelle darf auch darauf hingewiesen werden, dass es wichtig erscheint, dass Frauen nach einer Schwangerschaft bzw. nach Inanspruchnahme der Elternzeit dem Betriebsarzt vorgestellt werden sollten, auch wenn sie die gleiche Tätigkeit fortsetzen, die sie vor ihrem Ausscheiden ausgeführt haben. In der Zwischenzeit können durchaus gesundheitliche Fragen aufgetreten sein, die für die Entscheidung der weiteren Tätigkeit von Bedeutung sind. Das bedeutet natürlich nicht gleichermaßen, dass vielleicht die Tätigkeit nicht wieder aufgenommen werden kann, gibt aber beiden Seiten die notwendige Sicherheit für den Arbeitsalltag.

4.10.11.2 Vorsorge während der Tätigkeit

Arbeitsmedizinische Vorsorge (**während der Tätigkeit**) wird in einem entsprechenden Zeitrahmen durchgeführt, der sich sowohl auf Rechtsnormen als auch auf Grundsätze der Berufsgenossenschaften stützt. Dabei bleibt dem Arzt natürlich die Freiheit, je nach Notwendigkeit und Anlass auch davon abzuweichen.

Die arbeitsmedizinische Vorsorge in regelmäßigen Abständen dient der Entscheidung, ob der Beschäftigte mit dieser Tätigkeit auch weiterhin beschäftigt werden kann, wenn keine gesundheitlichen Bedenken bestehen oder ob bestimmte Maßnahmen zu seinem Schutz ergriffen werden müssen.

Vorsorge(-untersuchungen) anlässlich einer Beendigung der Tätigkeit haben eine besondere Bedeutung für beide Seiten (Arbeitgeber und Arbeitnehmer). Anlässlich dieser Vorsorge sollte festgestellt werden, ob die bisherige Tätigkeit eventuell zu einer gesundheitlichen Beeinträchtigung oder Schädigung geführt hat oder nicht, um dementsprechende Maßnahmen daran ableiten zu können.

4.10.11.3 Nachgehende Vorsorge(-untersuchungen)

Es gibt einige Tätigkeiten, bei denen das Schädigungsprofil und das eventuelle Auftreten einer Berufserkrankung erst nach Jahren der Tätigkeit, häufig sogar erst nach Beendigung der Tätigkeit (längere Latenzzeit) erkannt werden kann. Das betrifft insbesondere alle krebserzeugenden Gefahrstoffe, das betrifft asbesthaltige Stäube und alle möglichen Schäden durch radioaktive Stoffe und Röntgenstrahlung.

Es wurden durch die Berufsgenossenschaften deshalb zentrale Dienste mit unterschiedlichen Zuständigkeiten eingerichtet, die dafür garantieren sollen, dass Versicherte aus den genannten Bereichen auch nach Ausscheiden aus dem aktiven Berufsleben weiterhin arbeitsmedizinische Vorsorge (= nachgehende Untersuchungen) erhalten können.

In der Regel werden nachgehende Untersuchungen **alle 60 Monate = 5 Jahre** angeboten. Kürzere Abstände sind dann erforderlich, wenn erkennbar wird, dass eine mögliche Schädigung eingetreten ist, um den frühesten Zeitpunkt erkennen zu können, falls ein Berufskrankheitenverfahren eingeleitet werden soll.

Eine Rechtsverbindlichkeit für nachgehende Untersuchungen gibt es für Tätigkeiten mit folgenden Gefahrstoffen:

* krebserzeugende Gefahrstoffe,
* ionisierende Strahlung,
* biologische Arbeitsstoffe in der Gentechnik.

4.10.12 Arbeitsmedizinische Beurteilung

Hinsichtlich der arbeitsmedizinischen Beurteilung bzw. der Erstellung einer ärztlichen Beurteilung nach der Vorsorge hat die neue ArbMedVV völlig neue Wege beschritten (AMR 6.3 und AMR 6.4 – siehe Kapitel 4.10.13)

Während früher die Einschätzung nach 4 Kriterien vorgenommen wurde, die sich auf die jeweils ausgeübte Tätigkeit bzw. den der Untersuchung zugrundeliegenden Grundsatz bezog, sieht die neue Verordnung andere Aspekte vor:

1. „Der Arzt oder die Ärztin hat das Ergebnis sowie die Befunde der arbeitsmedizinischen Vorsorge schriftlich festzuhalten und den oder die Beschäftigte darüber zu beraten,

2. dem oder der Beschäftigen auf seinen oder ihren Wunsch hin das Ergebnis zur Verfügung zu stellen sowie

3. der oder dem Beschäftigten und dem Arbeitgeber eine Vorsorgebescheinigung darüber auszustellen, dass, wann und aus welchem Anlass ein arbeitsmedizinischer Vorsorgetermin stattgefunden hat; die Vorsorgebescheinigung enthält auch die Angabe, wann eine weitere arbeitsmedizinische Vorsorge aus ärztlicher Sicht angezeigt ist."

Neu ist der Punkt 3, in dem die Informationen an den Arbeitgeber weniger Details enthalten als das früher der Fall war.

Sollte der Arbeitnehmer es allerdings wünschen, dass der Arbeitgeber über bestimmte Dinge informiert werden soll, so kann er dies ausdrücklich wünschen, ansonsten bleibt es lediglich bei der Mitteilung an der Arbeitgeber: dass, wann, aus welchem Anlass eine Vorsorge stattgefunden hat und wann der nächste Termin sein soll.

Diese Terminstellung als ärztliche Empfehlung benötigt der Arbeitgeber für seine Vorsorgekartei (Kapitel 4.6.2.1). Auch muss der Arbeitgeber wissen, dass die von ihm angeordnete (Pflichtvorsorge) oder empfohlene Vorsorge (Angebotsvorsorge) auch tatsächlich erfolgt ist.

Bisher war eine Mitteilung an den Arbeitgeber nur dann notwendig, wenn es sich um Pflichtuntersuchungen handelte. Jetzt erhält er in jedem Fall eine Bescheinigung, aber eben nur mit den „allgemeinen" Daten (siehe oben).

Ein weiterer Aspekt ist neu hinzugekommen. Wenn sich nach einer Vorsorge Anhaltspunkte dafür ergeben, dass die Maßnahmen des Arbeitsschutzes für den oder die Beschäftigte oder andere Beschäftigte nicht ausreichen, hat der Arzt oder die Ärztin dies dem Arbeitgeber mitzuteilen und Schutzmaßnahmen vorzuschlagen (AMR 6.4). Ergibt sich, dass aus medizinischen Gründen, die ausschließlich in der Person des oder der Beschäftigten liegen, ein Tätigkeitswechsel notwendig wäre, so bedarf diese Mitteilung an den Arbeitgeber unbedingt der Einwilligung des oder der Beschäftigten.

Eine Einwilligung des Beschäftigten ist nicht erforderlich, wenn eine bestimmte Arbeitsschutzmaßnahme nach vorheriger Arbeitsplatzbegehung oder aus anderen Gründen notwendig ist, weil sich Anhaltspunkte für unzureichende Arbeitsschutzmaßnahmen ergeben haben. Sollte sich daraus allerdings ein möglicher Arbeitsplatzwechsel ergeben, so bedarf es wiederum der Einwilligung des Beschäftigten.

Durch diese neuen Festlegungen werden dem Beschäftigten mehr persönliche Rechte eingeräumt, die er aber auch im Interesse seiner Gesundheit sehr ernst bewerten sollte.

> **Alle Untersuchungsbefunde sowie Diagnosen unterliegen der ärztlichen Schweigepflicht und dürfen nur dem Versicherten bekannt gegeben werden.**

Sollten sich im Ergebnis der Vorsorge Maßnahmen des Arbeitsschutzes ergeben (ArbMedVV § 8), so hat der Arbeitgeber die Gefährdungsbeurteilung zu überprüfen und unverzüglich die erforderlichen Maßnahmen des Arbeitsschutzes zu treffen. „Wird ein Tätigkeitswechsel vorgeschlagen, so hat der Arbeitgeber nach Maßgabe der dienst- und arbeitsrechtlichen Regelungen dem oder der Beschäftigten eine andere Tätigkeit zuzuweisen." Dabei ist wichtig, dass dem Betriebs- oder Personalrat und der zuständigen Behörde die getroffenen Maßnahmen mitzuteilen sind.

Wenn der Verdacht besteht, dass die Gefahr des Entstehens, des Wiederauflebens oder der Verschlimmerung einer Berufskrankheit besteht, ist die BG zu unterrichten. Dieser Unterrichtung muss der Versicherte zustimmen. Zur Mitteilung ist hierfür das Formblatt „Vorschlag für Mitteilung nach § 3 BKV" zu nutzen, auf dem entsprechende Vorschläge für präventive Maßnahmen gemacht werden können, wie zum Beispiel folgende Veränderungen:

- technische und organisatorische Maßnahmen, z.B. Absaugvorrichtungen, Kapselung von Maschinen, räumliche Absonderung gefährdeter Bereiche
- persönliche Schutzmaßnahmen, z.B. Gehörschutz, Hautschutz
- vorbeugende Heilbehandlung
- Maßnahmen der Berufshilfe, die von Hilfen zur Erlangung eines neuen Arbeitsplatzes bis hin zur beruflichen Anpassung, Fortbildung, Ausbildung und Umschulung reichen können.

Sollte es sich um Gefahrstoffe nach Anhang V Nr. 1 Gefahrstoffverordnung handeln, ist auch die zuständige staatliche Behörde zu unterrichten.

4.10.13 Arbeitsmedizinische Regeln

Mit der Neufassung der Verordnung zur arbeitsmedizinischen Vorsorge (ArbMedVV) wurden gleichzeitig, entsprechend § 9 Abs. 4 dieser Verordnung, die Arbeitsmedizinischen Regeln (AMR) durch das Bundesministerium für Arbeit und Soziales (BMAS) auf der Grundlage der Erarbeitung durch den Ausschuss für Arbeitsmedizin im Gemeinsamen Ministerialblatt (GMBl) bekannt gegeben.

Die arbeitsmedizinischen Regeln geben den Stand der Arbeitsmedizin und sonstige gesicherte arbeitsmedizinische Erkenntnisse wieder.

Bei Einhaltung der AMR kann der Arbeitgeber davon ausgehen, dass die in der AMR konkretisierten Anforderungen der Verordnung zur arbeitsmedizinischen Vorsorge (ArbMedVV) erfüllt sind (Vermutungswirkung, § 3 Abs. 1 Satz 3 Arb-MedVV). Wählt er eine andere Lösung, muss er damit mindestens die gleiche Sicherheit und den gleichen Gesundheitsschutz für die Beschäftigten erreichen.

Die nachfolgende Tabelle gibt eine Übersicht, welche AMR es bisher gibt und welche Aktualität sie haben (Tabelle 4.13).

Tab. 4.13: *Übersicht über bisherige Arbeitsmedizinische Regeln (entsprechend der ArbMedVV vom 23. Oktober 2013)*

AMR-Nr.	Titel	erschienen
2.1	Fristen für die Veranlassung/das Angebot von arbeitsmedizinischen Vorsorgeuntersuchungen	GMBl. Nr. 43–45 vom 4. September 2013 S. 906-907
3.1	Erforderliche Auskünfte/Informationsbeschaffung über die Arbeitsplatzverhältnisse	GMBl. Nr. 5 vom 24. Februar 2014, S. 86
5.1	Anforderungen an das Angebot von arbeitsmedizinischer Vorsorge	GMBl. Nr. 5 vom 24. Februar 2014 S. 88
6.1	Fristen für die Aufbewahrung ärztlicher Unterlagen	GMBl. Nr. 5 vom 24. Februar 2014 S. 90
6.2	Biomonitoring	GMBl. Nr. 5 vom 24. Februar 2014 S. 91
6.3	Vorsorgebescheinigung	GMBl. Nr. 5 vom 24. Februar 2014 S. 100
6.4	Mitteilungen an den Arbeitgeber nach § 6 Absatz 4 ArbMedVV	GMBl. Nr. 37 vom 23. Juni 2014 S. 792
13.1	Tätigkeiten mit extremer Hitzebelastung, die zu einer besonderen Gefährdung führen können	GMBl. Nr. 5 vom 24. Februar 2014 S. 97
14.1	Angemessene Untersuchung der Augen und des Sehvermögens	GMBl. Nr. 63 vom 17. Dezember 2013 S. 1264

4.11 Anzeigen eines Arbeitsunfalles

Die Anzeigepflicht für Unternehmer und Ärzte/Zahnärzte gleichermaßen ergibt sich aus dem Sozialgesetzbuch VII (§§ 193 und 202).

Der § 193 SGB VII **verpflichtet die Unternehmer** zur Anzeige beim Unfallversicherungsträger (zugehörige Berufsgenossenschaft), wenn Versicherte in ihrem Unternehmen getötet oder so verletzt werden, dass sie **mehr als drei Tage arbeitsunfähig** werden. Gleichermaßen wird ausgeführt, dass Unternehmer, die im Einzelfall Anhaltspunkte bei einem ihrer Versicherten für eine Berufserkrankung (siehe Kapitel 11) haben, auch diese dem Unfallversicherer anzuzeigen haben.

Die Anzeige eines Arbeitsunfalles oder Wegeunfalles ist binnen drei Tagen zu erstatten, nachdem der Unternehmer von dem Unfall oder von Anhaltspunkten einer Berufserkrankung erfahren hat. Von der Anzeige ist dem Versicherten eine Kopie auszuhändigen, da er diese verlangen kann (§ 193 Abs. 4).

Die Anzeige ist vom Betriebs- oder Personalrat mit zu unterzeichnen. Der Unternehmer hat die Sicherheitsfachkraft und den Betriebsarzt über jede Unfall- oder Berufskrankheitenanzeige in Kenntnis zu setzen (§ 193 Abs. 5).

Die Absätze 5 bis 9 beinhalten bestimmte weitere Meldeverfahren je nach Zuständigkeit anderer Unfallversicherer.

Da eine Meldung eines Arbeitsunfalles an die Berufsgenossenschaft erst bei einer Krankschreibung von mehr als drei Tagen durchgeführt werden muss, ist es besonders wichtig, so genannte „Bagatellunfall" oder „Beinaheunfall" sorgfältig zu registrieren.

Diese Unfälle bleiben bei der Berufsgenossenschaft ansonsten unberücksichtigt. Deshalb ist es besonders wichtig, dass jede auch noch so kleine Verletzung in ein Verbandbuch eingetragen wird, welches in jedem Bereich des Unternehmens vorhanden sein muss, häufig im Arbeitsraum der Ersthelfer oder an einem anderen ausgewiesenen Ort, z.B. im Verbandkasten oder in dessen Nähe (siehe auch Kapitel 3.2.3.9).

Die Notwendigkeit dieses Eintrages ist deshalb von besonderer Wichtigkeit, auch wenn sie manchmal belächelt wird, weil bei evtl. Folgeschäden (spätere Entzündung, erst später festgestellte Knochen- oder Gelenkverletzung, Krankschreibung erst nach mehreren Tagen später u.a.m.) der Nachweis zu führen ist, dass das primäre Ereignis während der Arbeitstätigkeit passiert ist, ansonsten entfallen alle möglichen Entschädigungsansprüche, die man bei der Berufsgenossenschaft sonst geltend machen kann.

4.11.1 Unfallanzeige

Mit der Verordnung über die Anzeige von Versicherungsfällen in der gesetzlichen Unfallversicherung (Unfallversicherungs-Anzeigeverordnung – UVAV) (BGBl. I Nr. 7 vom 4. Februar 2002) wurde mit dem 1. August 2002 das bisherige Formular der Unfallanzeige durch ein neues Formblatt (Abb. 4.5) ersetzt. Wichtigste Neuerung ist die Möglichkeit, neben der bisherigen Übersendung der Formulare auch jetzt eine andere Art der Datenübermittlung nutzen zu können, insbesondere durch den Einsatz elektronischer Kommunikationsmittel. So können bei zahlreichen BG die Formulare über deren Homepage aufgerufen, bereits am PC ausgefüllt und dann ausgedruckt werden.

Die Möglichkeit der elektronischen Datenübertragung kann erst dann genutzt werden, wenn die Sicherstellung des Datenschutzes garantiert werden kann.

An den gesetzlichen Festlegungen zur Meldung hat sich nichts geändert. Weggefallen sind gegenüber dem bisherigen Formular die Felder 8, 11 und 16, die überwiegend persönliche Daten der Versicherten betrafen. Ebenfalls sind weggefallen die Felder 32 bis 35, bei denen nach Unfallmaschine, technischer Schutzvorrichtung, persönlicher Schutzausrüstung sowie über getroffene Maßnahmen berichtet werden musste.

Neu aufgenommen wurde das **Feld 10,** mit dem abgefragt wird, ob der Versicherte Auszubildender ist. Ebenso neu ist das **Feld 28,** mit dem ein Ansprechpartner bei Rückfragen mit einer entsprechenden Telefonnummer genannt werden muss. Dafür entfällt die Unterschrift des Sicherheitsbeauftragten. Für bäuerliche Familienbetriebe ohne fremde Arbeitskräfte verbleibt es wie bisher nur bei der Unterschrift des Unternehmers.

Da in der Regel die Fachkraft für Arbeitssicherheit im Rahmen der ASA-Sitzung die Unfallstatistik auswertet, sollte ein Exemplar dorthin übermittelt werden. Ebenso ist es sinnvoll, dem Betriebsarzt ein Exemplar (Kopie) zukommen zu lassen, damit er bei der nächsten oder einer kurzfristig festgelegten Untersuchung beurteilen kann, ob der Unfall oder die Verletzung zu einer Beeinträchtigung am Arbeitsplatz führen kann und vielleicht entsprechende Maßnahmen notwendig werden.

Der Versicherte, für den eine Anzeige erstattet wird, ist auf sein Recht hinzuweisen, dass ihm eine Kopie der Anzeige zusteht. Insgesamt sind folgende Exemplare der Unfallanzeige auszufertigen:

- für die Berufsgenossenschaft 2 Exemplare,
- für die für den Arbeitsschutz zuständige Landesbehörde, (z.B. Gewerbeaufsichtsamt) 1 Exemplar,
- für den Unternehmer für seine Unterlagen 1 Exemplar,
- für den Betriebsrat (Personalrat), falls vorhanden, 1 Exemplar,
- für die Fachkraft für Arbeitssicherheit (fakultativ 1 Exemplar),
- für den Betriebsarzt (fakultativ 1 Exemplar),
- für den Arbeitnehmer 1 Exemplar.

UNFALLANZEIGE

1 Name und Anschrift des Unternehmens

2 Unternehmensnummer des Unfallversicherungsträgers

3 Empfänger

Bitte auswählen und mit Eingabetaste bestätigen

4 Name, Vorname des Versicherten	**5** Geburtsdatum	Tag	Monat	Jahr

6 Straße, Hausnummer	Postleitzahl	Ort

7 Geschlecht	**8** Staatsangehörigkeit	**9** Leiharbeitnehmer
☐ männlich ☐ weiblich	Bitte auswählen	☐ ja ☐ nein

10 Auszubildender	**11** Ist der Versicherte	☐ Unternehmer	☐ Ehegatte des Unternehmers
☐ ja ☐ nein		☐ mit dem Unternehmer verwandt	☐ Gesellschafter/Geschäftsführer

12 Anspruch auf Entgeltfortzahlung besteht für ☐ Wochen

13 Krankenkasse des Versicherten (Name, PLZ, Ort)

14 Tödlicher Unfall?	**15** Unfallzeitpunkt						**16** Unfallort (genaue Orts- und Straßenangabe mit PLZ)
☐ ja ☐ nein	Tag	Monat	Jahr		Stunde	Minute	

17 Ausführliche Schilderung des Unfallhergangs (Verlauf, Bezeichnung des Betriebsteils, ggf. Beteiligung von Maschinen, Anlagen, Gefahrstoffen)

Die Angaben beruhen auf der Schilderung ☐ des Versicherten ☐ anderer Personen

18 Verletzte Körperteile	**19** Art der Verletzung

20 Wer hat von dem Unfall zuerst Kenntnis genommen? (Name, Anschrift des Zeugen)	War diese Person Augenzeuge? ☐ ja ☐ nein

21 Name und Anschrift des erstbehandelnden Arztes/Krankenhauses	**22** Beginn und Ende der Arbeitszeit des Versicherten				
	Beginn	Stunde	Minute	Ende	Stunde	Minute

23 Zum Unfallzeitpunkt beschäftigt/tätig als	**24** Seit wann bei dieser Tätigkeit?	Monat	Jahr

25 In welchem Teil des Unternehmens ist der Versicherte ständig tätig?

26 Hat der Versicherte die Arbeit eingestellt?	☐ nein	☐ sofort	☐ später, am	Tag	Monat	Stunde

27 Hat der Versicherte die Arbeit wieder aufgenommen?	☐ nein	☐ ja, am	Tag	Monat	Jahr

28 Datum	Unternehmer/Bevollmächtigter	Betriebsrat (Personalrat)	Telefon-Nr. für Rückfragen (Ansprechpartner)

Abb. 4.5: Muster der Unfallanzeige

4.12 Betriebsbegehungen

Arbeitsmedizinische Betriebsbegehungen sind eine der wichtigen Grundlagen für die arbeitsmedizinische Betreuung eines Unternehmens und seiner Beschäftigten. Der Betriebsarzt erlangt dadurch Kenntnis von der Arbeitsplatzgestaltung, den Produktionsabläufen, den benutzten Arbeitsmitteln sowie der räumlichen Gestaltung der Arbeitsstätten. Er erfährt wichtige Kenntnisse der Arbeitsorganisation und kann diese besser einschätzen, um daraus resultierend auch Vorschläge für deren mögliche Veränderungen machen zu können.

Die Betriebs- oder Arbeitsstättenbegehungen sollen gründlich vorbereitet sein. Im Anschluss folgen Überlegungen zu möglichen Veränderungen, die in der Regel auch schriftlich in Form eines Begehungsprotokolles festgehalten werden.

Zum Personenkreis, der an den Begehungen teilnimmt, sollten folgende Personen gehören:

- der Arbeitgeber oder ein von ihm beauftragter Verantwortlicher,
- Fachkraft für Arbeitssicherheit,
- Mitglied/er des Betriebsrates,
- Betriebsarzt,
- jeweilige Abteilungsleiter/Bereichsleiter,
- sonstige Spezialisten,
- wenn notwendig, Technischer Aufsichtsbeamter der BG oder Gewerbeaufsicht.

4.13 Der Arbeitsschutzausschuss

Die Zusammensetzung und Arbeitsweise des Arbeitsschutzausschusses regelt der § 11 des Arbeitssicherheitsgesetzes (ASiG). Er ist ein wichtiges Organ bei der Beratung des Arbeitgebers in allen Fragen des Arbeitsschutzes, des Gesundheitsschutzes sowie der Arbeitssicherheit. Die Bildung des Ausschusses obliegt dem Arbeitgeber, wenn das Unternehmen mehr als 20 Arbeitnehmer beschäftigt. Da der Arbeitgeber für alle Fragen des Schutzes seiner Arbeitnehmer verantwortlich ist, er selbst aber kaum alle Fragen im Detail überschauen kann, ist der Arbeitsschutzausschuss ein wichtiges Instrument im Management des Unternehmens. Der Arbeitgeber sollte diese Möglichkeit zu seiner eigenen Sicherheit und der des Unternehmens nutzen. Vom Arbeitsschutzausschuss können wesentliche Impulse ausgehen, die ein Unternehmen vor Gefahren schützt und gleichermaßen dem Unternehmen Möglichkeiten der Zukunftsorientierung eröffnet. Er kann z.B. zur Stabilisierung des Betriebsklimas sehr wesentlich beitragen, den Krankenstand senken helfen, die Fehlzeiten vermindern und den Arbeitnehmern ein Gefühl der

Sicherheit ihrer Arbeitstätigkeit vermitteln (z.B. Abwendung von arbeitsbedingten Gefahren, Verhütung von Arbeitsunfällen, ärztliche Kontrolle von „gefährdeten" Arbeitsplätzen u.a.m.).

Zum Arbeitsschutzausschuss gehören (in Betrieben mit mehr als 20 Beschäftigten):

- der Arbeitgeber oder ein von ihm Beauftragter,
- zwei vom Betriebsrat bestimmte Betriebsratsmitglieder,
- Betriebsarzt,
- Fachkraft für Arbeitssicherheit,
- Sicherheitsbeauftragte nach § 22 Sozialgesetzbuch VII.

Der Arbeitsschutzausschuss sollte nach dem Gesetz mindestens einmal **vierteljährlich** zusammenkommen und Anliegen des Arbeitsschutzes und der Unfallverhütung beraten. Diese zeitliche Vorgabe ist in den meisten Unternehmen aber nicht umsetzbar. Hier muss, abhängig von der Größe des Unternehmens und der Fülle von Aufgaben, ein gesundes Maß gefunden werden. Halbjährlich sollte aber wenigstens eine Zusammenkunft stattfinden.

Die **Einberufung** des Ausschusses, die **Einladung** zur Sitzung sowie die Aufstellung der **Tagesordnung** erfolgt in der Regel **durch den Arbeitgeber.** Er kann natürlich eine Person des Ausschusses, meist die Fachkraft für Arbeitssicherheit, damit beauftragen.

Grundsätzlich muss gesagt werden, dass der Ausschuss lediglich eine **beratende Funktion für den Arbeitgeber** ausübt, er ist kein administratives Organ. Demzufolge sind auch alle Mitglieder ausschließlich beratend tätig.

Merke:

Der Arbeitsschutzausschuss hat ausschließlich eine beratende Funktion für den Arbeitgeber.

Folgende wesentliche Inhalte (Auswahl) gehören zur Arbeit des Ausschusses in seinen Sitzungen:

1. Auswertung des Protokolls der vorangegangenen Sitzung,
2. Bericht des Arbeitgebers zu betrieblichen Veränderungen (bereits erfolgten oder geplanten), die Veränderungen des Arbeits- und Gesundheitsschutzes sowie die Arbeitssicherheit betreffen,
3. Analyse und Bewertung des Unfallgeschehens (meldepflichtige Unfälle sowie alle weiteren registrierten Unfälle unterhalb von 3 Tagen Arbeitsunfähigkeit),

4. Beratungen zu Maßnahmen der Verminderung des betrieblichen Unfallgeschehens,

5. Auswertung des Krankenstandes sowie der Fehltage unter dem Aspekt möglicher arbeitsbedingter Ursachen,

6. Auswertung der Protokolle von Betriebsbegehungen und Arbeitsplatzanalysen,

7. Auswertung des Standes der arbeitsmedizinischen Vorsorgeuntersuchungen,

8. Auswertung von Meinungen der Arbeitnehmer zu möglichen Veränderungen von Arbeitsbedingungen, der Arbeitsplatzgestaltung, zu persönlichen Schutzmaßnahmen (PSA, Impfungen) u.a.m.,

9. Arbeitsplan der Ausschussmitglieder für die Zeit bis zur nächsten Zusammenkunft,

10. Kontrolle der Erfüllung vorgeschriebener Arbeitsschutzbelehrungen,

11. Erstellung eines Protokolls zu den angesprochenen Themen sowie den Maßnahmen, die dem Arbeitgeber vorzuschlagen sind,

12. Kontrolle von Festlegungen in Betriebsvereinbarungen (soweit solche existieren), Vorschläge für notwendige Veränderungen,

13. Terminfestlegung für die nächste gemeinsame Sitzung, evtl. bereits Vorschläge für die Tagesordnung.

Der Arbeitnehmervertretung (Betriebs- oder Personalrat) wird durch das Betriebsverfassungsgesetz sowie das Bundespersonalvertretungsgesetz eine entscheidende Mitsprachemöglichkeit beim Schutz der Arbeitnehmer vor arbeitsbedingten Gefahren eingeräumt. Sie begrenzt sich aber auf eine *beratende Funktion*, es besteht kein Recht, bestimmte Forderungen direkt umzusetzen. Der Mitarbeitervertretung wird kein Entscheidungsrecht zugestanden.

4.14 Organisation der Ersten Hilfe im Betrieb

In Kapitel 3.2.3.9 wurde bereits ausführlich dargestellt, wie die Erste Hilfe im Betrieb organisiert wird.

4.15 Aushangpflichtige Gesetze und Verordnungen

In verschiedenen Gesetzen und Verordnungen werden die Unternehmen aufgefordert, bestimmte wichtige Bestimmungen allen Beschäftigten an geeigneter Stelle [BGV A 1 § 12 (1)] zugänglich zu machen.

Neben den in der Tabelle aufgelisteten Gesetzen und Verordnungen sind die für das Unternehmen gültigen Unfallverhütungsvorschriften der Berufsgenossenschaft an geeigneter Stelle auszulegen und die Beschäftigten durch spezielle Unterweisungen zu unterrichten (mindestens einmal jährlich). Die Unterrichtung erfolgt auch durch Betriebsanweisungen oder Aushänge, wie Alarmpläne, Brandschutzordnungen, Flucht- und Rettungspläne.

Bedingt durch die neuen elektronischen Medien können auch die „aushangpflichtigen Gesetze" in elektronischer Form (z.B. Intranet) bereitgestellt werden, wenn sichergestellt ist, dass *alle* Beschäftigten jederzeit Zugang zu den elektronischen Dokumenten haben.

Tab. 4.14: Aushangpflichtige Gesetze und Verordnungen

Gesetz/Verordnung	Paragraph	Besonderheiten
Arbeitszeitgesetz (AZG)	§ 16	incl. Betriebs- oder Dienstvereinbarungen
Beschäftigtenschutzgesetz (BSchutzG)	§ 7	
Jugendarbeitsschutzgesetz (JArbSchG)	§ 47	ab einem jugendlichen Beschäftigten
Ladenschlussgesetz (LadenschlussG)	§ 21	innerhalb der Verkaufsstelle und ab einem Beschäftigten
Mutterschutzgesetz (MuSchG)	§ 18	wenn mehr als 3 Frauen beschäftigt sind
Mutterschutz- und Elternzeitverordnung (MuSchEltZV)	§ 5	gilt nur für Dienststellen mit Beamtinnen
Röntgenverordnung (RöV)	§ 18	wenn ein Betreiber eine Röntgeneinrichtung betreibt
BGV A 1 „Grundsätze der Prävention"	§ 12	
Biostoffverordnung (BioStoffV)	§ 12 (1)	Betriebsanweisungen
Jeweilige Unfallverhütungsvorschriften der zuständigen Berufsgenossenschaft		
Gültige Betriebsanweisungen		

5 Mitwirkung der Personalvertretung

5.1 Gesetzliche Grundlagen der Mitbestimmung

Die Mitbestimmung der Betriebs- und Personalräte in Fragen des Arbeits- und Gesundheitsschutzes ergibt sich aus einer Vielzahl von gesetzlichen Regelungen, die zusammenfassend genannt werden sollen:

- Arbeitsschutzgesetz (§§ 10, 14, 17)
- Betriebsverfassungsgesetz
- Personalvertretungsgesetz
- Gefahrstoffverordnung
- Sozialgesetzbuch IX
- Sozialgesetzbuch VII (§ 193)
- Verordnung zur arbeitsmedizinischen Vorsorge (§ 8)
- Strahlenschutzverordnung (§ 32)
- Röntgenverordnung (§ 14)
- Arbeitnehmerüberlassungsgesetz (Leiharbeiter) (§ 14)

Das **Arbeitsschutzgesetz** formuliert an verschiedenen Stellen den direkten Bezug zur Mitsprache:

„ § 10 (2): Der Arbeitgeber hat dafür zu sorgen, dass Personen benannt werden, die Aufgaben der Ersten Hilfe, der Brandbekämpfung und Evakuierung von Beschäftigen übernehmen. Vor der Benennung der Beschäftigten hat der Arbeitgeber den Betriebs- oder Personalrat zu hören.

§ 14 (2): Soweit in Betrieben des öffentlichen Dienstes keine Vertretung der Beschäftigten besteht, hat der Arbeitgeber die Beschäftigten zu allen Maßnahmen zu hören, die Auswirkungen auf Sicherheit und Gesundheit der Beschäftigen haben können.

§ 17 – Rechte der Beschäftigten

Unabhängig von der Zugehörigkeit zum Betriebs- oder Personalrat ist jeder Beschäftigte berechtigt, dem Arbeitgeber Vorschläge zu allen Fragen des Gesundheitsschutzes bei der Arbeit zu machen".

Die Mitbestimmung des Betriebsrates ergibt sich insbesondere aus dem **Betriebsverfassungsgesetz**, wo es an vielen Stellen um recht konkrete Festlegungen geht.

Der § 77 regelt die Mitarbeit bei der Durchführung gemeinsamer Beschlüsse, wie z.B. einer Betriebsvereinbarung, während der § 80 allgemeine Aufgaben formuliert:

„ § 80 Allgemeine Aufgaben

Absatz 1: Der Betriebsrat hat folgende Aufgaben:

Ziffer 1: darüber zu wachen, dass die zugunsten der Arbeitnehmer geltenden Gesetze, Verordnungen, Unfallverhütungsvorschriften, Tarifverträge und Betriebsvereinbarungen durchgeführt werden; ..."

Im § 80 Abs. 1 Ziffer 4 des Betriebsverfassungsgesetzes ist festgelegt, dass der Betriebsrat die **Eingliederung Schwerbehinderter** zu fördern hat. Ähnliche Formulierungen finden sich im Bundespersonalvertretungsgesetz sowie den Landespersonalvertretungsgesetzen der Länder.

Hinsichtlich der Eingliederung schwerbehinderter Menschen wurde im § 83 SGB IX festgelegt, dass die Arbeitgeber zusammen mit der Schwerbehindertenvertretung eine verbindliche Integrationsvereinbarung abschließen können.

Diese Integrationsvereinbarungen (siehe auch Kapitel 10.3.4) sind relativ neu und in der Praxis nicht sehr erprobt. Sie sind jedoch ein gutes Mittel, auch den Behinderten den Weg in die Arbeitswelt besser ebnen zu können, ohne dass sie dem Unternehmen „zur Last" werden, wie überalterte Vorurteile noch meinen.

Die Vereinbarung enthält Regelungen im Zusammenhang mit der Eingliederung schwerbehinderter Menschen, insbesondere zur

- Personalplanung,
- Arbeitsplatzgestaltung,
- Gestaltung des Arbeitsumfeldes,
- Arbeitsorganisation,
- Arbeitszeit.

Auch können Regelungen getroffen werden

- bei der Berücksichtigung behinderter Menschen zur Besetzung freier, frei werdender oder neuer Stellen,
- zu Teilzeitarbeit,
- zur Ausbildung behinderter Jugendlicher,
- zu einer anzustrebenden Beschäftigungsquote, einschließlich des Anteils schwerbehinderter Frauen,
- zur Durchführung betrieblicher Prävention und Gesundheitsförderung,
- zu besonderen Hilfen im Arbeitsleben,
- zur Hinzuziehung des Betriebs- oder Werksarztes.

Weitere Festlegungen sind auch möglich zu Besonderheiten bei Insolvenz oder Kündigung.

Die Hauptfürsorgestellen haben ausführliche Arbeitshilfen mit Arbeitsblättern erarbeitet, die für die tägliche Arbeit genutzt werden können.

Die Integrationsvereinbarung wird zwischen Betriebsrat/Personalrat oder Behindertenvertretung und der Betriebsleitung abgeschlossen und sollte enthalten:

- personelle Planungen
- Arbeitsorganisation
- Arbeitszeitregelungen
- Qualifizierung
- Controlling
- Gestaltung des Arbeitsumfeldes
- Fragen der Umsetzung
- Arbeitsplatzgestaltung
- u.a.m.

Werden Veränderungen am Arbeitsplatz aufgrund der Behinderung notwendig, können über die Hauptfürsorgestelle technische Berater kostenlos durch das Unternehmen in Anspruch genommen werden.

Weitere Regelungen werden in folgenden Paragraphen des Betriebsverfassungsgesetzes getroffen:

„§ 87 Mitbestimmungsrechte

Absatz 1: der Betriebsrat hat, soweit eine gesetzliche oder tarifliche Regelung nicht besteht, in folgenden Angelegenheiten mitzubestimmen:

Ziffer 7: Regelungen über die Vergütung von Arbeitsunfällen und Berufskrankheiten sowie über den Gesundheitsschutz im Rahmen der gesetzlichen Vorschriften oder der Unfallverhütungsvorschriften...“

„ § 88 Freiwillige Betriebsvereinbarungen

Durch Betriebsvereinbarungen können insbesondere geregelt werden

1. zusätzliche Maßnahmen zur Verhütung von Arbeitsunfällen und Gesundheitsschädigungen...“

„ § 89 Arbeits- und betrieblicher Umweltschutz

Abs. 2: Der Arbeitgeber und die in Absatz 1 Satz 2 genannten Stellen sind verpflichtet, den Betriebsrat oder die von ihm bestimmten Mitglieder des Betriebsrates bei allen im Zusammenhang mit dem Arbeitsschutz oder der Unfallverhütung stehenden Besichtigungen und Fragen und bei Unfalluntersuchungen hinzuzuziehen...“

Auch die §§ 90 und 91 zur Gestaltung von Arbeitsplätzen, Arbeitsabläufen und der Arbeitsumgebung sollten Beachtung finden.

„ § 90 Unterrichtungs- und Beratungsrechte

Der Arbeitgeber hat den Betriebsrat über die Planung

von Neu-, Um- und Erweiterungsbauten von Fabrikations-, Verwaltungs- und sonstigen betrieblichen Räumen,

von technischen Anlagen,

von Arbeitsverfahren und Arbeitsabläufen oder

von Arbeitsplätzen

rechtzeitig zu unterrichten und die vorgesehenen Maßnahmen unter Berücksichtigung „gesicherter arbeitswissenschaftlicher Erkenntnisse" mit dem Betriebsrat zu beraten".

Aufgrund des § 91 Mitbestimmungsrecht kann der Betriebsrat angemessene Maßnahmen zur Abwendung oder Minderung der Belastung verlangen, wenn Arbeitnehmer in besonderer Weise belastet werden, weil gesicherte arbeitswissenschaftliche Erkenntnisse bei Änderung

- der Arbeitsplätze,
- des Arbeitsablaufes,
- der Arbeitsumgebung

nicht beachtet wurden.

Die Neuregelung des **Sozialgesetzbuches IX** (früher Schwerbehindertengesetz) enthält

- eine Stärkung der Schwerbehindertenvertretung,
- Vereinbarungen zur Integrationsverpflichtung,
- verbesserte Freistellung der Vertrauensleute,
- stärkere Beteiligung der Hauptfürsorgestelle,
- bessere Zusammenarbeit mit dem Arbeitsamt,
- Einsatz von Integrationsfachdiensten.

Da es die Aufgabe des Arbeitgebers ist, für den Arbeits- und Gesundheitsschutz aller Beschäftigten zu sorgen und sie vor Arbeitsunfällen und Berufskrankheiten zu bewahren, heißt das auch, dass die im Unternehmen Beschäftigten mit einer Behinderung wie alle anderen Arbeitnehmer dazugehören.

Die Einbindung der Schwerbehindertenvertretung in die betrieblichen Fragen des Arbeitsschutzes sowie des Gesundheitsschutzes ist im SGB IX festgelegt. Da oft nicht offensichtlich ist und auch manchen Beschäftigten nicht klar ist, welche Kompetenzen die Schwerbehindertenvertretung haben, sollen einige Gedanken dazu genannt werden.

Der § 95 Abs. 4 SGB IX legt fest, dass die Schwerbehindertenvertretung das Recht hat, an den Sitzungen des Arbeitsschutzausschusses (siehe Kapitel 4.13) beratend teilzunehmen. Sie ist somit berechtigt, bestimmte Probleme oder Fragen von Behinderten im Unternehmen vorzutragen oder sie auf die Tagesordnung zu setzen.

Nach § 81 Abs. 4 SGB IX haben Behinderte das Recht, (gegenüber dem Arbeitgeber) Anspruch auf behinderungsgerechte Ausstattung und Einrichtung ihres Arbeitsplatzes zu erheben.

Die Behindertenvertretung arbeitet zusammen mit:

- dem Arbeitgeber als Hauptverantwortlichen für den betrieblichen Arbeits- und Gesundheitsschutz,

- dem Betriebsarzt sowie der Fachkraft für Arbeitssicherheit als Partner für die Beurteilung evtl. gesundheitlicher Schäden und zu Fragen der sicherheits- und gesundheitsgerechten Gestaltung der Arbeitsbedingungen,

- den Sicherheitsbeauftragten, die aufgrund ihrer Nähe zum behinderten Mitarbeiter und der meist fachlichen Kompetenz in diesem Arbeitsbereich relativ leicht mögliche Gefahren wahrnehmen können,

- dem Betriebsrat im Rahmen ihrer Beteiligungsrechte am Arbeits- und Gesundheitsschutz. Die Schwerbehindertenvertretung hat das Recht, an den Sitzungen des Betriebsrates teilzunehmen und beratend zu wirken.

Wenn die Schwerbehindertenvertretung ihrer gesetzlichen Pflicht gerecht werden will, die Interessen der schwerbehinderten Menschen im Betrieb zu vertreten, muss ihr auch die Möglichkeit gegeben werden, über den gesamten betrieblichen Arbeitsschutz informiert zu werden. Der Arbeitgeber hat auch dafür zu sorgen, dass die Mitglieder der Behindertenvertretung die Möglichkeit erhalten, auf speziellen Schulungen oder Bildungsveranstaltungen ihr Wissen über Arbeitsschutz und Gesundheitsschutz dem aktuellen Stand anzupassen, um es im Unternehmen nutzbringend anzuwenden.

Das Sozialgesetzbuch IX (Rehabilitation und Teilhabe behinderter Menschen) räumt den betrieblichen Interessenvertretungen im Rahmen der Einführung eines Betrieblichen Eingliederungsmanagements eine ganz besondere Rolle ein.

Zunächst sollte in jedem Unternehmen ein Betriebliches Eingliederungsmanagement (BEM) etabliert werden, was nach § 84 Abs. 2 SGB IX als Verpflichtung für den Arbeitgeber definiert ist.

Bei der Einführung und Umsetzung im Unternehmen werden die Betriebs- oder Personalräte aufgefordert, hier entscheidend mitzuarbeiten und den Eingliederungsprozess aktiv zu fördern. Die Schwerbehindertenvertretung ist in diesem Prozess aktiv einzubinden. Die Personalvertretungen sollen insbesondere darauf achten, dass der Arbeitgeber seine Verpflichtungen im Rahmen dieses Programmes erfüllt. Sie sind aktive Teilnehmer der Gespräche und Arbeitsplatzbegehungen, wenn Fragen der Wiedereingliederung für einzelne Mitarbeiter zur Diskussion stehen (siehe auch Kapitel 10).

Zur Umsetzung eines Betrieblichen Wiedereingliederungsmanagements geben die Berufsgenossenschaften aktive Unterstützung. Viele von ihnen haben Praxisleitfäden entwickelt, die abrufbar sind und eine wertvolle Hilfe bei der Einführung eines solchen Programmes bieten.

Das **Sozialgesetzbuch VII** gibt vor, dass eine Anzeige eines Versicherungsfalles (Arbeitsunfall, Berufskrankheit) durch den Betriebs- oder Personalrat mit zu unterzeichnen ist. Der Unternehmer hat die Sicherheitsfachkraft und den Betriebsarzt über jede Unfall- oder Berufskrankheitenanzeige ebenfalls in Kenntnis zu setzen (§ 193 Abs. 5 SGB VII).

Röntgenverordnung/Strahlenschutzverordnung

Nach § 14 RöV und § 32 StrlSchV haben der Strahlenschutzverantwortliche und Strahlenschutzbeauftragte bei der Wahrnehmung ihrer Aufgaben mit dem Betriebsrat oder dem Personalrat, den Fachkräften für Arbeitssicherheit und dem Arzt nach § 41 Abs. 1 Satz 1 (Betriebsarzt mit besonderer staatlicher Ermächtigung zur Untersuchung strahlenexponierter Personen) zusammenzuarbeiten und sie über wichtige Angelegenheiten des Strahlenschutzes zu unterrichten.

Der Betriebsrat oder Personalrat hat das Recht, vom Strahlenschutzbeauftragten in Angelegenheiten des Strahlenschutzes beraten zu werden.

Stellt der Strahlenschutzbeauftragte fest, dass es Mängel im Strahlenschutz gibt, hat er dies dem Strahlenschutzverantwortlichen mitzuteilen und Maßnahmen zur Beseitigung der Mängel vorzuschlagen. Werden diese Vorschläge vom Strahlenschutzverantwortlichen nicht mitgetragen, hat er dies dem Strahlenschutzbeauftragten schriftlich mitzuteilen und eine Kopie dieser Ablehnung dem Betriebsrat oder Personalrat zu übersenden.

Gefahrstoffverordnung

Betriebs- oder Personalrat sind in die Festlegungen zu Betriebsanweisungen, insbesondere aber in die Durchführung und die Ergebnisse von Überwachungsmessungen am Arbeitsplatz einzubeziehen. Bei Überschreitungen der Maximalen Arbeitsplatzkonzentration (MAK-Werte), der Technischen Richtkonzentration (TRK-Werte) oder der Auslöseschwelle hat der Arbeitgeber neben dem Arbeitnehmer auch dem Betriebs- oder Personalrat unverzüglich Mitteilung zu machen und hat diese zu den zu treffenden Maßnahmen zu hören.

Kommt der Betriebsarzt im Ergebnis seiner Untersuchung zu der Auffassung, dass eine Überprüfung des Arbeitsplatzes notwendig ist und informiert er schriftlich den Arbeitgeber darüber, weil der Arbeitnehmer infolge der Arbeitsplatzverhältnisse gefährdet ist, muss der Arbeitgeber dem Betriebs- oder Personalrat dies mitteilen.

Ärztliche Bescheinigung nach Vorsorgeuntersuchung

Werden Bedenken im Ergebnis einer arbeitsmedizinischen Vorsorge in irgendeiner Form geäußert, ist der Unternehmer verpflichtet, diese dem Betriebs- oder Personalrat mitzuteilen [Mitteilungspflicht nach § 8 Abs. 2 Verordnung zur arbeitsmedizinischen Vorsorge (ArbMedVV)].

Im Rahmen des **Arbeitnehmerüberlassungsgesetzes (Leiharbeiter)** nach § 14 sind Mitwirkungs- und Mitbestimmungsrechte des Betriebs- und Personalrates formuliert:

„§ 14 Abs. 3: Vor der Übernahme eines Leiharbeitnehmers zur Arbeitsleistung ist der Betriebsrat des Entleiherbetriebes nach § 99 des Betriebsverfassungsgesetzes zu beteiligen. Dabei hat der Entleiher dem Betriebsrat auch die schriftliche Erklärung des Verleihers nach § 12 Abs. 1 Satz 2 vorzulegen. Er ist ferner verpflichtet, Mitteilungen des Verleihers nach § 12 Abs. 2 unverzüglich dem Betriebsrat bekanntzugeben."

6 Betriebsärztliche Tätigkeit und Berufsrecht

Die betriebsärztliche Tätigkeit unterliegt den gleichen gesetzlichen Regelungen wie jede andere ärztliche Tätigkeit auch, hat aber auch ihre Besonderheiten, auf die später noch eingegangen wird.

6.1 Die ärztliche Schweigepflicht

Die ärztliche Schweigepflicht findet bereits im hippokratischen Eid ihre Verankerung

> „Was immer ich sehe und höre bei der Behandlung oder außerhalb der Behandlung, im Leben der Menschen, so werde ich von dem, was niemals nach draußen ausgeplaudert werden soll, schweigen, indem ich alles Derartige als solches betrachte, das nicht nach draußen geplaudert werden darf."

und hat sich bis heute als eine der wenigen Berufs- und Standespflichten ihre Position erhalten.

Der heutige Mediziner gibt am Ende seines Studiums mit dem Eintreten in das Berufsleben ein Gelöbnis ab:

> „... Ich werde alle mir anvertrauten Geheimnisse auch über den Tod des Patienten hinaus wahren ..."

Für alle Ärzte, unabhängig von ihrer Tätigkeit und ihrer Fachrichtung, gilt die Berufsordnung für die deutschen Ärztinnen und Ärzte in der Fassung der Beschlüsse des 100. Deutschen Ärztetages in Eisenach 1997. Rechtswirksam wurde diese Berufsordnung durch Beschluss der Ärztekammerversammlungen der jeweiligen Länder und die Genehmigung durch die Aufsichtsbehörden.

Im § 9 wird eindeutig festgelegt, welche Erkenntnisse der Schweigepflicht unterliegen und welche Ausnahmen zu einer Offenbarung Anlass geben können. Aufgrund der Wichtigkeit der hier getroffenen Festlegungen sollen die Absätze 1 und 2 im Wortlaut wiedergegeben werden.

§ 9 Berufsordnung Abs. 1: „Der Arzt hat über das, was ihm in seiner Eigenschaft als Arzt anvertraut und bekannt geworden ist – auch über den Tod des Patienten hinaus – zu schweigen. Dazu gehören auch schriftliche Mitteilungen des Patienten, Aufzeichnungen über Patienten, Röntgenaufnahmen und sonstige Untersuchungsbefunde."

§ 9 Berufsordnung Abs. 2: „Der Arzt ist zur Offenbarung befugt, soweit er von der Schweigepflicht entbunden worden ist oder soweit die Offenbarung zum Schutze eines höheren Rechtsgutes erforderlich ist. Gesetzliche Aussage- und Anzeigepflichten bleiben unberührt. Soweit gesetzliche Vorschriften die Schweigepflicht des Arztes einschränken, soll der Arzt den Patienten darüber unterrichten".

Die Schweigepflicht ist aber nicht nur im Standesrecht und Berufsrecht verankert, sondern auch im staatlichen Strafrecht (§ 203 StGB – Verletzung von Privatgeheimnissen) und ist hier anderen Berufsgruppen wie z.b. Rechtsanwälten und Berufspsychologen gleichgestellt.

Es heißt im § 203 StGB Abs. 1:

„Wer unbefugt ein fremdes Geheimnis, namentlich ein zum persönlichen Lebensbereich gehörendes Geheimnis oder ein Betriebs- oder Geschäftsgeheimnis offenbart, das ihm als

1. Arzt, Zahnarzt, Tierarzt, Apotheker oder Angehörigen eines anderen Heilberufes, der für die Berufsausübung oder die Führung der Berufsbezeichnung eine staatlich geregelte Ausbildung erfordert, ... anvertraut worden oder sonst bekannt geworden ist, wird mit Freiheitsstrafe bis zu einem Jahr oder mit Geldstrafe bestraft..."

Für Betriebsärzte lässt sich im § 8 Abs. 1 Arbeitssicherheitsgesetz (ASiG) finden, dass sie nur ihrem ärztlichen Gewissen unterworfen sind und die Regeln der ärztlichen Schweigepflicht zu beachten haben.

Zusammenfassend unterliegen alle ärztlichen Informationen aus der Betreuung von Patienten oder im Falle betriebsärztlicher Tätigkeit der Arbeitnehmer folgenden gesetzlichen Reglungen:

- Berufsordnung § 9
- StGB § 203
- Zivilrechtliche Nebenpflicht aus dem Behandlungsvertrag sowie das durch das Grundgesetz geschützte Recht auf informationelle Selbstbestimmung
- ASiG § 8.

Es gibt nur wenige Möglichkeiten, von der ärztlichen Schweigepflicht abzuweichen. Dies ist der Fall, wenn der Patient oder der Arbeitnehmer dem Arzt gegenüber sein Einverständnis zur Weitergabe von Informationen erlaubt (ausdrückliche Einwilligung).

Im Falle einer Untersuchung aufgrund gesetzlicher Bestimmungen oder nach den Unfallverhütungsvorschriften der Berufsgenossenschaften vorgeschriebenen Untersuchungen kann der Arzt davon ausgehen, dass mit dem Erscheinen zur Untersuchung auch das stillschweigende Einverständnis zur Weitergabe der Ergebnisse begründet ist.

Die Weitergabe von Informationen schließt nun aber nicht alle Befunde ein, also insbesondere nicht die einzelnen Untersuchungsbefunde; diese unterliegen trotzdem der Schweigepflicht. Die Mitteilung der Ergebnisse, ob z.B. gesundheitliche

Bedenken gegen die Beschäftigung bestehen oder die Mitteilung an den Arbeitgeber, was bei eingeschränkter Eignung zu tun ist, damit der Arbeitnehmer ohne Gesundheitsschaden weiterbeschäftigt werden kann, schließt darin ein.

Sollte der Arbeitnehmer dennoch nicht einverstanden sein, dass die Ergebnisse der Untersuchung und die Vorschläge für Veränderungen am Arbeitsplatz, an der Arbeitsorganisation, an der Arbeitsplatzgestaltung u.a.m. nicht dem Arbeitgeber bekannt gemacht werden, damit er in die Lage versetzt wird, diese Änderungen auch durchführen zu können, trägt der Arbeitnehmer die volle Verantwortung.

Bei freiwilligen Vorsorgeuntersuchungen durch den Betriebsarzt kann nicht primär davon ausgegangen werden, dass der Untersuchte auch mit der Weitergabe der Ergebnisse einverstanden ist. Bei Einschränkungen und daraus auch resultierendem Handlungsbedarf für den Arbeitgeber sollte immer das Einverständnis des Beschäftigten eingeholt werden.

Ein selbst von den Gerichten immer wieder schwierig zu beurteilender Tatbestand ist die Offenbarung zum Schutz höherwertiger Rechtsgüter, wo der Arzt entgegen dem Willen seines Patienten Informationen, die ansonsten der Geheimhaltung unterliegen, offenbart, um nach § 34 StGB einen rechtfertigenden Notstand anzunehmen. Hier ist für jeden Arzt die Entscheidung im Einzelfall gefragt, ein generelles „Rezept" kann nicht gegeben werden.

Eine Offenbarungsbefugnis ist nur in folgenden Fällen erlaubt:

- Infektionsschutzgesetz §§ 6 ff
- Chemikaliengesetz § 16e (Vergiftungen)
- ausdrückliche oder mutmaßliche Einwilligung des Patienten
- Schutz höherer Rechtsgüter
- § 101 SGB V (Informationen an die Krankenkassen)
- gesetzlich vorgeschriebene Meldungen (z.B. bei Verdacht einer Berufskrankheit (§ 202 SGB VII) oder Meldung eines Arbeitsunfalles.

Eine Entbindung von der Schweigepflicht kann zwar mündlich geschehen, sollte aber immer aus Nachweisgründen schriftlich erfolgen. Hier ist es wichtig, auch möglichst die Art und den Umfang der Entbindung festzuhalten. Mündliche Mitteilungen an den Arzt, z.B. durch die Personalabteilung oder den Arbeitgeber, der Beschäftigte sei mit der Weitergabe von Informationen einverstanden, sind unzulässig.

6.2 Ärztliche Dokumentation

Nach § 10 Abs. 1 der Berufsordnung für Ärzte ist der Arzt verpflichtet, über die in seiner Tätigkeit gemachten Feststellungen und getroffenen Maßnahmen die erforderlichen Aufzeichnungen vorzunehmen.

Die Dokumentationen unterliegen der ärztlichen Schweigepflicht und sind vor fremdem Zugriff zu verwahren.

Der Patient oder der untersuchte Arbeitnehmer haben ein Einsichtsrecht in alle objektiven Befunde (EKG, Labor usw.) sowie in Aufzeichnungen über Umstände und Verläufe. Subjektive Bemerkungen des Arztes sind auch für den Patienten nicht einsehbar.

Einzelheiten der Dokumentation sollen hier nicht beschrieben werden, sie würden den Rahmen des Ratgebers sprengen.

6.3 Aktenverbleib, Übergabe von Unterlagen an Nachfolger

Gemäß § 10 Abs. 4 Berufsordnung kann die Übergabe der Patientenunterlagen an den Nachfolger im Amt immer nur mit ausdrücklicher Zustimmung des Patienten erfolgen. Dieses Einverständnis sollte immer in der Schriftform eingeholt werden. Eine Ausnahme davon liegt vor, wenn der Patient in der Praxis des Nachfolgers selbst zur Untersuchung und Behandlung erscheint.

Gibt es keinen eigentlichen Nachfolger, können die Akten in gehörige Obhut gegeben werden.

Für den Betriebsarzt, der seine Tätigkeit nicht in eigener Praxis ausübt, z.B. bei einem überbetrieblichen Dienst, gelten die gleichen Festlegungen. Im Falle der Übergabe an seinen Nachfolger muss die ausdrückliche oder stillschweigende Zustimmung der Mitarbeiter eingeholt werden. Auch hier gilt die Zustimmung als erteilt, wenn der Patient (Beschäftigter) den Nachfolger des Betriebsarztes zur betriebsärztlichen Untersuchung aufsucht.

Wenn ein Wechsel des Betriebsarztes für ein Unternehmen bevorsteht, kann der Betrieb rechtzeitig seinen Beschäftigten diesen Wechsel mitteilen. Die Beschäftigten haben dann die Möglichkeit, der Weitergabe der Unterlagen zu widersprechen. Geschieht dies in einem überschaubaren Zeitraum nicht, gilt das Einverständnis zur Weitergabe an den nachfolgenden Arzt als gegeben.

Eine Übergabe der ärztlichen Unterlagen an den Arbeitgeber oder die Unfallversicherung scheidet natürlich aus, sie bedarf in jedem Falle der schriftlichen Zustimmung des Betroffenen.

6.4 Aufbewahrungsfristen

6.4.1 Ärztliche Dokumentationen

Ärztliche Dokumentationen sind gemäß § 10 der Berufsordnung (Musterberufsordnung – MBO) für die Dauer von 10 Jahren aufzubewahren. Das gilt aber nur, wenn nicht nach anderen gesetzlichen Regelungen eine längere Aufbewahrungsfrist vorgeschrieben ist. Nach Ablauf dieser Frist sind die Unterlagen so zu vernichten, dass sie für Dritte nicht wieder rekonstruierbar sind.

Über den normalen Zeitraum von 10 Jahren hinausgehende Aufbewahrungsfristen ergeben sich aus einzelnen gesetzlichen Festlegungen:

- **Röntgenverordnung:** Für beruflich strahlenexponierte Personen ist eine gesonderte ärztliche Überwachung durchzuführen. Die Dokumentationen einschließlich der Angaben über Arbeitsbedingungen, Ergebnisse der ärztlichen Überwachung, Maßnahmen und die Gesamtheit der im Beruf empfangenen Körperdosen sind **mindestens 30 Jahre** aufzubewahren bzw. bis zum 75. Lebensjahr. Eine Löschung ist erst 100 Jahre nach der Geburt möglich.
- **Strahlenschutzverordnung:** Überwachung beruflich strahlenexponierter Personen erfolgt wie bei der Röntgenverordnung. Auch hier sind die entsprechenden Aufzeichnungen **mindestens 30 Jahre** aufzubewahren bzw. bis zum 75. Lebensjahr. Eine Löschung ist erst 100 Jahre nach der Geburt möglich.

Die AMR 6.1 regelt die Fristen für die Aufbewahrung ärztlicher Unterlagen.

Punkt 3
Bei Tätigkeiten mit krebserzeugenden oder erbgutverändernden Stoffen oder Zubereitungen der Kategorie K1 oder K2 im Sinne der Gefahrstoffverordnung (siehe Kapitel 4.3.6.5) sind die ärztlichen Unterlagen zur arbeitsmedizinischen Vorsorge nach ArbMedVV mindestens 40 Jahre nach der letzten Vorsorge aufzubewahren.

Punkt 4
Bei Tätigkeiten, die zu Berufskrankheiten gemäß Berufskrankheiten-Verordnung (BKV) führen und eine längere Latenzzeit haben können, sind die ärztlichen Unterlagen der arbeitsmedizinischen Vorsorge ebenfalls 40 Jahre aufzubewahren.

Punkt 5
Die Fristen gelten sowohl für Pflichtvorsorge nach § 4 ArbMedVV als auch für Angebotsvorsorge nach § 5 ArbMedVV oder Wunschvorsorge nach § 5a ArbMedVV.

Punkt 6
Sofern der Zeitpunkt bekannt ist, wann die letzte Gefährdung bestanden hat, endet die Aufbewahrungspflicht spätestens am 31. 12. des 40. Jahres danach oder zehn Jahre nach dem Tod des Beschäftigten.

6.4.2 Betriebliche Dokumentationen

Die Verordnung zur arbeitsmedizinischen Vorsorge (ArbMedVV) verlangt im § 5, dass der Arbeitgeber ehemaligen Beschäftigten nachgehende Untersuchungen weiterhin anzubieten hat, wenn diese in der Verordnung als solche geregelt sind. Er kann allerdings mit Einverständnis der betreffenden Person diese an den gesetzlichen Unfallversicherungsträger übergeben. Er darf diesem aber nicht die Originalunterlagen, sondern stets nur eine Kopie der erforderlichen Unterlagen überlassen.

Im Rahmen des Arbeits- und Gesundheitsschutzes obliegen auch dem Arbeitgeber bestimmte Aufbewahrungsfristen für die Dokumentationen, die nachfolgend genannt werden sollen.

6.4.2.1 Vorsorgekartei der Arbeitnehmer

Nach § 3 Abs. 4 der ArbMedVV hat der Arbeitgeber für jeden Beschäftigten eine Vorsorgekartei zu führen. In diese Kartei werden Angaben aufgenommen, dass, wann und aus welchem Anlass arbeitsmedizinische Vorsorge stattgefunden hat. Im Gegensatz zu früher muss diese Karte für jedwede arbeitsmedizinische Vorsorge geführt werden, dies kann auch automatisiert geschehen.

Die Angaben sind bis zur Beendigung des Beschäftigungsverhältnisses aufzubewahren und anschließend zu löschen, es sei denn, dass Rechtsvorschriften etwas anderes bestimmen. Der Arbeitgeber hat der zuständigen Behörde auf Anordnung eine Kopie der Vorsorgekartei zu übermitteln.

Bei Beendigung des Beschäftigungsverhältnisses hat der Arbeitgeber der betroffenen Person eine Kopie der sie betreffenden Angaben auszuhändigen, wobei § 34 des Bundesdatenschutzgesetzes unberührt bleibt.

6.4.2.2 Zusammenfassung

Zusammenfassend sollen die betrieblichen Aufbewahrungsfristen für bestimmte Dokumente im Rahmen des Arbeits- und Gesundheitsschutzes tabellarisch zusammengefasst werden.

Tab. 6.1:   *Aufbewahrungsfristen des Unternehmers für Unterlagen zum Arbeits- und Gesundheitsschutz (Auswahl)*

Vorsorgekartei der Beschäftigten	bis zum Ausscheiden
Ärztliche Bescheinigungen über arbeitsmedizinische Vorsorge	bis zum Ausscheiden
Aufzeichnungen zur Überwachung strahlenexponierter Personen (Röntgen- und Strahlenschutzverordnung) inkl. Ergebnisse der Personendosimetrie	bis zur Vollendung des 75. Lebensjahres der überwachten Person, mindestens aber 30 Jahre nach Beendigung der Tätigkeit
Anzeige Biostoffverordnung-Personenverzeichnis	mindestens 10 Jahre nach Beendigung der Tätigkeit, in besonderen Fällen 40 Jahre
Bescheinigung über ärztliche Untersuchung eines Jugendlichen	bis zum vollendeten 18. Lebensjahr
Erste-Hilfe-Dokumentation (Verbandbücher)	5 Jahre BGV A 1 (2004) § 24
Belehrungen nach Gefahrstoffverordnung	wie Personalunterlagen
Belehrung nach § 35 Infektionsschutzgesetz	3 Jahre
Gefährdungsbeurteilung, Ergebnisse und Messungen bei Exposition durch künstliche ultraviolette Bestrahlung (§ 3 Arbeitsschutz-VO zu künstlicher optischer Strahlung – OStrV)	30 Jahre
Verzeichnis der Personen bei KMR-Exposition (krebserzeugende, erbgutverändernde und fortpflanzungsgefährdende Stoffe) mit allen Aktualisierungen	40 Jahre nach Ende der Exposition (nach § 14 (3) GefStoffV) und AMR 6.1

7 Infektionsschutz und Impfungen

7.1 Rechtliche Grundlagen der arbeitsmedizinischen Infektionsprophylaxe

Die rechtlichen Grundlagen des Arbeits- und Gesundheitsschutzes sind für viele Verantwortliche, erst recht für Betroffene, äußerst kompliziert und sehr vielfältig. Sie sind in ihren Einzelheiten dazu noch schwer überschaubar.

Ohne auch nur eine einzige weitere Rechtsgrundlage neben dem Arbeitsschutzgesetz nennen zu müssen, kann festgestellt werden, dass der **Unternehmer** (Arbeitgeber) für alle Fragen des Arbeitsschutzes sowie des Gesundheitsschutzes, hier jetzt speziell des **Infektionsschutzes**, allein und **voll verantwortlich** ist. Dazu zählen auch alle vorbeugenden Maßnahmen zur Verhütung von gesundheitlichen Schäden durch die Erfüllung der vertraglich vereinbarten Arbeitsaufgabe. Das trifft bei beruflicher Exposition auch für alle Schutzimpfungen voll zu (siehe im jeweiligen Kapitel der Infektionserkrankungen).

Im Kapitel 7.5 wird eine Übersicht zu vielen möglichen Schutzimpfungen im Erwachsenenalter sowie im Berufsleben gegeben. Dabei werden auch Aussagen zur Kostenübernahme (Kapitel 7.6.3) getroffen, für welche Impfungen bei welchem Personenkreis und bei welcher Gefährdung der Unternehmer (Arbeitgeber) die Kosten zu tragen hat.

Zunächst sollen aber erst einmal alle gesetzlichen Regelungen zur arbeitsmedizinischen Infektionsprophylaxe bzw. zum Infektionsschutz genannt werden. Einige davon wurden bereits an anderer Stelle beschrieben, für einige weitere werden anschließend die wichtigsten Erläuterungen gegeben.

- Sozialgesetzbuch VII (SGB, insb. §§ 1, 14, 15, 21)
- Arbeitsschutzgesetz (ArbSchG)
- Arbeitssicherheitsgesetz (ASiG)
- Biostoffverordnung (BioStoffV). Verordnung zur arbeitsmedizinischen Vorsorge Anhang Teil 2 (ArbMedVV)
- Infektionsschutzgesetz (IfSG)
- Berufsgenossenschaftlicher Grundsatz für arbeitsmedizinische Vorsorgeuntersuchungen „Infektionserkrankungen" (G 42)
- Jährliche Impfempfehlungen der Ständigen Impfkommission (STIKO) am Robert Koch-Institut Berlin (Epidemiologisches Bulletin).

7.2 Arbeitsmedizinische Grundsätze der Infektionsprophylaxe

Wenn Arbeitnehmer mit Infektionserregern arbeiten müssen bzw. Infektionserregern durch ihre Tätigkeit ausgesetzt sind, wie es in sehr vielen medizinischen Berufen, aber auch in anderen Branchen der Fall ist, sind Maßnahmen zu ergreifen, die eine potenzielle Infektion soweit wie möglich eindämmen können.

Dazu sind 3 wichtige Grundsätze zu beachten:

- soweit es geht, sollte der Kontakt zu infektiösem Material vermieden werden,
- vor dem Kontakt sollten entsprechende Schutzmaßnahmen ergriffen werden,
- wenn es möglich ist, sollte gegen die Infektion immunisiert werden, d.h., es sollte geimpft werden, wenn es dafür eine Impfmöglichkeit gibt.

7.2.1 Übertragungswege

Zur Übertragung einer Infektion oder Infektionskrankheit gibt es drei Wege, wie die Infektionskeime von der Außenwelt auf einen Organismus übertragen werden können:

a. Verschlucken (Ingestion)
Hier erfolgt die Aufnahme der Erreger über den Mund (orale Infektion), wobei z.B. Lebensmittel, Wasser, irgendwelche Gegenstände in Frage kommen **(Schmierinfektion)**.

b. Einatmen (Inhalation)
Die Aufnahme der Infektion erfolgt über den Nase-Mund-Rachenraum (aerogene Infektion). Dabei spielt Anhusten, Anniesen und Sprechen eine bedeutende Rolle **(Tröpfcheninfektion)**. Die Infektionserreger haften an so genannten Tröpfchenkernen oder an Stabpartikeln, mit denen sie eingeatmet werden.

c. Eindringen (Penetration)
Die Erreger gelangen durch Aufnahme über die Haut, Schleimhäute oder durch Wunden (transkutane – **durch die Haut** – oder perkutane – **über die Haut** – Infektion) in den menschlichen Organismus. Auf diesem Wege können auch Erreger durch Stich- oder Schnittverletzungen in der Körper gelangen, ebenso wie durch Stich oder Biss blutsaugender Insekten oder anderer Tiere.

Sehr vereinfacht kann man sich die menschliche Reaktion auf den Kontakt mit Infektionserregern folgendermaßen vorstellen. Die meist von außen in den menschlichen Organismus eingedrungenen Infektionserreger lösen beim ersten Kontakt im Körper des betroffenen Menschen eine bestimmte Reaktion aus (Immunantwort). In diesem Falle werden die Bakterien oder Viren als Antigene bezeichnet. Der Körper ist nun in der Lage, entsprechende Gegenmittel zu bilden, die so genannten Antikörper, d.h. spezielle Eiweißsubstanzen, die bei erneutem Eindringen der Antigene (im speziellen Falle Infektionserreger) diese unschädlich machen oder zumindest abschwächen können. Beim ersten Kontakt des Menschen mit Antigenen entsteht meist nur eine schwache Immunantwort. Beim nächsten Kontakt wird diese um ein vielfaches (100- bis 1000-fach) stärker, was man sich beim Impfen (aktive Immunisierung) zunutze macht. Jeder weitere Kontakt kann diesen Mechanismus wiederum verstärken, was bei der aktiven Impfung in Form der so genannten Boosterung sehr nützlich ist.

7.2.2 Allgemeine Schutzmaßnahmen

Die Möglichkeiten der Übertragung von Infektionen sind sehr unterschiedlich. Sie sind insbesondere durch direkten Kontakt (Schmierinfektionen) oder indirekten Kontakt (über Gegenstände) mit Infektionserregern möglich, ebenso aber auch durch den bloßen Aufenthalt in der Nähe Erkrankter auf dem Wege der Luftübertragung (so genannte Tröpfcheninfektion) denkbar.

Körperflüssigkeiten und Körperausscheidungen sollten deshalb immer als potenziell infektiös angesehen werden. Deshalb müssen geeignete Schutzmaßnahmen ergriffen werden (siehe nächsten Abschnitt). Sollte es dennoch zu einem solchen Kontakt gekommen sein, z.B. durch Stuhl oder verspritztes Blut oder andere Sekrete, müssen unverzüglich die betroffenen Körperregionen gereinigt und desinfiziert werden. Die verschmutzten Materialien müssen ebenfalls mit einem geeigneten Desinfektionsmittel gesäubert werden. Dabei ist der allgemein gültige Hygienegrundsatz **„Erst desinfizieren, dann reinigen"** immer strikt zu beachten.

Um es nicht erst zu möglichen Infektionen kommen zu lassen, sollten die Arbeitsabläufe und die Arbeitsorganisation so gestaltet werden, dass Infektionen weitgehend vermieden werden.

Bei lebensrettenden Maßnahmen (z.B. Mund-zu-Mund-Beatmung oder Mund-zu-Nase-Beatmung) kann es sehr schnell zu möglichen Infektionen kommen. Diese lassen sich aber durch geeignete hygienische Grundregeln vermeiden (Tubus, Maske, Tücher usw.). Besonders zu beachten ist, dass es bei Unfällen meist auch zu Blutungen aus verschiedenen Regionen kommen kann, bei denen immer eine besondere Vorsicht geboten ist.

Im medizinischen Bereich ist eine „beliebte" Verletzung und damit Infektionsquelle die Verletzung mit einer Nadel oder mit infizierten Instrumenten. Auf diese „Nadelstichverletzungen" wird weiter unten noch gesondert eingegangen.

Eine wesentliche und sehr wichtige Schutzmaßnahme besteht darin, alle gefährdeten Berufsgruppen immer wieder in geeigneter Form über die potentiellen Gefahren und deren primäre Vermeidung zu beschulen. In der Alltagsroutine, vor allem bei dringlichen Notfallmaßnahmen oder bei sehr starkem Zeitdruck werden häufig sehr rasch allgemein gültige Regeln der Hygiene vergessen oder vernachlässigt. Die Aufklärung über Infektionen und der Schutz davor sollten zu den jährlichen Arbeitsschutzbelehrungen immer wieder als Hauptbestandteil dazugehören.

7.2.3 Körperschutzmaßnahmen

Der wichtigste Schutz vor Infektionen besteht darin, zwischen dem infektiösen Material und der damit arbeitenden Person eine Barriere zu schaffen. Dies geschieht in der einfachsten Form durch das Tragen von geeigneten Handschuhen oder Schutzkitteln bzw. Schutzanzügen (siehe auch Kapitel 13 Persönliche Schutzausrüstungen). Dies gilt insbesondere auch bei denjenigen Personen, die durch Hautverletzungen oder durch Hauterkrankungen eine Störung in der natürlichen Hautbarriere haben. Die intakte Haut ist für viele Krankheitserreger eine nicht zu überwindende Barriere. Sollte diese aber verletzt sein, können die Erreger meist ungehindert eindringen. In solchen Fällen ist das Tragen von Schutzbekleidung besonders vordergründig.

Die Auswahl der geeigneten Schutzbekleidung richtet sich meist auch danach, welche Gefährdung bei dieser Tätigkeit besteht, bei der die Schutzbekleidung zerstört werden kann und dann unwirksam wird.

Wenn die Möglichkeit der Infektionsübertragung durch die Luft in Form von Aerosolen besteht, ist das Tragen eines geeigneten Mundschutzes und/oder einer Schutzbrille notwendig. Übrigens werden Infektionskeime über die Schleimhäute des Menschen (Mundhöhle, Augen) wesentlich besser aufgenommen als über die Haut. Leider werden diese Schutzmaßnahmen sowohl im Bereich des Gesundheitswesens und der Wohlfahrtspflege als auch in anderen Bereichen häufig nicht beachtet, obwohl bekannt ist, dass durch Spritzer von kontaminierter Flüssigkeit in die Augen Infektionen ausgelöst wurden.

Bei Arbeiten mit potentiell infektiösem Material, z.B. in Abfallsortieranlagen, auf Deponien, im Abwasserbereich, muss auch daran gedacht werden, dass geeignetes Schuhwerk getragen wird, um Durchtrittsverletzungen vermeiden zu können.

7.2.4 Schutzimpfungen

In den letzten Jahren wird weltweit eine Zunahme bakterieller und viraler Infektionskrankheiten beobachtet. Die Weltgesundheitsorganisation (WHO) schreibt in ihrem Jahresbericht aus dem Jahre 1998, dass weltweit die meisten Todesfälle immer noch auf das Konto von Infektionskrankheiten gehen. Das waren im Jahre 1997 immerhin 17,3 Millionen Menschen, die einer Infektion zum Opfer fielen, darunter mehr als 9 Millionen Kinder. Das entspricht 33 % aller Todesfälle, mit anderen Worten, jeder dritte Mensch auf der Erde stirbt an einer Infektionskrankheit.

Durch umfangreiche Impfprogramme ist es zwar gelungen, weltweit zu einem Rückgang zahlreicher bedrohlicher Erkrankungen zu kommen, so zur Ausrottung der Pocken 1980 und zur weltweiten Eliminierung der Poliomyelitis (Kinderlähmung).

Ende der achtziger Jahre glaubte man, dass man in den Industrienationen die Infektionskrankheiten besiegt hätte. Dies hatte zur Folge, dass der Bedeutung von Schutzimpfungen ein geringerer Stellenwert eingeräumt wurde, ein fataler Fehler, wie sich herausstellte.

Man musste nun aber feststellen, dass bedingt durch Armut, schlechtere Hygiene, Umweltveränderungen, Überbevölkerung, Zunahme des Handels, Erregerresistenz gegenüber vielen Antibiotika, psychosozialen Stress, Nachlassen der Impfbeteiligung, zunehmende Mobilität durch Reisen und nicht zuletzt auch durch kriegerische Auseinandersetzungen die Infektionskrankheiten „wieder im Kommen sind". Beste Beispiele dafür sind die Zunahme der Tuberkulose, der dramatische Anstieg der Diphtherie in der ehemaligen UdSSR sowie die Polioepidemien 1993 in den Niederlanden und 1996/97 in Albanien. Es zeigt sich, dass bei fehlendem Impfschutz die lange als besiegt geglaubten Krankheiten wiederkehren können.

Demgegenüber stehen eine große Zahl wirksamer, preiswerter und verträglicher Impfstoffe zur Prophylaxe von Infektionskrankheiten, die Impfungen müssen nur langfristig und mit einer entsprechenden Konsequenz im Kindesalter begonnen und im Erwachsenenalter fortgesetzt werden.

Es wird noch darüber zu sprechen sein, dass nicht alle Infektionskrankheiten durch eine entsprechende Impfung zu vermeiden sind. Es gibt aber heute doch schon sehr viele und sehr ernste Erkrankungen, die man damit wirksam bekämpfen kann.

Das weitere Anliegen dieses Kapitels soll es nun sein, eine Übersicht darüber zu geben, welchen Erkrankungen die einzelnen Arbeitnehmer ausgesetzt sein können oder ausgesetzt sind, welche Schutzmaßnahmen allgemeiner und spezieller Art getroffen werden müssen, welche Impfungen zur Vermeidung dieser Erkrankungen möglich sind, wer diese durchführt und wer diese bezahlt.

Ziele und Nutzen von Schutzimpfungen

Schutzimpfungen verfolgen 2 Ziele:

- Schutz des geimpften Individuums und
- kollektiver Schutz der Bevölkerung.

1. Das Ziel einer Schutzimpfung für den einzelnen Menschen besteht darin, dass durch die Schutzimpfung sein Abwehrsystem gegenüber bestimmten Krankheitserregern soweit gestärkt wird (Immunität), dass sich die Krankheit nicht ausbreiten kann, er also nicht an dieser Infektion erkranken kann.

Insbesondere trifft das auf solche Erkrankungen zu, die einen schweren Verlauf nehmen können (z.b. Hepatitis B, Poliomyelitis, Tollwut, Diphtherie, Tetanus, Hepatitis A beim Erwachsenen).

Weiterhin lassen sich schwere Komplikationen bei Infektionskrankheiten vermeiden (z.b. Masernenzephalitis – Gehirnhautentzündung). Wichtig sind auch Infektionskrankheiten, die während der Schwangerschaft (z.b. Röteln) zu schweren Schäden beim Kind führen können.

Daneben findet sich die große Gruppe der durch die Arbeit möglichen Infektionsgefährdungen, denen man, und hier ist der Arbeitgeber gesetzlich in der Pflicht (siehe Gesetzliche Grundlagen), mit vorbeugendem Gesundheitsschutz durch Impfungen sehr erfolgreich begegnen kann.

2. Neben dem Schutz des einzelnen Individuums haben viele Impfungen noch einen weiteren Effekt. Sie führen zu einem Kollektivschutz der Bevölkerung, der so genannten Herdimmunität. Hierdurch werden auch Personen geschützt, bei denen aus medizinischen Gründen eine Impfung nicht durchgeführt werden kann (gilt allerdings nicht für alle Infektionskrankheiten).

Dieser Schutz der Bevölkerung (oder z.B. auch einer Belegschaft eines Unternehmens) tritt erst dann ein, wenn ein gewisser hoher Gesamtprozentsatz der Bevölkerung geimpft ist. Dieser Prozentsatz ist für jede Erkrankung unterschiedlich hoch. Für die Diphtherie wird eine Herdimmunität bei etwa 80 %, für Mumps bei etwa 90 % und für Masern bei 92 – 95 % erreicht.

Arten von Schutzimpfungen

Prinzipiell unterscheidet man drei Arten von Schutzimpfungen:

1. aktive Immunisierung,
2. passive Immunisierung,
3. kombinierte aktive und passive Immunisierung.

1. Der aktiven Immunisierung kommt die weitaus größere Bedeutung zu. Man impft mit einem Lebendimpfstoff oder einem Totimpfstoff und regt so den Organismus an, gegen diesen Impfstoff entsprechende Antikörper (Abwehrkörper) zu bilden. Bei verschiedenen Impfungen reicht eine einmalige Gabe aus, bei anderen muss mehrfach in bestimmten Abständen geimpft werden (siehe bei den einzelnen Infektionskrankheiten).

2. Die passive Immunisierung besteht darin, dass bereits gebildete Antikörper dem nichtgeimpften Individuum injiziert werden, die dann auch sofort wirken können. Dies ist notwendig, wenn eine Person sich infiziert hat, aber bisher keine Impfungen erhalten hat und somit über keine spezifischen Antikörper gegen diese Erkrankung verfügt. Der Schutz hält in der Regel aber nicht lange an und muss durch eine aktive Impfung ergänzt werden.

3. Da die injizierten „fertigen" Antikörper bei der passiven Immunisierung aber nur für die akute Phase ausreichen, eine Erkrankung zu verhindern, muss diese Person gleichzeitig eine aktive Immunisierung erhalten, damit sie nun eigene Antikörper bildet, um gegenüber einer erneuten Infektion geschützt zu sein.

Arten von Impfstoffen

Lebendimpfstoffe

Lebendimpfstoffe besitzen meist eine hohe Immunogenität, so dass häufig nur eine Impfung ausreicht. Bei diesen Impfstoffen müssen jedoch besondere Bedingungen durch den Impfarzt beachtet werde, um nicht eine Umwandlung der attenuierten (abgeschwächten) Erreger zu erreichen und damit eine Krankheit auszulösen. Deshalb dürfen diese Impfungen auch nicht in der Schwangerschaft angewendet werden bzw. nach der Impfung muss eine Schwangerschaft für einen gewissen Zeitraum (in der Regel 3 Monate) sicher verhindert werden.

Totimpfstoffe

Die Immunogenität der Totimpfstoffe ist meist geringer, dafür bestehen aber die oben genannten Einschränkungen nicht. Wegen der geringeren Antikörperbildung sind in der Regel mehrere Impfungen notwendig.

Durchführung der Impfungen, Nebenwirkungen, Komplikationen und Kontraindikationen

Der bevorzugte Ort für die Injektion der Impfungen (intramuskuläre Impfung) ist der rechte oder linke Oberarm (Muskulus deltoideus) (größere Kinder und Erwachsene). Bestimmte Impfstoffe können auch subcutan (unter die Haut) verabreicht werden oder sie werden oral aufgenommen (Schluckimpfung).

Lebendimpfstoffe können entweder gleichzeitig oder in einem Abstand von 4 Wochen gegeben werden (Ausnahme Gelbfieberimpfung). Bei der Gabe von Immunglobulinen sollte zur Gabe von Lebendimpfstoff vorher mindestens 2 Wochen, nachher mindestens 6 Wochen Abstand eingehalten werden.

Abstände zwischen verschiedenen Totimpfstoffen und zwischen Tot- und Lebendimpfstoffen sind nicht notwendig.

Nebenwirkungen treten bei weit über 90 % aller Impfungen nicht auf, die Impfungen werden problemlos vertragen.

Wenn Reaktionen auftreten, handelt es sich meist sämtlich um kurzzeitige harmlose Lokalreaktionen an der Impfstelle, wie Rötung, Schwellung, leichte Druckschmerzhaftigkeit, kurzzeitiges allgemeines Krankheitsgefühl oder leichtes Fieber.

In wenigen Einzelfällen können heftigere Reaktionen wie Gelenkschwellung oder Gelenkschmerzen auftreten.

Kontraindikationen gegen eine aktive Impfung gibt es nur sehr wenige:

• Menschen mit akuten fieberhaften Infekten,
• Lebendimpfstoffe in der Schwangerschaft,
• Menschen mit Immundefekten,
• bestehende Allergien gegen im Impfstoff enthaltene Begleitstoffe (Hühnereiweiß, Antibiotika, Konservierungsmittel).

Um Komplikationen und Reaktionen bei Impfungen zu vermeiden, muss der Impfarzt vor Durchführung der Impfung mögliche Reaktionen ausschließen und nach möglichen vorliegenden allergischen Reaktionen fragen.

Es gibt für alle Impfungen ein entsprechendes Merkblatt (z.B. des Deutschen Grünen Kreuzes), das sehr gut geeignet ist, die wesentlichen Dinge zu beachten. Darüber hinausgehend müssen dann im Einzelfall bei bestimmten Impfungen einige weitere Fragen ergänzt werden.

Generell muss man sagen, dass Personen, bei denen Impfungen nicht nachweisbar sind, immer als ungeimpfte Personen gelten, auch wenn angenommen werden kann, dass eine Impfung erfolgt sein könnte.

> **Merke: Personen ohne Nachweis einer Impfung gelten immer als ungeimpft.**

Nach § 22 IfSG wird der Impfarzt verpflichtet, unmittelbar nach Durchführung der Schutzimpfung diese in den Impfausweis einzutragen oder, falls dieser nicht vorgelegt werden kann, eine Impfbescheinigung auszustellen.

Die Eintragung in den Impfausweis oder die Impfbescheinigung muss folgende Angaben enthalten:

- Datum der Schutzimpfung,
- Bezeichnung des Impfstoffes,
- Charge des Impfstoffes,
- Name der Krankheit, gegen die geimpft wird,
- Name und Anschrift des impfenden Arztes,
- Unterschrift des Impfarztes.

Vor Durchführung einer Impfung ist der Impfling entsprechend aufzuklären über Notwendigkeit der Impfung (Indikation), Kontraindikationen und mögliche Impfreaktionen.

Die ständige Impfkommission am Robert Koch-Institut in Berlin (STIKO)

In der Bundesrepublik Deutschland gibt es **keine Impfpflicht**. Nach § 20 Abs. 3 des Infektionsschutzgesetzes (IfSG) sollen Impfungen von besonderer Bedeutung für die Gesundheit der Bevölkerung von den obersten Gesundheitsbehörden auf der Grundlage der STIKO-Empfehlungen vorgeschlagen werden.

Die Vorschläge für zu empfehlende Impfungen erarbeitet eine Kommission (STIKO) von Fachexperten am Robert Koch-Institut. Die ständig aktualisierten Impfempfehlungen werden in einem Epidemiologischen Bulletin des Robert Koch-Institutes (**www.rki.de**) herausgegeben (aktuell: Epid. Bull. Nr. 34/2014 vom 25. August 2014).

7.2.5 Chemoprophylaxe

Eine Chemoprophylaxe, also eine Behandlung mit Medikamenten, die Bakterien und andere Infektionserreger abtöten können, kommt nur in ausgewählten Fällen in Betracht. Wenn trotz beruflich notwendigem Kontakt (z.B. Pflege Erkrankter) für die vorliegenden Erreger keine Impfmöglichkeit besteht, kann auch keine ausreichende Vorbeugung getroffen werden. Nur hierbei wird trotz der allgemeinen Hygienemaßnahmen sowie der persönlichen Schutzausrüstung in einigen ausgewählten Fällen eine solche vorbeugende Maßnahme notwendig werden.

Dies gilt auch dann, wenn erst zu einem späteren Zeitpunkt bekannt wird, dass es sich um eine Erkrankung gehandelt hat, für die es keine Impfung gibt oder die man erst zu einem Zeitpunkt erkennen kann, bei dem nicht von Beginn an die entsprechenden Schutzmaßnahmen getroffen werden konnten (siehe auch nächstes Kapitel).

7.2.6   Postexpositionelle Prophylaxe

Eine postexpositionelle Prophylaxe muss immer dann betrieben werden, wenn eine Person einer möglichen Infektion ausgesetzt, aber gegenüber dieser nicht geschützt war. Das kann bedeuten, dass die Person sich möglicherweise infiziert hat,

- weil sie nicht geimpft war,
- weil die Infektionskrankheit zu spät erkannt wurde und die Schutzmaßnahmen zuvor unzureichend waren oder
- dass sie einen geeigneten Schutz getragen hat, sich bei der Tätigkeit aber dennoch verletzt hat.

Das Ziel einer solchen Behandlung (bzw. Prophylaxe vor Erkrankung) kann durch eine aktive und passive Impfung, durch eine geeignete Chemoprophylaxe (siehe oben) oder durch Kombination beider Methoden erreicht werden.

Wichtig bei all diesen Maßnahmen ist der Zeitpunkt, zu dem man diese Prophylaxe beginnt. Je früher begonnen werden kann, je größer sind die Erfolgsaussichten, eine mögliche Infektion auch erfolgreich verhindern zu helfen.

7.3   Infektionserkrankungen

Infektionskrankheiten werden durch verschiedene mit dem bloßen Auge nicht sichtbare Kleinstlebewesen, die so genannten Mikroorganismen hervorgerufen. Dazu zählen Bakterien, Viren und Pilze, daneben haben noch eine gewisse Bedeutung einige Parasiten (z.B. Echinokokken und Malaria sowie Prionen (Eiweißkörper, bekannt als Verursacher von BSE).

Es soll hier nur ein kurzer Überblick der wichtigsten **Infektionskrankheiten** gegeben werden, die **in der Arbeitswelt** eine Rolle spielen können. Nähere Einzelheiten finden sich in der einschlägigen Literatur und können dort nachgelesen werden (siehe Literaturübersicht).

Um den Rahmen dieses Ratgebers nicht zu sprengen, werden nachfolgend nur diejenigen Erkrankungen dargestellt, denen man durch eine Impfung wirkungsvoll begegnen kann bzw. diejenigen von besonderer Wichtigkeit im Berufsleben.

7.3.1   Erkrankungen durch Bakterien

Bakterien sind sehr vielgestaltig und kommen als Kokken/Kugeln, Stäbchen oder Schrauben vor. Sie ernähren sich ganz unterschiedlich, benötigen teilweise zum Wachstum Sauerstoff oder auch nicht. Davon hängt teilweise ab, ob bei bestimmten Infektionen die Krankheit auftritt oder ausbleibt. Bakterien vermehren sich meist durch Teilung, teilweise auch durch Sporenbildung.

Bakterien stellen neben den Viren die Hauptgruppe der Krankheitserreger einer Infektionserkrankung dar.

Bei den Ziffern der einzelnen Erkrankungen wird zunächst die bisherige Nomenklatur (BGI/GUV-I 504-42) beibehalten (siehe auch Tab. 7.3). Die neue Version der Vorschrift macht keine Unterteilung der Erreger und Krankheiten nach Nummern bisher, was die Orientierung künftig erschweren wird.

7.3.1.1 Diphtherie (G 42.3)

Erreger und Erkrankung, Verlauf

Die Diphtherie wird durch ein grampositives, nicht sporenbildendes Stäbchen, Corynebacterium diphtheriae hervorgerufen.

Die Übertragung der seit dem Altertum bekannten Erkrankung erfolgt in erster Linie durch Tröpfcheninfektion, kaum durch Gegenstände.

Die Inkubationszeit beträgt 2 bis 5 Tage und weist unterschiedliche Schweregrade auf.

Insbesondere durch die Erweiterung der Grenzen nach Osten mit dem stark zugenommenen Reiseverkehr von und nach Osten in die Länder der ehemaligen Sowjetunion wird eine deutliche Zunahme an Erkrankungen beobachtet. Auch die Einwanderung großer Bevölkerungszahlen aus diesen Gebieten hat die Erkrankungsziffern rasch ansteigen lassen.

Berufliche Exposition

Betroffen sind in erster Linie

- medizinische Berufe (Ärzte, Pflegepersonal insbesondere in Infektionsbereichen, Intensivstationen, HNO- und Kinderkliniken),

- soziale Berufe, besonders aber auch Mitarbeiter bei der Betreuung von Asylbewerbern und Aussiedlern,

- Auslandstätigkeiten (z.B. Montage, Entwicklungshelfer) oder dienstliche Auslandsreisen mit engem Kontakt zur einheimischen Bevölkerung,

- Beschäftigte mit Publikumsverkehr.

Arbeitsmedizinische Bedeutung und Maßnahmen (Schutzmaßnahmen)

Die Tatsache, dass eine langanhaltende Immunität nach Erkrankung nicht besteht, deutet auf eine besondere Sorgfalt bei der Erhebung des Immunitätsgrades (Erkrankung oder Impfung) hin. Alle Erwachsenen ab dem 25. Lebensjahr sollten im Abstand von 10 Jahren wegen nachlassender Immunität eine Auffrischungsimpfung erhalten (in der Regel in Kombination mit einer Impfung gegen Tetanus als so genannter Td-Impfstoff).

Es muss immer wieder darauf hingewiesen werden, dass bei der Betreuung von Erkrankten nur Personal eingesetzt wird, das über einen ausreichenden Impfschutz verfügt. Das betrifft nicht nur das Personal, das die direkte Betreuung, Pflege und Behandlung von Erkrankten übernimmt, sondern auch alle anderen Bereiche (Labor, Röntgen, Funktionsbereiche, Beratungsbereiche).

Einstufung in Risikogruppe 2 (TRBA 466)

Nach dem IfSG (§ 6) besteht Meldepflicht bei Krankheitsverdacht, Erkrankung und Tod, nach § 34 Abs. 1 Tätigkeits- und Besuchsverbot für Gemeinschaftseinrichtungen.

Impfstoffe, Impfschema, Impfempfehlungen der STIKO

Gegen Diphtherie steht ein wirksamer Impfstoff zur Verfügung. Er kann allein eingesetzt werden, wird aber auch von der STIKO in Kombination mit einer Impfung gegen Tetanus alle 10 Jahre empfohlen.

Grundimmunisierung: 3 Impfungen im Abstand von 4–6 Wochen (1→ 2) und 6–12 Monaten (2 → 3)

Beginn und Dauer des Impfschutzes: Der Impfschutz beginnt 14 Tage nach der 2. Impfung und hält etwa 10 Jahre an.

Die Impfung sollte tief intramuskulär erfolgen.

Die Biostoffverordnung sowie die Verordnung zur arbeitsmedizinischen Vorsorge schreiben keine verpflichtende Impfung für Tätigkeiten mit erhöhtem Gefährdungsgrad vor. Man sollte aber davon ausgehen, dass die allgemein empfohlenen Impfungen in Anspruch genommen werden und dies erst recht bei besonderer beruflicher Belastung gegenüber der Allgemeinbevölkerung.

Postexpositionelle Prophylaxe

Bei einer Exposition ohne ausreichenden Schutz sollte entsprechend dem Ergebnis eines Nasenrachenabstriches über eine mögliche Chemotherapie entschieden werden, bei nachgewiesener Erkrankung der Kontaktperson Gabe von Diphtherie-Antitoxin sowie Penicillin (Erythromycin).

7.3.1.2 Keuchhusten (Pertussis) (G 42.17)

Erreger und Erkrankung, Verlauf

Die Bordetellen als Erreger des Keuchhustens (Pertussis genannt) sind kurze gram-negative Stäbchenbakterien.

Durch die mögliche Schutzimpfung trotz der weltweiten Verbreitung konnten in Westeuropa die Erkrankungszahlen deutlich zurückgedreht werden. Dennoch kommt es immer wieder einmal zu sporadischen Epidemien im Winter bis Frühjahr.

Die Inkubationszeit beträgt 1 bis 2 Wochen, wobei die Infektion in erster Linie durch Tröpfcheninfektion übertragen wird. Meist zeigen die Erkrankten noch keine Anzeichen der Erkrankung, wenn sie andere anstecken, daher ist auch die Empfänglichkeit in nicht geimpften Bevölkerungsgruppen sehr hoch.

Eine Meldepflicht nach IfSG besteht nicht, dafür aber bei Massenerkrankungen in öffentlichen Einrichtungen.

Berufliche Exposition

Eine berufliche Exposition besteht insbesondere dort, wo Kinder und Jugendliche sowohl medizinisch als auch erzieherisch betreut werden. Warum insbesondere Schulen nach den Festlegungen der BioStoffV in der Fassung der neuen ArbMedVV davon ausgenommen werden, bleibt ungeklärt und unverständlich. Sie sollten aber einbezogen werden, da die Infektionsgefährdung durch das unterrichtende Personal ebenso groß ist wie bei Erzieherinnen in anderen Bereichen. Für Beschäftigte in Vorschuleinrichtungen hat der Gesetzgeber mit der Novellierung der Biostoffverordnung sowie der neuen ArbMedVV die Impfung gegen Keuchhusten als verpflichtend erklärt und damit zu einer Tätigkeitsvoraussetzung gemacht.

Gefährdete Gruppen/Arbeitsbereiche sind

• medizinisches Personal, insbesondere in der Kinderheilkunde,

• Erziehung und Betreuung von Kindern und Jugendlichen (Lehrer, Erzieher, Sozialarbeiter, Beschäftigte in Kindergärten, Kindertagesstätten, Kinderheimen, Gemeinschaftseinrichtungen, Grundschulen).

Arbeitsmedizinische Bedeutung und Maßnahmen (Schutzmaßnahmen)

In den genannten Einrichtungen sollten die einschlägigen Hygienemaßnahmen ergriffen werden. Direkte Bedeutung hinsichtlich des Berufserkrankungsrisikos ist nicht bekannt. Eine Isolierung der Patienten soll für 5–7 Tage sinnvoll sein.

Einstufung in Risikogruppe 2 (TRBA 466)

Eine Meldepflicht nach § 6 IfSG besteht nicht, wohl aber nach § 34 Abs. 1 ein Tätigkeits- und Besuchsverbot für Gemeinschaftseinrichtungen.

Impfstoffe, Impfschema, Impfempfehlungen der STIKO

In **pädiatrischen Abteilungen** (stationäre und ambulante Einrichtungen der Humanmedizin) sowie in der **Infektionsmedizin** ist die Impfung gegen Keuchhusten **obligat vorgeschrieben**, ansonsten wird empfohlen, die Impfung alle 10 Jahre zu erneuern, wenngleich bekannt ist, dass die Impfung nur bei einem Prozentsatz von 70–90 % der Geimpften zu einem wirksamen Schutz führt.

Grundimmunisierung: Sie sollte wegen der Schwere des klinischen Verlaufes im Kindesalter unbedingt durchgeführt werden.

Auffrischungsimpfung: Für beruflich belastete Personen (z.B. Personen im Gesundheitsdienst sowie Gemeinschaftseinrichtungen, in der Kindermedizin, Kinderbetreuung im Vorschulalter) empfiehlt die STIKO 1 Dosis Pertussis-Impfstoff, sofern nicht in den letzten 10 Jahren eine Pertussis-Impfung stattgefunden hat. Die Impfung kann nur noch mit einem Kombi-Impfstoff durchgeführt werden, da es einen monovalenten Impfstoff auf dem Markt nicht mehr gibt.

Beginn und Dauer des Impfschutzes: Der Impfschutz beginnt etwa 4 Wochen nach der 3. Impfung (Grundimmunisierung) und hält etwa 10 Jahre an, nach Erkrankung etwas länger (10–15 Jahre).

Postexpositionelle Prophylaxe

Ein früher verwendetes Hyperimmunglobulin zur passiven Immunisierung hat sich als nicht wirksam erwiesen und wird nicht mehr empfohlen. Bei engem Kontakt mit ansteckungsfähigen Pertussispatienten sollte eher eine Chemotherapie erwogen werden.

7.3.1.3   Meningokokken-Infektion (G 42.22)

Erreger und Erkrankung, Verlauf

Die Meningokokken gehören zur Familie der Neisserien und sind meist paarweise zusammengelagerte gramnegative Kokken (semmelförmige Diplokokken). Sie wachsen in der Regel unter Anwesenheit von Sauerstoff, kommen aber auch ohne diesen aus. Sie können wochenlang im Menschen vorhanden sein, ohne krank zu machen (so genannter Trägerstatus). Wenn die Krankheit dann ausbricht, ist sie unter dem Begriff der eitrigen Hirnhautentzündung (Meningitis) bekannt. Die Übertragung geschieht als Tröpfcheninfektion, eine Immunität hält nicht lange an. Die Inkubationszeit beträgt in der Regel 1–10 Tage.

Berufliche Exposition

Die häufigste Möglichkeit einer beruflichen Belastung besteht bei der Pflege und Behandlung von Erkrankten, daneben stehen Auslandstätigkeiten im so genannten Meningitisgürtel Afrikas (Sahelzone), Brasilien, Arabien, Südasien, Nordamerika, wenn enge Beziehungen zur einheimischen Bevölkerung bestehen.

Arbeitsmedizinische Bedeutung und Maßnahmen (Schutzmaßnahmen)

Die arbeitsmedizinische Bedeutung besteht überwiegend im Bereich des Gesundheitswesens sowie der Wohlfahrtpflege. Hier könnte bei besonderer Gefährdung ein Impfstoff angeboten werden, dessen Wirkung 4–6 Wochen nach Impfung eintritt. Auch eine passive Immunisierung mit einem Immunglobulin ist möglich, sinnvoller erscheint aber die Einleitung einer gezielten Chemoprophylaxe. Diese ist umso sinnvoller, da der Impfschutz etwa 2–5 Jahre anhält, aber nicht gegen die hierzulande vorherrschenden (75 %) B-Gruppen-Infektionen gerichtet ist.

Die Erkrankten müssen auf alle Fälle isoliert werden (mindestens bis 24 Stunden nach Therapiebeginn). Ansonsten sind die notwendigen Maßnahmen der Hygiene, wie Desinfektion und Reinigung notwendig.

Einstufung in Risikogruppe 2 (TRBA 466)
Nach § 6 IfSG besteht eine namentliche Meldepflicht bei Krankheitsverdacht, Erkrankung und Tod. Werden in Gemeinschaftseinrichtungen Tatsachen einer möglichen Infektion bekannt, hat der Leiter unverzüglich nach § 34 Abs. 6 IfSG das zuständige Gesundheitsamt zu informieren. Es besteht Tätigkeits- und Besuchsverbot für Gemeinschaftseinrichtungen.

Impfstoffe, Impfschema, Impfempfehlungen der STIKO

Die STIKO empfiehlt eine Indikationsimpfung bei folgenden Risikogruppen:

- gesundheitlich Gefährdete (Personen mit Immundefekten),
- Reisende in endemische Gebiete, besonders bei engem Kontakt zur einheimischen Bevölkerung (berufliche Reisen),
- Schüler/Studenten bei Langzeitaufenthalten in Länder mit empfohlener Impfung für Jugendliche,
- gefährdetes Laborpersonal.

Es stehen mehrere Arten von Impfstoffen zur Verfügung. Eine Grundimmunisierung gibt es nicht, nur eine Indikationsimpfung.

Beginn und Dauer des Impfschutzes: Der Impfschutz beginnt etwa 10 Tage nach der Impfung und hält ca. 3 Jahre an.

7.3.1.4   Salmonella typhi (G 42.32)

Erreger und Erkrankung, Verlauf

Salmonellen sind gramnegative Stäbchenbakterien, die aufgrund ihrer krankmachenden Eigenschaften in 2 große Gruppen unterschieden werden:

- die so genannten enteritischen Salmonellen, die eine Enteritis (Darmentzündung) verursachen und
- die typhösen Salmonellen, die die beiden teilweise schweren Erkrankungen Typhus (Salmonella typhi) und Paratyphus (Salmonella paratyphi) verursachen.

Die Inkubationszeit beträgt 3–60 Tage, die Übertragung erfolgt auf dem Wege der Schmierinfektion.

Berufliche Exposition

Die meisten Salmonellenfälle gehen auf eine eingeschleppte Erkrankung zurück, meist aus Ländern mit einem niedrigen Hygienestandard.

Bei der Betreuung und Behandlung von Erkrankten ist eine Isolierung von Erkrankten mit S. enteritidis nicht erforderlich, wenn eine separate Toilette vorhanden ist. Bei S. typhi ist es besser, eine Isolierung vorzunehmen.

Gefährdete Gruppen/Tätigkeiten sind besonders

- Betreuungspersonal in Gesundheitseinrichtungen, insbesondere in der Pädiatrie, Gastroenterologie und Pathologie,

- Erziehung und Betreuung von Kindern und Behinderten (Kindergärtnerinnen, Sozialarbeiter, sonstiges Personal),
- Auslandstätigkeiten in Ländern mit niedrigen Hygienestandard (Montagearbeiter, Entwicklungshelfer, Touristikmitarbeiter),
- Labortätigkeiten (insbesondere in mikrobiologischen und Stuhllaboratorien).

Arbeitsmedizinische Bedeutung und Maßnahmen (Schutzmaßnahmen)

Zur Vermeidung von möglichen Infektionen sollten strenge sanitäre und sonstige Hygienemaßnahmen erfolgen, insbesondere ausreichende thermische Behandlung von Nahrungsmitteln und Kochen von Trinkwasser.

Nach dem IfSG dürfen Erkrankte, Erkrankungsverdächtige, Ausscheidungsverdächtige und Ausscheider nicht in Lebensmittelbetrieben arbeiten. Strenge Bestimmungen gibt es auch bei Lehrern, Schülern, Schulbediensteten, für Säuglings- und Kinderheime, Kindergärten und ähnliche Einrichtungen. Wiederzulassung ist nach klinischer Gesundung sowie 3 negativen Stuhlproben möglich, das gleiche gilt auch für Ausscheider.

Einstufung in Risikogruppe 3 ** (TRBA 466; alle anderen Salmonellenarten (S. paratyphi, S. enterititis, S. typhimurium) Risikogruppe 2 (TRBA 466). Meldung von Verdacht, Erkrankung und Tod nach § 6 IfSG. Leiter von Gemeinschaftseinrichtungen haben nach § 34 Abs. 6 IfSG eine Meldung an das zuständige Gesundheitsamt zu richten, wenn Verdachtsmomente einer Erkrankung bestehen.

Impfstoffe, Impfschema, Impfempfehlungen der STIKO

Eine Schutzimpfung mit Lebend- und Totimpfstoff ist möglich. Lebendimpfstoff wird oral (Schluckimpfung) gegeben, der Totimpfstoff wird s.c. oder i.m. einmalig verabreicht (Herstellerangaben beachten).

Beginn und Dauer des Impfschutzes: Bei oraler Gabe Schutz ab 10 Tage nach der letzten Kapsel, Schutzdauer 1–3 Jahre, die Schutzdauer nach Injektion beträgt etwa 3 Jahre.

7.3.1.5   Streptokokken-Infektion (G 42.34)

Erreger und Erkrankung, Verlauf

Streptokokken sind halskettenförmig aneinandergereihte Kugelbakterien, die in Form von Tröpfchen- und Schmierinfektion übertragen werden. Die Streptokokken sind für eine ganze Reihe von Wundinfektionen und andere Entzündungen (z.B. Lungenentzündung) verantwortlich und stellen auch den Erreger des Scharlachs.

Berufliche Exposition

Im Berufsleben hat die größte Bedeutung der Scharlach (durch beta-hämolysierende Streptokokken der Gruppe A) erreicht. Die gefährdeten Gruppen/Tätigkeiten sind demzufolge auch

- medizinisches Personal (Ärzte, Zahnärzte, sonstiges medizinisches Personal), insbesondere in Kinderabteilungen
- Tätigkeiten mit Kindern und Jugendlichen (Lehrer, Kindergärtnerinnen, Sozialarbeiter)
- Personal in Laborbereichen (medizinische und mikrobiologische Laboratorien).

Arbeitsmedizinische Bedeutung und Maßnahmen (Schutzmaßnahmen)

Bedeutung in der Arbeitmedizin haben im Wesentlichen die beta-hämolysierenden Streptokokken Gruppe A (Scharlacherkrankung) bei der Betreuung von Erkrankten sowie im Umgang mit Kindern und Jugendlichen.

Wiederzulassung (Gemeinschaftseinrichtungen) bei antibiotischer Behandlung ab dem 2. Tag, ansonsten nach Abklingen der Krankheitssymptome und frühestens nach drei Wochen.

Einstufung in Risikogruppe 2 (TRBA 466)

Meldepflicht nach § 6 IfSG besteht bei Scharlach und anderen Streptococcus-pyogenes-Infektionen nicht, allerdings besteht eine Meldepflicht an das Gesundheitsamt nach § 34 IfSG für Leiter von Gemeinschaftseinrichtungen beim Auftreten von Scharlach.

Impfstoffe, Impfschema, Impfempfehlungen der STIKO

Für Streptococcus pyogenes (Scharlach) gibt es keinen wirksamen Impfstoff, für Streptococcus pneumoniae (Lungenentzündung) gibt es einen brauchbaren Impfstoff. Nach der STIKO wird dieser außer bei Kindern mit bestimmten Grundkrankheiten bei Erwachsenen ab 60 Jahren alle 5 Jahre empfohlen.

Dauer des Impfschutzes: Der Impfschutz sollte alle 6 Jahre erneuert werden.

7.3.1.6   Tetanus (G 42.35)

Erreger und Erkrankung, Verlauf

Der Erreger des Tetanus (Wundstarrkrampf) gehört zur Gruppe der Clostridien, ein Stäbchenbakterium, das streng unter Ausschluss von Sauerstoff wächst und Sporen bildet, die im Erdreich überall verbreitet sein können. Diese Sporen sind äußerst widerstandfähig und können dabei Jahrzehnte im Erdboden überdauern. Die Infektion geschieht durch Verletzungen der Haut, durch die Tetanussporen ins Gewebe gelangen können.

Berufliche Exposition

Exponiert gegenüber Tetanus sind alle Menschen, die Erdkontakt haben, also alle Berufe in der Land- und Forstwirtschaft, in der Bauwirtschaft, die in der Betreuung und Pflege von Tieren beschäftigt und häufigen Bagatellverletzungen ausgesetzt sind. Betroffen sind auch alle militärischen Berufe, Polizei und Rettungskräfte aller Art. Insbesondere sind natürlich diejenigen Personen gefährdet, bei denen kein ausreichender Impfschutz besteht.

Arbeitsmedizinische Bedeutung und Maßnahmen (Schutzmaßnahmen)

Der beste Schutz gegen Tetanus ist die ausreichende Impfung. Arbeitgeber und Betriebsarzt sollten gleichermaßen daran interessiert sein, den Impfschutz der Beschäftigten zu überprüfen und bei Bedarf aufzufrischen.

Einstufung in Risikogruppe 2 (TRBA 466)

Es besteht keine Meldepflicht nach § 6 IfSG.

Impfstoffe, Impfschema, Impfempfehlungen der STIKO

Für eine aktive Immunisierung gibt es seit vielen Jahren einen Tetanus-Adsorbat-Impfstoff.

Die **Grundimmunisierung** umfasst 3 Impfungen im Abstand von 4–8 Wochen nach der ersten Impfung und 6–12 Monate nach der ersten Impfung.

Injektion tief intramuskulär, früher in den Gesäßmuskel, heute bei guter Verträglichkeit nur noch in den Oberarm.

Auffrischungsimpfung: Eine Auffrischung sollte alle 10 Jahre erfolgen. Heute stehen zahlreiche Kombinationsimpfstoffe zur Verfügung, bei denen gegen mehrere Krankheiten gleichzeitig geimpft werden kann. Die STIKO empfiehlt die Kombination vorzugsweise als Td-Impfung (Tetanus und Diphtherie), T bzw. Tdap (Tetanus, Diphtherie und Keuchhusten) oder Tdap – IPV (Tetanus, Diphtherie, Keuchhusten und Kinderlähmung).

Postexpositionelle Prophylaxe

Nach einer Verletzung gibt es ein anderes Vorgehen. Hier kann auch simultan eine aktive und eine passive Immunisierung kombiniert werden. Einzelheiten sind der entsprechenden Fachliteratur zu entnehmen oder den STIKO-Empfehlungen.

7.3.1.7 Tuberkulose (G 42.37)

Erreger und Erkrankung, Verlauf

1882 entdeckte Robert Koch das Mycobacterium tuberculosis und leitete eine neue Ära in der Erkennung von Erkrankungen und ihrer Zusammenhänge mit einer Infektion ein. Damals war die Tuberkulose (auch als Schwindsucht bezeichnet) eine der häufigsten Todesursachen in Europa.

Die Stäbchenbakterien, von denen es mittlerweile eine Vielzahl gibt (die bekanntesten sind das Mycobacterium tuberculosis als Erreger der menschlichen Tuberkulose und Mycobacterium bovis als Erreger der Rindertuberkulose), sind unbeweglich und wachsen nur unter Anwesenheit von Sauerstoff.

Auch heute ist die Tuberkulose noch weltweit eine der häufigsten Infektionserkrankungen. Nach WHO-Mitteilungen muss man jährlich mit mehr als 20 Millionen Infizierter, ca. 9 Millionen Neuerkrankungen und mindestens 3 Millionen Todesfällen rechnen, wobei die Entwicklungsländer am stärksten betroffen sind.

Die Tuberkulose wird fast ausschließlich durch Tröpfcheninfektion von Mensch zu Mensch übertragen (Husten und Niesen von erregerhaltigen Aerosolen), die dann von einem anderen Menschen eingeatmet werden.

Die Inkubationszeit beträgt bei der Tuberkulose 4 bis 8 Wochen, kann aber auch länger sein.

Man unterscheidet 2 Arten der Tuberkulose, eine offene und eine geschlossene. Bei der offenen Tuberkulose gelingt der Nachweis der Erreger im mikroskopischen Präparat, wenn eindeutig klinische Zeichen einer Tuberkulose nachweisbar sind. Bei der geschlossenen Form der Tuberkulose sind zwar die klinischen Symptome vorhanden, der Erregernachweis gelingt aber nicht (Proben von drei aufeinander folgenden Tagen sind mikroskopisch negativ).

Nach dem Infektionsschutzgesetz besteht eine namentliche Meldepflicht bei Erkrankung und Tod sowie bei Erregernachweis durch das Labor.

Berufliche Exposition

Eine Exposition gegenüber Tuberkuloseerregern besteht bei

- allen Berufen, die mit der Diagnostik und Behandlung von Erkrankten zu tun haben (insbesondere Lungenheilkunde, Pathologie, Infektionsstationen, Aufnahmebereiche, Intensivstationen, HNO-Kliniken, Laborbereiche),

- engem Kontakt mit Personen aus Gebieten der Erde, in denen Erkrankungen sehr häufig sind,

- beruflichem Auslandseinsatz (Montagearbeiten, Entwicklungshelfer, Touristikbranche, Reisebegleiter); dieser birgt immer das Risiko einer Ansteckung in sich, erst recht, wenn in dem Aufenthaltsland schlechte hygienische Bedingungen herrschen,

- Mitarbeitern beim Zoll, Polizei und Grenzschutz,

- fliegendem Personal,

- Heimen für Asylanten und Aussiedler.

Arbeitsmedizinische Bedeutung und Maßnahmen (Schutzmaßnahmen)

Besondere Bedeutung hat die Tuberkulose im Bereich des Gesundheitsdienstes und der Wohlfahrtspflege, da hier die Möglichkeit, mit Patienten und Betreuten in näheren Kontakt zu kommen, recht groß ist. Die Tuberkulose ist nicht umsonst die zweithäufigste berufsbedingte Infektionskrankheit. Nach dem Rückgang nach dem Zweiten Weltkrieg ist die Häufigkeit in den letzten Jahren wieder deutlich angestiegen, nicht zuletzt durch die erhöhte Reisetätigkeit, die Migrationsbewegungen aus Ländern der Dritten Welt und insbesondere durch Öffnung der Ostgrenzen (Länder der ehemaligen Sowjetunion).

Bei Erkrankungen (geschlossene Tuberkulose) ist eine Isolierung von Personen nicht erforderlich, wenn entsprechende hygienische Normen eingehalten werden. Bei einer offenen Tuberkulose ist unbedingt eine Isolierung notwendig, die Hygiene- und Desinfektionsmaßnahmen sind besonders streng zu halten.

Die arbeitsmedizinischen Vorsorgeuntersuchungen sind in Tuberkuloseabteilungen sowie pulmologischen Einrichtungen verpflichtend (ArbMedVV), dazu zählen auch alle Tätigkeiten wie Instandsetzung, Reinigung, Reparatur, Wartung, Transport und Entsorgung, die häufig vernachlässigt werden.

In allen anderen Bereichen, die sich um Pflege und Betreuung von Kranken, älteren Menschen und Pflegebedürftigen kümmern, muss entsprechend dem eben Erwähnten vorgegangen werden. Hier erhält die Gefährdungsbeurteilung einen ganz besonderen Stellenwert.

Da es keine Impfung gegen Tuberkulose gibt (die BCG-Impfung kann leider eine Infektion oder Erkrankung nicht verhindern, was man immer geglaubt hatte), muss der Überwachung der betroffenen Personen besondere Aufmerksamkeit gewidmet werden. Eine generelle Röntgen-Aufnahme des Thorax (Brustkorbes) wird heute bei gefährdeten Tätigkeiten auch nicht mehr empfohlen, dafür aber bei berechtigter Annahme einer berufsbedingten Infektion.

In der Praxis hat es sich bewährt, bei berechtigtem Verdacht auf eine mögliche Ansteckung die jeweiligen Mitarbeiter zu erfassen, dem Betriebsarzt vorzustellen, der dann ein engmaschiges Diagnostik- und Überwachungsprogramm durchführt. Eine sehr detaillierte spezielle Diagnostik wird nur in wenigen Ausnahmefällen notwendig werden. Ein Tätigkeitsverbot resultiert daraus nicht.

Nach § 6 IfSG besteht Meldepflicht bei Erkrankung und Tod (Einstufung in Risikogruppe 3 (TRBA 466)).

Impfstoffe, Impfschema, Impfempfehlungen der STIKO

In der ehemaligen DDR bestand Pflicht zur BCG-Impfung für Neugeborene (in der ersten Woche) sowie für 16-jährige tuberkulinnegative Personen. Die Impfung Neugeborener wurde in der BRD auf freiwilliger Basis durchgeführt und wird seit 1975 wegen hoher Komplikationsraten und Wirkungslosigkeit nicht mehr empfohlen. Die Impfung erschwert zudem die Beurteilung einer Tuberkulintestung im Rahmen einer notwendigen Tuberkulosediagnostik.

Für die arbeitsmedizinische Routinepraxis sind zwei diagnostische Methoden zur Diagnostik einer Tuberkulose neben der Röntgenuntersuchung des Brustkorbes von Bedeutung:

* Tuberkulin-Stempeltest (seit 2005 nicht mehr möglich),
* intrakutaner Tuberkulintest nach Mendel-Mantoux.

Einzelheiten der Durchführung dieser Teste sowie der Beurteilbarkeit sollen nicht beschrieben werden und können der jeweiligen Fachliteratur entnommen werden.

7.3.2   Erkrankungen durch Viren

Viren stehen zwischen lebenden Organismen und toter Materie. Ihre Gefährlichkeit besteht darin, dass sie in der Lage sind, Erbinformationen in Form von DNS (Desoxyribonukleinsäure) oder RNS (Ribonukleinsäure) zu besitzen, die sich in Wirtszellen (z.B. des Menschen) vermehren und dabei zu erheblichen Schädigungen führen können.

Viren sind wesentlich kleiner als Bakterien und bereiten aufgrund ihrer besonderen Struktur bei der Bekämpfung oder der Vorbeugung von Infektionen große Probleme. Auch die Herstellung von Impfstoffen ist besonders schwierig, woraus in der Regel auch ihr hoher Preis resultiert.

7.3.2.1 AIDS (HIV-Infektion) (G 42.16)

Erreger und Erkrankung, Verlauf

Die humanen Immundefizienzviren 1 und 2 (HIV-1, HIV-2) gehören zur Familie der Retroviren. Man nimmt an, dass die Infektion primär vom Schimpansen auf den Menschen übertragen wurde und sich dann stark weiter verbreitete. Auch heute findet man noch in West- und Zentralafrika den höchsten Durchseuchungsgrad in der einheimischen Bevölkerung.

Die Übertragungswege sind folgende: Sexualkontakte, parenterale Übertragung von Blut (Blut, Blutprodukte, Benutzung nicht ausreichend sterilisierter Injektionsbestecke), im Mutterleib über die Plazenta (diaplazentar), durch Stillen.

Meldepflicht (nichtnamentlich) bei direktem und indirektem Erregernachweis, wenn er auf eine akute Infektion hinweist. Wichtig zu erwähnen ist, dass eine anonyme Laborberichtspflicht besteht.

Berufliche Exposition

In erster Linie betrifft die berufliche Gefährdung alle Berufsgruppen, die häufig mit Blut- und Blutbestandteilen sowie anderen Körperflüssigkeiten und Körpergeweben umgehen und sich hier mit diesen Bestandteilen an kontaminierten Gegenständen verletzen. Die potenziell gefährdeten Risikokollektive sind Drogenabhängige, Insassen von Strafvollzugsanstalten, Prostituierte usw. Natürlich ist bei dienstlichem Aufenthalt in hochgefährdeten Regionen der Erde (z.B. Zentralafrika) das Infektionsrisiko auch entsprechend erhöht. Strafvollzugsbeamte, Polizei, Sicherheitsdienste sowie Personal von Drogeneinrichtungen haben ebenfalls ein erhöhtes Infektionsrisiko.

Dieser beschriebenen Gefährdung steht gegenüber, dass die Infektiosität der HIV-Erreger um ein Vielfaches niedriger ist als beispielsweise bei Hepatitis-B-Viren (Verhältnis etwa 1:100) oder der Hepatitis-C-Viren (Verhältnis etwa 1:10).

Ein erhöhtes berufliches Risiko besteht natürlich auch bei der Behandlung und Pflege von Erkrankten sowie in Laborbereichen, die mit Blut- und Blutbestandteilen arbeiten.

Arbeitsmedizinische Bedeutung und Maßnahmen (Schutzmaßnahmen)

In erster Linie betrifft es den Umgang mit infizierten Patienten mit der potentiellen Verletzungsgefahr und damit verbundener Gefahr der Infektion. Die Zahl derjenigen Personen ist aber glücklicherweise sehr gering.

Da es bislang keine Impfung gibt und auch die Maßnahmen einer postexpositionellen Prophylaxe heute noch recht begrenzt sind, muss auf die Einhaltung allgemeiner Hygieneregeln sowie den sorgfältigen Umgang mit potenziell gefährdetem Patientenmaterial besonderer Wert gelegt werden. Besonders muss auch darauf geachtet werden, dass keine Blutspritzer in die Augen kommen (Schutzbrille) (z.b. in allen operativen Bereichen sowie Laborbereichen).

Einstufung in Risikogruppe 3 ** (TRBA 462)
Eine Meldepflicht nach § 6 IfSG besteht nicht (Krankheitsverdacht, Erkrankung und Tod).

Postexpositionelle Prophylaxe

Vorgehen im Falle einer gesicherten oder vermeintlichen HIV-Infektion:		
Kontakt mit unverletzter Haut	Stich- oder Schnittverletzung	Kontamination von geschädigter Haut, Auge oder Mundhöhle
↓	↓	↓
Verunreinigung ggf. erst aufnehmen bzw. reinigen (z. B. mit Zellstoff). Händedesinfektion bzw. Hautantiseptik je nach Lokalisation mit viruswirksamen Hautantiseptika (Ethanolgehalt > 80 %) ggf. mehrfach wiederholen.	Blutfluss fördern durch Druck auf das umliegende Gewebe (≥ 1 min) (chirurgische Intervention nur, wenn zeitgleich fachlich möglich).	Intensive Spülung mit nächstmöglich erreichbarem Wasser oder Kochsalz, ggf. PVP-Jod-Lösung. Bei Augenspülung Tränengang abdrücken, dann Wasserdusche wie bei Verätzung (z. B. 10 min).
	↓	↓
	Intensive antiseptische Spülung bzw. Anlegen eines antiseptischen Wirkstoffdepots: *Haut:* Hautantiseptika mit einem Ethanolgehalt von > 80 %. *Mund-* *höhle:* 100 ml unvergälltes Ethanol 80 Vol.-%. *Auge:* Sterile 5 %ige PVP-Jod-Lösung als Apothekenzubereitung gem. DAB oder Betaisodonna®-Verdünnung 1:1 mit sterilem Aqua dest.	

Abb. 7.1:   Schema zum Vorgehen bei Verdacht auf HIV-Infektion
Quelle: Hülße, Ch. et al. Infektionskrankheiten 2002 [15]

Das Schema (Abb. 7.1) zeigt nur die ersten Sofortmaßnahmen. Für weitere Informationen hat sich die Empfehlung einer Deutsch-Österreichischen Expertenkommission vom 11. Mai 1998 (Aktualisierung Januar 2008) bisher am geeignetsten erwiesen. Weiterhin ist das Robert Koch-Institut in Berlin fortlaufend bestrebt, dem aktuellen Wissensstand entsprechende Empfehlungen zu erarbeiten, die über das Internet (www.rki.de) abrufbar sind.

7.3.2.2 FSME (Frühsommer-Meningoenzephalitis) (G 42.7)

Erreger und Erkrankung, Verlauf

Das FSME-Virus kommt endemisch in Süddeutschland (Bayern, Baden-Württemberg, Hessen, Rheinland-Pfalz), in Österreich (Hochendemiegebiet), in der Schweiz und in Osteuropa vor. Das Virus kann nur vom Tier auf den Menschen (so genannte Zoonose) übertragen werden, wobei in Hochendemiegebieten jede 100. bis 500. Zecke (volkstümlich gemeiner Holzbock genannt) infiziert ist und das Virus weitergeben kann.

Berufliche Exposition

Beruflich exponiert sind alle Personen in den betroffenen Gebieten, die Tätigkeiten im Wald, in Baumschulen, Baumkulturen, in der Land- und Fortwirtschaft ausüben.

Arbeitsmedizinische Bedeutung und Maßnahmen (Schutzmaßnahmen)

In erster Linie sollte ein effektiver Impfschutz (siehe unten) angestrebt werden, da es eine dafür geeignete Impfung gibt. Ansonsten wird empfohlen, schützende Kleidung zu tragen, die die Zugänglichkeit der Zecken erschwert (lange Ärmel, lange Hosen usw.). Helle Kleidung erleichtert das Absuchen nach Zecken nach der Tätigkeit. Sollte es dennoch zu einem Zeckenbiss gekommen sein, sollte die Zecke sachgerecht entfernt werden.

Einstufung in Risikogruppe 3 ** (TRBA 462)
Es besteht nach § 6 IfSG keine Meldepflicht bei Erkrankung und Tod.

Während die FSME-Impfung üblicherweise fakultativ angeboten wird, ist sie für Tätigkeiten in der Land- und Forstwirtschaft sowie der Tierproduktion in Endemiegebieten obligat, d.h., der Arbeitgeber muss seinen gefährdeten Mitarbeitern die Impfung kostenlos anbieten.

Impfstoffe, Impfschema, Impfempfehlungen der STIKO

Für die aktive Impfung stehen Adsorbat-Impfstoffe zur Verfügung. Es werden in der Regel 3 Impfungen (2. Impfung nach 4 Wochen, 3. Impfung nach 9–12 Monaten) als **Grundimmunisierung** empfohlen. Eine **Auffrischungsimpfung** (Boosterung) wird nach 1–5 Jahren (im Mittel 3 Jahren) erforderlich (siehe Herstellerangaben). Die Impfung wird intramuskulär in den Oberarm gegeben und ist gut verträglich.

Beginn und Dauer des Impfschutzes: Der Impfschutz beginnt 2 Wochen nach der 2. Impfung und reicht in der Regel für die Dauer von 3 Jahren.

Postexpositionelle Prophylaxe

Zur postexpositionellen Prophylaxe bei ungeimpften Personen stehen FSME-Immunglobuline zur Verfügung. Man sollte aber für diese Prophylaxe beachten, dass sie innerhalb von 4 Tagen nach dem Zeckenbiss zu erfolgen hat.

7.3.2.3 Hepatitis A (G 42.9)

Erreger und Erkrankung, Verlauf

Die Hepatitis A hat mit etwa 1,5 Millionen geschätzten Erkrankungsfällen und etwa 15 000 Todesfällen jährlich eine weltweite Verbreitung. Bei der Häufigkeit muss man allerdings zwischen Regionen mit hoher, mittlerer und geringer Häufung unterscheiden. Insbesondere richten sich die Zahlen nach dem jeweiligen Hygienestandard in der betreffenden Region. Deutschland zählt zu den Niedrigendemiegebieten. So wird heute bei Personen unter 40 Jahren nur etwa bei 20 % eine Immunität beobachtet. Die jüngeren Menschen liegen sogar noch darunter.

Die Hepatitis A wird in erster Linie durch eine fäkal-orale Infektion übertragen. Meist ist es keine direkte Übertragung, sondern auf dem „Umweg" über kontaminierte Speisen und Getränken. Verunreinigtes Wasser spielt neben der Düngung von Feldfrüchten mit menschlichen Ausscheidungen eine besondere Rolle. In vielen Ländern ist der Verzehr ungenügend gekochter Meeresfrüchte die Hauptinfektionsquelle (Mittelmeerraum).

Von großer Bedeutung ist die Tatsache, dass es bei erkrankten Personen bereits etwa 14 Tage vor Ausbruch der Erkrankung zu einer Ausscheidung großer Virusmengen über den Stuhl kommt. Damit sind in dieser Zeit effektive Schutzmaßnahmen nicht möglich, da auch die Erkrankten von ihrer Erkrankung nichts merken. Andere Übertragungswege als der eben beschriebene werden diskutiert, spielen aber in der Praxis nicht die wesentliche Rolle.

Die Inkubationszeit (Zeit zwischen Ansteckung und Ausbruch der Erkrankung) liegt bei etwa 10–14 (28) Tagen. In dieser Zeit sind die Erkrankten völlig beschwerdefrei, scheiden aber riesige Mengen von Hepatitis-A-Viren mit dem Stuhlgang aus. Die Erkrankung heilt in der Regel nach 4–8 Wochen aus, in seltenen Fällen kann es auch länger dauern.

Wichtig ist, dass man als Zeichen einer durchgemachten Hepatitis-A-Infektion im Serum einen Antikörper (Anti-HAV-IgG) nachweisen kann, der die Immunität gegenüber einer weiteren Infektion signalisiert.

Berufliche Exposition

Eine berufliche Exposition gegenüber Hepatitis-A-Infektion ist bei jedem direkten oder indirekten Stuhlkontakt möglich, insbesondere, wenn es sich um Kinder und Jugendliche (vorwiegend aus Endemieländern) handelt.

Einige Berufsgruppen sind in unterschiedlichem Maße besonders gefährdet. Das hängt von der jeweiligen Expositionsmöglichkeit ab und wird in der Gefährdungsbeurteilung festgeschrieben.

Arbeitsmedizinische Bedeutung und Maßnahmen (Schutzmaßnahmen)

Die arbeitsmedizinische Bedeutung muss sehr hoch eingeschätzt werden, insbesondere bei Beschäftigten, deren Infektionsmöglichkeit durch engen Kontakt zu Kindern, Behinderten und Jugendlichen (aus Endemieländern) sehr groß ist.

Im Gesundheitswesen (z.B. Krankenhaus) sind erkrankte Personen für etwa 2 Wochen zu isolieren (eigene Toilette). Daneben sind Maßnahmen der Desinfektion aller Geräte bei Verunreinigung sowie der Ausscheidungen vorzunehmen. Patientenbezogene Schutzkleidung ist bei Kontakt mit Körperflüssigkeiten sowie Ausscheidungen der Patienten notwendig.

Gegen Hepatitis A-Erkrankungen gibt es einen wirksamen Schutz, die Schutzimpfung. Für Mitarbeiter in Behinderten- und geriatrischen Einrichtungen, in Kinderstationen sowie Laboratorien bei Tätigkeiten mit regelmäßigem Kontakt mit Stuhl im Rahmen der Pflege von Kleinkindern sowie der Betreuung von älteren und behinderten Personen ist der Impfschutz gegenüber Hepatitis A jetzt verpflichtend (Tätigkeitsvoraussetzung). Das Gleiche gilt für Tätigkeiten in Kläranlagen sowie in der Kanalisation.

Einstufung in Risikogruppe 2 (TRBA 462)

Meldepflicht besteht nach IfSG (§ 6) in Form einer namentlichen Meldung bei Erkrankung und Tod. Für Leiter von Gemeinschaftseinrichtungen besteht nach § 34 IfSG Meldepflicht an das Gesundheitsamt, wenn Zeichen einer Erkrankung beobachtet werden.

Impfstoffe, Impfschema, Impfempfehlungen der STIKO

Zur Impfung gegenüber Hepatitis A stehen Totimpfstoffe zur Verfügung. Sie werden in der Regel sehr gut vertragen und haben eine hohe Immunogenität, d.h., sie erzeugen einen sehr guten Schutz durch Erzielung einer ausreichenden Antikörperbildung.

Die STIKO (Ständige Impfkommission am Robert Koch-Institut Berlin) gab in ihrem aktuellen Epidemiologischen Bulletin (Epid. Bull. 34/2014 vom 25. August 2014 S. 305) folgende Empfehlungen zur Durchführung einer Hepatitis-A-Impfung bei gefährdetem Personal:

Gruppe B: Impfungen aufgrund eines erhöhten beruflichen Risikos, z.b. nach Gefährdungsbeurteilung entsprechend der ArbMedVV, dem G 42 und aus hygienischen Gründen

- Gesundheitsdienst (inkl. Küche, Labor, technischer und Reinigungs- bzw. Rettungsdienst, psychiatrische und Fürsorgeeinrichtungen, Behindertenwerkstätten, Asylbewerberheime)
- Durch Kontakt mit möglicherweise infektiösem Stuhl Gefährdete inkl. Auszubildende und Studenten
- Kanalisationsarbeiter- und Klärwerksarbeiter mit Abwasserkontakt
- Tätigkeiten (inkl. Küche und Reinigung) in Kindertagesstätten, Kinderheimen u.Ä.

Gruppe R: Impfungen auf Grund von Reisen

- Reisende in Regionen mit hoher Hepatitis-A-Prävalenz

Die **Grundimmunisierung** wird heute mit 2 Impfungen im Abstand von 6 Monaten durchgeführt, eine spätere Bestimmung von Antikörpern, um den Impferfolg nachzuweisen, ist nicht notwendig. Sollte es erforderlich sein, dass gleichzeitig gegen Hepatitis A und B geimpft werden soll, steht auch ein solcher Kombinationsimpfstoff zur Verfügung, mit dem dann allerdings 3-mal geimpft werden muss (0–1–6 Monate) und manchmal auch eine spätere Nachimpfung erforderlich wird.

Auffrischungsimpfung: Für eine Auffrischungsimpfung sollten die Fachinformationen zugrunde gelegt werden.

Beginn und Dauer des Impfschutzes: Der Impfschutz beginnt 7–14 Tage nach der 1. Impfung, bei einem Kombinationsimpfstoff erst 14 Tage nach der 2. Impfung. Es gibt auch Hinweise, dass der Impfschutz wahrscheinlich deutlich länger anhält.

Postexpositionelle Prophylaxe

Sollte eine Exposition ohne ausreichenden Impfschutz vorliegen, muss umgehend (10 (–14) Tage nach Exposition) mit der aktiven Immunisierung begonnen werden (Grundimmunisierung). In der Regel tritt ein ausreichender Impfschutz etwa 14 Tage nach der ersten Impfung ein. Man kann damit eventuell den Ausbruch der

Erkrankung verhindern oder zumindest den Verlauf deutlich abschwächen. Eine Gabe von Immunglobulin (enthält aktive Antikörper) gleichzeitig mit der ersten Impfung wird nach STIKO nur dann empfohlen, wenn durch eine Hepatitis A ein besonders hohes Risiko besteht.

7.3.2.4 Hepatitis B (G 42.10)

Erreger und Erkrankung, Verlauf

Das Hepatitis-B-Virus ist ein sehr widerstandfähiges Virus und kann sich selbst in getrocknetem Zustand in benutzten Kanülen mehrere Wochen halten, um dann immer noch infektiös zu sein.

Der Durchseuchungsgrad (überstandene Hepatitis B – Anti-HBc positiv) ist relativ hoch, in Mitteleuropa etwa 5–10 % der Bevölkerung, medizinisches Personal in Risikobereichen bis 30 %, in Drittländern, in Süd- und Südosteuropa über 50 %. Virusträger (HBs-Antigen positiv) findet man in Mitteleuropa zu etwa 2 %, in Drittländern bis 30 %, in Süd- und Südosteuropa bis 5 %.

Insgesamt eine höhere Durchseuchung haben Risikogruppen: i.v.-Drogenabhängige bis 80 %, geistig Behinderte in Gemeinschaftseinrichtungen, Homosexuelle, Strafgefangene bis 60 %, Prostituierte bis 30 %.

Weltweit sind zwei Milliarden Menschen mit Hepatitis B infiziert, davon sind 350 Millionen chronische Virusträger, von denen etwa 1 Million jährlich sterben. Allein in Deutschland sterben rund 1500 Menschen an den Folgen einer Hepatitis B [Nassauer-16].

Die Übertragung der Hepatitis B geschieht parenteral durch Körperflüssigkeiten (vorwiegend Blut- und Blutprodukte von Virusträgern, vorrangig durch Stich- und Schnittverletzungen oder durch kleine Wunden in der Haut).

Berufliche Exposition

Eine berufliche Exposition besteht bei allen Tätigkeiten mit direktem oder indirektem Kontakt mit menschlichem Blut, Blutbestandteilen, Körperflüssigkeiten und Geweben.

Arbeitsmedizinische Bedeutung und Maßnahmen (Schutzmaßnahmen)

In Gesundheitseinrichtungen müssen erkrankte Personen nicht isoliert werden. Wichtig sind natürlich alle Maßnahmen der Infektionsprophylaxe.

Bei allen Mitarbeitern, die gefährdet sein können, wird ein ausreichender Impfschutz angestrebt, er ist nach BioStoffV (ArbMedVV) auch eine **Tätigkeitsvoraussetzung.** Das bedeutet, dass der Arbeitgeber einen Mitarbeiter nicht mit Arbeiten beschäftigen darf, bei denen er gegenüber Hepatitis B gefährdet ist, wenn er keinen ausreichenden Impfschutz hat (siehe auch Kapitel 4.4).

Einstufung in Risikogruppe 3 ** (TRBA 462)

Meldepflicht nach § 6 IfSG: namentliche Meldung bei Verdacht, Erkrankung und Tod an akuter Hepatitis.

Impfstoffe, Impfschema, Impfempfehlungen der STIKO

Zur Schutzimpfung gegen Hepatitis B stehen seit 1986 gentechnologisch hergestellte Impfstoffe zur Verfügung, die eine hohe Wirksamkeit und sehr gute Verträglichkeit besitzen.

Die **Grundimmunisierung** besteht aus 3 Injektionen zum Zeitpunkt 0, 1 und 6 Monate.

Auffrischungsimpfung: Der Impfschutz ist sehr individuell und wird durch Bestimmung von Anti-HBs ermittelt. Bei einem Wert unter 100 U/l sollte eine Nachimpfung erfolgen. Wird dann ein Antikörpertiter 4–8 Wochen nach der letzten Impfung von > 100 U/l erzielt, reicht der Impfschutz nach neuesten Auffassungen für 10 Jahre aus. Eine Änderung der bisherigen Praxis hat es 2013 gegeben. 10 Jahre nach der letzten Impfung oder Boosterung wird der Antikörpertiter (Anti-Hbs) bestimmt. Ist es < 100 U/l, erfolgt eine Nachimpfung, danach (4–6 Wochen) eine erneute Antikörperbestimmung. Dies gilt für Personen mit besonders hohem Risiko einer Exposition gegenüber Hepatitis B.

Beginn des Impfschutzes: Der Impfschutz setzt etwa 14 Tage nach erfolgter 2. Impfung ein. Die Injektion erfolgt in den Oberarmmuskel und ist in der Regel sehr gut verträglich.

Die STIKO (Ständige Impfkommission am Robert Koch-Institut Berlin) gab in ihrem aktuellen Epidemiologischen Bulletin (Epid. Bull. 34/2014 vom 25. August 2014 S. 305) folgende Empfehlungen zur Durchführung einer Hepatitis-B-Impfung (Auswahl):

Gruppe I: Indikationsimpfung für Risikogruppen bei individuell (nicht beruflich) erhöhtem Expositions-, Erkrankungs- oder Komplikationsrisiko sowie auch zum Schutz Dritter

- Durch Kontakt mit HBs-Ag-Trägern in einer Gemeinschaft (Kindergärten, Kinderheime, Pflegestätten, Schulklassen, Spielgemeinschaften) gefährdete Personen, ggf. Patienten im psychiatrischen Einrichtungen

Gruppe B: Impfungen aufgrund eines erhöhten beruflichen Risikos, z.b. nach Gefährdungsbeurteilung entsprechend der Biostoffverordnung (ArbMedVV) und dem G 42 sowie aus hygienischen Gründen

- Gesundheitsdienst (inkl. Labor, technischer Reinigungs- bzw. Rettungsdienst), sowie Personal psychiatrischer/Fürsorgeeinrichtungen/Behindertenwerkstätten, Asylbewerberheim

- Durch Kontakt mit infiziertem Blut oder infizierten Körperflüssigkeiten Gefährdete, Auszubildende und Studenten

- Möglicher Kontakt mit infizierten Blut oder infizierten Körperflüssigkeiten (Gefährdungsbeurteilung durchführen), z.b. Müllentsorger, industrieller Umgang mit Blut-(produkten), ehrenamtliche Ersthelfer, Polizisten, Sozialarbeiter, (Gefängnis-)Personal mit Kontakt zu Drogenabhängigen

Gruppe R: Impfungen aufgrund von Reisen

- Reisende in Regionen mit hoher Hepatitis-B-Prävalenz bei Langzeitaufenthalt mit engem Kontakt zu Einheimischen

Eine postexpositionelle Prophylaxe/Riegelungsimpfung bzw. andere Maßnahmen der spezifischen Prophylaxe (Immunglobulingabe oder Chemotherapie) werden bei Verletzungen mit möglicherweise HBV-haltigen Gegenständen, z.B. Nadelstichverletzung vorgeschlagen.

In jedem Falle sollte aber eine Gefährdungsbeurteilung festlegen, wer in welchem Umfang der infektiösen Gefahr ausgesetzt ist und einen Impfschutz erhalten sollte.

Mit der Impfung gegen Hepatitis B wird gleichzeitig eine Impfung gegen den Krebs durchgeführt, da etwa 10 % der Hepatitis B-Erkrankten an einem Leberkrebs sterben.

Postexpositionelle Prophylaxe

Sollte es zu einer ungewollten Exposition mit potenziell infektiösem Material gekommen sein, muss nach dem nachfolgenden Schema vorgegangen werden, wobei anhand des aktuellen Impfstandes entschieden werden muss, ob weitere Impfungen als aktive Immunisierung erforderlich sind oder gleichzeitig Immunglobulin verabreicht werden muss (Tab. 7.1).

Aktueller Anti-HBs-Wert		Erforderlich ist die Gabe von	
		HB-Impfstoff	HB-Immunglobulin
≥ 100 IE/l		nein	nein
10 –99 IE/l		ja	nein
< 10 IE/l oder nicht innerhalb von 48 Stunden zu bestimmen	und Anti HBs war ≥ 100 IE/l zu einem früheren Zeitpunkt	ja	nein
	und Anti HBs war nie ≥ 100 IE/l oder unbekannt	ja	ja

Tab. 7.1: Vorgehen bei einer Boosterung bei postexpositioneller Prophylaxe (nach STIKO)

Die Kosten für die normalen Impfungen zur Erzielung eines ausreichenden Impfschutzes trägt der Arbeitgeber, wenn es sich um Mitarbeiter mit gültigem Arbeitsvertrag handelt. Sollte es zu einer Verletzung gekommen sein und die Gabe des sehr teuren Immunglobulins notwendig werden, können diese Aufwendungen über die Berufsgenossenschaft geltend gemacht werden.

7.3.2.5 Hepatitis C (G 42.11)

Erreger und Erkrankung, Verlauf

Das Hepatitis-C-Virus gehört in die gleiche Gruppe wie das Hepatitis-B-Virus, ist aber in seiner Prävalenz (Häufigkeit) geringer vertreten. Wir finden es zu etwa 1,5 % in Westeuropa und Nordamerika, 1–3 % im mittleren Osten und Teilen Asiens, 10–20 % in Zentralafrika und Ägypten. Eine hohe Durchseuchung haben i.v. Drogenabhängige mit bis zu 70 %.

Es wird vermutlich entgegen dem Übertragungsmechanismus von Hepatitis B-Virus ausschließlich nur über Blut- und Blutbestandteile übertragen. Andere Körperflüssigkeiten des Menschen scheinen nicht oder nur selten Ursache einer Übertragung zu sein.

Berufliche Exposition

Die berufliche Exposition ist bei allen Tätigkeiten gegeben, die mit direktem Kontakt zu menschlichem Blut und Blutbestandteilen einhergehen. Verstärkt wird die Gefahr durch Tätigkeiten mit erhöhter Verletzungsgefahr (z.b. bei Operationen) oder im Umgang mit bestimmten Risikogruppen (Drogenabhängige, Homosexuelle, Dialysepatienten, Hämophiliepatienten). Die Gefährdungsgruppen hinsichtlich einer Hepatitis C sind fast die gleichen wie bei Hepatitis B.

Arbeitsmedizinische Bedeutung und Maßnahmen (Schutzmaßnahmen)

Leider nehmen in den letzten Jahren die beruflich erworbenen Erkrankungen bei Tätigkeiten im Gesundheitsdienst und in der Wohlfahrtspflege zu. Erkrankte Personen müssen bei der Behandlung im Krankenhaus nicht isoliert werden, es ist Schutzbekleidung zu tragen und die allgemeinen Hygieneregeln sind einzuhalten.

Einstufung in Risikogruppe 3 ** (TRBA 462)
Es besteht nach § 6 IfSG eine namentliche Meldung einer akuten Hepatitis C-Erkrankung.

Postexpositionelle Prophylaxe

Da es keine Impfung gibt, ist der Prophylaxe nach versehentlicher Exposition mit gefährdetem Material besondere Bedeutung beizumessen.

Nach Verletzungen (Stich- oder Schnittverletzung) muss die Wunde unverzüglich unter fließendem Wasser und mit Seife gereinigt werden. Anschließend ist eine Desinfektion mit einem virusinaktivierenden Hautdesinfektionsmittel vorzunehmen. Schleimhäute (Mundschleimhaut) sollten mit 20–30 %iger alkoholischer Lösung gespült werden.

Nach einer Exposition sollte in größeren Abständen eine Titerkontrolle erfolgen, um entweder nachweisen zu können, dass eine Infektion nicht stattgefunden hat oder den frühestmöglichen Zeitpunkt zu erfassen, wo man den Nachweis einer Infektion erbringen kann, um eine adäquate Therapie zum bestmöglichen Zeitpunkt einleiten zu können.

Eine Verletzung bei Hepatitis-C-Gefährdungspotenzial (Gefährdungsbeurteilung) sollte immer dem D-Arzt vorgestellt werden. Auch der Betriebsarzt sollte umgehend informiert werden. Hier erfolgt in der Regel auch die Entscheidung, welche Maßnahmen zu ergreifen sind. In eine Gefährdungsbeurteilung sollten die erforderlichen Maßnahmen sowie die Handlungsabläufe unbedingt aufgenommen werden.

Wichtig sei auch der Hinweis, dass die Unternehmen für den Fall einer Verletzung mit gefährdetem Material entsprechende Betriebsanweisungen, Dokumentationen und besondere Unfallmeldungen = d.h. innerbetriebliche Regelungen erstellt haben sollten, um allen Beschäftigten die notwendigen Maßnahmen deutlich zu machen. Die Belehrung über diese Dokumente sollte auch immer wieder als Thema in die jährlichen Arbeitsschutzbelehrungen aufgenommen werden.

7.3.2.6   Hepatitis D (G 42.12)

Erreger und Erkrankung, Verlauf

Das Hepatitis D-Virus (als „defektes" Virus) kann eine Erkrankung nur dann auslösen, wenn gleichzeitig Hepatitis-B-Virus anwesend ist (Virusträger). Der Infektionsweg, d.h. die Möglichkeit einer Infektion ist der Gleiche, wie er bei Hepatitis B beschrieben wurde.

Berufliche Exposition

Die Risikogruppen sind völlig identisch mit denen bei Hepatitis B.

Arbeitsmedizinische Bedeutung und Maßnahmen (Schutzmaßnahmen)

Eine Schutzimpfung gegen Hepatitis D gibt es nicht. Der beste Schutz gegen Hepatitis D-Infektion ist aber eine Impfung gegen Hepatitis B, da es keine Erkrankung geben kann, wenn nicht Virusmaterial Hepatitis B vorhanden ist. Alle anderen Maßnahmen und Empfehlungen entsprechen denen bei Hepatitis B.

Einstufung in Risikogruppe 3 ** (TRBA 462)

7.3.2.7   Influenza (ohne Nr.)

Erreger und Erkrankung, Verlauf

Influenzaviren werden in erster Linie über Aerosole aus den Atemwegen von Ausscheidern durch Husten, Niesen usw. übertragen. In jedem Jahr sind es meist neue Varianten der Viren, gegen die durch eine Impfung vorgegangen werden muss.

Berufliche Exposition

Alle Berufsgruppen mit einem hohen Publikumsverkehr (Verkäufer, Fahrer öffentlicher Verkehrsmittel, Personal in Ämtern und Verwaltungen mit Publikumsverkehr sowie in Dienstleistungsberufen) haben auch eine erhöhte Exposition. Selbstverständlich sind alle Personen, die bei der Pflege und Behandlung von Erkrankten beschäftigt sind, in hohem Maße gefährdet, ebenso das Personal in Laborbereichen.

Arbeitsmedizinische Bedeutung und Maßnahmen (Schutzmaßnahmen)

Da die Influenza sehr verbreitet ist und die Infektionsmöglichkeiten überall gegeben sein können, ist eine berufsbedingte Ursache nur schwer festzuschreiben. Das Risiko ist aber sicher immer dort erhöht, wo viele Menschen auf engem Raum leben und arbeiten, aber auch in der Behandlung und Pflege Erkrankter.

Eine Meldung nach § 6 IfSG ist nicht erforderlich.

Impfstoffe, Impfschema, Impfempfehlungen der STIKO

Durch das weltweite Überwachungssystem der WHO wird festgelegt, wie der Impfstoff (Totimpfstoff) zusammengesetzt sein muss, da er in jedem Jahr neu festgelegt und produziert werden muss. Der Impfschutz muss deshalb auch jährlich erneuert werden.

Beginn und Dauer des Impfschutzes: Etwa 2 Wochen nach der Injektion beginnt der Impfschutz und hält etwa 6 Monate an.

7.3.2.8   Masern (G 42.21)

Erreger und Erkrankung, Verlauf

Das Masernvirus ist weltweit anzutreffen und wird durch Tröpfcheninfektion übertragen. Es zeigt von allen Viren, die beim Menschen Krankheiten auslösen, die höchste Kontagiosität (Ansteckungsfähigkeit). Meldung bei Tod und bei Ausbrüchen in Gemeinschaftseinrichtungen.

Wiederzulassung in Gemeinschaftseinrichtungen nach Abklingen der klinischen Symptome, frühestens aber 5 Tage nach Auftreten der Hauterscheinungen.

Berufliche Exposition

Der berufliche Kontakt entsteht im Umgang mit Kindern und Jugendlichen, bei der Behandlung derselben (Pädiatrie) sowie im Umgang mit Labormaterial. Neben medizinischem Personal in diesen Abteilungen sind auch alle an der Erziehung und Betreuung von Kindern und Jugendlichen Beteiligten gefährdet (Lehrer, Kindergärtnerinnen, Sozialarbeiter, Beschäftigte in Gemeinschaftseinrichtungen, Kinderheimen, Grundschulen).

Arbeitsmedizinische Bedeutung und Maßnahmen (Schutzmaßnahmen)

Es wird eine Verschiebung der Immunität ins Erwachsenenalter beobachtet, die dann meist geschützt sind. Gefährdet sind vor allem jüngere Erwachsene ohne Immunschutz. Nach § 6 IfSG sind Verdacht, Erkrankung und Tod namentlich meldepflichtig.

Einstufung in Risikogruppe 2 (TRBA 462)

Impfstoffe, Impfschema, Impfempfehlungen der STIKO

Die Impfung ist obligatorisch für Mitarbeiter in stationären und ambulanten Gesundheitseinrichtungen (pädiatrische Abteilungen) sowie für Mitarbeiter bei der vorschulischen Kinderbetreuung. Dabei sollte immer beachtet werden, dass nicht nur diejenigen betroffen sind, die unmittelbar an der Pflege beteiligt sind, sondern alle anderen (indirekt Tätige) dürfen nicht vergessen werden (Handwerker, Reinigung, Wartung, Transport, Labor usw.). Auch andere Gemeinschaftseinrichtungen sollten immer an die Möglichkeit einer Ansteckung denken (Schulen – niedrige Klassen, Gemeinschaftseinrichtungen für Kinder und Jugendliche).

Die STIKO empfiehlt für alle nach 1970 Geborene mit unklarem Impfstatus, ohne Impfung oder mit nur einer Impfung in der Kindheit, die im Gesundheitsdienst oder bei der Betreuung von Immundefizienten oder in Gemeinschaftseinrichtungen tätig sind, eine einmalige Impfung, vorzugsweise mit MMR-Impfstoff.

Für die Schutzimpfung steht ein attenuierter (abgeschwächter) Lebendimpfstoff zur Verfügung. Üblicherweise wird er mit Röteln und Mumps zusammen als MMR-Impfstoff verabreicht (siehe STIKO-Empfehlungen). Die Impfung wird intramuskulär, ggf. auch subkutan verabfolgt und ist auch beim Erwachsenen gut verträglich.

Während einer Schwangerschaft darf nicht geimpft werden, sie muss sicher ausgeschlossen werden. Nach erfolgter Impfung muss für 3 Monate eine sichere Schwangerschaftsverhütung betrieben werden.

Postexpositionelle Prophylaxe

In der Inkubationszeit der Masern angewandte aktive Impfungen bieten keinen ausreichenden Schutz für den Ausbruch der Erkrankung. Es muss ein Immunglobulin verabreicht werden, wenn die Erkrankung verhindert werden soll, wobei eine Kombination aktive und passive Impfung nicht empfohlen wird. Die aktive Immunisierung kann 3–4 Monate nach Immunglobulingabe erfolgen.

7.3.2.9 Mumps (G 42.24)

Erreger und Erkrankung, Verlauf

Das Mumpsvirus ist weltweit anzutreffen. Die Übertragung geschieht in erster Linie über Tröpfcheninfektion, kann aber auch, da es mit dem Urin ausgeschieden wird, als Schmierinfektion weitergegeben werden.

Meldepflicht bei Ausbruch in Gemeinschaftseinrichtungen (> 2 Fälle), Wiederzulassung in Gemeinschaftseinrichtungen nach Abklingen klinischer Symptome (frühestens nach 10 Tagen).

Berufliche Exposition

Wie bei den Masern besteht insbesondere bei jüngeren Erwachsenen ohne Impfschutz oder ohne Immunität nach durchgemachter Erkrankung ein erhöhtes Risiko, insbesondere beim Kontakt mit Kindern und Jugendlichen.

Gefährdung besteht bei Frauen hinsichtlich der durch Mumpsvirus verursachten Aborte im ersten Schwangerschaftsdrittel, bei Männern ist bis zu 50 % mit einer Orchitis und evtl. späterer Zeugungsunfähigkeit zu rechnen. Weiterhin sind Laborbereiche gefährdet, wenn sie mit infiziertem Material umgehen.

Arbeitsmedizinische Bedeutung und Maßnahmen (Schutzmaßnahmen)

In Mitteleuropa besteht ein hoher Immunitätsgrad der erwachsenen Bevölkerung bei etwa 60 % (16- bis 20-Jährige) und ca. 70 % bei 21- bis 30-Jährigen. Eine Meldepflicht nach § 6 IfSG besteht nicht.
Einstufung in Risikogruppe 2 (TRBA 462).

Impfstoffe, Impfschema, Impfempfehlungen der STIKO

Die Impfung ist obligatorisch für Mitarbeiter in stationären und ambulanten Gesundheitseinrichtungen (pädiatrische Abteilungen) sowie Mitarbeiter der vorschulischen Kinderbetreuung. Dabei sollte immer beachtet werden, dass nicht nur diejenigen betroffen sind, die unmittelbar an der Pflege beteiligt sind, sondern alle anderen (indirekt Tätige) dürfen nicht vergessen werden (Handwerker, Reinigung, Wartung, Transport, Labor usw.). Auch andere Gemeinschaftseinrichtungen sollten immer an die Möglichkeit einer Ansteckung denken (Schulen – niedrige Klassen, Gemeinschaftseinrichtungen für Kinder und Jugendliche).

Für die Impfung steht ein attenuierter (abgeschwächter) Lebendimpfstoff zur Verfügung, entweder als Monopräparat oder als Kombination (MMR-Impfung). Die

Impfung wird intramuskulär, ggf. auch subkutan verabfolgt und ist auch beim Erwachsenen gut verträglich.

Während einer Schwangerschaft darf nicht geimpft werden, sie muss sicher ausgeschlossen werden. Nach erfolgter Impfung muss für 3 Monate eine sichere Schwangerschaftsverhütung betrieben werden.

Postexpositionelle Prophylaxe

Eine Immunglobulingabe wird nach heutiger Auffassung nicht empfohlen.

7.3.2.10 Poliomyelitis (G 42.27)

Erreger und Erkrankung, Verlauf

Polioviren werden ausschließlich auf dem Wege der fäkal-oralen Infektion übertragen, vermehren sich im Darm des Menschen und wandern dann ins zentrale Nervensystem. Nach einer Infektion können sie noch wochenlang mit dem Stuhl ausgeschieden werden.

Berufliche Exposition

Eine erhöhte Gefährdung besteht bei beruflichem Kontakt mit Erkrankten, insbesondere bei Kontakt mit Kindern und Jugendlichen aus Endemiegebieten in Afrika, Asien und der ehemaligen Sowjetunion. Wie bei vielen anderen Infektionserkrankungen besteht natürlich auch für medizinisches Personal bei der Behandlung sowie im Laborbereich eine erhöhte Gefährdung.

Arbeitsmedizinische Bedeutung und Maßnahmen (Schutzmaßnahmen)

Die Bedeutung ist durch die hohen Durchimpfungsgrade der Bevölkerung deutlich geringer geworden. Es besteht nach § 6 IfSG namentliche Meldepflicht bei Verdacht, Erkrankung und Tod.
Einstufung in Risikogruppe 2 (TRBA 462)

Impfstoffe, Impfschema, Impfempfehlungen der STIKO

Mit einem Beschluss der STIKO wird seit 21. Januar 1998 nur noch der inaktivierte Impfstoff nach SALK (IPV = injizierbare Polio-Vakzine) als Impfstoff der Wahl angesehen. Der bis dahin verwendete orale Lebendimpfstoff nach SABIN (OPV = orale Polio-Vakzine) soll nur noch bei bestimmten Indikationen auf Anordnung der Gesundheitsbehörde verwendet werden.

Die IPV-Impfung kann intramuskulär und subkutan erfolgen. Eine Grundimmunisierung umfasst 2 Impfungen im Abstand von 4–8 Wochen ab dem 3. Lebensmonat und eine Auffrischung zwischen dem 11. und 18. Lebensjahr. Fehlen Impfungen, werden diese ohne Beachtung des Zeitabstandes nachgeholt. Ein Neubeginn ist nicht notwendig.

Dauer des Impfschutzes: Wahrscheinlich hält der Impfschutz nach abgeschlossener Grundimmunisierung mehrere Jahrzehnte an. Eine passive Immunisierung durch Gabe von Immunglobulin ist nicht möglich.

7.3.2.11 Röteln (G 42.30)

Erreger und Erkrankung, Verlauf

Das Rötelnvirus wird im Allgemeinen durch Tröpfcheninfektion übertragen. Es besteht für Personen, die keinen Immunschutz besitzen, eine große Wahrscheinlichkeit der Übertragung (hochkontaginös).

Berufliche Exposition

Eine Exposition ist wie bei Masern und Mumps bei der Betreuung von Kindern und Jugendlichen gegeben und eine Infektion möglich, wenn kein Immunschutz vorliegt. Für Mitarbeiter in der vorschulischen Kinderbetreuung ist die Impfung verpflichtend, wenn kein ausreichender Impfschutz vorliegt.

Arbeitsmedizinische Bedeutung und Maßnahmen (Schutzmaßnahmen)

In Mitteleuropa wird bei Frauen im gebärfähigen Alter eine hohe Immunität von etwa 90 % angenommen, es gibt aber auch Angaben von nur 80 %. Hierin besteht das Risiko insbesondere bei Berufsanfängern in Berufen mit Kontakten zu Kindern und Jugendlichen.

Eine Meldung nach § 6 IfSG ist nicht erforderlich.
Einstufung in Risikogruppe 2 (TRBA 462)

Impfstoffe, Impfschema, Impfempfehlungen der STIKO

Gegen Röteln steht ein attenuierter (abgeschwächter) Lebendimpfstoff zur Verfügung, meist in Form der MMR-Kombinationsimpfung. Die Impfung ist gut verträglich und wird intramuskulär (Oberarm) oder subkutan verabfolgt.

Auch hier darf eine Impfung in der Schwangerschaft nicht durchgeführt werden, eine Schwangerschaft muss sicher ausgeschlossen sein, für 3 Monate nach der Impfung muss eine sichere Schwangerschaftsverhütung durchgeführt werden.

Postexpositionelle Prophylaxe

Es steht ein wirksames Immunglobulin zur Verfügung, das auch vorwiegend bei Schwangeren eingesetzt wird, wenn eine Impfung nicht möglich ist und der Impfschutz nicht ausreicht bzw. nicht vorhanden ist. Die Gabe von Immunglobulin soll umgehend (2 bis max. 5 Tage nach Exposition) erfolgen.

7.3.2.12 Tollwut (G 42.36)

Erreger und Erkrankung, Verlauf

Der Erreger der Tollwut ist das Rabiesvirus. Es hat als Tierreservoir fleischfressende Säugetiere (insbesondere Hunde, Füchse, Schakale), in der Neuen Welt auch Fledermäuse und Waschbären. Die Übertragung der Tollwut erfolgt über den Speichel erkrankter Tiere, überwiegend durch Bissverletzungen.

Berufliche Exposition

Folgende Berufsgruppen sind einer erhöhten Gefährdung ausgesetzt:

- Beschäftigte in der Land- und Forstwirtschaft (Förster, Waldarbeiter, Jäger, Landwirte, Schäfer)
- Tierärzte, Tierhändler, Tierpfleger
- Beschäftigte bei der Behandlung und Pflege Erkrankter
- Labortätigkeiten mit Erregerkontakt
- Auslandstätigkeiten in Regionen mit erhöhter Tollwutgefährdung (Montagearbeiter, Entwicklungshelfer, Tourismusmitarbeiter mit engem Kontakt zur einheimischen Bevölkerung).

Arbeitsmedizinische Bedeutung und Maßnahmen (Schutzmaßnahmen)

Bei häufigen Kontakten zu Wildtieren oder verwilderten Tieren besteht eine erhöhte Gefährdung. Namentliche Meldung bei Krankheitsverdacht, Erkrankung und Tod (nach § 6 IfSG), auch die Verletzung eines Menschen durch ein tollwutkrankes oder tollwutverdächtiges Tier sowie die Berührung eines solchen ist an das Gesundheitsamt zu melden.

Einstufung in Risikogruppe 3 ** (TRBA 462)

Impfstoffe, Impfschema, Impfempfehlungen der STIKO

Für die Grundimmunisierung stehen Totimpfstoffe zur Verfügung. Die **Grundimmunisierung** besteht in der Regel aus drei Einzelimpfungen, weitere Auffrischungsimpfungen sind entsprechend den Herstellerangaben notwendig. Die Impfung erfolgt intramuskulär (M. deltoideus – Oberarm) und wird gut vertragen.

Bei Einrichtungen des Veterinärwesens wird nach BioStoffV (ArbMedVV) die Tollwutimpfung für obligat angesehen (vom Arbeitgeber anzubieten und zu finanzieren). Bei mit Tollwutvirus arbeitendem Laborpersonal sind $1/2$-jährliche Antikörperkontrollen erforderlich.

Postexpositionelle Prophylaxe

Nach Kontakt mit einem tollwutverdächtigen Tier sollen keine Laborergebnisse abgewartet werden, sondern sofort mit der aktiven/passiven Immunisierung begonnen werden.

Die Art, die Menge und die Auswahl des Impfstoffes sowie des Tollwutimmunoglobulins werden entsprechend dem Grad der erfolgten Exposition ausgewählt und sind der einschlägigen Literatur zu entnehmen.

7.3.2.13   Windpocken (Varizellen-Herpes zoster) (G 42.42)

Erreger und Erkrankung, Verlauf

Das Varicella-Zoster-Virus gehört zur Familie der Herpesviren. Die Durchseuchung der Bevölkerung ist mit etwa 90 % hoch, am größten im Kleinkind- und Kindergartenalter. Die Hauptübertragung geschieht als Tröpfcheninfektion.

Wiederzulassung in Gemeinschaftseinrichtungen 5 Tage nach vollständiger Eintrocknung der Effloreszenzen.

Berufliche Exposition

Eine berufliche Exposition besteht bei allen Berufen, die beruflichen Kontakt zu Kindern und Jugendlichen haben. Natürlich ist auch das medizinische Personal gefährdet, das erkrankte Personen (vorwiegend Kinderheilkunde) behandelt oder mit entsprechendem Untersuchungsgut umgeht.

Arbeitsmedizinische Bedeutung und Maßnahmen (Schutzmaßnahmen)

Die größte Bedeutung besteht bei Schwangeren ohne Immunität, da die Windpocken zu Fehlgeburten und Missbildungen führen können. Schwangere und Frauen im gebärfähigen Alter ohne ausreichenden Immunschutz dürfen nicht in gefährdeten Bereichen eingesetzt werden. Diese Tatsache hat den Gesetzgeber auch veranlasst, mit der neuen Biostoffverordnung (ArbMedVV) für alle Mitarbeiter bei der Betreuung von Kindern im Vorschulalter die Impfung gegen Windpocken zur Pflicht zu erklären.

Windpocken sind nach § 6 IfSG nicht meldepflichtig. Leiter von Gemeinschaftseinrichtungen sind verpflichtet, die Gesundheitsbehörde zu informieren, wenn Anzeichen einer Erkrankung auftreten.

Einstufung in Risikogruppe 2 (TRBA 462)

Impfstoffe, Impfschema, Impfempfehlungen der STIKO

Zur aktiven Immunisierung steht ein monovalenter Lebendimpfstoff zur Verfügung, dessen Verträglichkeit gut ist. Die Impfung erfolgt subkutan.

Die STIKO empfiehlt die Impfung als Indikationsimpfung für folgende Risikogruppen (Auswahl):

- Empfängliche Personen mit engem Kontakt zu seronegativen Patienten vor geplanter immunsuppressiver Therapie oder Organtransplantation, seronegativen Patienten unter immunsuppressiver Therapie, seronegativen Patienten mit Leukämie und schwerer Neurodermitis
- Seronegative Frauen mit Kinderwunsch
- Ungeimpfte 9- bis 17-jährige Jugendliche ohne Varizellenanamnese
- Seronegatives Personal im Gesundheitsdienst, insbesondere der Bereiche Pädiatrie, Onkologie, Gynäkologie/Geburtshilfe, Intensivmedizin, Betreuung von Immundefizienzen
- Neueinstellungen in Gemeinschaftseinrichtungen für das Vorschulalter.

Bei Schwangeren ist die Impfung kontraindiziert, für mindestens 3 Monate nach einer Impfung sollte eine Schwangerschaft unbedingt verhütet werden.

Dauer des Impfschutzes: Der Impfschutz hält in der Regel mindestens 10 Jahre vor.

Postexpositionelle Prophylaxe

Für die postexpositionelle Prophylaxe steht ein Varizellen-Immunglobulin zur Verfügung. Die Gabe sollte möglichst rasch innerhalb von 3 Tagen nach Exposition erfolgen.

7.3.3 Erkrankungen durch Pilze

Pilze sind chlorophyllfreie Mikroorganismen, von denen etwa nur 100 für den Menschen gefährlich werden können. Die Infektionen mit Pilzen werden als Mykosen bezeichnet.

Arbeitsmedizinisch wichtige Pilzerkrankungen werden in der Regel durch so genannte exogene (von außen eindringende) Erreger verursacht. Größer als die eigentliche Pilzerkrankung selbst sind die durch Pilze ausgelösten allergisch bedingten Veränderungen im Organismus. Charakteristisch für diese Art der Gefährdung steht die so genannte exogen-allergische Alveolitis (Farmerlunge, Käsewäscherlunge, Malzarbeiterlunge u.a.m.), eine auf einer Allergie gegenüber Aspergillus- und Penicillium-Pilzen ausgelöste Lungenerkrankung.

Von arbeitsmedizinischer Bedeutung können auch Hautmykosen sein, die durch das Tragen von Nässeschutzbekleidung, Gummistiefeln oder feuchtigkeitsundurchlässigen Handschuhen verursacht werden können. Hier sind allgemeine Hygienemaßnahmen notwendig sowie Beachtung von vorbestehenden Hautveränderungen und chronischen Hauterkrankungen.

7.3.4 Erkrankungen durch Parasiten

Parasiten sind lebende Organismen, die zum Weiter- oder Überleben einen Wirt (z.B. den Menschen) benötigen und ihn dabei schädigen.

Die Parasiten spielen in der Arbeitswelt keine besondere Rolle. Von Bedeutung sind lediglich die Echinokokkose (Wurmerkrankung der Leber) sowie die Malaria, die den Mensch als Wirtsorganismus benötigt. Gegenüber Parasiten gibt es keine Impfungsmöglichkeit, diese müssen mit entsprechenden Medikamenten behandelt werden.

7.3.4.1 Echinokokkose (G 42.4)

Im alltäglichen Sprachgebrauch sind Echinokokkosen unter dem Begriff Hunde- und Fischbandwurm bekannt. Die Infektion erfolgt durch die orale Aufnahme von Eiern, weshalb ungewaschene Produkte (Beeren, Salate usw.) nicht verzehrt werden sollten. Eine Impfung gibt es nicht. Nicht namentliche Meldung bei Erregernachweis.

Berufliche Belastung besteht bei Tätigkeiten mit Kontakt zu infizierten Tieren oder kontaminiertem Gelände (in Deutschland sind Endemiegebiete Süddeutschland, Bayern, Rheinland-Pfalz, Westharz, Niedersachsen, Thüringen, Nordrhein-Westfalen). Gefährdet sind in erster Linie Waldarbeiter, Förster und Landwirte mit Wald- und Forstwirtschaft.

Einstufung in Risikogruppe nach TRBA 464

Zur Gefährdungsminimierung sollte entsprechende Schutzbekleidung getragen werden.

7.3.4.2 Malaria (ohne Nr.)

Die Malaria ist eine bereits seit dem Altertum bekannte Erkrankung, die durch den Stich der weiblichen Mücken der Gattung Anopheles übertragen werden. Daneben gibt es sehr seltene andere Übertragungsmechanismen.

Berufliche Expositionen gibt es bei Tätigkeiten in Endemiegebieten, insbesondere im ländlichen Raum, im Freien und bei körperlichen Anstrengungen (Montagearbeiten). Betroffen sind alle Tätigkeiten in diesen Regionen (auch Entwicklungshelfer, Militäreinsätze usw.).

Eine Impfung gegen Malaria gibt es nicht, lediglich eine Chemoprophylaxe. Die besten Maßnahmen der Verhütung der Erkrankung bestehen im Schutz vor Moskitostichen.

Weitere Einzelheiten sollten der speziellen Literatur entnommen werden.

7.3.5 Erkrankungen durch Prionen

In den letzten Jahren sind die Prionen immer mehr in die Schlagzeilen geraten, da zu ihnen der Erreger der Creutzfeld-Jacob-Erkrankung gehört. Bestimmte Mutationen (Abwandlungen) in der Erbsubstanz sollen die vielfältigen Formen der spongiformen Enzephalopathien (BSE) auslösen. Eine Impfung gegen Prionen gibt es derzeit noch nicht.

7.3.5.1 Spongiforme Enzephalopathie (Creutzfeld-Jacob-Krankheit) (G 42.33)

Der Überträger der Infektion ist kein Lebewesen im eigentlichen Sinne, es sind bestimmte Eiweißstrukturen, die sehr hartnäckig gegenüber äußeren Einflüssen sind. Wahrscheinlich erfolgt die Übertragung durch orale Aufnahme. Durch die äußerst lange Inkubationszeit (Jahre bis Jahrzehnte) ist es schwierig, die notwendigen Zusammenhänge erkennen zu können.

Eine berufliche Exposition besteht bei medizinischem Personal (Neurochirurgie, Pathologie), bei veterinärmedizinischem Personal (Fleischbeschau) und Arbeitnehmern in der Fleischverarbeitung, aber auch bei der Tierkörperbeseitigung.

Nach § 6 IfSG besteht Meldepflicht für humane spongiforme Encephalopathien (außer familiär-hereditäre Formen).

Der beste Schutz besteht in der Vorsicht beim Umgang mit den gefährlichen Materialien (Schutzhandschuhe, Schutzbekleidung, Mundschutz). Eine Impfung gibt es nicht.

7.4 Auslegung der ArbMedVV und der AMR 2.1 bei Tätigkeiten mit biologischen Arbeitsstoffen einschließlich gentechnischer Arbeiten mit humanpathogenen Organismen

Erstvorsorge ist nach ArbMedVV vor Aufnahme der Tätigkeit zu veranlassen. Das ist besonders wichtig, um prüfen zu können, ob bereits eine verminderte Abwehrlage vorliegen könnte, die dann die Möglichkeit einer Erkrankung verstärken würde. Weiterhin ist es wichtig, zu prüfen, ob bei den impfpräventablen Infektionen (Infektionen, bei denen es eine vorbeugende Impfung gibt) die möglichen und notwendigen Impfungen bereits vorhanden sind und damit ein voller Impfschutz vorliegt. Ist dies nicht der Fall, müssen bestimmte Vorsichtsmaßnahmen (sonstiger Infektionsschutz) besprochen und angewendet sowie natürlich die ausstehenden Impfungen ergänzt werden. Die BioStoffV sagt aus, dass ein Arbeitgeber eine Person, die nicht über die für die vorgesehene Tätigkeit möglichen und notwendigen Impfungen verfügt, mit dieser Tätigkeit nicht betraut werden darf.

Die weiteren Nachuntersuchungen (Pflicht- und Angebotsvorsorge) ergeben sich aus der folgenden Tabelle:

Tab. 7.2: Untersuchungszeiträume bei Tätigkeiten mit Infektionsgefährdung (G 42) + AMR 2.1

	Nachuntersuchungsfristen in Monaten
Erstuntersuchung	vor Aufnahme der Tätigkeit
erste Nachuntersuchung	vor Ablauf von 6 – 12*
jede weitere Nachuntersuchung	vor Ablauf von 24 – 36*
letzte Nachuntersuchung	bei Beendigung der Tätigkeit mit Infektionsgefährdung** nach Schutzimpfung: abhängig von der Dauer des Impfschutzes

* Nachuntersuchungen bei lebenslanger Immunität entfallen
** Wenn während der Tätigkeit Pflichtvorsorge erforderlich war, hat der Arbeitgeber eine Angebotsvorsorge zu veranlassen. Dies gilt nicht für Tätigkeiten mit impfpräventablen biologischen Arbeitsstoffen, wenn ein ausreichender Impfschutz vorliegt.

Arbeitsmedizinische Vorsorge nach der Biostoffverordnung (ArbMedVV) darf nur von Ärzten durchgeführt werden, die Facharzt für Arbeitsmedizin sind oder zu einer anderen Facharztbezeichnung die Zusatzbezeichnung „Betriebsmedizin" tragen. Eine besondere früher notwendige Ermächtigung durch die staatlichen Aufsichtsbehörden ist nicht mehr erforderlich. Ungeachtet dessen muss der Arzt aber über eine besondere Qualifikation verfügen, die er sich durch die Teilnahme an bestimmten Veranstaltungen erwirbt.

Die arbeitsmedizinische Vorsorge ist im Kapitel 4.9 ausführlich beschrieben. Sie unterscheidet sich bei biologischen Arbeitsstoffen nicht von der bei anderen Gefährdungen.

7.4.1 Verzeichnis der Infektionskrankheiten im G 42

Der berufsgenossenschaftliche Grundsatz G 42 war bisher in 43 Unterabschnitte aufgeteilt, die jeweils einen Infektionserreger beschrieben.

Mit der Neuauflage der DGUV-Grundsätze für arbeitsmedizinische Vorsorgeuntersuchungen 2010 (5. Auflage) ist eine Vielzahl von Erregern hinzugekommen, wobei leider die bisherige Nummerierung verlassen wurde. Dafür wurde den neuen gesetzlichen Regelungen (Pflicht- und Angebotsvorsorge) Rechnung getragen. Diese dürfen aber nur entsprechend der jeweiligen Tätigkeit und in Abhängigkeit von der tätigkeits- und bereichsbezogenen Gefährdungsbeurteilung gesehen werden.

Da bisherige Untersuchungen und deren Dokumentation meist die Ziffern nach G 42 beinhalten (siehe Tab. 7.3), wird zunächst die Übersicht beibehalten, um dem Arbeitgeber gewisse Vergleichbarkeiten zu gewährleisten, auch wenn künftig diese Bezeichnungen wegfallen werden.

Tab. 7.3:   *Verzeichnis der Infektionen/Infektionskrankheiten (GDUV Information 250 – 450 – früher BGI 504 – 42)*

Nr. 1	Brucellosen	Nr. 27	**Poliomyelitis**
Nr. 2	Chlamydien-Infektionen	Nr. 28	Poxviren-Infektionen (Pocken)
Nr. 3	**Diphtherie**	Nr. 29	Q-Fieber
Nr. 4	Echinokokkose	Nr. 30	**Röteln (Rubella)**
Nr. 5	Epstein-Barr-Virus-Infektionen	Nr. 31	Rotavirus-Infektionen
Nr. 6	Erysipeloid (Rotlauf)	Nr. 32	**Salmonella typhi-Infektionen**
Nr. 7	**Frühsommer-Meningo-**	Nr. 33	(Transmissible) spongiforme
	Encephalitis (FSME)		Enzephalopathien (TSE)
Nr. 8	Helicobacter-Infektionen	Nr. 34	Streptokokken-Infektionen
Nr. 9	**Hepatitis A-Infektionen**		**(Pneumokokken)**
Nr. 10	**Hepatitis B-Infektionen**	Nr. 35	**Tetanus**
Nr. 11	Hepatitis C-Infektionen	Nr. 36	**Tollwut (Rabies)**
Nr. 12	**Hepatitis D-Infektionen**	Nr. 37	Tuberkulose
Nr. 13	Hepatitis E-Infektionen	Nr. 38	Virusbedingtes
Nr. 14	Hepatitis G-Infektionen		hämorrhagisches Fieber
Nr. 15	Herpes-simplex-Virus		(Ebolavirus-Infektionen)
	Infektionen	Nr. 39	Virusbedingtes
Nr. 16	HIV-Infektionen (AIDS)		hämorrhagisches Fieber
Nr. 17	**Keuchhusten (Pertussis)**		(Hantavirus-Infektionen)
Nr. 18	Legionellose	Nr. 40	Virusbedingtes
Nr. 19	Leptospirose		hämorrhagisches Fieber
Nr. 20	Lyme-Borreliose		(Lassa-Fieber und verwandte
Nr. 21	**Masern (Morbilli)**		Erkrankungen)
Nr. 22	**Meningokokken-Infektionen**	Nr. 41	Virusbedingtes
Nr. 23	Milzbrand (Anthrax)		hämorrhagisches Fieber
Nr. 24	**Mumps**		(Marburgvirus-Krankheit)
Nr. 25	Mykoplasmen-Infektion	Nr. 42	**Windpocken (Herpes zoster)**
Nr. 26	Parvovirus B 19-Infektion	Nr. 43	Zytomegalie
	(Ringelröteln)		

Die fettgedruckten Erkrankungen lassen sich durch eine entsprechende Impfung vermeiden, es sind so genannte impfpräventable Erkrankungen.

Der G42 stellt für den Betriebsarzt lediglich Empfehlungen für die Untersuchungs-inhalte dar, lässt aber Spielraum für individuelle Entscheidungen auf der Grundlage der Gefährdungsbeurteilung.

Zunächst wird bei der arbeitsmedizinischen Vorsorge immer erst einmal davon ausgegangen, in welchem Umfang der **Arbeitnehmer** durch den Umgang mit biologischen Arbeitsstoffen (= Infektionserregern) **selbst** gefährdet ist. Dabei darf aber nicht vergessen werden, dass ein Arbeitnehmer auch für dritte Personen zur Gefahr werden kann, denken wir nur an die Möglichkeit der Übertragung in

Küchen und gleichartigen Arbeitsbereichen (Fleisch-, Wurstherstellung, andere Lebensmittelproduktion) oder durch die Übertragung einer Infektionserkrankung innerhalb der Inkubationszeit (Zeit zwischen der Ansteckung und dem Ausbruch der Krankheit), wo keinerlei Symptome auftreten und deshalb in der Regel auch keine Schutzmaßnahmen ergriffen werden. Eine weitere Gefahr besteht darin, dass einige Menschen gefährliche Krankheitskeime in sich tragen, selbst nicht oder noch nicht erkranken, aber diese Keime auf andere übertragen können (sogenannte Carrier-Personen), zum Beispiel bei der Hepatitis oder der Immun-schwäche AIDS.

Gerade in diesem sensiblen Bereich sollte sehr genau den Empfehlungen der STIKO (Ständige Impfkommission beim Robert Koch-Institut Berlin) gefolgt werden, wo es primär nicht um den Schutz des einzelnen Arbeitnehmers durch mögliche arbeitsbedingte Infektionskrankheiten geht, sondern um den Schutz seiner Mitarbeiter sowie dritter Personen (z.B. alle Küchenbereiche, Bereiche bei der Betreuung von Personen mit deutlich verminderter Abwehrschwäche usw.).

7.5 Arbeitsmedizinische Maßnahmen nach ArbMedVV und STIKO

Aus der Vielzahl der möglichen Infektionserreger (Tab. 7.3) sollen nachfolgend einige wichtige und immer wiederkehrende Gefährdungen herausgegriffen werden. Insbesondere erscheinen für die Arbeitswelt diejenigen Infektionserreger von Wichtigkeit, bei denen eine echte Vorbeugung durch Impfung oder andere Maßnahmen möglich ist. Dabei werden die für den Arbeitgeber wichtigen Aspekte tabellarisch dargestellt. Das betrifft in erster Linie die Frage, welche Impfungen **obligatorisch vom Arbeitgeber** zu veranlassen und vom Betriebsarzt durchzuführen sind, d.h. welche Impfungen notwendig sind, wenn der Beschäftigte mit einer dieser Arbeitsaufgaben (Infektionsgefährdung) betraut wird (Tätigkeitsvoraussetzung). Hier trägt auch der Arbeitgeber die notwendigen Kosten.

Daneben gibt es **fakultative Impfungen**, die prinzipiell möglich sind, um in dem bestimmten Arbeitsbereich einer Infektionskrankheit vorzubeugen, die aber für den Arbeitgeber nicht verpflichtend sind. Dennoch werden diese **fakultativen Impfungen** von der STIKO **dringend empfohlen**. Jeder Arbeitgeber muss nun für seinen Bereich entscheiden, ob er seinen Beschäftigten diese Impfungen anbietet und die Kosten übernimmt (Gefährdungsbeurteilung).

Für alle Arbeitgeber gilt aber grundsätzlich, dass auf der Grundlage einer dokumentierten (§ 6 Abs. 1 Arbeitsschutzgesetz) Gefährdungsbeurteilung, zu deren Erarbeitung er für jeden einzelnen Arbeitsplatz verpflichtet ist (DGUV Vorschrift

1 § 3) bei Feststellung einer Gefährdung durch Infektionserreger ein wirksamer Impfschutz zu erzielen ist, wenn dafür eine geeignete Impfung vorhanden ist. Hierdurch wird die Wichtigkeit der Erarbeitung einer Gefährdungsanalyse ersichtlich, die bei Arbeiten (gezielte und nicht gezielte Tätigkeiten) mit biologischen Arbeitsstoffen zur Grundlage für jedes Handeln (Arbeitgeber, Arbeitnehmer, Betriebsrat, Betriebsarzt) wird.

Tab. 7.4: *Impfungen bei medizinischem Personal (Humanmedizin) (stat. und amb. Pflege und Behandlung) (nach STIKO sowie ArbMedVV)*

	Alle med. Bereiche	Pädiatrie	Betreuung älterer, behinderter Personen	Notfall- und Rettungsdienste
Hepatitis A	Gefährdungsbeurteilung	obligatorisch	obligatorisch	
Hepatitis B *	obligatorisch	obligatorisch	obligatorisch	obligatorisch
Pertussis		obligatorisch		
Masern		obligatorisch		
Mumps		obligatorisch		
Röteln		obligatorisch		
Windpocken (Varizella zoster-Virus)		obligatorisch		

* Hepatitis B-Impfung gilt gleichermaßen für das Gebiet der Zahnmedizin.

Tab. 7.5: *Impfungen bei medizinischem Laborpersonal (Humanmedizin) (Laborpersonal) (nach STIKO sowie ArbMedVV)*

	Klin.-chem./serol. Labor	Stuhllabor
Hepatitis A	Gefährdungsbeurteilung	obligatorisch
Hepatitis B	obligatorisch	obligatorisch

Tab. 7.6: *Impfungen bei Personal in Einrichtungen der Wohlfahrtspflege (stat. und amb.) (nach STIKO sowie ArbMedVV)*

	Heime bzw. Tagesstätten für Altenpflege	Ambulante Pflegedienste
Hepatitis A	obligatorisch	obligatorisch
Hepatitis B	obligatorisch	obligatorisch

Für nicht gekennzeichnete Bereiche können Impfungen trotzdem in Frage kommen, wenn die jeweilige Arbeitsplatzbeurteilung eine Gefährdung mit einem biologischen Arbeitsstoff ergibt, gegen den es eine wirksame Impfung gibt.

Tab. 7.7: *Impfungen bei Personal zur Betreuung von Kindern im Vorschulalter (nach STIKO sowie ArbMedVV)*

	Medizinische Untersuchung, Behandlung und Pflege von Kindern	Vorschulische Kinderbetreuung
Hepatitis A	obligatorisch	obligatorisch
Hepatitis B	obligatorisch	fakultativ (Gefährdungsbeurteilung)
Pertussis	obligatorisch	obligatorisch
Masern	obligatorisch	obligatorisch
Mumps	obligatorisch	obligatorisch
Röteln	obligatorisch	obligatorisch
Windpocken	obligatorisch	obligatorisch

Tab. 7.8: *Impfungen bei Personal in der Veterinärmedizin (nach STIKO sowie ArbMedVV)*

	Veterinärmedizin	Tierproduktion und Handel in der Landwirtschaft	Tiere und Pflanzen in „Nonfoodproduktion"
FSME	fakultativ	obligatorisch (in Endemiegebieten)	fakultativ (in Endemiegebieten)
Tollwut	obligatorisch		

Tab. 7.9: *Impfungen bei Personal in der Landwirtschaft, Forst- und Jagdwirtschaft (nach STIKO sowie ArbMedVV)*

	Pflanzenproduktion	Jagdwirtschaft	Forstwirtschaft
FSME	fakultativ (STIKO)	fakultativ (STIKO)	fakultativ (STIKO)
FSME (in Endemiegebieten)	obligatorisch	obligatorisch	obligatorisch
Tollwut		obligatorisch	

Tab. 7.10: *Impfungen bei Personal im Umgang mit Fäkalien (Kanalisiationsarbeiten) und in der Abfallwirtschaft (nach STIKO sowie ArbMedVV)*

	Kanalisations-arbeiten	mit Verletzungsgefahr durch Kanülen	manuelle Abfallsortierung
Hepatitis A	obligatorisch		fakultativ (STIKO)
Hepatitis B		obligatorisch	fakultativ (STIKO)
Poliomyelitis			fakultativ (STIKO)
Tetanus			fakultativ (STIKO)

7.6 Die BGR/TRBA 250 „Biologische Arbeitsstoffe im Gesundheitswesen und in der Wohlfahrtspflege"

Die bisherige Unfallverhütungsvorschrift BGV C 8 „Gesundheitsdienst" (vorher VBG 103) wurde mit Wirkung vom 1. April 2004 aufgehoben und durch die BGR/TRBA 250 „Biologische Arbeitsstoffe im Gesundheitswesen und in der Wohlfahrtspflege" ersetzt (Ausgabe 27. März 2014 (GMBl. S. 206), Änderung vom 22. Mai 2014 (GMBl. 2014 Nr. 25 S. 535)). Sie enthält äußerst wichtige Regelungen zum Schutz vor Infektionskrankheiten bei der Arbeit und konkretisiert die Forderungen der Biostoffverordnung für die Bereiche Gesundheitsdienst und Wohlfahrtspflege.

7.6.1 Inhalt der TRBA 250

Vorbemerkungen

1. Anwendungsbereich
2. Begriffsbestimmungen
3. Beurteilung der Arbeitsbedingungen
4. Schutzmaßnahmen
5. Spezifische Arbeitsbereiche und Tätigkeiten – besondere und zusätzliche Schutzmaßnahmen
6. Verhalten bei Unfällen
7. Betriebsanweisung und Unterweisung der Beschäftigten
8. Erlaubnis-, Anzeige-, Aufzeichnungs- und Unterrichtungspflichten
9. Zusammenarbeit Beschäftigter verschiedener Arbeitgeber – Beauftragung von Fremdfirmen
10. Arbeitsmedizinische Vorsorge

Anhang 1: Sonderisolierstationen (Schutzstufe 4)

Teil 1: Sonderisolierstationen-Schutzmaßnahmen

Teil 2: Sonderisolierstationen – wichtige Adressen

Anhang 2: Hinweise für die Erstellung eines Hygieneplanes

Anhang 3: Handlungsanleitung zum Einsatz von Praktikantinnen und Praktikanten

Anhang 4: Erfahrungen beim Einsatz von Sicherheitsgeräten

Anhang 5: Beispiel für ein Muster „Interner Rücklaufbogen-Evaluierung Sicherheitsgeräte"

Anhang 6: Beispiel für „Erfassungs- uns Analysebogen Nadelstichverletzung"

Anhang 7: Information zum korrekten Sitz, zur Tragdauer von FFP-Masken, zum Unterschied von MNS und FFP-Masken sowie zu Partikelgröße in infektiösen Aerosolen

Anhang 8: Abfallschlüssel für Einrichtungen zur Pflege und Behandlung von Menschen und Tieren entsprechend der LAGA-Vollzugshilfe

Anhang 9: Beispiel einer Betriebsanweisung nach § 14 Biostoffverordnung

Anhang 10: Vorschriften und Regeln, Literatur

287

7.6.2   Schwerpunkte der neuen TRBA 250

Die TRBA 250 orientiert sich in allen ihren Abschnitten am Inhalt der Biostoffverordnung sowie an den für jeden Arbeitsbereich zu erstellenden Gefährdungsbeurteilungen (§§ 5–8 Biostoffverordnung) unter Hinweis auf die TRBA 400 „Handlungsanleitung zur Gefährdungsbeurteilung bei Tätigkeiten mit biologischen
Arbeitsstoffen".

Es würde den Rahmen dieses Ratgebers sprengen, wollte man alle Festlegungen
detailliert darstellen und besprechen. Die TRBA 250 kann als Handlungsanleitung
und als Durchführungsbestimmung zur Biostoffverordnung verstanden werden.
Sie gibt praktische Hinweise, wie bestimmte Vorgaben des Gesetzgebers umgesetzt werden können (Erarbeitung der Gefährdungsbeurteilungen, Durchführung
von Schutzmaßnahmen, Erstellung von Betriebsanweisungen sowie deren Umsetzung u.a.m.) und sollte in keiner Einrichtung fehlen.

Ebenso finden wir wichtige Hinweise zur arbeitsmedizinischen Vorsorge bei
Beschäftigten mit biologischen Arbeitsstoffen sowie konkrete Hinweise zu entsprechenden Impfungen.

7.6.3   Nadelstichverletzungen

Eine häufige Verletzungsquelle und somit potenzielle Infektionsquelle im Gesundheitsdienst sowie in der Wohlfahrtspflege sind spitze und schneidende Werkzeuge,
die Anwendung am Patienten finden. Alle Gegenstände, die mit Blut, Blutbestandteilen oder anderen Körperflüssigkeiten kontaminiert sein können, bergen die
Gefahr in sich, Träger einer Infektion von Hepatitis B, Hepatitis C sowie HIV zu
sein. Insbesondere besteht eine Infektionsgefahr bei

- Nadelstichverletzungen,
- Schnittverletzungen,
- Sekretspritzern (Blut oder andere Körperflüssigkeiten) auf Schleimhäuten
  (Mund, Nase, Augen), intakte oder geschädigte Haut.

Diesem Umstand Rechnung tragend, gibt die TRBA 250 Ratschläge zur möglichen
Vermeidung solcher arbeitsbedingter Infektionen durch (Auswahl)

- Verwendung von durchstichsicheren Behältern,
- Unterlassen von Recapping,
- Verwendung von Sicherheitskanülen,
- Beachtung üblicher Maßnahmen zur Verringerung von Verletzungen,
- allgemeine Hygienemaßnahmen.

Beim Umgang mit Sicherheitskanülen bestehen zwei Möglichkeiten:

- passiv auslösende Systeme (spitze oder scharfe Instrumententeile werden ohne Zutun des Arbeitnehmers abgedeckt),

- aktiv auslösende Systeme (der Schutzmechanismus wird vom Arbeitnehmer selbst aktiv ausgelöst z.b. Retraktion der Kanüle in eine Schutzhülse und andere Mechanismen.

Die einzelnen Maßnahmen bei Stich- oder Schnittverletzungen lassen sich in diesem Rahmen nicht im Detail besprechen.

Im Juli 2006 erfuhr die TRBA 250 eine Erweiterung, wobei der Begriff „sicheres Arbeitsgerät" eingeführt wurde. Gleichermaßen wird die Verwendung von verletzungssicheren Punktionsbestecken vorgeschrieben bei

- der Behandlung und Versorgung von Patienten, die nachgewiesenermaßen durch Erreger der Risikogruppe 3 (einschließlich 3 **) oder höher infiziert sind,

- Behandlung fremdgefährdeter Patienten,

- Tätigkeiten im Rettungsdienst und in der Notfallaufnahme,

- Tätigkeiten in Gefängniskrankenhäusern.

Aus der Gefährdungsbeurteilung der jeweiligen Einrichtung/Abteilung können die in Frage kommenden Gefährdungen entnommen werden. Daraus schlussfolgernd sollten Betriebsanweisungen existieren, in denen die Sofort-Maßnahmen nach Verletzung im Einzelnen aufgezeichnet sind.

Sollten solche Anweisungen nicht existieren, ist der Arbeitgeber aufgefordert, im Rahmen seiner Pflichten im Arbeitsschutz/Gesundheitsschutz solche zu erarbeiten oder vom Betriebsarzt bzw. der Fachkraft für Arbeitssicherheit erarbeiten zu lassen.

Mit der Ausgabe vom 27. März 2014 (GMBl. 2014 Nr. 10/11) steht eine weiter aktualisierte TRBA 250 zur Verfügung.

7.6.4 Schutzimpfungen bei Tätigkeiten mit Infektionsgefährdung sowie Bezahlung

Eine sehr wichtige und immer wieder auch strittige Frage ist die nach der Durchführung und Bezahlung von erforderlichen Impfungen. Hierzu äußert sich die ArbMedVV im § 6 Abs. 2 eindeutig:

„Impfungen sind Bestandteil der arbeitsmedizinischen Vorsorge und den Beschäftigten anzubieten, soweit das Risiko einer Infektion tätigkeitsbedingt und im Vergleich zur Allgemeinbevölkerung erhöht ist".

„Dies gilt nicht, wenn der oder die Beschäftigte bereits über einen ausreichenden Immunschutz verfügt."

Die im „Einzelfall gebotenen Maßnahmen" sind für bestimmte Tätigkeiten insbesondere in der ArbMedVV festgeschrieben, so dass hier nicht viel Spielraum für eigene Entscheidungen bleibt.

Wichtig:

Wenn eine Gefährdung hinsichtlich einer möglichen Infektion besteht (Gefährdungsanalyse) und es für diese Gefährdung eine Impfung gibt (impfpräventable Infektionen), ist die Immunisierung mit dem daraus resultierenden Impfschutz durch den Arbeitgeber anzubieten. Der Unternehmer hat nach § 7 (2) DGUV Vorschrift 1 zu prüfen, ob der Arbeitnehmer erkennbar in der Lage ist, eine Arbeit ohne Gefahr für sich oder andere auszuführen, ansonsten darf er ihn mit dieser Arbeit nicht beschäftigen.

Was heißt das jetzt im konkreten Fall?

Der Arbeitgeber hat Beschäftigten vor Aufnahme der Tätigkeit sowie in regelmäßigen Abständen eine arbeitsmedizinische Vorsorge anzubieten, wenn sie Tätigkeiten mit biologischen Arbeitsstoffen im Sinne der Pflicht- und Angebotsvorsorge nach ArbMedVV ausführen. Hierzu gehört auch das Angebot entsprechender Impfungen.

Immer wieder strittig ist die Frage der Finanzierung von Impfungen. Man muss hier zwischen **Bewerbern** um einen Arbeitsplatz mit Infektionsgefährdung und denjenigen, die **bereits Beschäftigte** im Unternehmen sind, unterscheiden.

Der Arbeitgeber kann von einem Bewerber für eine Arbeitsstelle durchaus verlangen, dass er die notwendigen Impfungen mitbringt, bevor er mit ihm einen Arbeitsvertrag abschließt. Ist er aber dann Arbeitnehmer **mit** einem Arbeitsvertrag, hat der Arbeitgeber die notwendigen, d.h. für die Tätigkeit erforderlichen Impfungen bei entsprechender Gefährdung kostenlos anzubieten und durch- bzw. fortführen zu lassen.

Der Arbeitgeber kann natürlich, wenn er an der Mitarbeit des Bewerbers sehr interessiert ist, auch die notwendigen Impfungen, wenn sie vor Aufnahme der Tätigkeit bei ihm noch nicht erfolgt sind, finanziell übernehmen, es besteht hierzu aber keine Verpflichtung (**vor** Abschluss eines Arbeitsvertrages).

Aus der Gefährdungsbeurteilung bei Tätigkeiten mit biologischen Arbeitsstoffen ist ersichtlich, bei welchen Tätigkeiten welche Art der Gefährdungen auftreten. Demzufolge lassen sich daraus auch die notwendigen Impfungen ableiten.

Insbesondere sei allen Jugendlichen vor Vollendung des 18. Lebensjahres empfohlen, wenn sie einen medizinischen Beruf im weitesten Sinne (wenn eine Infektionsgefährdung besteht) oder einen anderen mit Infektionsgefährdung eingehenden Beruf ergreifen möchten, aber auch sonst sich gegen Hepatitis B impfen zu lassen. Bis zur Vollendung des **18. Lebensjahres** ist z.b. die **Impfung gegen Hepatitis B** kostenlos erhältlich (Hausarzt, Gesundheitsamt).

Auch alle nach 1970 geborenen Personen können jetzt kostenlos eine MMR-Impfung erhalten, wenn ein unvollständiger Schutz besteht.

Ist eine Person bereits Arbeitnehmer und es ergeben sich Auffrischungsimpfungen (nach STIKO siehe in den entsprechenden Kapiteln der Erkrankungen), so genannte Boosterungen, sind diese vom Arbeitgeber kostenlos dem Arbeitnehmer anzubieten. Erhält ein Arbeitnehmer diese Auffrischungen nicht, besteht die potenzielle Gefahr einer Infektion durch die weitere Ausübung der gefährdeten Tätigkeit.

Die Festlegungen der TRBA 250 gelten natürlich nicht nur für die Hepatitis B sondern auch für alle anderen von der STIKO (Ständige Impfkommission beim Robert Koch-Institut Berlin) allgemein empfohlenen Impfungen, die zu einem großen Teil sogar kostenlos erhältlich sind (Hausarzt, Gesundheitsamt, Betriebsarzt). Auch diese Impfungen sollten den Mitarbeitern angeboten werden, zumindest sollten sie darüber informiert werden (keine Verpflichtung des Arbeitgebers).

Abschließend sei noch darauf hingewiesen, dass ein Arbeitgeber, der die vom Gesetzgeber bzw. den Berufsgenossenschaften gesetzlich geforderten Immunisierungen nicht veranlasst, damit rechnen muss, dass er im Schadensfall (Erkrankung eines Beschäftigten an einer durch Impfung vermeidbaren Infektionskrankheit) die dadurch entstandenen Kosten selbst tragen muss, die teilweise sehr erheblich sein können. Der Arbeitnehmer erhält in jedem Fall nach Prüfung des Sachverhaltes die entsprechende Entschädigung von der Berufsgenossenschaft.

7.7 Infektionsschutzgesetz

Das Gesetz zur Verhütung und Bekämpfung von Infektionskrankheiten beim Menschen (Infektionsschutzgesetz – IfSG) vom 20. Juli 2000 hat die frühere Bundesseuchenverordnung abgelöst und wesentliche neue Aspekte festgeschrieben. Es gab bisher zahlreiche Ergänzungen, die letzte stammt vom 7. August 2013 (BGBl. I S. 3154).

Zweck des Gesetzes ist es, übertragbaren Krankheiten beim Menschen vorzubeugen, Infektionen frühzeitig zu erkennen und ihre Weiterverbreitung zu verhindern.

Da dieses Gesetz verschiedene Bereiche des täglichen Lebens anspricht und Aufgaben des Arbeits- und Gesundheitsschutzes teilweise direkt und massiv berührt, sollen einige Bereiche und Branchen näher beleuchtet werden, wo das Infektionsschutzgesetz den betrieblichen Gesundheits- und Arbeitsschutz direkt berührt und den Arbeitgeber in die direkte Verantwortung nimmt.

Inhalt des Gesetzes (Auszüge):

1. Abschnitt – Allgemeine Vorschriften (§§ 1–3)

2. Abschnitt – Koordinierung und Früherkennung (§§ 4–5)

3. Abschnitt – Meldewesen (§§ 6–15)

4. Abschnitt – Verhütung übertragbarer Erkrankungen (§§ 16–23)

5. Abschnitt – Bekämpfung übertragbarer Erkrankungen (§§ 24–32)

6. Abschnitt – Zusätzliche Vorschriften für Schulen und sonstige Gemeinschaftseinrichtungen (§§ 33–36)

7. Abschnitt – Wasser (§§ 37–41)

8. Abschnitt – Gesundheitliche Anforderungen an das Personal beim Umgang mit Lebensmitten (§§ 42–43)

9. Abschnitt – Tätigkeiten mit Krankheitserregern (§§ 44–53)

10. Abschnitt – Zuständige Behörde (§ 54)

Viele Regelungen betreffen das Gesundheits- und Sozialwesen und sollen hier nicht näher beschrieben werden. Zum Teil ist an anderer Stelle (siehe Kapitel 4.4) bereits darauf hingewiesen worden.

Hierunter fällt insbesondere die gesetzliche Meldepflicht bei Vorliegen bestimmter Erkrankungen (§ 6), zu deren Meldung auch der Betriebsarzt bei Verdacht oder Erkrankung verpflichtet ist, wenn eine solche bei seinen Untersuchungen auffallen sollte. Die entsprechenden Maßnahmen werden dann in der Regel durch das zuständige Gesundheitsamt als ausführende Behörde übernommen.

Aus der Fülle der Regelungen des Infektionsschutzgesetzes sollen 3 Bereiche herausgegriffen werden und etwas näher untersucht werden:

1. Verhütung übertragbarer Krankheiten – allgemein empfohlene Impfungen (Abschnitt 5 des IfSG)

2. Schulen und Gemeinschaftseinrichtungen (Abschnitt 6 des IfSG)

3. Gesundheitliche Anforderungen an das Personal beim Umgang mit Lebensmitteln (Abschnitt 8 des IfSG)

Es ist keine primäre Aufgabe der Arbeits- und Betriebsmedizin, für den Schutz Dritter zu sorgen, sondern eine <u>ureigenste Aufgabe</u> des Arbeitgebers. Dennoch werden die Betriebsärzte häufig in diese Angelegenheit einbezogen, wenn es um den Schutz der Allgemeinheit geht. Sie sind Berater des Arbeitgebers allgemein. Der Schutz Dritter bedeutet in vielen Fällen auch Schutz der eigenen Mitarbeiter, womit sich der Kreis für den Betriebsarzt und seine beratenden Aufgaben gegenüber dem Arbeitgeber und den Arbeitnehmern wieder schließt.

7.7.1 Verhütung übertragbarer Krankheiten

Der § 20 des IfSG verpflichtet die zuständige obere Bundesbehörde, die obersten Landesgesundheitsbehörden und die von ihnen beauftragten Stellen sowie die Gesundheitsämter zur Information der Bevölkerung über die Bedeutung von Schutzimpfungen und anderen Maßnahmen der spezifischen Prophylaxe übertragbarer Krankheiten.

Am Robert Koch-Institut in Berlin (www.rki.de) ist eine Ständige Impfkommission (STIKO) eingerichtet. Diese Kommission gibt einmal alljährlich, bei Notwendigkeit auch darüber hinaus, Empfehlungen zur Durchführung von Schutzimpfungen und anderen Maßnahmen heraus. Die Mitglieder der Kommission werden vom Bundesministerium für Gesundheit im Benehmen mit den obersten Landesgesundheitsbehörden berufen.

Die von der STIKO öffentlich empfohlenen Impfungen sind per Rechtsverordnung durch die Sozialversicherungsträger finanziell zu übernehmen (SGB V § 20 in Verbindung mit § 20 IfSG). Somit können die obersten Landesgesundheitsbehörden bestimmen, dass die Gesundheitsämter unentgeltlich Schutzimpfungen oder andere Maßnahmen der spezifischen Prophylaxe gegen bestimmte übertragbare Krankheiten durchführen. Bei besonders schweren Erkrankungen kann auch von der Möglichkeit einer Impfpflicht (§ 20 Abs. 6 IfSG) Gebrauch gemacht werden, die es sonst in Deutschland nicht gibt. Das Grundrecht der körperlichen Unversehrtheit (Artikel 2 Abs. 2 Satz 1 Grundgesetz) kann hier eingeschränkt werden.

Impfausweise

Der impfende Arzt hat <u>jede</u> Schutzimpfung unverzüglich in einen Impfausweis einzutragen oder zumindest eine Impfbescheinigung auszustellen.

Folgende Eintragungen in den Impfausweis oder die Impfbescheinigung sind verpflichtend:

- Datum der Schutzimpfung
- Bezeichnung und Chargen-Bezeichnung des Impfstoffes

- Name der Krankheit, gegen die geimpft wurde
- Namen und Anschrift des impfenden Arztes sowie
- Unterschrift des impfenden Arztes oder Bestätigung der Eintragung durch das Gesundheitsamt

Leider vermisst man in der Praxis häufig die konkreten Angaben im Impfausweis. Deshalb sei noch einmal der dringende Hinweis erlaubt, dass alle Impfungen eingetragen sind und jederzeit nachvollziehbar sind.

Im Impfwesen gilt ein besonderer und sehr wichtiger Grundsatz:

> **Jede Impfung, die nicht schriftlich nachvollziehbar ist, hat es nicht gegeben!!!**

Es kann nur immer wieder an alle Menschen, somit auch an alle Arbeitnehmer im Unternehmen, appelliert werden, mit den eigenen Impfdaten sehr sorgsam umzugehen, so dass es jedem Arzt jederzeit möglich ist, den aktuellen Impfschutz kontrollieren zu können und diesen im Bedarfsfall zu aktualisieren.

7.7.2 Vorschriften für Schulen und sonstige Gemeinschaftseinrichtungen

Das Infektionsschutzgesetz versteht unter Gemeinschaftseinrichtungen (§ 33) Einrichtungen, in denen überwiegend Säuglinge, Kinder oder Jugendliche betreut werden, insbesondere Kinderkrippen, Kindergärten, Kindertagesstätten, Kinderhorte, Schulen und sonstige Ausbildungseinrichtungen, Heime, Ferienlager und ähnliche Einrichtungen.

Personen, die an bestimmten, im § 34 aufgelisteten Erkrankungen erkrankt oder dessen verdächtig sind, dürfen keine Lehr-, Erziehungs-, Pflege-, Aufsichts- oder andere Tätigkeit ausüben, bei denen sie Kontakt zu den dort Betreuten haben. Erst eine ärztliche Unbedenklichkeitbescheinigung erlaubt die Wiederaufnahme der Tätigkeit. Bei bestimmten Erkrankungen bedarf es sogar der Zustimmung des Gesundheitsamtes (meist handelt es sich um Dauerausscheider von Krankheitserregern).

So ist z.B. auch zu verstehen, dass die Biostoffverordnung bzw. jetzt die ArbMedVV bestimmte Erkrankungen, bei denen es einen wirksamen Impfschutz gibt, zur Tätigkeitsvoraussetzung gemacht haben. Das betrifft für den Bereich Kinderkrippe und Kindergarten die Erkrankungen Hepatitis A, Mumps, Masern, Röteln, Keuchhusten und Windpocken. Wenn das Personal (Betreuung von Kindern im Vorschulalter) diese Impfungen erhalten hat, besteht keine Notwendigkeit zur Untersagung von Tätigkeiten, selbst wenn Kinder diese Erkrankung hätten.

Warum der Gesetzgeber ausdrücklich die Worte „Kinder im Vorschulalter" verwendet, ist nicht nachvollziehbar. Für Einrichtungen, die Kinder ab 6 Jahren betreuen, sollten in ihren Gefährdungsbeurteilungen angepasste Festlegungen getroffen werden, denn auch hier gilt gleichermaßen die Gefährdung von Erzieher zum Kind und umgekehrt.

7.7.3 Maßnahmen bei der Herstellung und im Umgang mit Lebensmitteln

Innerhalb des sehr umfangreichen Regelwerkes des Infektionsschutzgesetzes gibt es nur 2 Paragraphen (§§ 42 und 43), die aber eine besondere Wichtigkeit erfahren, wenn man sich die möglichen Auswirkungen bei Nichtbeachtung dieser Vorschriften vor Augen führt.

Der Abschnitt 8 des IfSG beschreibt in seinen §§ 42 und 43 die gesundheitlichen Anforderungen an das Personal beim Umgang mit Lebensmitteln. Diese Regelung betrifft alle Bereiche und Unternehmen, die mit der Zubereitung von Speisen und Getränken zu tun haben (Lebensmittelhersteller, Küchen, Gaststätten, Betreuungsbereiche für Kranke und Behinderte, für Kinder und andere Personenkreise in der Gemeinschaftsverpflegung).

Wegen der Wichtigkeit des Schutzes Dritter im Umgang mit Lebensmitteln soll der § 42 des IfSG teilweise wörtlich wiedergegeben werden:

§ 42 Abs. 1:

„Personen, die

1. an Typhus abdominalis, Paratyphus, Cholera, Shigellenruhr, Samonellose, einer anderen infektiösen Gastroenteritis oder Virushepatitis A oder E erkrankt oder dessen verdächtig sind,

2. an infizierten Wunden oder an Hautkrankheiten erkrankt sind, bei denen die Möglichkeit besteht, dass deren Krankheitserreger über Lebensmittel übertragen werden können,

3. die Krankheitserreger Shigellen, Salmonellen, enterohämorrhagische Escherichia coli oder Choleravibrionen ausscheiden, dürfen nicht tätig sein oder beschäftigt werden

   a) beim Herstellen, Behandeln oder in Inverkehrbringen der in Absatz 2 genannten Lebensmittel, wenn sie dabei mit diesen in Berührung kommen, oder

b) in Küchen von Gaststätten oder sonstigen Einrichtungen mit oder zur Gemeinschaftsverpflegung."

§ 42 Abs. 2:

„Lebensmittel im Sinne des Absatzes 1 sind:

1. Fleisch, Geflügelfleisch und Erzeugnisse daraus,

2. Milch und Erzeugnisse auf Milchbasis,

3. Fische, Krebse oder Weichtiere und Erzeugnisse daraus,

4. Eiprodukte,

5. Säuglings- und Kleinkindernahrung,

6. Speiseeis und Speiseeishalberzeugnisse,

7. Backwaren mit nicht durchgebackener oder durcherhitzter Füllung oder Auflage,

8. Feinkost-, Rohkost- und Kartoffelsalate, Marinaden, Mayonnaisen, andere emulgierte Soßen, Nahrungshefen"

9. Sprossen und Keimlinge zum Rohverzehr sowie Samen zur Herstellung von Sprossen und Keimlingen zum Rohverzehr

Bevor eine Tätigkeit erstmalig mit obigen Erzeugnissen erlaubt ist, muss die Person im Besitz eines „Gesundheitspasses" sein, der ausschließlich durch die Gesundheitsämter oder einen durch das Gesundheitsamt beauftragten Arzt ausgestellt wird. Diese Bescheinigung darf vor Erstaufnahme der Tätigkeit nicht älter als 3 Monate sein.

Diese Bescheinigung steht dafür, dass die Person über die genannten Tätigkeitsverbote und die sich daraus ergebenden Verpflichtungen mündlich und schriftlich belehrt wurde und schriftlich erklärt hat, dass keine Tatsachen eines Tätigkeitsverbotes vorliegen.

Der Arbeitgeber hat seine Beschäftigten, die im Besitz eines solches „Gesundheitspasses" sind, bei Aufnahme der Tätigkeit und einmal jährlich über die Tätigkeitsverbote und die daraus resultierenden Verpflichtungen aktenkundig zu belehren. Dabei ist der Dienstherr in diese Belehrung mit einzubeziehen. Die Belehrungsunterlagen sind bei Diensttherrn aufzubewahren und auf Verlangen vorzulegen (Aufsichtsbehörde).

Sollte der Arbeitnehmer einen der oben genannten Gründe haben, bei denen er zu einer unverzüglichen Mitteilungspflicht an den Arbeitgeber verpflichtet ist, hat er dies umgehend zu tun. Der Arbeitgeber hat ihn dann bis zur Vorlage einer ärztlichen Bescheinigung über den Fortfall der Hinderungsgründe freizustellen und unverzüglich entsprechende Maßnahmen zu ergreifen.

Ein in der Praxis immer wieder schwieriges Problem besteht in der vom Gesetz geforderten Pflicht der Arbeitnehmer, sich bei Anzeichen einer gelisteten Erkrankung zu melden. Bei vielen Durchfallerkrankungen ist das eigentlich kein Problem. Da unter den Erkrankungen aber auch die Hepatitis A aufgeführt wird, diese aber vom Zeitpunkt der Ansteckung etwa 3 Wochen völlig symptomfrei verläuft, ist eine Meldung in diesem Zeitraum überhaupt nicht möglich. In dieser Zeit ist aber die Person, die sich mit Hepatitis A infiziert hat, für andere Personen hochansteckend, weil massiv Viren ausgeschieden werden. Die Lösung dieses Problems besteht ausschließlich darin, den Mitarbeitern einen adäquaten Impfschutz zu empfehlen, wie es auch die STIKO in ihrem jährlichen Bulletin veröffentlicht.

Die Hepatitis A ist gleichzeitig auch eine Reiseimpfung. Ein wirksamer Impfschutz wird bereits für Reisen in den gesamten Mittelmeerraum offiziell empfohlen, weil leider Meerestiere und auch häufig das Trinkwasser mit Hepatitis A verseucht sind. Wer diesen Impfschutz als Impfempfehlung für Reisen nutzt, ist somit gleichzeitig geschützt, sollte er auch eine Tätigkeit im Lebensmittelbereich ausüben.

8 Mutterschutz im Arbeitsprozess

8.1 Anspruch auf Mutterschutz

Werdende und stillende Mütter genießen arbeitsrechtlich einen besonderen Schutz vor Gefahren und vor Gesundheitsschäden durch die Arbeit. Sie erhalten einen Schutz vor finanziellen Einbußen durch die Schwangerschaft und haben einen besonderen Kündigungsschutz.

Da die Rechte der Frauen während der Schwangerschaft und der Stillzeit ein besonderes gesellschaftliches Anliegen sind, gibt es rechtliche Regelungen für diesen Zeitraum, die eine besondere Wertigkeit und Wichtigkeit besitzen. Jeder Arbeitgeber sollte deshalb diese Regelungen genau kennen und ihnen eine besondere Wertschätzung einräumen.

Neben dem Mutterschutzgesetz, in dem die wichtigsten Regelungen verankert sind, gibt es aber noch eine Reihe anderer gesetzlicher Regelungen, die sich ebenfalls mit dem Mutterschutz befassen. Bei einer Erarbeitung der Gefährdungsbeurteilung unter Berücksichtigung einer möglichen Schwangerschaft an diesem Arbeitsplatz sollten auch alle anderen Festlegungen unbedingt Anwendung finden.

In folgenden Gesetzlichkeiten sind Festlegungen zum Mutterschutz zu finden, die Beachtung finden sollten:

- Mutterschutzgesetz (MuSchG)
- Mutterschutz-Richtlinienverordnung (MuSchRiV)
- Mutterschutz- und Elternzeitverordnung (MuSchEltZV) (für Beamtinnen und Beamte des Bundes)
- Mutterschutzverordnung für Soldatinnen (MuSchSoldV)
- Bundeselterngeld- und Elternzeitgesetz (BEEG)
- Arbeitsstättenverordnung (ArbStättV) (§ 6 Abs. 3)
- Röntgenverordnung (RöV) (§ 23 Abs. 3)
- Strahlenschutzverordnung (StrlSchV) (§§ 37, 54–59)
- Biostoffverordnung (BioStoffV)
- Verordnung zur arbeitsmedizinischen Vorsorge (ArbMedVV)
- Gefahrstoffverordnung (GefStoffV)
- Jugendarbeitsschutzgesetz (JArbSchG)
- DGUV Vorschrift 1 (Grundlagen der Prävention) (§§ 2, 3)

Das Mutterschutzgesetz (MuSchG) sowie die Mutterschutzrichtlinienverordnung (MuSchRiV) gelten für alle Frauen, die in einem **Arbeitsverhältnis** stehen, d.h. auch für Teilzeitbeschäftigte, für Hausangestellte und Heimarbeiterinnen sowie für Frauen, die sich in der Ausbildung (mit Arbeitsvertrag) befinden (Tab. 8.1). Wenn der **Arbeitsplatz in der Bundesrepublik Deutschland** liegt, gilt das Gesetz unabhängig von der Staatsangehörigkeit der Arbeitnehmerin noch vom Familienstand. Sonderregelungen gibt es für Beamtinnen, Richterinnen und Soldatinnen (bitte jeweilige Landesrichtlinien beachten; siehe Kapitel 8.15). Für Schülerinnen, Studentinnen und Selbstständige gilt das Mutterschutzgesetz in der Regel nicht.

Für Schülerinnen, Praktikantinnen, Auszubildende im Rahmen der schulischen Ausbildung gelten jeweils die Schulgesetze, die Ausbildungsordnungen oder Prüfungsordnungen.

Tab. 8.1: Anspruchsberechtigung auf Mutterschutz

Anspruch haben:	Vollzeitbeschäftigte
	Teilzeitbeschäftigte
	Arbeitnehmerinnen in Familienhaushalten (seit 1997)
	Heimarbeiterinnen
	Angestellte und Arbeiterinnen im öffentlichen Dienst
	Auszubildende mit Arbeitsvertrag während der befristeten Ausbildung
	Frauen im Rahmen eines freiwilligen sozialen oder ökologischen Jahres
Keinen Anspruch haben:	Hausfrauen
	Selbstständige
	arbeitslose Schwangere
	Schülerinnen
	Studentinnen (ohne festen, versicherungspflichtigen Job, bei vorgeschriebenen Praktika)
Besondere Regelungen:	Beamtinnen, Soldatinnen, Richterinnen

8.2 Bekanntmachung der Schwangerschaft

Eine wichtige Voraussetzung für das Wirksamwerden der Bestimmungen des Mutterschutzgesetzes ist die Information des Arbeitgebers durch die Schwangere, sobald ihre Schwangerschaft und der wahrscheinliche Termin der Entbindung ärztlich bestätigt wurden. Dazu erhält sie in der Regel eine Bescheinigung, die sie im Betrieb vorlegen kann [§ 5 (1)]. Genügt dem Arbeitgeber eine mündliche Mitteilung über die bestehende Schwangerschaft nicht und verlangt er unbedingt eine ärztliche Bescheinigung über die Schwangerschaft, muss er die Kosten dafür übernehmen [§ 5 (3)].

Versäumt die Schwangere diese Mitteilung an den Arbeitgeber, kann sie die Schutzmaßnahmen des Gesetzes nicht beanspruchen.

Eine Offenbarungspflicht gegenüber dem Arbeitgeber bei einer Bewerbung besteht nicht. Der Arbeitgeber ist nicht berechtigt, bei einem Bewerbungsgespräch nach einer möglichen Schwangerschaft zu fragen. Sollte dies doch geschehen, gilt dies als „sittenwidriges Verhalten". Eine werdende Mutter darf hier zu einer „Notlüge" greifen und eine mögliche Schwangerschaft verneinen, was rechtlich sogar korrekt ist.

Die Mitteilung an den Arbeitgeber unterliegt der allgemeinen Schweigepflicht, sie darf gegenüber Dritten nicht bekannt gegeben werden. Davon ausgenommen ist die Mitteilung gegenüber den zuständigen Aufsichtsbehörden (staatliches Arbeitsschutzamt oder Gewerbeaufsichtsämter), zu der der Arbeitgeber gesetzlich verpflichtet ist (Formblattmeldung) [§ 5 Abs. 1]. Die Aufsichtsbehörden kontrollieren in der Regel die Einhaltung aller Bestimmungen des Arbeits- und Gesundheitsschutzes während der Schutzzeit der werdenden Mutter. In der Regel ist es zweckmäßig, dass auch der Betriebsarzt eine Meldung erhält, damit er aufgrund der spezifischen Kenntnis des Arbeitsplatzes und der Arbeitsbedingungen die vorgesehenen Änderungen zum Schutz der Mutter vor arbeitsbedingten Gesundheitsschäden überprüfen und gegebenenfalls weitere Änderungen dem Arbeitgeber vorschlagen kann. Für diese Mitteilung sollte sich der Arbeitgeber die Zustimmung der Arbeitnehmerin einholen. Eine andere Möglichkeit besteht darin, dass in einer Betriebsvereinbarung diese Frage generell geregelt ist.

Nach der Mitteilung der Beschäftigten über ihre Schwangerschaft an den Arbeitgeber hat dieser der zuständigen Aufsichtsbehörde (in der Regel das Amt für Arbeitsschutz und technische Sicherheit – früher Gewerbeaufsichtsamt) eine schriftliche Meldung zu machen, aus der hervorgeht,

- dass bei seiner Mitarbeiterin eine Schwangerschaft vorliegt,
- in welcher Form die Arbeitsbedingungen angepasst sind (Gefährdungsbeurteilung) und
- welche Schutzmaßnahmen vorgesehen sind (Umsetzung, Änderung des Arbeitsplatzes, Veränderung der Arbeitsorganisation, Beschäftigungsverbot, Freistellung),

wenn durch die Fortsetzung der bisherigen Arbeit Gesundheit und Leben von Mutter und Kind gefährdet sein sollten.

Zur Meldung an die Aufsichtsbehörde gibt es im Internet entsprechende Formulare, die ausgefüllt werden müssen.

8.3 Analyse des Arbeitsplatzes und Gefährdungsbeurteilung

Um die entsprechenden Schutzmaßnahmen und Beschäftigungseinschränkungen bzw. -verbote festlegen zu können, sind detaillierte Analysen des bisherigen Arbeitsplatzes notwendig sowie die Kenntnis aller Faktoren, die zu evtl. Veränderungen am Arbeitsplatz notwendig werden.

Diese Maßnahmen sollten nicht erst mit Bekanntwerden der Schwangerschaft begonnen werden. Sie sollten Bestandteil der allgemeinen Gefährdungsanalyse und Gefährdungsbeurteilung in jedem Arbeitsbereich sein, in dem Frauen arbeiten, die schwanger werden könnten. Es empfiehlt sich, dies in die betriebliche Dokumentation einzuarbeiten und zum Bestandteil des betrieblichen QM-Managements zu machen.

Dazu gibt es verschiedene Checklisten unterschiedlicher Anbieter (oder in Zusammenarbeit mit der Fachkraft für Arbeitssicherheit oder dem Betriebsarzt), die in die betriebliche Dokumentation einzuarbeiten sind und im Bedarfsfall den aktuellen Bedürfnissen nur angepasst werden. An welche Maßnahmen im Einzelnen zu denken ist und welche Festlegungen zu treffen sind, ergibt sich aus den Festlegungen des Mutterschutzgesetzes sowie der Mutterschutzrichtlinienverordnung.

Dieses Vorgehen hat sich in vielen Unternehmen bereits sehr bewährt und spart viel Zeit, wenn es dann um eine möglichst zeitnahe Mitteilung an die Aufsichtsbehörde geht.

Weiterhin empfiehlt es sich, die getroffenen Maßnahmen, die an die Aufsichtsbehörde weitergeleitet werden, der betreffenden Schwangeren zur Kenntnis zu geben und sich diese Kenntnisnahme schriftlich bestätigen zu lassen (1 Exemplar für die Aufsichtsbehörde, 1 Exemplar für die Schwangere, 1 Exemplar für das Unternehmen). Sollte die Schwangere damit einverstanden sein, dass der Betriebsarzt ebenfalls informiert wird, was in jedem Falle sinnvoll ist, um helfend eingreifen und beraten zu können, sollte auch er eine Kopie dieser Meldung erhalten.

Für bestimmte Arbeitsbereiche, die einer besonderen Gefährdung ausgesetzt sind, ist es sogar sinnvoll, die Aufsichtsbehörde in das Unternehmen zu bitten und mit dem/der technischen Aufsichtsbeamten/in oder auch dem/der technischen Aufsichtsbeamten/in der Berufsgenossenschaft gemeinsam die Strategie festzulegen. Dann ist man als Unternehmer sicher, an alle Festlegungen gedacht zu haben, und kann möglichen Kontrollen der Aufsichtsbehörde sehr beruhigt entgegensehen.

8.4 Arbeitsplatzgestaltung

Der Arbeitsplatz und die Arbeitsbedingungen sind nach § 2 des MuSchG so zu gestalten, dass für die werdende Mutter sowie die stillende Mutter keine Gefahren für Leben und Gesundheit ausgehen und sie ausreichend vor Gefahren geschützt ist.

Bei der Beschäftigung einer werdenden oder stillenden Mutter, bei der sie ständig stehen muss (Steharbeitsplatz), sollte die Gelegenheit zum kurzen Unterbrechen der Arbeit und Ausruhen durch Sitzen gegeben sein (§ 2 MuSchG sowie Arbeitsstättenverordnung § 6). Gleiches gilt für Tätigkeiten mit ausschließlich sitzender Körperhaltung. Auch hier sollten kurze Unterbrechungen der Arbeit durch Bewegung möglich sein.

Auch das Vorhandensein eines Liegeraumes wird gefordert (§ 2 Abs. 4 MuSchG sowie § 6 Arbeitsstättenverordnung). Das Ausruhen auf einer Liege (für werdende Mütter und stillende Mütter mit Kind) sollte sowohl in den Pausen, aber auch während der Arbeitszeit ermöglicht werden, wenn dies aus gesundheitlichen Gründen notwendig erscheint.

8.5 Schutzfristen vor und nach der Entbindung

In den letzten 6 Wochen vor der Entbindung (§ 3 Abs. 2) (errechneter Termin der Entbindung) darf die Schwangere nicht mehr beschäftigt werden, es sei denn, sie erklärt sich dazu ausdrücklich bereit. Für 8 Wochen nach der Entbindung darf die Wöchnerin nicht beschäftigt werden, bei Früh- und Mehrlingsgeburten verlängert sich diese Frist auf 12 Wochen (§ 6), bei Frühgeburten (Geburtsgewicht unter 2500 g) und sonstigen vorzeitigen Entbindungen verlängert sich die Frist von 12 Wochen um diejenige Zeit, die vor der Entbindung aufgrund der Frühgeburt von der 6-Wochen-Frist nicht in Anspruch genommen werden konnte. Eine Verlängerung der 8-Wochen-Frist ist auch möglich, wenn die Wöchnerin in den ersten Monaten nach der Entbindung nicht voll arbeitsfähig ist. Ein ärztliches Zeugnis befindet darüber, dass die Arbeitnehmerin für einen zu bestimmenden Zeitraum nicht mit Arbeiten beschäftigt werden darf, die ihre Leistungsfähigkeit übersteigen würde [§ 6 (2)].

Eine Beschäftigung während der Schutzfrist vor der Entbindung ist auf ausdrücklichen Wunsch der werdenden Mutter möglich (mit der Option der sofortigen Beendigung der Tätigkeit). Eine Beschäftigung während der Schutzfrist nach der Entbindung ist trotz des Wunsches der Mutter nicht statthaft. Eine Ausnahme besteht darin, wenn es zu einer Totgeburt gekommen ist und die Mutter auf ausdrückliches Verlangen wieder arbeiten möchte (nicht in den ersten beiden Wochen nach der Entbindung). Es ist für diese Sonderreglung ein ärztlicher Zeugnis erforderlich, das bescheinigt, dass nichts gegen die Wiederaufnahme der Arbeit spricht.

Es ist immer wieder zu beobachten, dass sowohl bei Arbeitgebern als auch bei Arbeitnehmerinnen Unsicherheiten herrschen, wie die Schutzfristen zu bewerten sind, vor allem aber in der täglichen Praxis anzuwenden sind. Es sollen daher tabellarisch die wesentlichen Zahlen zusammengefasst werden (Tab. 8.2).

Tab. 8.2:   *Schutzfristen vor und nach der Entbindung*

Zeitpunkt	Schutzfrist	Bemerkungen
Vor der Entbindung	6 Wochen (§ 3)	Auf Wunsch der Schwangeren kann gearbeitet werden (bei jederzeitiger Unterbrechung/Beendigung)
Nach der Entbindung (normale Geburt)	8 Wochen (§ 6)	Keine Tätigkeit (<u>absolutes</u> Beschäftigungsverbot) trotz des Wunsches der Mutter (Ausnahme Totgeburt ab 3. Woche nach der Entbindung)
Nach der Entbindung (Früh- oder Mehrlingsgeburt)	12 Wochen (§ 6)	Keine Tätigkeit
Nach der Entbindung (Frühgeburt)	12 Wochen plus (§ 6) nicht in Anspruch genommene Zeit vor der Entbindung	Keine Tätigkeit

8.6   Stillzeiten

Stillenden Müttern ist auf deren Verlagen (Antrag stellen) die zum Stillen erforderliche Zeit, mindestens aber zweimal täglich eine halbe Stunde oder einmal täglich eine Stunde freizugeben, die nicht auf die üblichen Pausenzeiten angerechnet werden darf. Auch sind diese Zeiten nicht vor- oder nachzuarbeiten und dürfen zu keinem Verdienstausfall führen (§ 7 Abs. 1, 2) (Tab. 8.3).

Da die Aufsichtsbehörde berechtigt ist, die Einrichtung von Stillräumen vorzuschreiben (§ 7 Abs. 3), sollte der Arbeitgeber von sich aus die Räumlichkeiten bereitstellen, wenn er eine stillende Mütter beschäftigt. Ist in der Nähe der Arbeitsstätte keine Stillgelegenheit vorhanden, darf die Stilllende eine Stillpause von mindestens 90 Minuten in Anspruch nehmen (als Arbeitszeit zu rechnen). Auch eine Kühlmöglichkeit nach dem Abpumpen sollte vorhanden sein.

Eine Festlegung, für welchen Zeitraum die Stillzeit zu gewähren ist, trifft das Mutterschutzgesetz nicht. Von Arbeitsgerichten wurden Zeiträume bis zu einem maximalen Alter des Kindes von 2 Jahren empfohlen. Andere Hinweise sprechen von maximal 1 Jahr, dies gilt aber nur, wenn wirklich auch gestillt wird.

Da Beschäftigungsverbote auch während der Stillzeit weitergelten, sollte die stillende Mutter den Arbeitgeber pflichtgemäß darüber informieren, dass sie das Stillen beendet hat, da somit auch die Beschäftigungsverbote enden.

Tab 8.3:   *Stillzeiten (§ 7)*

Arbeitszeit	Stillpausen	Bemerkungen
Normaler Arbeitstag (8 Stunden)	auf Antrag 2 x täglich 30 Minuten oder 1 x täglich 60 Minuten	Räumlichkeit zum Stillen bereitstellen, auch Kühlmöglichkeit nach Abpumpen, kein Verdienstausfall, kein Vor- und Nacharbeiten, keine Anrechnung auf übliche Ruhepausen
Arbeitstag von mehr als 8 Stunden zusammenhängend (keine Unterbrechung von mindestens 2 Stunden)	auf Antrag 2 x täglich mindestens 45 Minuten oder 1 x täglich mindestens 90 Minuten, wenn in der Nähe der Arbeitsstätte keine Stillmöglichkeit besteht	Räumlichkeit zum Stillen bereitstellen, auch Kühlmöglichkeit nach Abpumpen, kein Verdienstausfall, kein Vor- und Nacharbeiten, keine Anrechnung auf übliche Ruhepausen

8.7   Beschäftigungsverbote

Ein sehr wichtiger Abschnitt (Zweiter Abschnitt des Gesetzes) beschäftigt sich mit den Festlegungen, die dem Schutz der Mutter dienen sollen, wenn sie weiterhin am Arbeitsleben teilnehmen will (siehe auch Mutterschutzrichtlinienverordnung – MuSchRiV).

Die Festlegungen dienen dem Zweck, eine werdende Mutter während der Schwangerschaft bzw. nach der Entbindung so zu beschäftigen oder ihren Arbeitsplatz so einzurichten, dass ein ausreichender Schutz für Leben und Gesundheit gewährleistet werden kann (§ 3 Abs. 1). Der Arbeitgeber muss festlegen, welche Tätigkeiten weiter ausgeübt werden können und welche nicht, welche Änderungen des Arbeitsplatzes notwendig werden oder ob z.B. eine Umsetzung in einen nicht gefährdeten Bereich erforderlich ist. Sollten alle diese Maßnahmen keinen ausreichenden Schutz darstellen, muss die Schwangere von der Arbeit freigestellt werden (siehe unten). Dazu bedarf es aber eines ärztlichen Zeugnisses.

Das Mutterschutzgesetz legt für alle werdenden Mütter unabhängig von der Tätigkeit generelle Beschäftigungsverbote sowie individuelle Beschäftigungsverbote fest (§§ 4, 8), davon etwas abweichend für Wöchnerinnen und Stillende (§§ 6, 7).

Der Absatz 1 des § 4 des Mutterschutzgesetzes fasst zusammen, womit die werdende Mutter nicht beschäftigt werden darf, und führt dazu aus:

„Werdende Mütter dürfen nicht mit schweren körperlichen Arbeiten und nicht mit Arbeiten beschäftigt werden, bei denen sie schädlichen Einwirkungen von gesundheitsgefährdenden Stoffen oder Strahlen, von Staub, Gasen oder Dämpfen, von Hitze, Kälte oder Nässe, von Erschütterungen oder Lärm ausgesetzt sind."

Die dazu im Einzelnen in Frage kommenden gesetzlichen Regelungen finden wir nicht nur im Mutterschutzgesetz (§§ 2, 3, 4, 8) und der Mutterschutzrichtlinienverordnung (§§ 1–5), sondern in weiteren nachstehend aufgeführten Festlegungen (MuSchG § 4 Abs. 4):

- Röntgenverordnung (RöV)
- Strahlenschutzverordnung (StrlSchV)
- Biostoffverordnung (BioStoffV)
- Gefahrstoffverordnung (GefStoffV)
- Jugendarbeitsschutzgesetz (JArbSchG).

Dazu legt die Röntgenverordnung sowie die Strahlenschutzverordnung fest, dass

- keine Arbeiten im Kontrollbereich eines Röntgenstrahlers (Kategorie A) möglich sind,
- keine Arbeiten im Kontrollbereich eines radioaktiven Strahlers möglich sind,
- kein Umgang mit offenen radioaktiven Substanzen (offene Radionuklide) erlaubt ist.

Arbeiten im Überwachungsbereich eines Röntgenstrahlers sind möglich, wenn die in der Strahlenschutzverordnung und der Röntgenverordnung getroffenen Grenzwerte von 1 mSv für die gesamte Schwangerschaft nicht erreicht werden (siehe Kapitel 12 Strahlenschutz).

Die Gefahrstoffverordnung setzt eindeutige Grenzen für bestimmte Tätigkeiten: Kein Umgang mit

- sehr giftigen, giftigen, gesundheitsschädlichen und chronisch schädigenden Substanzen (wenn Grenzwerte nicht dauerhaft eingehalten werden können),
- krebserzeugenden, fruchtschädigenden oder erbgutverändernden Gefahrstoffen (Weiteres siehe Kapitel 4.2 Tätigkeiten mit Gefahrstoffen).

Die Biostoffverordnung legt fest, dass keine Arbeiten mit biologischen Arbeitsstoffen ausgeführt werden dürfen, bei denen die Möglichkeit einer Erkrankung besteht bzw. die Gefahr der Übertragung von Krankheitserregern (siehe Kapitel 7

Infektionsschutz und Impfungen). Eine wichtige Voraussetzung ist ein ausreichender Schutz vor Infektionen durch Impfungen, wenn diese für die jeweiligen Erreger möglich sind (impfpräventable Erkrankungen). Die Impfungen sollten aber unbedingt vor einer Schwangerschaft durchgeführt werden, damit ein ausreichender Schutz für Mutter und Kind besteht, bei Mumps, Masern, Röteln sollte die Impfung sogar mindestens 3 Monate zuvor erfolgt sein.

8.7.1 Generelle Beschäftigungsverbote

Um die Übersicht bei der Vielzahl zu beachtender Maßnahmen nicht zu verlieren, sollen zunächst die generellen Einschränkungen und Verbote für alle werdenden Mütter unabhängig von der Tätigkeit aufgelistet werden, die Körperarbeit bzw. körperliche Belastungen betreffen (§ 4 Abs. 2). Wegen der Wichtigkeit soll dieser Abschnitt wörtlich zitiert werden.

„Werdende Mütter dürfen insbesondere nicht beschäftigt werden

- mit Arbeiten, bei denen regelmäßig Lasten von mehr als 5 kg Gewicht oder gelegentlich Lasten von mehr als 10 kg Gewicht ohne mechanische Hilfsmittel von Hand gehoben, bewegt oder befördert werden,

- nach Ablauf des fünften Monats der Schwangerschaft mit Arbeiten, bei denen sie ständig stehen müssen, soweit diese Beschäftigung täglich vier Stunden überschreitet,

- mit Arbeiten, bei denen sie sich häufig erheblich strecken oder beugen oder bei denen sie dauernd hocken oder sich gebückt halten müssen,

- mit der Bedienung von Geräten und Maschinen aller Art mit hoher Fußbeanspruchung, insbesondere von solchen mit Fußantrieb,

- mit dem Schälen von Holz,

- mit Arbeiten, bei denen sie infolge ihrer Schwangerschaft in besonderem Maße der Gefahr, an einer Berufskrankheit zu erkranken, ausgesetzt sind oder bei denen durch das Risiko der Entstehung einer Berufskrankheit eine erhöhte Gefährdung für die werdende Mutter oder eine Gefahr für die Leibesfrucht besteht,

- nach Ablauf des dritten Monats der Schwangerschaft auf Beförderungsmitteln,

- mit Arbeiten, bei denen sie erhöhten Unfallgefahren, insbesondere der Gefahr abzugleiten, zu fallen oder abzustürzen, ausgesetzt sind."

Der Absatz 3 des § 4 führt dann weiter aus:

„Die Beschäftigung von werdenden Müttern mit

- Akkordarbeit und sonstigen Arbeiten, bei denen durch ein gesteigertes Arbeitstempo ein höheres Entgelt erzielt werden kann,
- Fließarbeit mit vorgeschriebenem Arbeitstempo ist verboten."

Die Aufsichtsbehörde ist berechtigt, von diesen Auflagen abweichende Festlegungen zu treffen, sowohl in Form der Gestattung von Ausnahmen oder einer weiteren Einschränkung des gesetzlichen Rahmens.

Eine sehr wichtige Festlegung trifft der § 8, der sich mit Mehrarbeit, Nacht- und Sonntagsarbeit beschäftigt. Wegen der Wichtigkeit und dem Zutreffen für alle werdenden Mütter soll wieder auszugsweise zitiert werden.

„§ 8 Abs. 1:

Werdende und stillende Mütter dürfen nicht mit Mehrarbeit, nicht in der Nacht zwischen 20 und 6 Uhr und nicht an Sonn- und Feiertagen beschäftigt werden."

Im Absatz 2 folgen nun die Definitionen für Mehrarbeit, die altersbezogen unterschiedlich ausfallen:

1. Frauen unter 18 Jahren Arbeit von mehr als 8 Stunden täglich oder mehr als 80 Stunden in einer Doppelwoche (unter Einrechnung der Sonntage)
2. Frauen über 18 Jahren Arbeit von mehr als 8 $\frac{1}{2}$ Stunden täglich oder mehr als 90 Stunden in der Doppelwoche (unter Einrechnung der Sonntage)

Als Nachtarbeit ist generell die Zeit zwischen 20 Uhr abends und 6 Uhr morgens festgelegt, die werdende Mütter ablehnen dürfen.

Da in verschiedenen Wirtschafts- oder Dienstleistungsbereichen die genannten strengen Maßstäbe nicht einzuhalten sind, hat der Gesetzgeber davon abweichende Regelungen für bestimmte Branchen erlaubt (§ 8 Abs. 3):

Ausnahmen für die ersten 4 Monate der Gravidität sowie stillende Mütter:

- in Gast- und Schankwirtschaften sowie im Beherbergungsgewerbe ist Arbeiten bis 22 Uhr erlaubt
- in der Landwirtschaft mit dem Melken von Vieh ab 5 Uhr
- als Künstlerinnen bei Musikaufführungen, Theatervorstellungen und ähnlichen Aufführungen bis 23 Uhr.

Das Verbot der Sonntags- und Feiertagsarbeit wird für Tätigkeiten in folgenden Bereichen gelockert (§ 8 Abs. 4), wenn den Frauen in jeder Woche einmal eine ununterbrochene Ruhezeit von mindestens 24 Stunden im Anschluss an eine Nachtruhe gewährt wird:

- im Verkehrswesen
- in Gast- und Schankwirtschaften
- im übrigen Beherbergungswesen
- im Familienhaushalt
- in Krankenpflegeanstalten
- in Badeanstalten
- anderen Schaustellungen, Darbietungen und Lustbarkeiten.

Um der Aufsichtsbehörde die Möglichkeit zu geben, zum einen die nach Bekanntwerden der Schwangerschaft durch den Arbeitgeber getroffenen Festlegungen zu überprüfen und andererseits mögliche Ausnahmen festlegen zu können, ist der Arbeitgeber nach § 5 Abs. 1 sowie § 19 Abs. 1 des Mutterschutzgesetzes verpflichtet, die Aufsichtsbehörde umgehend von der Schwangerschaft sowie den getroffenen Maßnahmen zu informieren und ihr die notwendigen Auskünfte zu erteilen, damit die Behörde ihrerseits den gesetzlichen Verpflichtungen nachkommen kann. Ein einheitliches für alle Länder gültiges Meldeformular gibt es hierfür aber leider nicht.

Die weiteren Abschnitte des Mutterschutzgesetzes betreffen weniger Maßnahmen des Arbeits- und Gesundheitsschutzes als vielmehr Fragen des Arbeitsrechts (Kündigung) sowie soziale Leistungen während der Mutterschaft und können im Original nachgelesen werden.

8.8 Kündigungsschutz

Aufgrund des Mutterschutzgesetzes genießt die werdende Mutter Kündigungsschutz während der Schwangerschaft und darüber hinaus bis 4 Monate nach der Entbindung. Voraussetzung ist aber, dass dem Arbeitgeber die bestehende Schwangerschaft in der oben genannten Form bekannt war.

Erfolgt eine Kündigung, ohne dass dem Arbeitgeber die Schwangerschaft bekannt war, hat die Schwangere noch 14 Tage nach Zugang der Kündigung die Möglichkeit, dem Arbeitgeber ihre Schwangerschaft bekannt zu geben. In diesem Falle ist die ausgesprochene Kündigung rechtsunwirksam.

Ein befristetes Arbeitsverhältnis endet mit dem Datum der Befristung und bedarf keiner gesonderten Kündigung, da nach Ablauf der Befristung kein Arbeitsverhältnis mehr besteht, das einer Kündigung bedarf.

Eine Kündigung durch die Schwangere ist während der Schwangerschaft und während der Schutzfrist nach der Entbindung ohne Einhaltung einer Frist zum Ende der Schutzfrist nach der Entbindung möglich.

§ 18 des Bundeselterngeld- und Elternzeitgesetzes (BEEG) regelt auch den Kündigungsschutz während der Inanspruchnahme der Elternzeit.

§ 18 Abs. 1: „Der Arbeitgeber darf das Arbeitsverhältnis ab dem Zeitpunkt, von dem an Elternzeit verlangt worden ist, höchstens jedoch 8 Wochen vor Beginn der Elternzeit und während der Elternzeit nicht kündigen."

Zum Ende der Elternzeit können sowohl Arbeitgeber und auch Arbeitnehmerin das Arbeitsverhältnis unter Einhaltung einer Kündigungsfrist von drei Monaten kündigen (§ 19 BEEG).

8.9 Freistellung für Untersuchungen und Urlaubsregelung

Nach § 16 MuSchG hat der Arbeitgeber die Frau freizustellen, die zur Durchführung der Untersuchungen im Rahmen der Leistungen der gesetzlichen Krankenversicherung bei Schwangerschaft und Mutterschaft erforderlich sind. Entsprechendes gilt zugunsten der Frau, die nicht in der gesetzlichen Krankenversicherung versichert ist.

Ein Entgeltausfall für diese Freistellung darf hierdurch nicht eintreten.

Ausfallzeiten wegen mutterschutzrechtlicher Beschäftigungsverbote gelten als Beschäftigungszeit, für die Anspruch auf bezahlten Erholungsurlaub besteht. Verbleibender Urlaub, der bis zum Beginn eines Beschäftigungsverbotes nicht in Anspruch genommen wurde, kann nach Ablauf der Fristen als Resturlaub im laufenden oder nächsten Urlaubsjahr beansprucht werden.

8.10 Auslage des Mutterschutzgesetzes

In Betrieben und Verwaltungen, in denen regelmäßig mehr als drei Frauen beschäftigt werden, ist ein Abdruck des Mutterschutzgesetzes an geeigneter Stelle zur Einsicht auszulegen oder auszuhängen (§ 18 MuSchG).

Im Zeitalter der Computertechnik kann auch das Gesetz im Intranet des Unternehmens geführt werden, es ist nur zu garantieren, dass jeder Mitarbeiter zugriffsberechtigt ist.

8.11 Mutterschutzrichtlinienverordnung

Die Mutterschutzrichtlinienverordnung (MuSchRiV) basiert auf einer Vielzahl von gesetzlichen Festlegungen (siehe oben) und regelt insbesondere diejenigen Arbeitsbereiche, in denen mit „gefährlichen" Arbeitsstoffen umgegangen wird oder in denen Arbeitsbedingungen vorliegen, die zu einer potentiellen Gefährdung für die Schwangere und Stillende führen können.

Deshalb ist es immer erforderlich, bei der Überprüfung der Arbeitsbedingungen und des Arbeitsplatzes einer Schwangeren die Festlegungen dieser Verordnung zu beachten, da sie über die generellen Einschränkung an allen Arbeitsplätzen unabhängig von der jeweiligen einzelnen Tätigkeit hinausgehen.

Die Anlagen 1 und 2 der Richtlinienverordnung zählen die wichtigsten Schädigungsmöglichkeiten auf, deren Vorliegen im Einzelfall zu überprüfen ist:

A. Gefahr- und Arbeitsstoffe (Agenzien) und Schadfaktoren

1. Chemische Gefahrstoffe mit den R-Sätzen R 40, R 45, R 46, R 61 und weitere in Rechtsvorschriften aufgeführte Substanzen (Anlage 2 zur MuSchRiV)

2. Biologische Arbeitsstoffe der Risikogruppen 2 bis 4 (siehe Kapitel 4.4 Biostoffverordnung),

3. Physikalische Schadfaktoren

   - Stöße, Erschütterungen oder Bewegungen
   - Bewegen schwerer Lasten von Hand
   - Lärm
   - ionisierende Strahlungen
   - nicht ionisierende Strahlungen
   - extreme Kälte und Hitze
   - Bewegungen und Körperhaltungen, geistige und körperliche Ermüdung und sonstige körperliche Belastungen

B. Arbeitsverfahren

C. Arbeitsbedingungen
   z.B. Tätigkeiten im Bergbau unter Tage

Der Arbeitgeber muss für jede Schwangere oder Stillende die in der Anlage 1 und 2 aufgeführten Gefährdungen hinsichtlich der Art, des Ausmaßes und der Dauer der Gefährdung beurteilen (§ 1 Abs. 1 der Mutterschutzrichtlinienverordnung). Dazu kann er sich durch den Betriebsarzt sowie die Fachkraft für Arbeitssicherheit beraten lassen (§ 1 Abs. 3). Die einfachste Beurteilung besteht darin, dass bereits im Vorfeld einer möglichen Schwangerschaft für jeden Arbeitsplatz im Unternehmen eine solche Arbeitsplatzanalyse erstellt wurde und diese dann im Bedarfsfall nur einer aktuellen Überprüfung der Gültigkeit bedarf.

Der Zweck dieser Beurteilung ist (§ 1 Abs. 2):

„1. alle Gefahren für die Sicherheit und Gesundheit sowie alle Auswirkungen auf Schwangerschaft oder Stillzeit der betroffenen Arbeitnehmerinnen abzuschätzen und

2. die zu ergreifenden Schutzmaßnahmen zu bestimmen."

In geeigneter Form hat der Arbeitgeber die werdende oder stillende Mutter und wenn ein Betriebs- oder Personalrat vorhanden ist, auch diesen über die Ergebnisse der Beurteilung nach § 1 sowie die zu ergreifenden Maßnahmen für Sicherheit und Gesundheitsschutz am Arbeitsplatz zu unterrichten. In der Regel geschieht dies für alle beschäftigten Arbeitnehmerinnen, wenn die Arbeitsplätze eine bestimmte Gefährdung beinhalten und kann dann unter dem Ereignis einer Schwangerschaft im Einzelfall wiederholt werden.

Besondere Tätigkeiten (§ 5) werden nachfolgend noch einmal einzeln aufgeführt, mit denen werdende oder stillende Mütter nicht beschäftigt werden dürfen, da sie von besonderer Wichtigkeit sind.

„§ 5 Abs. 1: Nicht beschäftigt werden dürfen

1. werdende oder stillende Mütter mit sehr giftigen, giftigen, gesundheitsschädlichen oder in sonstiger Weise den Menschen chronisch schädigenden Gefahrstoffen, wenn der Grenzwert überschritten wird;

2. werdende und stillende Mütter mit Stoffen, Zubereitungen oder Erzeugnissen, die ihrer Art nach erfahrungsgemäß Krankheitserreger übertragen können, wenn sie den Krankheitserregern ausgesetzt sind;

3. werdende Mütter mit krebserzeugenden, fruchtschädigenden oder erbgutverändernden Gefahrstoffen;

4. stillende Mütter mit Gefahrstoffen nach Nummer 3, wenn der Grenzwert überschritten wird;

5. gebärfähige Arbeitnehmerinnen im Umgang mit Gefahrstoffen, die Blei oder Quecksilberalkyle enthalten, wenn der Grenzwert überschritten wird;

6. werdende und stillende Mütter in Druckluft (Luft mit einem Überdruck von mehr als 0,1 bar)."

Als Hinweis darf angemerkt werden, dass es bemerkenswert und beachtenswert ist, dass bei einzelnen Gefährdungen zwischen werdenden Müttern (also Schwangeren), stillenden Müttern und Arbeitnehmerinnen im gebärfähigen Alter (also nicht Schwangeren) unterschieden wird.

8.12 Einhaltung der Mutterschutzvorschriften

Das Mutterschutzgesetz räumt den Frauen einen besonderen Schutz ein, der für den Arbeitgeber zwangsläufig verpflichtend ist und das sowohl der Arbeitnehmerin gegenüber als auch der Aufsichtsbehörde. In einigen Bundesländern sind dafür die Gewerbeaufsichtsämter zuständig, in anderen Ländern die staatlichen Arbeitsschutzämter (Auskunft über die Zuständigkeit erteilt das jeweilige Landesministerium für Arbeit und Soziales).

Damit alle Frauen ihre Rechte auch wahrnehmen können, legt § 18 MuSchG fest, dass ein Abdruck des Mutterschutzgesetzes an geeigneter Stelle zur Einsichtnahme auszulegen oder auszuhängen ist (wenn in Betrieben und Verwaltungen regelmäßig mehr als 3 Frauen beschäftigt werden).

Bei Nichtbeachtung der Vorschriften des Mutterschutzgesetzes sowie der Mutterschutzrichtlinienverordnung kann je nach Tatbestand und Schweregrad der Pflichtwidrigkeit diese als Ordnungswidrigkeit mit einer Geldstrafe zwischen 2500 und 5000 Euro oder bei einer Straftat mit einer Freiheitsstrafe bis zu einem Jahr geahndet werden [§ 21 (2) MuSchG und § 6 MuSchRiV].

Die abschließenden Tabellen sollen die wesentlichen Rechte und Pflichten (Auswahl) im Rahmen des Mutterschutzes noch einmal zusammenfassen, wobei dies aus unterschiedlicher Blickrichtung geschieht:

- aus der Sicht des Arbeitgebers
- aus der Sicht der Arbeitnehmerin
- aus der Sicht des Betriebsarztes
- aus der Sicht der Fachkraft für Arbeitssicherheit
- nicht zuletzt auch aus der Sicht der Personalvertretung.

8.13 Tabellarische Zusammenfassung wesentlicher Rechte und Pflichten (Auswahl)

Tab. 8.4: Wesentliche Pflichten des Arbeitgebers (Auswahl)

- Gestaltung des Arbeitsplatzes zum Schutz von Leben und Gesundheit der werdenden und stillenden Mutter
- Bereitstellung von Liegeräumen für werdende Mütter
- Erstellung einer Gefährdungsbeurteilung des Arbeitsplatzes
- Einhaltung von zahlreichen Beschäftigungsverboten
- Mitteilung an die Aufsichtsbehörde nach erfolgter Kenntnis der Schwangerschaft
- Änderungen des Arbeitsplatzes oder Umsetzung der Schwangeren bei Notwendigkeit
- Delegierung von Unternehmerpflichten an geeignete Personen und Kontrolle der Tätigkeit
- Einhaltung der Schutzfristen vor und nach der Entbindung
- Kündigungsverbot
- Freistellung der Frauen zur Durchführung der Untersuchungen im Rahmen der Leistungen der gesetzlichen Krankenversicherung bei Schwangerschaft und Mutterschaft
- Auslegung des Mutterschaftsgesetzes im Unternehmen
- Inanspruchnahme des U2-Verfahrens der gesetzlichen Krankenkassen

Tab. 8.5: Wesentliche Rechte und Pflichten der Arbeitnehmerin (Auswahl)

- Mitteilung an den Arbeitgeber über bestehende Schwangerschaft und den vermutlichen Termin der Entbindung
- Nach erfolgter Mitteilung besteht Anspruchsrecht auf ungefährdete Tätigkeit, Inanspruchnahme von Vergünstigungen, Schutzfristen, evtl. Arbeitsplatzwechsel, Inanspruchnahme von zusätzlichen Pausen sowie Gewährung von Stillzeiten
- Keine Mehrarbeit, Nacht- und Sonntagsarbeit (Ausnahmen beachten)
- Kündigungsschutz bis 4 Monate nach der Entbindung
- Recht auf Freistellung zu notwendigen ärztlichen Untersuchungen im Rahmen der Vorsorgeuntersuchungen der gesetzlichen Krankenversicherung
- Recht zur Fortsetzung der Tätigkeit innerhalb der Schutzfrist vor der Entbindung auf eigenen Wunsch
- Einhaltung von Beschäftigungsverboten

Tab. 8.6: Wesentliche Aufgaben (Mitwirkung) des Betriebsarztes (Auswahl)

- Beratung des Arbeitgebers zur besonderen Gefährdung der Schwangeren am Arbeitsplatz (Arbeitsplatzanalyse) (Voraussetzung ist Mitteilung über bestehende Schwangerschaft)
- Mitarbeit bei der Erstellung einer Gefährdungsanalyse (Auftrag)
- Beratung bei der Umsetzung auf einen anderen Arbeitsplatz bzw. zum Beschäftigungsverbot
- Teilnahme an Besuchsterminen der Aufsichtsbehörde
- Beratung der Schwangeren im Rahmen von Vorsorge über mögliche Gefährdungen an ihrem Arbeitsplatz
- Untersuchung der Schwangeren auf deren Wunsch bei von ihr befürchteter arbeitsbedingter Gefährdung

Tab. 8.7: *Wesentliche Aufgaben (Mitwirkung) der Fachkraft für Arbeitssicherheit (Auswahl)*

- Beratung des Arbeitgebers und der werdenden Mutter zur Gefährdung am Arbeitsplatz (Arbeitsplatzanalyse)
- Erstellung einer Gefährdungsanalyse (Auftrag)
- Unterstützung des Arbeitgebers bei der notwendigen Umgestaltung von Arbeitsplätzen
- Teilnahme an Besuchsterminen der Aufsichtsbehörde

Tab. 8.8: *Mitwirkung der Arbeitnehmervertretung (Betriebs- oder Personalrat) (Auswahl)*

- Informationsrecht zur Beurteilung von gefährdeten Arbeitsplätzen
- Möglichkeit zur Kontrolle der Einhaltung von Festlegungen nach Bekanntwerden der Schwangerschaft
- Teilnahme an Besuchsterminen der Aufsichtsbehörde
- Beratung der Schwangeren bei Rechtsfragen (Kündigungsschutz, finanzielle Zahlungen, Urlaub, Schutzfristen)

8.14 Mutterschutz- und Elternzeitverordnung

Die Verordnung über den Mutterschutz für Beamtinnen des Bundes und die Elternzeit für Beamtinnen und Beamte des Bundes (Mutterschutz- und Elternzeitverordnung (MuSchEltZV) vom 12. Februar 2009 (BGBl. I S. 320), zuletzt geändert am 11. Juni 2013 (BGBl. I S. 1514), regelt in 3 Abschnitten und 11 Paragraphen die Besonderheiten für Beamtinnen während der Schwangerschaft und der Elternzeit.

Die bisherige Verordnung über den Mutterschutz für Beamtinnen (Mutterschutzverordnung – MuSchV) ist aufgehoben.

Die Regelungen, insbesondere die Beschäftigungsverbote sowie die Schutzfristen weichen kaum von denen ab, die im Mutterschutzgesetz zu lesen sind. Einzelne abweichende Festlegungen sind direkt dem Gesetzestext zu entnehmen und sollen nicht näher ausgeführt werden.

Die Mutterschutz- und Elternzeitverordnung sowie das Mutterschutzgesetz sind in jeder Dienststelle, bei der regelmäßig mehr als drei Beamtinnen tätig sind, als Abdruck an geeigneter Stelle zur Einsicht auszulegen (§ 5 MuSchEltZV).

8.15 Besondere Arbeitseinschränkungen an bestimmten Arbeitsplätzen

Um die Spezifik einzelner Arbeitsplätze, die über die generellen Festlegungen zu Tätigkeitsverboten während der Schwangerschaft hinausgehen, berücksichtigen zu können, sollten die Betriebsärzte zur Mitarbeit und speziellen Beratung hinzugezogen werden.

8.15.1 Bildschirmarbeit

Es werden immer wieder Vermutungen und Ängste geäußert, dass elektrische und magnetische Felder, die von modernen Bildschirmgeräten oder ähnlichen Geräten ausgehen, zu einer Gesundheitsstörung führen könnten, wobei die Schwangere verstärkt gefährdet wäre. Alle bisherigen Untersuchungen haben aber zu dem Ergebnis geführt, dass es hier keinen Zusammenhang gibt und Bildschirmarbeit während der Schwangerschaft möglich ist.

Was allerdings außerhalb der Frage nach einer Schädigung durch elektromagnetische Felder von Bedeutung sein kann, sind andere Faktoren der Arbeitsorganisation, die eine potentielle Gefährdung möglich erscheinen lassen. Langdauernde einseitige Körperhaltung, monotone Tätigkeiten, Zeitdruck, unergonomische Körperhaltung und andere Faktoren sind durchaus in der Lage, das allgemeine Wohlbefinden der Schwangeren zu beeinträchtigen. Hier sollte in Zusammenarbeit mit dem Betriebsarzt nach einer Möglichkeit gesucht werden, die die Belastungen an einem Bildschirmarbeitsplatz reduziert.

8.15.2 Einwirkung von Hitze und Kälte

Nach § 4 Abs. 1 Mutterschutzgesetz dürfen werdende Mütter nicht mit Arbeiten beschäftigt werden, bei denen sie schädlichen Einwirkungen durch Hitze oder Nässe ausgesetzt sind.

Hitzearbeit

Die Mindestwerte der Lufttemperatur in Arbeitsräumen werden in der Technische Regel für Arbeitsstätten ASR A3.5 genannt. Darin gelten folgende Kriterien:

Überwiegende Körperhaltung	Arbeitsschwere leicht	Arbeitsschwere mittel	Arbeitsschwere schwer
Sitzen	+ 20 °C	+ 19 °C	–
Stehen, Gehen	+ 19 °C	+ 17 °C	+ 12 °C

Die Lufttemperatur in Arbeitsräumen sollte normalerweise +26 °C nicht überschreiten, ansonsten sind geeignete Schutzmaßnahmen durchzuführen.

Aus arbeitsmedizinischer Sicht gelten folgende Richtwerte bei Überschreitung der normalen Werte als Hitzearbeit, die von der jeweiligen Luftfeuchtigkeit abhängig sind:

Arbeitsschwere	Luftfeuchtigkeit unter 60 %	Luftfeuchtigkeit über 60 %
Leichte Arbeiten	30 °C	28 °C
Mittelschwere Arbeiten	26 °C	24 °C

Bei hoher Umgebungstemperatur ist die Wärmeabgabe des Körpers nicht mehr ausreichend gewährleistet, erst recht nicht, wenn zusätzlich noch die Luftfeuchtigkeit erhöht ist. Es kann dann zu Gefahren durch Hitzestau kommen, die vermieden werden müssen.

Kältearbeit

Als Kältearbeitsplätze gelten Räume, in denen Temperaturen zwischen 15 und –5 °C (oder kälter) herrschen. Eine nur kurzzeitige Tätigkeit unter 15 Minuten in Kälteschutzkleidung gilt nicht als Einwirkung.

Für Schwangere bestehen bei diesen Arbeitsbedingungen Beschäftigungsverbote (Temperatur weniger als + 15°C von mindestens 1 Stunde/Schicht). Bei leichten körperlichen Arbeiten und mehrstündiger Beschäftigung soll eine Temperatur von +17 °C nicht unterschritten werden.

8.15.3 Beschäftigung auf Beförderungsmitteln

Nach Ablauf des dritten Monats der Schwangerschaft schreibt das Mutterschutzgesetz (§ 4 Abs. 2 Nr.7) vor, dass die Beschäftigung **auf** Beförderungsmitteln nicht mehr erlaubt ist. Beförderungsmittel im Sinne des Gesetzes sind Fahrzeuge aller Art sowie Züge und Flugzeuge. In der Praxis gibt es häufig Irritationen, wie diese Festlegungen im MuSchG nun in der Praxis anzuwenden sind, da sie vom Gesetzgeber nicht näher erläutert werden.

Es wurde häufig und auch teilweise kontrovers diskutiert, ob auf oder mit Beförderungsmitteln zu trennen sei. Eine allgemeine Auslegung geht davon aus, das eine Beschäftigung „auf" einem Beförderungsmittel dann anzunehmen ist, wenn der Anteil der Fahrzeit mehr als die Hälfte der gesamten Beschäftigungszeit ausmacht. Bei Fahrzeitanteilen weniger als die Hälfte der Beschäftigungszeit, sollte man von einer Tätigkeit „mit" Beförderungsmitteln ausgehen können.

Diese Auslegung würde dann bedeuten, dass das genannte Verbot nur dann gilt, wenn schwerpunktmäßig diese Beschäftigung und während eines bedeutenden Teils der Arbeitszeit auf einem Beförderungsmittel ausgeübt wird, also mehr als die Hälfte der Arbeitszeit ausmacht.

In einer Betriebsvereinbarung sollte man deshalb klären, welche Tätigkeiten im Unternehmen die Mutterschutzregelung betreffen und welcher Zeitrahmen für Fahrtätigkeiten in Frage kommt. Auch sollte man bei ungünstigen Witterungs- und Straßenverhältnissen eine solche Tätigkeit wegen der erhöhten Unfallgefährdung eher untersagen (MuSchG § 4 Abs. 2 Nr. 8). Wichtig erscheint auch, inwieweit die Fahrtätigkeit mit Erschütterungen oder anderweitigen Gefahren verbunden sein kann.

In der Gefährdungsbeurteilung, die für jede Tätigkeit gesetzlich gefordert ist, sollte immer eine „Variante Mutterschutz" enthalten sein. Diese Festlegungen können sowohl mit dem Betriebsarzt, der Fachkraft für Arbeitssicherheit und der zuständigen Aufsichtsbehörde gemeinsam abgestimmt werden.

Das MuSchG räumt allerdings auch ein, dass die Aufsichtsbehörde berechtigt ist, entsprechende Ausnahmen zu bewilligen. Das sollte man sich als Arbeitgeber bescheinigen lassen.

Betroffene Berufsgruppen (Auswahl):

jegliche Personenbeförderung (z.B. Omnibus, Straßenbahn, Eisenbahn, Flugzeug, Taxi, Krankentransport)

innerbetrieblicher Transport, z.B. Staplerfahrerinnen

Fahrtätigkeiten im Außendienst (Vertreter)

Fahrschullehrerinnen

soziale Dienstleistungen

sonstige Fahrtätigkeiten im normalen Straßenverkehr

Im Mutterschutz gilt das Risikominimierungsgebot in ganz besonderen Maße. Dabei sind alle Risiken zu berücksichtigen, die durch die Ausübung der Berufstätigkeit möglich sind. Selbst eine Zustimmung der werdenden Mutter, die bisherige Tätigkeit weiter ausüben zu wollen, sollte den Arbeitgeber nicht von seiner Pflicht entbinden, die er als Gesamtverantwortung für den Schutz der Arbeitnehmer, insbesondere der werdenden Mütter hat.

9 Jugendarbeitsschutz

9.1 Vorbemerkungen

Bereits zu Beginn des 19. Jahrhunderts hielt man den Jugendarbeitsschutz für erforderlich, da sich aufgrund der schlechten Arbeitsbedingungen sowie der überlangen Arbeitszeiten bei jugendlichen Fabrikarbeitern gezeigt hatte, dass diese schwere gesundheitliche Schäden davongetragen hatten. In Preußen wurde bereits 1839 ein königliches „Regulativ über die Beschäftigung jugendlicher Arbeiter in Fabriken" verkündet.

Das Jugendarbeitsschutzgesetz mit dem Verbot von Kinderarbeit gehört mit zu den Anfängen moderner Arbeitsschutzgesetzgebung und ist damit Teil des Arbeitsschutzrechtes im öffentlichen Recht.

Das Jugendarbeitsschutzgesetz (JArbSchG) dient zusammen mit der Jugendarbeitsschutzuntersuchungsverordnung (JArbSchUV) dem Schutz von Kindern und Jugendlichen, die aufgrund ihrer noch nicht abgeschlossenen körperlichen und geistigen Entwicklung im Arbeits- und Berufsleben besonderen Gefahren, insbesondere gesundheitlichen Gefahren ausgesetzt sind.

Das Jugendarbeitsschutzgesetz regelt aber auch arbeitsrechtliche Fragen jugendlicher Beschäftigter und verpflichtet den Arbeitgeber zu deren strikter Einhaltung.

Nachfolgend sollen die wichtigsten Regelungen besprochen werden und insbesondere die hohe Verantwortung des Arbeitgebers herausgestellt werden.

9.2 Geltungsbereich

Dieses Gesetz gilt für die Beschäftigung von Personen, die noch nicht 18 Jahre alt sind

- in der Berufsausbildung,
- als Arbeitnehmer oder Heimarbeiter,
- mit sonstigen Dienstleistungen, die der Arbeitsleistung von Arbeitnehmern oder Heimarbeitern ähnlich sind und
- in einem der Berufsausbildung ähnlichen Ausbildungsverhältnis.

Dieses Gesetz gilt nicht

- für geringfügige Hilfeleistungen, soweit sie
gelegentlich,
aus Gefälligkeit,
aufgrund familienrechtlicher Vorschriften,
in Einrichtungen der Jugendhilfe,
in Einrichtungen zur Eingliederung Behinderter erbracht werden,

- für die Beschäftigung durch die Personensorgeberechtigten im Familienhaushalt.

9.3 Definitionen

1. Kind im Sinne des Gesetzes ist, wer noch nicht 15 Jahre alt ist.

2. Jugendlicher im Sinne des Gesetzes ist, wer 15, aber noch nicht 18 Jahre alt ist.

3. Arbeitgeber ist, wer ein Kind oder einen Jugendlichen gemäß § 1 beschäftigt.

4. Als Arbeitszeit gilt

   - Zeit vom Beginn bis Ende der täglichen Beschäftigung ohne die Ruhepausen (§ 11),

   - Schichtzeit ist die tägliche Arbeitszeit unter Hinzurechnung der Ruhepausen (§ 11),

   - im Bergbau unter Tage gilt die Schichtzeit als Arbeitszeit,

   - als wöchentliche Arbeitszeit wird die Zeit von Montag bis einschließlich Sonntag zugrunde gelegt (Feiertage an einem Wochentag werden auf die wöchentliche Arbeitszeit angerechnet),

   - Zeiten der Beschäftigung bei mehreren Arbeitgebern werden zusammengerechnet.

9.4 Beschäftigung von Kindern

Die Beschäftigung von **Kindern** ist **grundsätzlich verboten**, wobei für Jugendliche, die der Vollzeitschulpflicht unterliegen, die für Kinder geltenden Vorschriften Anwendung finden.

Ausnahmen vom Beschäftigungsverbot für Kinder werden für bestimmte Tätigkeiten zugelassen, so unter anderem nach Bewilligung durch das Amt für Arbeitsschutz für Theaterveranstaltungen, Musikaufführungen, Werbeveranstaltungen, Aufnahmen im Rundfunk und Fernsehen sowie bei Film- und Fotoaufnahmen.

Es muss dabei aber beachtet werden, dass die Arbeit für Kinder geeignet sein muss, die Einwilligung der Personensorgeberechtigten vorliegt, der Schulbesuch nicht negativ beeinflusst wird und weitere Jugendschutzbestimmungen beachtet werden.

Ähnliches gilt für Beschäftigungen für 4 Wochen im Kalenderjahr während der Schulferien.

9.5 Jugendliche

9.5.1 Arbeitszeit – Schichtzeit

Die **Arbeitszeit** (§ 8) darf grundsätzlich

* 40 Stunden wöchentlich und 8 Stunden täglich nicht überschreiten (eine **Verlängerung** auf 8,5 Stunden an Werktagen **ist erlaubt, wenn** an einem anderen Werktag der gleichen Woche die Zeit entsprechend **verkürzt wird**),

* in der Landwirtschaft dürfen Jugendliche **über 16 Jahre** während der Erntezeit nicht mehr als **neun Stunden täglich** und nicht mehr als 85 Stunden in der Doppelwoche

beschäftigt werden.

Die **Schichtzeit** (§ 12) – das ist die tägliche Arbeitszeit unter Hinzurechnung der Ruhepausen (§ 4 Abs. 2) – darf

* grundsätzlich höchstens 10 Stunden,

* **8 Stunden** im Bergbau unter Tage und

* **höchstens 11 Stunden** im Gaststättengewerbe, in der Landwirtschaft, in der Tierhaltung, auf Bau- und Montagestellen

betragen.

Jugendliche dürfen nur an **5 Tagen in der Woche** beschäftigt werden. Die beiden wöchentlichen Ruhetage sollen nach Möglichkeit aufeinanderfolgen (§ 15).

9.5.2 Ruhepausen – Freizeit – Urlaub

Jedem Jugendlichen sind Ruhepausen (§ 11) wie folgt zu gewähren:

* **30 Minuten** bei einer Arbeitszeit von mehr als 4,5 bis zu 6 Stunden,
* **60 Minuten** bei einer Arbeitszeit von mehr als 6 Stunden.

Dabei muss berücksichtigt werden, dass als **Ruhepause** nur eine Arbeitsunterbrechung von **mindestens 15 Minuten** gilt.

Der Zeitpunkt der Ruhepause ist festgelegt:

* frühestens **1 Stunde nach Beginn** der Arbeitszeit,
* **spätestens nach 4,5 Stunden** bis 1 Stunde vor Ende der Arbeitszeit.

Länger als 4,5 Stunden hintereinander ohne Ruhepause dürfen Jugendliche nicht beschäftigt werden.

Nach Beendigung der täglichen Arbeitszeit ist Jugendlichen bis zum nächsten Arbeitsbeginn eine ununterbrochene **Freizeit** (§ 13) von **mindestens 12 Stunden** zu gewähren.

Der bezahlte **Erholungsurlaub** (§ 19) ist für jedes Kalenderjahr wie folgt zu gewähren:

* **mindestens 30 Werktage,** wenn der Jugendliche zu Beginn des Kalenderjahres noch nicht 16 Jahre alt ist,
* **mindestens 27 Werktage,** wenn der Jugendliche zu Beginn des Kalenderjahres noch nicht 17 Jahre alt ist,
* **mindestens 25 Werktage,** wenn der Jugendliche zu Beginn des Kalenderjahres noch nicht 18 Jahre alt ist.

Weitere Einzelheiten in der Urlaubsregelung für bestimmte Berufsgruppen sowie Berufsschüler regeln die Absätze 3 und 4 des § 19 JArbSchG.

9.5.3 Berufsschule und Prüfungen

Jugendliche sind für die Teilnahme am **Berufsschulunterricht** von jeglicher Beschäftigung durch den Arbeitgeber **freizustellen**.

Er darf den Jugendlichen **nicht beschäftigen**:

* vor einem vor 9 Uhr beginnenden Unterricht,
* einmal in der Woche an einem Berufsschultag mit mehr als 5 Unterrichtsstunden von mindestens 45 Minuten Dauer,
* in Berufsschulwochen mit einem planmäßigen Blockunterricht von mindestens 25 Stunden an mindestens fünf Tagen,
* zusätzliche betriebliche Ausbildungsveranstaltungen bis zu zwei Stunden wöchentlich sind zulässig.

Jugendliche sind weiter **freizustellen**

* für die Teilnahme an Prüfungen und außerbetrieblichen Ausbildungsmaßnahmen, die aufgrund öffentlicher oder vertraglicher Bestimmungen außerhalb der Ausbildungsstätte durchgeführt werden,

* an einem Arbeitstag, der der schriftlichen Abschlussprüfung unmittelbar vorangeht.

Ein Entgeltausfall für diese Freistellungen darf in keinem Falle eintreten (§ 10).

9.5.4 Nachtruhe

Grundsätzlich dürfen Jugendliche nur in der Zeit von **6 Uhr bis 20 Uhr** beschäftigt werden.

Davon **abweichend** dürfen Jugendliche **über 16 Jahre** beschäftigt werden

* im Gaststätten- und Schaustellergewerbe bis 22 Uhr,
* in mehrschichtigen Betrieben bis 23 Uhr,
* in der Landwirtschaft ab 5 Uhr oder bis 21 Uhr,
* in Bäckereien und Konditoreien ab 5 Uhr (Jugendliche über 17 Jahre ab 4 Uhr).

Davon abweichend gibt es **zwei Ausnahmen**, wenn diese vorher dem Amt für Arbeitsschutz angezeigt wurden:

* Jugendliche über 16 Jahre dürfen in mehrschichtigen Betrieben ab 5.30 Uhr oder bis 23.30 Uhr arbeiten,
* in Betrieben, in denen die tägliche Arbeitszeit aus **verkehrstechnischen** Gründen nach 20 Uhr endet, bis 21 Uhr beschäftigt werden, wenn hierdurch unnötige Wartezeiten vermieden werden können.

Eine weitere Ausnahme kann **auf Antrag** das Amt für Arbeitsschutz genehmigen, dass Jugendliche bis 23 Uhr bei Musikaufführungen, Theatervorstellungen und anderen Aufführungen, bei Aufnahmen im Rundfunk, auf Ton- und Bildträger sowie bei Film- und Fotoaufnahmen gestaltend mitwirken.

Hierbei ist zu beachten, dass es sich dabei ausschließlich um Veranstaltungen handeln darf, bei denen die Jugendlichen aufgrund von Vorschriften zum Schutze der Jugend in der Öffentlichkeit nicht gefährdet sind.

Nach einer solchen Veranstaltung ist den Jugendlichen eine mindestens 14 Stunden dauernde Freizeit vor Beginn der Tätigkeit am folgenden Tage einzuräumen.

9.5.5 Samstagsruhe

An **Samstagen** dürfen Jugendliche grundsätzlich **nicht beschäftigt** werden.

Abweichend davon ist die Beschäftigung Jugendlicher an Samstagen nur **zulässig**

* in Krankenanstalten sowie in Alten-, Pflege- und Kinderheimen,
* in offenen Verkaufsstellen, in Betrieben mit offenen Verkaufsstellen, in Bäckereien und Konditoreien, im Friseurhandwerk und im Marktverkauf,

- im Verkehrswesen,

- in der Landwirtschaft und Tierhaltung,

- im Familienhaushalt,

- im Gaststätten- und Schaustellergewerbe,

- bei Musikaufführungen, Theatervorstellungen und anderen Aufführungen, bei Aufnahmen im Rundfunk und Fernsehen, auf Ton- und Bildträger und bei Film- und Fotoaufnahmen,

- bei außerbetrieblichen Ausbildungsmaßnahmen,

- beim Sport,

- im ärztlichen Notdienst,

- in Reparaturwerkstätten für Kraftfahrzeuge.

Werden Jugendliche an Samstagen beschäftigt, so ist die 5-Tage-Woche dadurch sicherzustellen (§ 16 Abs. 3), dass an einem anderen berufsschulfreien Arbeitstag derselben Woche eine Freistellung von der Arbeit erfolgt.

9.5.6   Sonntagsruhe – Feiertagsruhe

An **Sonn- und Feiertagen** dürfen Jugendliche grundsätzlich nicht beschäftigt werden.

Abweichend davon ist die Beschäftigung Jugendlicher an Sonn- und Feiertagen nur **zulässig**

- in Krankenanstalten sowie in Alten-, Pflege- und Kinderheimen,

- in der Landwirtschaft und Tierhaltung mit Arbeiten, die auch an Sonn- und Feiertagen naturgebunden vorgenommen werden müssen,

- im Familienhaushalt, wenn der Jugendliche in die häusliche Gemeinschaft aufgenommen ist,

- im Schaustellergewerbe,

- bei Musikaufführungen, Theatervorstellungen und anderen Aufführungen sowie bei Direktsendungen im Rundfunk und Fernsehen,

- beim Sport,

- im ärztlichen Notdienst,

- im Gaststättengewerbe.

Jeder zweite Sonntag soll, mindestens **2 Sonntage im Monat** müssen **beschäftigungsfrei** bleiben.

Die 5-Tage-Woche ist stets durch Freistellung an einem anderen berufsschulfreien Tag sicherzustellen.

Am 24. und 31. Dezember dürfen Jugendliche nicht nach 14 Uhr beschäftigt werden [§ 18 (1)], am 25. Dezember, am 1. Januar, am ersten Osterfeiertag und am 1. Mai dürfen Jugendliche überhaupt nicht beschäftigt werden.

An allen anderen Feiertagen des Jahres gelten die Ausnahmen des § 17 (siehe oben).

9.5.7 Abweichende Regelungen für Arbeitszeit, Schichtzeit, Urlaub, Wochenend- und Feiertagsarbeit

Einige Regelungen für bestimmte Wirtschaftszweige werden vom Gesetzgeber zugelassen, so für die Binnenschifffahrt (§ 20), für besondere Fälle (§ 21) oder für bestimmte Branchen im Rahmen von Tarifverträgen (§ 21a).

9.5.8 Beschäftigungsverbote und Beschäftigungsbeschränkungen

Jugendliche dürfen **nicht** mit gefährlichen Arbeiten (§ 22) **beschäftigt werden,**

* die ihre physische und psychische Leistungsfähigkeit übersteigen,

* bei denen sie sittlichen Gefahren ausgesetzt sind,

* die mit Unfallgefahren verbunden sind,

* bei denen ihre Gesundheit durch außergewöhnliche Hitze oder Kälte oder starke Nässe gefährdet wird,

* bei denen sie schädlichen Wirkungen von Lärm, Erschütterungen, Strahlen ausgesetzt sind,

* bei denen sie schädlichen Einwirkungen von Gefahrstoffen im Sinne des Chemikaliengesetzes ausgesetzt sind,

* bei denen sie schädlichen Einwirkungen von biologischen Arbeitsstoffen ausgesetzt sind.

Jugendliche dürfen **nicht beschäftigt** werden

* mit Akkordarbeit und sonstigen Arbeiten, bei denen durch ein gesteigertes Arbeitstempo ein höheres Entgelt erzielt werden kann,

- in einer Arbeitsgruppe mit erwachsenen Arbeitnehmern, die mit den vorstehenden Arbeiten beschäftigt werden,

- mit Arbeiten unter Tage (über 16 Jahre gibt es Ausnahmen unter bestimmten Voraussetzungen).

Bei den ersten 7 Punkten dürfen Jugendliche **abweichend** von den generellen Festlegungen beschäftigt werden, wenn

- dies zur **Erreichung ihres Ausbildungszieles** erforderlich ist und ihr Schutz durch die Aufsicht eines Fachkundigen gewährleistet ist,

- der Luftgrenzwert bei Gefahrstoffen im Sinne des Chemikaliengesetzes unterschritten wird,

- sie nur wenig bedenklichen biologischen Arbeitsstoffen ausgesetzt sind (keine Tätigkeiten für den gezielten Umgang mit biologischen Arbeitsstoffen der Gruppen 3 und 4).

Werden Jugendliche in einem Betrieb beschäftigt, für den ein Betriebsarzt oder eine Fachkraft für Arbeitssicherheit verpflichtet ist, muss ihre betriebsärztliche oder sicherheitstechnische Betreuung sichergestellt sein (§ 22 Abs. 3).

9.6 Ärztliche Untersuchungen nach dem Jugendarbeitsschutzgesetz

Das Jugendarbeitsschutzgesetz will verhindern, dass Jugendliche mit Arbeiten beschäftigt werden, die bei ihnen zu gesundheitlichen Schäden führen können oder dass durch die Tätigkeit bereits vorhandene gesundheitliche Beeinträchtigungen verschlimmert werden.

Dazu dienen gesetzlich vorgeschriebene ärztliche Untersuchungen, ohne die der Arbeitgeber den Jugendlichen (ab Beginn des 15., aber noch nicht Vollendung des 18. Lebensjahres) nicht beschäftigen darf.

Zwingend vorgeschrieben sind nach dem Gesetz eine Erstuntersuchung sowie eine erste Nachuntersuchung, weitere Nachuntersuchungen können freiwillig in Anspruch genommen werden.

Den Personensorgeberechtigten (Erziehungsberechtigten) steht es frei, einen Arzt ihrer Wahl mit der Durchführung der Untersuchung zu beauftragen. Diese Kosten werden durch die Länder auf Antrag übernommen. Auch wenn später noch detaillierter darauf eingegangen wird, sollte aus der Kenntnis zahlreicher Problemfälle heraus der dringende Hinweis gegeben werden, dass der untersuchende Arzt besondere Kenntnisse der jeweiligen Arbeitsanforderungen und der Arbeitsbelastung sowie der möglichen Gefahren (Gefahrstoffe) haben sollte. Günstig erscheint immer die Untersuchungen von dem im späteren Betrieb tätigen Betriebsarzt vornehmen zu lassen, da er über die notwendigen klinischen Kenntnisse verfügt, aber insbesondere die arbeitsspezifischen Probleme kennt. Viele Betriebe sind bereits dazu übergegangen, die Erstuntersuchung sowie die erste Nachuntersuchung ausschließlich von ihrem Betriebsarzt durchführen zu lassen. Erfolgt die Untersuchung zum Beispiel durch den Hausarzt, gilt die ausgestellte Bescheinigung als „allgemeine Tauglichkeit für den allgemeinen Arbeitsmarkt". Eine berufliche Belastungsspezifik fließt in der Regel nicht ein, weil sich der Jugendliche mit dieser Bescheinigung bei mehreren Lehrstellenanbietern bewirbt.

Der jugendliche Auszubildende (unter 18 Jahren) ist nach § 4 Abs. 2 Nr. 9 Ausbildungsvertragsmuster verpflichtet, sich vor Beginn der Ausbildung gemäß Jugendarbeitsschutzgesetz untersuchen zu lassen (siehe Erstuntersuchung Kapitel 9.6.2).

Die ärztliche Bescheinigung ist dem Ausbilder vorzulegen, damit er diese der Industrie- und Handelskammer als zuständige Stelle vorlegen kann, damit der Berufsausbildungsvertrag in das Verzeichnis der Berufsausbildungsverträge gemäß § 35 BBiG (Berufsbildungsgesetz) vom 23. März 2005 (BGBl. I S. 931), zuletzt geändert am 25. Juli 2013 (BGBl. I S. 274a) eingetragen werden kann.

Ohne diesen Eintrag ist der Arbeitgeber nicht berechtigt, den Jugendlichen zu beschäftigen.

Bei einem Wechsel des Arbeitgebers darf der neue Arbeitgeber den Jugendlichen erst dann beschäftigen, wenn ihm die Bescheinigung über die Erstuntersuchung nach § 36 JArbSchG vorliegt. Ein Verstoß wird als Ordnungswidrigkeit geahndet (§ 58 JArbSchG).

9.6.1 Berechtigungsscheine für Pflichtuntersuchungen

Die für die Untersuchungen (Erstuntersuchung, erste Nachuntersuchung, weitere Nachuntersuchungen) notwendigen Untersuchungsberechtigungsscheine erhält der Jugendliche bei der für seinen Hauptwohnsitz zuständigen Meldebehörde. Diese Berechtigungsscheine werden jeweils nur einmal für jede Untersuchung ausgestellt.

9.6.2 Erstuntersuchung

Ein Jugendlicher, der in das Berufsleben eintritt, darf erst beschäftigt werden, wenn dem Arbeitgeber die ärztliche Bescheinigung darüber vorliegt, dass der Jugendliche innerhalb der letzten 14 Monate vor dem Beginn der Berufstätigkeit untersucht worden ist und keine gesundheitlichen Bedenken gegen die angestrebte Tätigkeit festgestellt worden sind.

Um eine genaue Beurteilung durch den erstuntersuchenden Arzt erreichen zu können, ist es notwendig, dass genaue Auskünfte über bisherige Erkrankungen des Jugendlichen bekannt sind. Zwei Wege dafür sind möglich, indem ein Elternteil, soweit sich dies realisieren lässt, den Jugendlichen zur Untersuchung begleitet oder dass vom Jugendlichen der von den Eltern ausgefüllte Erhebungsbogen beim Arzt vorgelegt wird, was ohnehin notwendig ist. Der Erhebungsbogen wird zusammen mit dem Untersuchungsberechtigungsschein von der Meldebehörde ausgegeben.[*] Die Angaben im Erhebungsbogen sowie alle Untersuchungsergebnisse werden vom Arzt vertraulich behandelt. Wenn bestimmte Tatsachen mit Dritten (z.B. künftiger Arbeitgeber) besprochen werden müssen, bedarf es der schriftlichen Einverständniserklärung der Personensorgeberechtigten.

Das Land Brandenburg hat eine von der üblichen Gesetzgebung (JArbSchG) abweichende Regelung getroffen (Gesetz über den Öffentlichen Gesundheitsdienst im Land Brandenburg (Brandenburgisches Gesundheitsdienstgesetz – BbgGDG) vom 23. April 2008 (GVBl. 1/08 [Nr. 5], S. 95), zuletzt geändert am 15. Juli 2010 (GVBl. I Nr. 28), indem die Erstuntersuchung nach § 32 nur von den Landkreisen und kreisfreien Städten (Gesundheitsämter) (§ 6 Abs.2 BbgGDG) durchgeführt werden dürfen, und dies im Zusammenhang mit der Schulabschlussuntersuchung. Damit wird die im Jugendarbeitsschutzgesetz festgeschriebene „freie Arztwahl" für diese Untersuchung aufgehoben. Somit entfällt auch die Beschaffung des Untersuchungsberechtigungsscheines durch die Eltern.

Für die Nachuntersuchungen gelten dann wieder die üblichen bundesweiten Regelungen.

9.6.3 Erste Nachuntersuchung

Ein Jahr nach Aufnahme der ersten Beschäftigung muss sich der Arbeitgeber eine Bescheinigung darüber vorlegen lassen, dass der Jugendliche nachuntersucht wurde. Diese Nachuntersuchung darf nicht länger als drei Monate zurückliegen und ist gesetzlich zwingend vorgeschrieben.

Wird diese Bescheinigung nicht vorgelegt, so darf der Jugendliche nach Ablauf von 14 Monaten seit Aufnahme der ersten Tätigkeit nicht weiterbeschäftigt werden. Der Arbeitgeber hat den Jugendlichen 9 Monate nach Aufnahme der Tätigkeit auf dessen Untersuchungsverpflichtung hinzuweisen. Wird der ärztliche Untersu-

---

[*] In einigen Bundesländern erhält man die Formulare beim Gesundheitsamt.

chungsbefund nach 12 Monaten Tätigkeit nicht vorgelegt, hat der Arbeitgeber ihn innerhalb eines Monats schriftlich dazu aufzufordern und auf das Beschäftigungsverbot nach § 33 Abs. 3 hinzuweisen. Je eine Durchschrift des Aufforderungsschreibens hat der Arbeitgeber dem Personensorgeberechtigten und dem Betriebs- oder Personalrat zuzusenden.

Die erste Nachuntersuchung sollte möglichst von dem gleichen Arzt erfolgen, der auch die Erstuntersuchung vorgenommen hat. Am besten kann allerdings der vom Unternehmen bestellte Betriebsarzt einschätzen, ob der Jugendliche durch die bisherige Tätigkeit sowie die weitere Tätigkeit im Unternehmen gefährdet ist oder vielleicht bereits einen Schaden genommen hat.

9.6.4 Weitere Nachuntersuchungen

Nach Ablauf jedes weiteren Jahres nach der ersten Nachuntersuchung kann sich der Jugendliche erneut nachuntersuchen lassen (freiwillige Nachuntersuchung). Der Arbeitgeber soll ihn auf diese Möglichkeit rechtzeitig hinweisen und darauf einwirken, dass der Jugendliche ihm die Bescheinigung über die weitere Nachuntersuchung vorlegt.

Den Berechtigungsschein erhält der Jugendliche von der für den Hauptwohnsitz zuständigen Meldestelle. Die Kosten der Untersuchung trägt wiederum das jeweilige Land.

9.6.5 Außerordentliche Nachuntersuchungen

Der den Jugendlichen untersuchende Arzt kann eine nochmalige Untersuchung anordnen, wenn eine vorausgegangene Untersuchung ergeben hat, dass

• ein Jugendlicher hinter dem seinem Alter entsprechenden Entwicklungsstand zurückgeblieben ist,

• gesundheitliche Schwächen oder Schäden vorhanden sind,

• die Auswirkungen der Beschäftigung auf die Gesundheit oder Entwicklung des Jugendlichen noch nicht zu übersehen sind.

Die Untersuchungsberechtigungsscheine sind wiederum bei der für den Wohnsitz des Jugendlichen zuständigen Meldestelle erhältlich.

Welchen Zeitpunkt der Arzt für diese außerordentliche Nachuntersuchung wählt, steht in seinem Ermessen.

9.6.6 Ergänzungsuntersuchungen

Kann der Arzt den Gesundheits- und Entwicklungsstand des Jugendlichen nur beurteilen, wenn noch andere Ärzte (z.b. spezielle Fachärzte) oder Zahnärzte eine Ergänzungsuntersuchung durchführen, so kann diese veranlasst werden. Die Ergänzungsuntersuchung ist schriftlich zu begründen.

9.6.7 Ärztliche Untersuchung und Untersuchungsbescheinigungen

Die ärztliche Untersuchung hat den Gesundheits- und Entwicklungsstand des Jugendlichen zu beurteilen und bei Nachuntersuchungen eventuelle Auswirkungen der Berufstätigkeit auf Gesundheit und Entwicklung des Jugendlichen zu berücksichtigen.

Insbesondere muss unter Berücksichtigung der Krankheitsvorgeschichte beurteilt werden,

- ob die Gesundheit oder die Entwicklung des Jugendlichen durch die Ausführung bestimmter Tätigkeiten oder durch die Beschäftigung während bestimmter Zeiten gefährdet wird,
- ob besondere der Gesundheit dienende Maßnahmen erforderlich sind,
- ob eine außerordentliche Nachuntersuchung (§ 35 Abs. 1) erforderlich ist.

Der Arzt hat schriftlich festzuhalten:

- den Untersuchungsbefund (gesonderte Formblätter),
- die Arbeiten, durch deren Ausführung er die Gesundheit oder die Entwicklung des Jugendlichen für gefährdet hält,
- die besonderen der Gesundheit dienenden Maßnahmen,
- die Anordnung einer außerordentlichen Nachuntersuchung (§ 35 Abs. 1).

Der Arzt teilt dem Erziehungsberechtigten auf einem gesonderten Formblatt (Festlegungen finden sich in der Jugendarbeitsschutzuntersuchungsverordnung) das wesentliche Ergebnis der Untersuchung mit. Der Jugendliche erhält eine für den Arbeitgeber bestimmte Bescheinigung, dass die Untersuchung durchgeführt wurde. Auf beiden Bescheinigungen sollten Vermerke stehen, wenn es Arbeiten gibt, bei denen die Gesundheit geschädigt werden könnte, dass diese nicht ausgeübt werden dürfen.

Der Arbeitgeber muss diese Bescheinigung bis zur Beendigung der Beschäftigung des Jugendlichen aufbewahren, längstens jedoch bis zur Vollendung des 18. Lebensjahres des Jugendlichen. Scheidet ein Jugendlicher vor Erreichen des 18. Lebensjahres aus, so hat der Arbeitgeber ihm die ärztliche Bescheinigung auszuhändigen (§ 41 Abs. 2 JArbSchG). Es erscheint sinnvoll, zuvor eine Kopie für die Personalunterlagen anzufertigen, um spätere Nachfragen jederzeit beantworten zu können.

Der Arzt hat seine Untersuchungsunterlagen 10 Jahre lang aufzubewahren (§ 4 JArbSchUV).

9.6.8 Ausnahmen

Die ärztlichen Untersuchungen nach dem Jugendarbeitsschutzgesetz sind nicht notwendig (§ 32 Abs. 2), wenn

- der Jugendliche nur geringfügig oder
- nicht länger als zwei Monate

beschäftigt wird und sich die Tätigkeit ausschließlich auf leichte Arbeiten beschränkt, die gesundheitliche Nachteile für den betreffenden Jugendlichen nicht befürchten lassen.

Die Zeitbegrenzung der Tätigkeit muss von vornherein bei der Aufnahme dieser Tätigkeit feststehen.

9.7 Pflichten des Arbeitgebers nach dem Jugendarbeitsschutzgesetz

Neben den bereits genannten sehr umfangreichen Pflichten eines Arbeitgebers gegenüber jugendlichen Arbeitnehmern gibt es weitere Verpflichtungen, die summarisch genannt werden sollen.

- Personen, die wegen bestimmter Delikte rechtskräftig verurteilt wurden sowie Personen, die wegen einer Ordnungswidrigkeit nach dem Jugendarbeitsschutzgesetz dreimal mit einer Geldstrafe belegt wurden, dürfen Jugendliche nicht beschäftigen (§ 25 JArbSchG).

- Der Arbeitgeber hat bei der Einrichtung und Unterhaltung der Arbeitsstätte dafür zu sorgen, dass Vorkehrungen und Maßnahmen getroffen werden, die zum Schutze der Jugendlichen gegen Gefahren für Leben und Gesundheit sowie zur Vermeidung einer Beeinträchtigung der körperlichen und seelischen Entwicklung der Jugendlichen erforderlich sind (§ 28).

- Der Arbeitgeber hat vor Beginn der Beschäftigung Jugendlicher und bei wesentlichen Änderungen der Arbeitsbedingungen die mit der Beschäftigung verbundenen Gefährdungen zu beurteilen (§ 28a).

- Der Arbeitgeber hat den Jugendlichen vor Beginn seiner Beschäftigung und bei wesentlichen Änderungen über alle Unfall- und Gesundheitsgefahren im Betrieb zu unterweisen und dies mindestens halbjährlich zu wiederholen (§ 29).

- Der Arbeitgeber hat Jugendlichen, die in die häusliche Gemeinschaft aufgenommen worden sind, eine angemessene Unterkunft zur Verfügung zu stellen und ihnen im Falle der Erkrankung Pflege und ärztliche Betreuung zuteil werden zu lassen (§ 30).

- Der Arbeitgeber muss sie vor körperlicher Misshandlung und vor sittlicher Gefährdung schützen und darf Jugendlichen unter 16 Jahren keine alkoholischen Getränke und Tabakwaren geben (§ 31).

- Der Arbeitgeber hat einen Abdruck des Jugendarbeitsschutzgesetzes und die Anschrift des zuständigen Amtes für Arbeitsschutz (Aufsichtsbehörde) im Betrieb auszulegen oder auszuhängen (§ 47).

- Der Arbeitgeber hat, wenn er mindestens drei Jugendliche im Betrieb beschäftigt, einen Aushang über Beginn und Ende der regelmäßigen Arbeitszeit und der Pausen an geeigneter Stelle im Betrieb anzubringen (§ 48).

- Der Arbeitgeber hat ein Verzeichnis der bei ihm beschäftigten Jugendlichen mit Namen, Geburtsdatum und Wohnanschrift zu führen, in dem das Datum des Beginns der Beschäftigung enthalten ist (§ 49).

- Der Arbeitgeber ist verpflichtet, der Aufsichtsbehörde auf deren Verlangen über alle im Jugendarbeitsschutzgesetz festgelegten Verpflichtungen wahrheitsgemäß Auskunft zu geben, bestimmte Unterlagen vorzulegen oder einzusenden (§ 50).

10 Regelungen für bestimmte Personengruppen

10.1 Arbeitnehmer in Fremdbetrieben (Leiharbeitnehmer)

Nach vorsichtigen Schätzungen wird sich in den nächsten zehn Jahren die Zahl der Leiharbeitnehmer verfünffachen (sie betrug Ende 1999 bereits rund 300.000 in Deutschland). Leiharbeitnehmer werden zur Urlaubs-, Krankheits-, Mutterschutzvertretung eingesetzt, sie dienen der Entschärfung von Termindruck, Auftragsspitzen oder saisonalbedingten Produktionen. Durch den ständigen Wechsel des Unternehmens haben Leiharbeitnehmer eine etwa 2- bis 3-fach höhere Unfallquote. Diese hohe Quote muss nicht sein, wenn Verleiher = Arbeitgeber und Entleiher = Auftraggeber sich über die notwendigen Maßnahmen (siehe unten) verständigen und diese auch durchführen.

Auf der Grundlage des Arbeitnehmerüberlassungsgesetzes (AÜG) (Gesetz zur Regelung der gewerbsmäßigen Arbeitnehmerüberlassung) vom 3. Februar 1995 (BGBl. I S. 158), zuletzt geändert am 11. August 2014 (BGBl. I S. 1348) ist es möglich, dass ein Unternehmen (Entleiher) sich für bestimmte Arbeitsleistungen von einem anderen Unternehmen (Verleiher) Arbeitskräfte ausleiht und darüber eine vertragliche Regelung abschließt (Arbeitnehmerüberlassungsvertrag). Die Berufsgenossenschaften und andere Anbieter haben im Internet Musterverträge eingestellt, die geeignete Hilfestellung geben.

10.1.1 Zuständigkeiten für Leiharbeitnehmer beim Arbeits- und Gesundheitsschutz

Werden Arbeitnehmer in Fremdbetrieben eingesetzt, um entsprechende Aufträge erledigen zu helfen, haben sich die an dem jeweiligen Auftrag beteiligten Unternehmer (Auftraggeber, Auftragnehmer = Entleiher, Verleiher) über die Maßnahmen der Arbeitssicherheit und ihre Durchführung abzustimmen. Beide Seiten haben ihre Zuständigkeitsbereiche aufeinander abzustimmen und die notwendigen Maßnahmen und Anweisungen zu treffen (§§ 5, 6 BGV A 1 – 2004). Dazu ist es notwendig, dass der Entleiher eine bestimmte Person benennt, die diese Koordination vornimmt. Dieser Person muss hinsichtlich der Arbeitssicherheit Weisungsbefugnis eingeräumt werden, die ansonsten immer beim Verleiher als eigentlichem Arbeitgeber liegt. Alle diese Vereinbarungen sollten stets in der Schriftform getroffen werden.

> **Merke:**
>
> **Verantwortlich für den Arbeits- und Gesundheitsschutz von Leiharbeitnehmern ist immer der Arbeitgeber = Verleiher.**
> **Eine schriftliche Abstimmung mit dem Entleiher ist erforderlich.**

Unbedingt zu beachten ist, dass nach § 11 Abs. 6 AÜG für den Leiharbeitnehmer jeweils die Arbeitsschutzvorschriften des Entleiherbetriebes gelten, also des Betriebes, in dem er leihweise arbeitet. Der Verleiher ist aber primär auch für den Arbeits- und Gesundheitsschutz am Einsatzort verantwortlich und hat die entsprechenden Unterweisungen und Belehrungen vorzunehmen. Diese Aufgaben verlangen sowohl das AÜG als auch das Arbeitsschutzgesetz (§ 12 Abs. 2).

Der Verleiher hat auch dafür zu sorgen, dass eine arbeitsmedizinische Überwachung des Leiharbeitsnehmers erfolgt, wenn dies durch die Tätigkeit im Unternehmen begründet wird. Nimmt er diese wichtigen Aufgaben nicht wahr und kommt es dadurch zu Berufskrankheiten oder Arbeitsunfällen, kann der Arbeitgeber (Verleiher) wegen Verletzung der ihm durch die vorgenannten Arbeitsschutzvorschriften auferlegten Fürsorgepflicht für die eingetretenen Personen- oder Sachschäden haftbar gemacht werden.

Es hat sich in der Praxis als sehr hilfreich erwiesen, wenn alle diese speziellen Fragen der Arbeitssicherheit und des Gesundheitsschutzes zwischen Entleiher und Verleiher in einer gesonderten Arbeitsschutzvereinbarung als Bestandteil des Arbeitnehmerüberlassungsvertrages vereinbart werden. In dieser schriftlichen Vereinbarung können auch alle Fragen des Arbeits- und Gesundheitsschutzes angesprochen werden, die speziell im Entleiherunternehmen zu beachten sind, die vielleicht der Verleiher nicht kennt. Auf der Grundlage des § 11 Abs. 6 Arbeitnehmerüberlassungsgesetz (AÜG) gehen die öffentlich-rechtlichen Vorschriften des Arbeitsschutzrechtes an den Entleiher über, ohne dass die Pflichten des Verleihers als Arbeitgeber der Leiharbeitnehmer dadurch aufgehoben werden.

10.1.2 Arbeitsmedizinische Vorsorge für Leiharbeitnehmer

Die Pflicht zur Durchführung der arbeitsmedizinischen Vorsorge hat immer der Arbeitgeber, der im Falle von Leiharbeitnehmern immer der Auftragnehmer, also der Verleiher ist. Er hat Arbeitgeberpflichten und ist damit neben der Anordnung der notwendigen Untersuchungen auch dafür verantwortlich, dass seine Beschäftigten im Unternehmen des Entleihers (Auftraggebers) entsprechend keinen chemischen, physikalischen oder biologischen Einwirkungen ausgesetzt sind oder sie gefährdende Tätigkeiten ausüben. Sollte das aber dennoch der Fall sein, hat er die dafür notwendigen Untersuchungen zu veranlassen.

Die notwendige Vorsorge kann auch vom Entleiher (Auftraggeber) übernommen werden, wenn hierüber eine genaue Abstimmung in schriftlicher Form erfolgte.

Der Verleiher bleibt bei allen sicherheitstechnischen und arbeitsmedizinischen Maßnahmen für seine Arbeitnehmer als Arbeitgeber verantwortlich und hat die mit dem Entleiher getroffenen Vereinbarungen und Koordinierungen stets auf ihre Einhaltung zu überprüfen.

Der Verleiher hat für sein Unternehmen ebenfalls einen Betriebsarzt zu bestellen, der alle Aufgaben wahrnimmt, wie es auch in anderen Unternehmen üblich ist. Der Verleiher = Arbeitgeber von Leiharbeitnehmern kann aber mit dem Entleiher schriftlich vereinbaren, dass seine Leiharbeiter in dem Unternehmen des Entleihers von dessen Betriebsarzt untersucht werden und kann die dafür anfallenden Kosten übernehmen.

10.1.3 Arbeitsschutz für Leiharbeitnehmer

Alle für Arbeitnehmer geltenden allgemeinen und speziellen Arbeitsschutzmaßnahmen gelten ebenso für Leiharbeitnehmer. Der einzige Unterschied besteht lediglich in der Verantwortlichkeit für diese Maßnahmen.

Dem Arbeitgeber (Verleiher) obliegen für die Sicherheit bei der Arbeit im Fremdbetrieb und die Erhaltung der Gesundheit seiner Leiharbeitnehmer alle auch sonst geltenden Arbeitgeberpflichten:

- Bestellung geeigneter Sicherheitsbeauftragter
- Bestellung oder Verpflichtung von Fachkräften für Arbeitssicherheit
- Bestellung oder Verpflichtung von Betriebsärzten
- Bildung eines Arbeitsschutzausschusses
- Erfassung der Qualifikationen der Leiharbeitnehmer
- Sicherheitstechnische Unterweisungen der Leiharbeitnehmer
- Auftragsannahme unter Berücksichtigung sicherheitstechnischer Kriterien
- Ausstattung mit persönlichen Schutzausrüstungen
- Durchführung und Maßnahmen der arbeitsmedizinischen Vorsorge
- Sicherstellung der Ersten Hilfe am Tätigkeitsort
- Sicherheitstechnische Einweisungen am Tätigkeitsort
- Sicherheitstechnische Kontrollen am Tätigkeitsort
- Maßnahmen bei der Umsetzung von Leiharbeitnehmern
- Durchführung von Unfalluntersuchungen am Tätigkeitsort
- Analyse des gesamten Unfallgeschehens und arbeitsbedingter Erkrankungen.

Verleiher und Entleiher von Leiharbeitnehmern müssen gleichermaßen auf Anforderung der Berufsgenossenschaften ihre getroffenen Vereinbarungen und die Absicherung zum Schutz der Arbeitnehmer vorlegen können.

10.2 Schichtarbeiter (Arbeitszeitgesetz)

Das Arbeitszeitgesetz ist eine der wichtigsten Grundlagen des sozialen Arbeitsschutzes. Es soll sicherstellen, dass die Arbeitszeit so geregelt und gestaltet wird, dass es zu keinen Überforderungen kommen kann. Es dient somit dem Arbeitsschutz, vor allem aber dem Gesundheitsschutz der Arbeitnehmer, da die Gefahren durch zeitliche Überforderung gerade unter den ökonomischen Zwängen der modernen Gesellschaft und Wirtschaft stark zunehmen. Es schützt den Arbeitnehmer vor diesen Forderungen der modernen Industriegesellschaft und soll ihm die Möglichkeit geben, zur Erhaltung seiner Persönlichkeit und seiner Gesundheit ausreichend Freizeit sicherzustellen, um seinen persönlichen Interessen und denen der Familie nachgehen zu können und am öffentlichen Leben teilnehmen zu können.

Mittel zur Erzielung eines ausreichenden Arbeitszeitschutzes sind folgende:

- Begrenzung der Arbeitszeitdauer zur Vermeidung von Übermüdung und Belastung

- Festsetzung der Ruhepausen, Ruhezeiten und Ruhetage zur Erholung, Entspannung und Freizeitgestaltung

- Ausgleich für Sonn- und Feiertagsarbeit.

10.2.1 Arbeitszeiten für Nacht- und Schichtarbeiter

Die werktägliche Arbeitszeit für Nachtarbeiter darf acht Stunden nicht überschreiten. Sie kann allerdings bis zu 10 Stunden nur verlängert werden, wenn innerhalb von einem Kalendermonat oder innerhalb von vier Wochen im Durchschnitt acht Stunden werktäglich nicht überschritten werden, d.h. bei längerer Arbeit über acht Stunden hinaus muss die Arbeitszeit an anderen Tagen verringert werden.

Aufgrund von vielen betrieblichen besonderen Umständen lässt der Gesetzgeber zahlreiche Möglichkeiten zu, von den generellen Festlegungen abzuweichen. Diese müssen dann aber in Betriebs- oder Dienstvereinbarungen schriftlich fixiert werden.

In diese Möglichkeit fallen viele Reglungen, wenn in die normale Arbeitszeit in erheblichem Umfang Bereitschaftsdienst oder Arbeitsbereitschaft fallen. Diese hier darzustellen, würde den Rahmen der Ausführungen sprengen, da sie sehr individuell beurteilt werden müssen.

Nach § 9 gilt generell, dass Arbeitnehmer an Sonn- und gesetzlichen Feiertagen von 0 bis 24 Uhr nicht beschäftigt werden dürfen. Da dies in vielen Bereichen nicht realisierbar ist, wurden für diese Bereiche Ausnahmeregelungen (§ 10) zugelassen, die in 16 Punkten zusammengefasst werden. Im Einzelnen sollte hier nachgesehen werden.

10.2.2 Arbeitsmedizinische Vorsorge von Nacht- und Schichtarbeitern

Der § 6 des Arbeitszeitgesetzes ermöglicht den Nachtarbeitnehmern eine arbeitsmedizinische Vorsorgeuntersuchung. Sie sind berechtigt, sich vor Beginn der Beschäftigung und danach in regelmäßigen Abständen von nicht weniger als 3 Jahren arbeitsmedizinisch untersuchen zu lassen. Nach Vollendung des 50. Lebensjahres steht Nachtarbeitnehmern dieses Recht in Zeitabständen von einem Jahr zu. Die Kosten der Untersuchung hat der Arbeitgeber zu tragen (kann mit dem Betriebsarzt als Regelleistung im Rahmen des Vertrages oder außerhalb dessen als Zusatzleistung vereinbart werden).

Sollte der Arbeitnehmer von seinem Arbeitgeber verlangen, dass er auf einen Tagesarbeitsplatz umgesetzt werden möchte, so hat der Arbeitgeber diesem Wunsch zu entsprechen (§ 6 Abs. 4 ArbZG), wenn nicht dringende betriebliche Erfordernisse entgegenstehen. Dazu bedarf es allerdings

- einer arbeitsmedizinischen Einschätzung, dass die Nachtarbeit die Gesundheit des Arbeitnehmers bei deren Fortsetzung gefährdet,
- der Tatsache, dass im Haushalt des Arbeitnehmers ein Kind unter 12 Jahren lebt, das nicht von einer anderen im Haushalt lebenden Person versorgt werden kann,
- der Notwendigkeit der Pflege und Versorgung eines schwerpflegebedürftigen Angehörigen, wenn die Pflege nicht anderweitig gesichert werden kann.

Bei der Umsetzung eines Arbeitnehmers aus der Nachtarbeit in eine Tagschicht kann der Betriebs- oder Personalrat dem Arbeitgeber Vorschläge unterbreiten.

10.2.3 Gestaltung von Schichtplänen

Die Deutsche Gesellschaft für Arbeitsmedizin und Umweltmedizin e.V. hat für die Schichtarbeit eine Definition gefunden, nach der auch die Belastungen der Beschäftigten beurteilt werden können (Gefährdungsbeurteilung).

Schichtarbeit ist eine Form der Tätigkeit mit Arbeit zu wechselnden (Wechselschicht) oder konstant ungewöhnlicher Zeit (z.b. Dauerspätschicht, Dauernachtschicht).

Grundformen der Schichtarbeit sind:

1. Permanente Schichtsysteme

   a. Dauerfrühschichten

   b. Dauerspätschichten

   c. Dauernachtschichten

   d. geteilte Schichten zu konstanten Zeiten

2. Wechselschichtsysteme

   a. Systeme ohne Nachtschicht und ohne Wochenendarbeit

   b. Systeme ohne Nacharbeit und mit Wochenendarbeit

   c. Systeme mit Nachtarbeit und ohne Wochenendarbeit

   d. Systeme mit Nachtarbeit und mit Wochenendarbeit

Schichtsysteme mit Nachtarbeit verdienen aus arbeitsmedizinischer Sicht eine besondere Beachtung. Hier sollten in die betrieblichen Dokumente entsprechende Regelungen aufgenommen werden (Arbeitszeitgesetz).

Schichtarbeit, insbesondere hierbei die Nachtarbeit, ist eine Arbeit gegen die „innere Uhr" des Menschen, d.h., sie entspricht nicht den normalen Abläufen des physiologischen Rhythmus unseres Körpers. Dadurch ergeben sich möglicherweise eine Reihe von Störfaktoren, die sich letztlich bis hin zu Erkrankungserscheinungen entwickeln können. Im Vordergrund der Störfaktoren stehen:

• Schlafprobleme
• veränderte Nahrungsaufnahme und Verdauung
• Erkrankungen
• Störungen des sozialen Gefüges in der Familie oder Partnerschaft.

Um diese vielfältigen Störmechanismen auf ein Minimum zu reduzieren, die Leistungsfähigkeit und die Gesundheit der Beschäftigten zu erhalten, das Unfallrisiko zu minimieren, sollten bei der Schichtplangestaltung möglichst aktuelle wissenschaftliche Erkenntnisse Anwendung finden.

Einige auch international bereits umgesetzte arbeitswissenschaftliche Empfehlungen zur Schichtplangestaltung sollen nachfolgend aufgeführt werden.

- Begrenzung der Anzahl aufeinander folgender Nachtschichten auf maximal drei,
- schnelle Rotation von Früh- und Spätschichten,
- Vorwärtswechsel der Schichten (Früh-/Spät-/Nachtschichten)
- Frühschichtbeginn nicht zu früh (d.h. 6.30 Uhr ist besser als 6.00 Uhr, 6.00 Uhr ist besser als 5.00 Uhr),
- keine Massierung von Arbeitszeiten (mehr als 8-stündige tägliche Arbeitszeiten sind nur unter bestimmten Bedingungen akzeptabel),
- geblockte Wochenendfreizeiten (d.h. mindestens Samstag und Sonntag frei oder Freitag bis Sonntag oder Samstag bis Montag)
- kurzfristige Schichtplanänderungen durch Arbeitgeber vermeiden
- mitarbeiterorientierte Flexibilität und Individualisierung der Arbeitszeit, möglichst Freiwilligkeit bei der Aufnahme bzw. Fortsetzung von Nachtarbeit

Zwei dieser Erkenntnisse sollen kurz genannt werden. Bei einem ständigen Wechsel der Schichten hat sich gezeigt, dass die kurze Dauer der Schicht (3 Tage) besser ist als längere Zeiträume, eine Auffassung, die man früher eher entgegengesetzt gesehen hat. Der Tagschlaf endet in der Regel mit einem Schlafdefizit und einer verminderten Schlafqualität, was sich von Tag zu Tag summiert und potenziert. Bei kurzem Wechsel (etwa nach 3 Tagen) ist das Defizit aber noch nicht groß genug, um zu länger dauernden Störungen zu führen. Ein zweiter wichtiger Faktor besteht darin, dass ein Vorwärtswechsel der Schichten sinnvoller ist als ein Rückwärtswechsel, um den Umstellungsproblemen des biologischen Tagesrhythmus besser entgegenkommen zu können. In der Praxis wird aber häufig der Rückwärtswechsel bevorzugt, weil der Arbeitnehmer in der Regel dadurch einen zusätzlichen freien Tag „gewinnt", leider ein Trugschluss, der sich irgendwann in körperlichen Störungen bemerkbar machen wird.

Um ausreichende Möglichkeiten zu haben, den normalen biologischen Rhythmus zurückzuerlangen, bedarf es entsprechender Ruhetage. Dabei reicht z.B. ein dazwischen geschobener freier Tag nicht aus, die Defizite ausreichend zu kompensieren. Wichtig ist die Festlegung von entsprechenden Freizeitblöcken, also mehrere zusammenhängende Tage.

Viele traditionelle Schichtplansysteme in Deutschland entsprechen nicht den modernen arbeitswissenschaftlichen Erkenntnissen und Empfehlungen. Ein „maßgeschneidertes" Schichtsystem wird immer ein Kompromiss aus den betrieblichen Anforderungen, den Wünschen der Mitarbeiter und den arbeitswissenschaftlichen Empfehlungen sein.

10.3 Behinderte (Schwerbehinderte)

Behinderte Menschen, gleich welcher Behinderung, haben es im Lebensalltag schwerer als andere, erst recht im Berufsleben. Aus diesem Grunde hat der Gesetzgeber Festlegungen getroffen, die auch Behinderten die Teilnahme am Arbeitsleben erlauben und erleichtern, auf der anderen Seite aber den Arbeitgebern die Eingliederung Behinderter nicht erschweren. Der Teil 2 des SGB IX (Besondere Regelungen zur Teilhabe schwerbehinderter Menschen – Schwerbehindertenrecht) hat das alte Schwerbehindertengesetz abgelöst. Mit seinem § 83 wurde die Möglichkeit geschaffen, Integrationsvereinbarungen abzuschließen, die die Integration Behinderter erleichtern sollen.

10.3.1 Definition der Schwerbehinderung

Schwerbehinderte im Sinne des Sozialgesetzbuches IX (SGB IX) sind Personen mit einem anerkannten **Grad der Behinderung** (GdB) von wenigstens **50 %**.

Personen mit weniger als 50 % GdB können auf ihren Antrag beim Arbeitsamt den Schwerbehinderten gleichgestellt werden und damit die Vorteile der Anerkennung in Anspruch nehmen.

10.3.2 Pflichtbeschäftigung von Behinderten (Beschäftigungsquote) und Ausgleichsabgabe

Mit dem neuen Gesetz wurde für Betriebe mit mindestens 20 Beschäftigten (ohne Azubis) die Verpflichtung zur Beschäftigung von Behinderten von wenigstens 5 % festgelegt (§ 71 ff. SGB IX).

Ebenso wird die Verpflichtung zur Zahlung einer Ausgleichsabgabe bei Nichtbesetzung der gesetzlich vorgeschriebenen Anzahl an Behinderten gestaffelt nach prozentualer unbesetzter Pflichtarbeitsplätze (§ 77 SGB IX). Für Kleinbetriebe mit bis zu 59 Arbeitnehmern gelten allerdings Sonderregelungen.

10.3.3 Aufgabe von Betriebs- und Personalräten

Die Neuregelung des SGB IX enthält

- eine Stärkung der Schwerbehindertenvertretung,
- Vereinbarungen zur Integrationsverpflichtung,
- verbesserte Freistellung der Vertrauensleute,
- stärkere Beteiligung der Hauptfürsorgestelle,
- bessere Zusammenarbeit mit dem Arbeitsamt,
- Einsatz von Integrationsfachdiensten.

Im § 80 Abs. 1 Ziffer 4 des Betriebsverfassungsgesetzes wird formuliert, dass der Betriebsrat die Eingliederung Schwerbehinderter zu fördern hat. Ähnliche Formulierungen finden sich in der Bundespersonalvertretungsgesetz sowie den Landespersonalvertretungsgesetzen der Länder.

10.3.4 Integrationsvereinbarungen

Integrationsvereinbarungen zur Eingliederung Schwerbehinderter sind für alle Beteiligten neu und in der Praxis noch nicht sehr erprobt. Sie sind jedoch ein gutes Mittel, auch den Behinderten den Weg in die Arbeitswelt besser zu ebnen, ohne dass sie dem Unternehmen „zur Last" werden, wie überalterte Vorurteile noch meinen.

Die Hauptfürsorgestellen haben ausführliche Arbeitshilfen mit Arbeitsblättern erarbeitet, die für die tägliche Arbeit genutzt werden können.

Die Integrationsvereinbarung wird zwischen Betriebsrat/Personalrat oder Behindertenvertretung und der Betriebsleitung abgeschlossen und sollte enthalten:

- personelle Planungen
- Arbeitsorganisation
- Arbeitszeitregelungen
- Qualifizierung
- Controlling
- Gestaltung des Arbeitsumfeldes
- Fragen der Umsetzung
- Arbeitsplatzgestaltung
- u.a.m.

Weitere Einzelheiten enthält Kapitel 5.1.

Werden Veränderungen am Arbeitsplatz aufgrund der Behinderung notwendig, können über die Hauptfürsorgestelle technische Berater kostenlos durch das Unternehmen in Anspruch genommen werden.

10.3.5 Berufliche Rehabilitation

Unter Rehabilitation versteht man die Gesamtheit der Bemühungen, einen durch Krankheit, ein angeborenes Leiden oder äußere Schädigung körperlich, geistig oder seelisch behinderten Menschen durch umfassende Maßnahmen auf medizinischem, beruflichem oder allgemein auf sozialem Gebiet in die Lage zu versetzen, eine angemessene und menschenwürdige Lebensform und Lebensstellung im Alltag, in der Gemeinschaft und im Beruf zu finden bzw. wiederzuerlangen.

Zur Gesamtheit der Rehabilitation sind neben den Trägern der Unfallversicherung (Berufsgenossenschaften) auch die Träger der gesetzlichen Krankenversicherung (SGB V) sowie die Träger der Rentenversicherung (SGB VI) zuständig.

Während die Krankenversicherung ausschließlich für die medizinische Rehabilitation zuständig ist, kommen für die berufliche Rehabilitation sowohl die gesetzliche Rentenversicherung, die Unfallversicherung sowie die Bundesanstalt für Arbeit (diese ausschließlich für die berufliche Rehabilitation) in Frage.

10.3.6 Betriebliches Eingliederungsmanagement

Gemäß § 84 Abs. 2 Sozialgesetzbuch (SGB) IX sind Arbeitgeber gesetzlich verpflichtet, ein betriebliches Eingliederungsmanagement (BEM) durchzuführen.

Hier kann man wörtlich lesen:

„Sind Beschäftigte innerhalb eines Jahres länger als sechs Wochen ununterbrochen oder wiederholt arbeitsunfähig, klärt der Arbeitgeber mit der zuständigen Interessenvertretung im Sinne des § 93, bei schwerbehinderten Menschen außerdem mit der Schwerbehindertenvertretung, mit Zustimmung und Beteiligung der betreffenden Person die Möglichkeiten, wie die Arbeitsunfähigkeit möglichst überwunden werden und mit welchen Leistungen oder Hilfen erneuter Arbeitsunfähigkeit vorgebeugt und der Arbeitsplatz erhalten werden kann (Betriebliches Eingliederungsmanagement). Soweit erforderlich wurde der Werks- oder Betriebsarzt hinzugezogen."

Die unabdingbare Voraussetzung ist natürlich die Zustimmung der betroffenen Person, des betroffenen Mitarbeiters, dieser ist in jeder Phase dieses Prozesses der „Herr des Verfahrens" und muss in alle Entscheidungen komplett einbezogen werden und diesen zustimmen. Sollte er seine Zustimmung innerhalb des Verfahrens zurückziehen, endet das BEM-Verfahren mit der Konsequenz, dass der Arbeitgeber dann auch nicht mehr verpflichtet ist, weitere Maßnahmen durchzuführen. Deshalb ist es wichtig, dass während des BEM-Verfahrens von Anfang bis Ende absolute Transparenz und Nachvollziehbarkeit für alle Beteiligten erzielt wird, insbesondere natürlich für die Person, in deren Interesse das Verfahren durchgeführt wird.

Die Berufsgenossenschaften bieten zum Thema „Betriebliches Eingliederungsmanagement" in der Regel umfangreiches Material an, indem auch einzelne Schritte zur Einführung im Unternehmen aufgezeigt werden und anhand von Beispielen gezeigt wird, wie man ein solches System neu etablieren kann. Von einem BEM profitieren alle am Gesamtprozess Beteiligten: die Arbeitgeber ebenso wie die Arbeitnehmerinnen und Arbeitnehmer als auch die Rehabilitationsträger.

Bei der Einführung eines Betrieblichen Eingliederungsmanagement kommt den betrieblichen Interessenvertretungen (§ 93 SGB IX) eine ganz besondere Rolle zu. Sie werden aufgefordert, hier entscheidend mitzuarbeiten und den Eingliederungsprozess aktiv zu fördern. Sie sollen insbesondere darauf achten, dass der Arbeitgeber seine Verpflichtungen im Rahmen dieses Programmes erfüllt (siehe auch Kapitel 5).

In die berufliche Wiedereingliederung von Beschäftigten, unabhängig ob diese nach einer Erkrankung oder einem Arbeitsunfall erfolgt, wird zunehmend der Betriebsarzt integriert. Er kennt am besten die Beanspruchung am Arbeitsplatz, er kennt den Leistungsrest des Versicherten und kann beides gut miteinander verbinden. Sehr wichtig für die erfolgreiche Wiedereingliederung z.b. nach einer Rehabilitations-Kur ist die Kenntnis des Abschlussberichtes, der bei allen Kureinrichtungen einheitlich gestaltet wird und eine sozialmedizinische Leistungsbeurteilung enthalten muss (positives und negatives Leistungsbild). So kann das erhaltene oder wiederhergestellte Leistungsvermögen optimal am Arbeitsplatz eingesetzt werden bzw. der Arbeitsplatz optimal an die vorhandene Leistung angepasst werden.

In den Prozess der Wiedereingliederung werden künftig durch die neuen Festlegungen und Befugnisse des SGB IX die Schwerbehindertenvertretungen sowie die Betriebsräte/Personalräte in stärkerem Maße einbezogen werden (siehe oben).

10.4 Untersuchungen nach Fahrerlaubnis-Verordnung (FeV) durch den Betriebsarzt

Am 13. Dezember 2010 trat die Neufassung der Fahrerlaubnisverordnung (Verordnung über die Zulassung von Personen zum Straßenverkehr – FeV) (BGBl. I S. 1980), zuletzt geändert am 16. April 2014 (BGBl. I S. 348) in Kraft.

Nach § 11 (Eignung) sind alle Ärzte mit der Gebietsbezeichnung „Arbeitsmedizin" oder der Zusatzbezeichnung „Betriebsmedizin" berechtigt, folgende Untersuchungen durchzuführen (auf der Grundlage anerkannter wissenschaftlicher Erkenntnisse):

- Körperliche Untersuchung nach Anlage 5 der FeV auf der Grundlage des § 11 Abs. 2 Satz 2 Nr. 3 (unter Beachtung der Grundsätze entsprechend der Anlage 15 FeV),

- Untersuchungen des Sehorgans entsprechend der Anlage 6,

- Erstellung von medizinisch-psychologischen Gutachten für Bewerber um die Erteilung oder Verlängerung (ab Vollendung des 50. Lebensjahres) der Fahrerlaubnisklassen D (Busse) und zur Fahrgastbeförderung (ab Vollendung des 60. Lebensjahres) (amtlich anerkannte Begutachtungsstelle für Fahreignung).

In der Anlage 4 zur FeV (zu §§ 11, 13 und 14) können für die unterschiedlichen Fahrerlaubnisklassen die jeweiligen Eignungen, bedingten Eignungen bzw. Nichteignungen bei Vorliegen verschiedener Erkrankungen oder Mängel nachgelesen werden. Ebenso sind tabellarisch evtl. Beschränkungen oder Auflagen bei bedingter Eignung genannt.

Die Tabelle ist recht umfangreich, so dass sie im Bedarfsfall im Original eingesehen werden sollte.

10.4.1 Die neuen Fahrerlaubnisklassen

Seit dem 19. Januar 2013 gibt es neue Fahrerlaubnisklassen (§ 6 FeV), die nachfolgend den bisherigen Klassen gegenübergestellt werden.

Die Übersicht kann nur eine **Orientierung** darstellen. Die genauen Bedingungen müssen in der FeV direkt nachgelesen werden.

Tab: 10.1: Gegenüberstellung der Fahrerlaubnisklassen alt und neu

Alt vor 1999	bis 2013	ab 2013	Bemerkungen
Klasse 4	M	AM	Zweirädrige Kleinkrafträder (Mopeds) mit bauartbedingter Höchstgeschwindigkeit bis 45 km/h (gilt auch für Fahrräder mit Hilfsmotor mit diesen Anforderungen)
	S	AM	Dreirädrige Kleinkrafträder mit bauartbedingter Höchstgeschwindigkeit von nicht mehr als 45 km/h
	S	AM	Vierrädrige Leichtkraftfahrzeuge mit bauartbedingter Höchstgeschwindigkeit von nicht mehr als 45 km/h
Klasse 1b	A1	A1	Krafträder mit Hubraum nicht mehr als 125 ccm
	B	A1	Dreirädrige Kraftfahrzeuge mit Hubraum von mehr als 50 ccm oder bauartbedingter Höchstgeschwindigkeit von mehr als 45 km/h
Klasse 1a	A (leistungsbeschränkt)	A2	Krafträder mit einer Motorleistung von nicht mehr als 35 kW
Klasse 1	A	A	Krafträder mit Hubraum von mehr als 50 ccm oder bauartbedingter Höchstgeschwindigkeit von mehr als 45 km/h
	B	A	Dreirädrige Kraftfahrzeuge mit Hubraum von mehr als 50 ccm oder bauartbedingter Höchstgeschwindigkeit von mehr als 45 km/h

Alt vor 1999	bis 2013	ab 2013	Bemerkungen
Klasse 3	B	B	Kraftfahrzeuge (außer Klassen AM, A1, A2 und A) mit zulässiger Gesamtmasse von nicht mehr als 3500 kg, ausgelegt für nicht mehr als 8 Personen (außer Fahrzeugführer), auch mit Anhänger bis 750 kg
	(BE)	B	Kraftfahrzeuge (außer Klassen AM, A1, A2 und A) mit zulässiger Gesamtmasse von nicht mehr als 3500 kg, ausgelegt für nicht mehr als 8 Personen (außer Fahrzeugführer), auch mit Anhänger über 750 kg, wenn Gesamtmasse nicht 3500 kg übersteigt
	BE	B mit Schlüsselzahl 96	Zugfahrzeuge der Klasse B in Kombination mit einem Anhänger von mehr als 750 kg und zulässiger Gesamtmasse von mehr als 3500 kg und nicht mehr als 4250 kg
Klasse 3	BE	BE	Zugfahrzeuge der Klasse B in Kombination mit Anhänger oder Sattelanhänger mit mehr als 750 kg und nicht mehr als 3500 kg
Klasse 3	C1	C1	Kraftfahrzeuge (außer Klassen AM, A1, A2, A) mit zulässiger Gesamtmasse von mehr als 3500 kg, aber nicht mehr als 7500 kg
Klasse 3	BE	C1E	Zugfahrzeuge der Klasse B in Kombination mit einem Anhänger oder Sattelanhänger von mehr als 3500 kg, Gesamtmasse nicht mehr als 12.000 kg
Klasse 3	C1E	C1E	Zugfahrzeuge der Klasse C1 in Kombination mit einem Anhänger oder Sattelanhänger von mehr als 3500 kg, Gesamtmasse nicht mehr als 12.000 kg
Klasse 2	C	C	Kraftfahrzeuge (außer Klassen AM, A1, A2, A) mit mehr als 3500 kg, auch mit Anhänger nicht mehr als 750 kg
Klasse 2	CE	CE	Zugfahrzeuge der Klasse C in Kombination mit Anhänger oder Sattelanhänger mit zulässiger Gesamtmasse von mehr als 750 kg
Klasse 2	D1	D1	Kraftfahrzeuge (außer Klassen AM, A1, A2, A) ausgelegt zur Beförderung von mehr als acht Personen, aber nicht mehr als 16 Personen, auch mit Anhänger bis 750 kg
Klasse 2	D1E	D1E	Zugfahrzeuge der Klasse D 1 in Kombination mit Anhänger von mehr als 750 kg
Klasse 2	D	D	Kraftfahrzeuge (außer Klassen AM, A1, A2, A) zur Beförderung von mehr als acht Personen außer Fahrzeugführer, auch mit Anhänger von mehr als 750 mg
Klasse 2	DE	DE	Zugfahrzeuge der Klasse D in Kombination mit Anhänger von mehr als 750 kg
	T	T	Zugmaschinen mit Höchstgeschwindigkeit von 60 km/h und selbstfahrende Arbeitsmaschinen oder Futtermischwagen bis 40 km/h
	L	L	Zugmaschinen für land- oder forstwirtschaftliche Zwecke mit Geschwindigkeit bis 40 km/h, Kombination mit Anhänger bis 25 km/h, selbstfahrende Arbeitsmaschinen bis 25 km/h, Kombination mit Anhänger möglich
Klasse 5	L	L	Krankenfahrstühle, Arbeitsmaschinen bis 25 km/h, Zugmaschinen bis 32 km/h, mit Anhänger bis 25 km/h

Auch hinsichtlich der Altersklassen für einzelne Fahrzeuge haben sich in der Zeit zahlreiche Änderungen ergeben. Die nachstehende Tabelle (Tab. 10.2) passt sich an die neuen Führerscheinklassen seit 2013 an.

Tab. 10.2: Mindestaltersregelung neu

Klasse	Mindestalter
AM	16 Jahre
A1	16 Jahre
A2	16 Jahre
A	24 Jahre für Krafträder bei direktem Zugang 21 Jahre für 3-rädrige Kfz mit einer Leistung von mehr als 15 kW oder 20 Jahre für Krafträder bei einem Vorbesitz der Klasse A2 von mindestens 2 Jahren
B, BE	18 Jahre 17 Jahre bei der Teilnahme am begleitenden Fahren ab 17 oder 17 Jahre unter bestimmten Voraussetzungen mit Auflagen *
C1, C1E	18 Jahre
C, CE	21 Jahre 18 Jahre unter bestimmten Voraussetzungen mit Auflagen *
D1, D1E	21 Jahre 18 Jahre unter bestimmten Voraussetzungen mit Auflagen *
D,DE	24 Jahre 23 Jahre/21 Jahre/20 Jahre/18 Jahre unter bestimmten Voraussetzungen mit Auflagen *
T	16 Jahre (bis 18 Jahre beschränkt auf bauartbedingte Höchstgeschwindigkeiten bis 40 km/h)
L	16 Jahre

* = Berufskraftfahrerqualifikation bzw. Berufsausbildung „Berufskraftfahrer" oder vergleichbar, siehe § 10 FeV

10.4.2 Ärztliche Untersuchungen

Da die Erteilung der Fahrerlaubnis durch die Behörde jeweils nur für gewisse Zeiträume erfolgt (siehe unten), sind die dafür erforderlichen ärztlichen Untersuchungen eine zwingende Notwendigkeit und können bei betrieblichem Interesse durch den Arbeitgeber veranlasst werden. Der eigentliche Interessent ist aber der Arbeitnehmer, daher auch der Auftraggeber für den Arzt.

Der berufsgenossenschaftliche Grundsatz G 25 (Fahr-, Steuer- und Überwachungstätigkeiten) ist und war bisher keine Pflichtuntersuchung. Es war bislang eine Angebotsuntersuchung des Arbeitgebers an seine Mitarbeiter. Eine anders lautende Einstufung konnte nur durch Festlegungen in einer Betriebsvereinbarung (Vorsorgeplan) erzielt werden.

Mit dem Wegfall der Bestimmungen der BGV A 4 ist auch die Festlegung einer Angebotsuntersuchung aufgehoben worden, die in die neue ArbMedVV nicht übernommen wurde, so dass es zum jetzigen Zeitraum eigentlich keine Begründung (sowohl gesetzlich als auch berufsgenossenschaftlich) für eine arbeitsmedizinische Vorsorge mehr gibt. Sollte eine Untersuchung stattfinden, wie sie auch nach der Fahrerlaubnisverordnung gefordert wird, ist dies eine Eignungsuntersuchung (Fahreignung) und damit außerhalb der arbeitsmedizinischen Vorsorge nach ArbMedVV.

Es wird deshalb dringend angeraten, aufgrund der neuen Gesetzeslage für Fahrtätigkeiten oder ihnen gleichgesetzte Tätigkeiten in einer unternehmenseigenen Betriebsvereinbarung zusammen mit der Mitarbeitervertretung und vielleicht dem Betriebsarzt oder der Fachkraft für Arbeitssicherheit Festlegungen zu treffen, wie künftig die Untersuchungen für diesen Personenkreis gestaltet werden sollen.

Die Fahrerlaubnisklassen AM, A1, A2, B, BE, L und T werden zeitlich unbegrenzt erteilt (§ 23 Abs. 1 FeV). Neu ist auch, dass die Gültigkeit der Führerscheine ab dem 19. Januar 2013 auf 15 Jahre begrenzt ist. Alle Führerscheine, die vor dem 19. Januar 2013 ausgestellt wurden, sind bis zum 19. Januar 2033 umzutauschen.

Für die übrigen Fahrerlaubnisklassen gelten zeitliche Begrenzungen:

1. Klassen C1, C1E: bis zur Vollendung des 50. Lebensjahres, nach Vollendung des 45. Lebensjahres des Bewerbers für fünf Jahre,

2. Klassen C, CE: für fünf Jahre,

3. Klassen D, D1, DE und D1E: für fünf Jahre.

Grundlage für die Bemessung der Geltungsdauer ist das Datum des Tages, an dem die Fahrerlaubnisbehörde den Auftrag zur Herstellung des Führerscheins erteilt.

Für die Verlängerung der Fahrerlaubnis sind Bedingungen zu erfüllen, die in der Anlage 5 (Eignungsuntersuchungen für Bewerber und Inhaber der Klassen C, C1, D, D1 und der zugehörigen Anhängerklassen E sowie der Fahrerlaubnis zur Fahrgastbeförderung) sowie der Anlage 6 (Anforderungen an das Sehvermögen) gebunden sind.

Der Nachweis nach Anlage 5 ist zu erbringen

- von Bewerbern um die Erteilung einer Fahrerlaubnis der Klassen D, D1, DE, D1E und der Fahrerlaubnis zur Fahrgastbeförderung
- von Bewerbern um die Verlängerung einer Fahrerlaubnis der Klassen D, D1, DE, D1E und der Fahrerlaubnis zur Fahrgastbeförderung ab Vollendung des 50. Lebensjahres
- von Bewerbern um die Verlängerung einer Fahrerlaubnis zur Personenbeförderung ab Vollendung des 60. Lebensjahres

Sehleistungen nach Anlage 6 FeV

Bewerber um eine Fahrerlaubnis der Klassen A, A1, B, BE, M, L, S oder T haben sich einem Sehtest zu unterziehen. Dieser kann von einer amtlich anerkannten Sehteststelle durchgeführt werden, aber auch von allen unten genannten Ärzten.

Der Sehtest ist bestanden, wenn die zentrale Tagessehschärfe mit oder ohne Sehhilfen mindestens 0,7/0,7 beträgt. Wird der Sehtest nicht bestanden, ist eine augenärztliche Untersuchung notwendig.

Für die Erteilung oder Verlängerung der Fahrerlaubnis der Klassen C, C1, CE, C1E, D, D1, DE, D1E und Fahrerlaubnis zur Fahrgastbeförderung (Tab. 10.5; Nummer 2 der Anlage 6 FeV) darf die Untersuchung nur von folgenden Ärzten durchgeführt werden:

* Augenarzt,
* Arzt mit der Gebietsbezeichnung „Arbeitsmedizin",
* Arzt mit der Zusatzbezeichnung „Betriebsmedizin",
* Arzt einer Begutachtungsstelle für Fahreignung,
* Arzt des Gesundheitsamtes,
* Arzt der öffentlichen Verwaltung.

Für Inhaber einer bis zum 31. Dezember 1998 erteilten Fahrerlaubnis gelten andere Anforderungen der Anlage 6 FeV. Es gibt zahlreiche Sonderregelungen, die im Original nachgelesen werden sollten.

Die auszustellende ärztliche Bescheinigung muss beinhalten, dass keine für das sichere Führen eines Kraftfahrzeuges bedeutsamen Einschränkungen vorliegen.

Die einzelnen Parameter wie zentrale Tagessehschärfe, Gesichtsfeld, Augenbeweglichkeit, Farbensehen, räumliches Sehen, Dämmerungssehen, Blendungsempfindlichkeit variieren bei den einzelnen Fahrerlaubnisklassen und sollten deshalb im Original nachgelesen werden (Anlage 6 FeV).

Für bestimmte Fragestellungen muss auch ein gesondertes ärztliches Gutachten vorgelegt werden, was meist aber nur auf Anordnung der Fahrerlaubnisbehörde durch eine amtlich zugelassene Begutachtungsstellung für Fahreignung zu erstellen ist. Die dafür in Frage kommenden Ärzte haben eine besondere Qualifikation nachzuweisen und sind den Fahrerlaubnisbehörden der Länder namentlich bekannt.

Daneben gibt es noch die medizinisch-psychologische Untersuchung (MPU) als ein wichtiges Instrument zur Beurteilung der Kraftfahreignung, die in der neuen Fahrerlaubnisverordnung beibehalten wurde.

Vorgesehen ist eine MPU vor allem, wenn

- Anzeichen für Alkoholmissbrauch vorliegen,
- wiederholt Zuwiderhandlungen im Straßenverkehr unter Alkoholeinfluss begangen wurden,
- ein Fahrzeug im Straßenverkehr bei einer Blutalkoholkonzentration von 1,6 Promille oder mehr (gilt auch für Fahrradfahrer)
- Eignungszweifel im Hinblick auf die Einnahme von Drogen vorliegen,
- die Fahrerlaubnis wiederholt entzogen worden ist.

10.5 Jugendfreiwilligendienste/FSJ/FÖJ

Wer ein FSJ/FÖJ absolvieren möchte, muss die Schulpflicht erfüllt haben und darf nicht älter als 27 Jahre sein.

Die Regelungen findet man im Gesetz zur Förderung von Jugendfreiwilligendiensten (Jugendfreiwilligendienstegesetz – JFDG) vom 18. Mai 2008 (BGBl. I S. 842), zuletzt geändert am 20. Dezember 2011 (BGBl. I S. 2854).

Die seit 1956 in der Bundesrepublik Deutschland bestehende Wehrpflicht wurde seit Juli 2011 in Friedenszeiten aufgehoben. Somit entfällt auch der bis dahin mögliche zwölfmonatige Freiwilligendienst statt des Zivildienstes.

Freiwilligendienste können auf verschiedene Weise absolviert werden:

- freiwilliges soziales Jahr (FSJ)
- freiwilliges ökologisches Jahr (FÖJ)
- Freiwilligendienst im Inland
- Freiwilligendienst im Ausland
- kombinierter Freiwilligendienst

Der Versicherungsschutz ist unabhängig von der Dauer des FSJ/FÖJ und von der Höhe des Entgelts. Er beginnt am ersten Tag der Tätigkeit und bezieht sich auf alle Unfälle im Einsatz sowie auf dem Weg dorthin und zurück nach Hause. Auch gegen die Gefahr einer möglichen Berufskrankheit sind die freiwilligen Helfer gesetzlich versichert.

Bei einem Unfall oder einer Berufskrankheit übernimmt die gesetzliche Unfallversicherung die Kosten für Heilbehandlung und Rehabilitation und zahlt Lohnersatzleistungen. Sollte es zu einem dauerhaften Schaden kommen, zahlt der Unfallversicherungsträger auch eine Rente, bei Pflegebedürftigkeit werden Pflegeleistungen gewährt.

Versichert ist auch ein Einsatz im Ausland, sofern das FSJ/FÖJ bei einem deutschen Träger absolviert wird.

Die Kosten für die Unfallversicherung trägt allein der Träger der Maßnahme oder die Einsatzstelle des Freiwilligendienstes.

Ansonsten gelten alle üblichen Regeln des Arbeitsschutzes sowie des Gesundheitsschutzes, wie sie auch für alle anderen Beschäftigten der Einrichtung/des Unternehmens gelten. Die Arbeitgeberpflichten übernimmt automatisch der Träger der Maßnahme oder die Einsatzstelle.

Auch arbeitsmedizinische Vorsorge muss im gleichen Umfang durchgeführt oder angeboten werden wie für die übrigen Beschäftigten. Der Umfang der arbeitsmedizinischen Vorsorge ist abhängig von dem Einsatzprofil und der dafür erarbeiteten Gefährdungsanalyse.

10.6 Arbeiten mit Laserdruckern und Kopierern

In heutigen modernen Büroräumen ist es kaum mehr vorstellbar, ohne einen leistungsfähigen Drucker oder Kopierer auszukommen. Waren es bisher meist nur Schwarz-Weiß-Geräte, findet man jetzt auch zunehmend Farbkopierer und -drucker vor.

Es gab in der Vergangenheit zahlreiche Medienberichte, die in der Nutzung dieser Geräte neben funktionellen Mängeln auch eine potentielle Gesundheitsgefährdung beschrieben haben. Insgesamt haben diese Berichte zu einer allgemeinen Verunsicherung geführt, da oft nur die bloße Anwesenheit eines bestimmten Stoffes Anlass zur Kritik war und nicht die Bewertung nach der Menge dieses Stoffes.

Es wird nachfolgend versucht, eine kurze Übersicht über den Stand der Erkenntnisse zu geben und die für die Praxis momentan wichtigen Schlussfolgerungen aus den wissenschaftlichen Untersuchungen zu ziehen.

Funktionsweise

Laserdrucker, wie auch Kopiergeräte arbeiten nach dem gleichen Funktionsprinzip, dem so genannten elektrofotografischen Verfahren. Zu Beginn eines Druck- oder Kopierprozesses wird die Bildtrommel elektrostatisch aufgeladen. Dabei kann Ozon entstehen. Ohne Ozonfreisetzung arbeitet die Transferrollen-Technologie. Das Druckbild wird von einem Laserstrahl und einem Spiegelsystem auf die Trommel geschrieben. Dadurch ändert sich die elektrostatische Ladung der Trommel. LED-Drucker arbeiten statt des Laserstrahles mit so genannten LED-Leuchtdioden. Wenn jetzt der Toner in die Nähe der Trommel gebracht wird, „saugen" die belichteten Stellen den Toner an und es entsteht so ein Bild auf der Trommel. Nun wird elektrostatisch aufgeladenes Papier an der Trommel vorbeigeführt und das Tonerpulver vom Papier angezogen. Danach durchläuft das Papier eine Fixierstation, in der Tonerpulver durch Druck und Hitze (ca. 170 °C) auf dem Papier verschmolzen wird. Hier können Emissionen leicht flüchtiger Tonerbestandteile denkbar sein. Die Bildtrommel wird nun von noch evtl. haftendem Resttoner gereinigt. Die Produktqualität des Druckes hängt direkt von der Güte und Qualität des Toners ab, weshalb nur Toner verwendet werden sollte, der auch für den Typ des Druckers oder Kopierers vorgesehen ist.

Somit finden wir im Tonermaterial

• Harzpartikel (zum Fixieren auf dem Papier),
• Farbpigmente,
• magnetisierbare Metalloxide (für die elektrostatischen Vorgänge)

als Hauptbestandteile, daneben mögliche Verunreinigungen (z.B. Spuren von Schwermetallen, gebunden in der Harzmatrix oder direkt im Metallgitter).

Prüfverfahren (Auswahl)

Es gibt zahlreiche Verfahren, mit denen geprüft wurde, ob durch den Betrieb von Laserdruckern oder Laserkopierern eine gesundheitliche Belastung entsteht oder nicht.

1. In einer Messkammer mit bewusst äußerst ungünstig gestalteten Bedingungen waren die gemessenen Konzentrationen von Stäuben und so genannten flüchtigen Kohlenwasserstoffen (Benzol, Styrol, Toluol oder Xylol) so gering, dass sie mit den empfindlichen Messverfahren kaum ermittelt werden konnten. Sie lagen mehr als ein bis zwei Größenordnungen unter den an Arbeitsplätzen gültigen Luftgrenzwerten (siehe Kapitel 4.3.2).

2. Auch biologische Testverfahren (Makrophagentest) brachten kein negatives Ergebnis. Alveolar-Makrophagen sind Zellen im menschlichen Immunsystem, die kleinste eingeatmete Staubteilchen und Krankheitserreger erkennen, in sich aufnehmen und enzymatisch abbauen können. Sie werden deshalb auch „Fresszellen" genannt und sind der Selbstreinigungsmechanismus unseres Atemsystems. Effekte ließen sich erst dann nachweisen, wenn die Tonerstaubdosierungen sehr hoch waren, wie sie beim normalen Druckbetrieb nie vorkommen können. Wenn es hierdurch dennoch Gefährdungen geben könnte, betrifft es in erster Linie die Service- und Wartungstechniker, für die dann Arbeitsschutzmaßnahmen wichtig sind.

3. Ein Biomonitoring der Mitarbeiter an verschiedenen Büro-Arbeitsplätzen sowie Copy-Shop-Arbeitsplätzen führte zu keiner Mehrbelastung des Organismus mit Metallen oder dem Lösungsmittel Benzol.

4. Messung der Staubbelastung in Büroräumen ergaben ebenfalls keine höheren Werte als in Räumen ohne den Betrieb von Druckern oder Kopierern. Auch die Schwermetallkonzentrationen lagen weit unter denen der Außenluftverunreinigung.

Die in den Untersuchungen gefundenen Messwerte zeigen, dass von einer Feinstaubbelastung in Büroräumen keine Rede sein kann. Die Belastung an Feinstaub durch Fensterlüftung an belebten Straßen oder Tabakrauch sind wesentlich höher als in Büroräumen. Meist besteht dieser Staub zum großen Teil aus Papierpartikeln.

Eine Gefährdung der Gesundheit durch den Betrieb von Laserdruckern am Arbeitsplatz erscheint sehr unwahrscheinlich, vorausgesetzt natürlich ein bestimmungsgemäßer Betrieb der Geräte und eine regelmäßige fachgerechte Wartung.

Dennoch werden auch künftig weitere arbeitsmedizinische und technische Untersuchungen notwendig sein, da sich die Rezepturen der Toner ständig ändern und sich daraus neue Untersuchungsansätze ergeben könnten. Die Hersteller haben aber die grundsätzlichen Probleme erkannt und werden künftig um eine weitere Reduzierung der Schadstoffe bemüht sein.

Nachfolgend einige praktische Hinweise zum Umgang mit Laserdruckern und Laserkopierern, um auch potentiell geringe Gesundheitsgefahren zu vermeiden.

Schlussfolgerungen

- Beim Kauf eines neuen Gerätes auf Bedienerfreundlichkeit achten (geschlossene Tonerkassetten, einfacher Wechsel, keine Nachfüllbehälter),

- Einweisung der Mitarbeiter in die sachgemäße Bedienung,

- Kopierer und Drucker an gut belüfteten Orten aufstellen,

- Kopierer und Drucker regelmäßig durch Fachpersonal warten lassen,

- Erstellen einer Betriebsanweisung,

- Normale Lüftungsmaßnahmen reichen aus, nur sehr große Laserdrucker benötigen besondere Abluftführung (Herstellerangaben beachten),

- Hautkontakt mit Toner vermeiden, bei Wartungsarbeiten Einweghandschuhe tragen,

- Verschütteten Toner nicht wegblasen, sondern mit einem feuchten Papiertuch aufwischen und in den Restmüll geben, auf Teppichboden mit dem Staubsauger aufsaugen (mit Feinstaubfilter),

- Verbrauchte Tonerkassetten über den Fachhandel entsorgen,

- Nachfüllen von Toner oder Auswechseln der Tonerkartuschen sollten nur Mitarbeiter durchführen, die eine gesonderte Einweisung erhalten haben,

- Verwendung ausschließlich von Originaltoner oder nach DIN 33870 wieder aufbereitete Kartuschen,

- Gebläseauslassöffnung (falls seitlich am Drucker) so ausrichten, dass diese nicht direkt in die eigene Atemluft oder die eines Kollegen bläst.

Es gibt als Hilfe für die Auswahl von Laserdruckern verschiedene Prüfsiegel, nach denen man schauen sollte. Zum Beispiel kann das BG-Prüfzert-Zeichen der Berufsgenossenschaften, Blauer Engel des Umweltbundesamtes („BG-Prüfzert-schadstoffgeprüft") oder das Qualitätssiegel der Landesgewerbeanstalt Bayern (LGA) als Hinweis dienen.

Hilfe bei der Produktauswahl findet man unter www.blauer-engel.de und www.hvbg.de/d/bgp/aktuell/farbtoner. Zum sicheren Umgang mit den Geräten kann man Hinweise unter www.baua.de unter Stichwort „Toner" finden. Eine Liste der geprüften Geräte findet man unter „Blauer Engel" (RAL-ZU 122). Wie Laserdrucker sicher betrieben werden können, beschreibt die Schriftenreihe Prävention SP 2.3 (BGI 820) der Verwaltungs-Berufsgenossenschaft (www.vbg.de).

Eine große Pilotstudie im Institut für Innenraum- und Umwelttoxikologie am Universitätsklinikum Gießen wurde veröffentlicht unter http://www.bfr.bund.de/cm/252/pilotstudie_toner_erste_ergebnisse.pdf. Außerdem ist unter http://www.dguv.de/Projektdatenbank/0294A/3228283v1.pdf ein Forschungsbericht zum Thema abrufbar.

11 Berufskrankheiten

11.1 Rechtliche Grundlagen

Für die Regelung von Unfallanzeigen sowie Anzeigen einer Berufserkrankung durch Unternehmer, Ärzte und Zahnärzte gelten folgende Rechtsvorschriften:

1. Sozialgesetzbuch VII,

2. Berufskrankheitenverordnung (BKV) mit Anhang Liste der Berufskrankheiten,

3. Verordnung über die Anzeige von Versicherungsfällen in der gesetzlichen Unfallversicherung vom 23. Januar 2002 (Unfallversicherungs-Anzeigeverordnung – UVAV) (BGBl. I Nr. 7 S. 554, ausgegeben am 4. Februar 2002, zuletzt geändert am 7. November 2006, BGBl. I S. 2407).

11.2 Definition einer Berufserkrankung

> **Eine Berufskrankheit ist eine Krankheit, die nach Erkenntnissen der medizinischen Wissenschaft durch besondere Einwirkungen verursacht ist, denen bestimmte Personengruppen durch ihre Arbeit in erheblich höherem Grade als die übrige Bevölkerung ausgesetzt sind.**

Eine Berufserkrankung ist dann begründet, wenn

* eine relevante **berufliche Einwirkung** bestanden hat (Risikoabschätzung, Qualität, Intensität, Dauer)
* ein für die Einwirkung **typisches Krankheitsbild** besteht (Diagnostik, Anamnese, Befund, Funktions- und Leistungsbewertung)
* **versicherungsrechtliche Voraussetzungen** erfüllt sind (versicherte Tätigkeit).

Aus diesen wenigen Bemerkungen lässt sich bereits erkennen, dass der Satz
* Beruf + krank = Berufskrankheit
viel zu einfach wäre, als dass man daraus die richtigen Schlussfolgerungen ableiten könnte.

11.3 Liste der Berufskrankheiten

In den letzten Jahren wurde die Liste der Berufskrankheiten durch einige Krankheiten erweitert, letztmalig im Jahre 2009 (Zweite Verordnung zur Änderung der Berufskrankheiten vom 11. Juni 2009 (BGBl. I S. 1273).

Aus betriebsärztlicher und arbeitsmedizinischer Sicht werden weitere Erweiterungen durch Aufnahme einiger Erkrankungen für erforderlich gehalten, so dass anzunehmen ist, dass es in den kommenden Jahren weitere Ergänzungen geben wird.

Für 4 der 5 neu aufgenommenen Erkrankungen des Jahres 2009 gilt eine rückwirkende Anerkennung, die durch einen Stichtag begrenzt wird (siehe Tabelle 11.1).

Tab. 11.1: Übersicht der Berufskrankheiten

Nr.	Krankheiten	Bemerkungen
1	**Durch chemische Einwirkungen verursachte Krankheiten**	
11	**Metalle und Metalloide**	
1101	Erkrankungen durch Blei oder seine Verbindungen	*
1102	Erkrankungen durch Quecksilber oder seine Verbindungen	*
1103	Erkrankungen durch Chrom oder seine Verbindungen	*
1104	Erkrankungen durch Cadmium oder seine Verbindungen	*
1105	Erkrankungen durch Mangan oder seine Verbindungen	*
1106	Erkrankungen durch Thallium oder seine Verbindungen	*
1107	Erkrankungen durch Vanadium oder seine Verbindungen	*
1108	Erkrankungen durch Arsen oder seine Verbindungen	*
1109	Erkrankungen durch Phosphor oder seine anorganischen Verbindungen	*
1110	Erkrankungen durch Beryllium oder seine Verbindungen	*
12	**Erstickungsgase**	
1201	Erkrankungen durch Kohlenmonoxid	*
1202	Erkrankungen durch Schwefelwasserstoff	*
13	**Lösemittel, Schädlingsbekämpfungsmittel (Pestizide) und sonstige chemische Stoffe**	
1301	Schleimhautveränderungen, Krebs oder andere Neubildungen der Harnwege durch aromatische Amine	
1302	Erkrankungen durch Halogenkohlenwasserstoffe	
1303	Erkrankungen durch Benzol, seine Homologe oder durch Styrol	*
1304	Erkrankungen durch Nitro- oder Aminoverbindungen des Benzols oder seiner Homologe oder ihrer Abkömmlinge	*
1305	Erkrankungen durch Schwefelkohlenstoff	*
1306	Erkrankungen durch Methylalkohol (Methanol)	*
1307	Erkrankungen durch organische Phosphorverbindungen	*
1308	Erkrankungen durch Fluor oder seine Verbindungen	*
1309	Erkrankungen durch Salpetersäureester	*
1310	Erkrankungen durch halogenierte Alkyl-, Aryl- oder Alkylaryloxide	
1311	Erkrankungen durch halogenierte Alkyl-, Aryl- oder Alkylarylsulfide	
1312	Erkrankungen der Zähne durch Säuren	
1313	Hornhautschädigungen des Auges durch Benzochinon	
1314	Erkrankungen durch paratertiär-Butylphenol	
1315	Erkrankungen durch Isocyanate, die zur Unterlassung aller Tätigkeiten gezwungen haben, die für die Entstehung, die Verschlimmerung oder das Wiederaufleben der Krankheit ursächlich waren oder sein können	*
1316	Erkrankungen der Leber durch Dimethylformamid	
1317	Polyneuropathie oder Enzephalopathie durch organische Lösungsmittel oder deren Gemische	
1318	Erkrankungen des Blutes, des blutbildenden und lymphatischen Systems durch Benzol	ohne Stichtag der Anerkennung, da diese bereits seit 1925 anerkannt ist

Nr.	Krankheiten	Bemerkungen
2	**Durch physikalische Einwirkungen verursachte Krankheiten**	
21	**Mechanische Einwirkungen**	
2101	Erkrankungen der Sehnenscheiden oder des Sehnengleitgewebes sowie der Sehnen- oder Muskelansätze, die zur Unterlassung aller Tätigkeiten gezwungen haben, die für die Entstehung, die Verschlimmerung oder das Wiederaufleben der Krankheit ursächlich waren oder sein können	
2102	Meniskusschäden nach mehrjährigen andauernden oder häufig wiederkehrenden, die Kniegelenke überdurchschnittlich belastenden Tätigkeiten	
2103	Erkrankungen durch Erschütterung bei Arbeit mit Druckluftwerkzeugen oder gleichartig wirkenden Werkzeugen oder Maschinen	
2104	Vibrationsbedingte Durchblutungsstörungen an den Händen, die zur Unterlassung aller Tätigkeiten gezwungen haben, die für die Entstehung, die Verschlimmerung oder das Wiederaufleben der Krankheit ursächlich waren oder sein können	
2105	Chronische Erkrankungen der Schleimbeutel durch ständigen Druck	
2106	Druckschädigung der Nerven	2002 Änderung der Bezeichnung
2107	Abrissbrüche der Wirbelfortsätze	
2108	Bandscheibenbedingte Erkrankungen der Lendenwirbelsäule durch langjähriges Heben oder Tragen schwerer Lasten oder durch langjährige Tätigkeiten in extremer Rumpfbeugehaltung, die zur Unterlassung aller Tätigkeiten gezwungen haben, die für die Entstehung, die Verschlimmerung oder das Wiederaufleben der Krankheit ursächlich waren oder sein können	
2109	Bandscheibenbedingte Erkrankungen der Halswirbelsäule durch langjähriges Tragen schwerer Lasten auf der Schulter, die zur Unterlassung aller Tätigkeiten gezwungen haben, die für die Entstehung, die Verschlimmerung oder das Wiederaufleben der Krankheit ursächlich waren oder sein können	
2110	Bandscheibenbedingte Erkrankungen der Lendenwirbelsäule durch langjährige, vorwiegend vertikale Einwirkung von Ganzkörperschwingungen im Sitzen, die zur Unterlassung aller Tätigkeiten gezwungen haben, die für die Entstehung, die Verschlimmerung oder das Wiederaufleben der Krankheit ursächlich waren oder sein können	
2111	Erhöhte Zahnabrasionen durch mehrjährige quarzstaubbelastende Tätigkeit	
2112	Gonarthrose durch eine Tätigkeit im Knien oder vergleichbare Kniebelastung mit einer kumulativen Einwirkungsdauer während des Arbeitslebens von mindestens 13 000 Stunden und einer Mindesteinwirkungsdauer von insgesamt einer Stunde pro Schicht	Stichtag der Anerkennung 30. September 2002
22	**Druckluft**	
2201	Erkrankungen durch Arbeit in Druckluft	
23	**Lärm**	
2301	Lärmschwerhörigkeit	
24	**Strahlen**	
2401	Grauer Star durch Wärmestrahlung	
2402	Erkrankungen durch ionisierende Strahlen	
3	**Durch Infektionserreger oder Parasiten verursachte Krankheiten sowie Tropenkrankheiten**	
3101	Infektionskrankheiten, wenn der Versicherte im Gesundheitsdienst, in der Wohlfahrtspflege oder in einem Laboratorium tätig oder durch eine andere Tätigkeit der Infektionsgefahr in ähnlichem Maße besonders ausgesetzt war	
3102	Von Tieren auf Menschen übertragbare Krankheiten	
3103	Wurmkrankheit der Bergleute, verursacht durch Ankylostoma duodenale oder Strongyloides stercoralis	
3104	Tropenkrankheiten, Fleckfieber	
4	**Erkrankungen der Atemwege und der Lungen, des Rippenfelles und Bauchfelles**	

Nr.	Krankheiten	Bemerkungen
41	**Erkrankungen durch anorganische Stäube**	
4101	Quarzstaublungenerkrankung (Silikose)	
4102	Quarzstaublungenerkrankung in Verbindung mit aktiver Lungentuberkulose (Silikotuberkulose)	
4103	Asbeststaublungenerkrankung (Asbestose) oder durch Asbeststaub verursachte Erkrankung der Pleura	
4104	Lungenkrebs oder Kehlkopfkrebs in Verbindung mit Asbeststaublungenerkrankung (Asbestose), in Verbindung mit durch Asbeststaub verursachter Erkrankung der Pleura, oder bei Nachweis der Einwirkung einer kumulativen Asbest-Faserstaub-Dosis am Arbeitsplatz von mindestens 25 Faserjahren (25×10^6 [(Fasern/m³) x Jahre]	
4105	Durch Asbest verursachtes Mesotheliom des Rippenfelles, des Bauchfelles oder des Pericards	
4106	Erkrankungen der tieferen Atemwege und der Lungen durch Aluminium oder seine Verbindungen	
4107	Erkrankungen an Lungenfibrose durch Metallstäube bei der Herstellung oder Verarbeitung von Hartmetallen	
4108	Erkrankungen der tieferen Atemwege und der Lungen durch Thomasmehl (Thomasphosphat)	
4109	Bösartige Neubildungen der Atemwege und der Lungen durch Nickel oder seine Verbindungen	
4110	Bösartige Neubildungen der Atemwege und der Lungen durch Kokereirohgase	
4111	Chronische obstruktive Bronchitis oder Emphysem von Bergleuten unter Tage im Steinkohlebergbau bei Nachweis der Einwirkung einer kumulativen Dosis von in der Regel 100 Feinstaubjahren [(mg/m³) x Jahre]	
4112	Lungenkrebs durch Einwirkung von kristallinem Siliziumdioxid (SiO_2) bei nachgewiesener Quarzstaublungenerkrankung (Silikose oder Siliko-Tuber-kulose)	Seit 2002 in der Liste aufgenommen
4113	Lungenkrebs durch polyzyklische aromatische Kohlenwasserstoffe (PAK) bei Nachweis der Einwirkung einer kumulativen Dosis von mindestens 100 Benzo(a)pyren-Jahren [(µg/m³) x Jahre]	Stichtag der Anerkennung 30. November 1997
4114	Lungenkrebs durch das Zusammenwirken von Asbestfaserstaub und polyzyklischen aromatischen Kohlenwasserstoffen (PAK) bei Nachweis der Einwirkung einer kumulativen Dosis, die einer Verursachungswahrscheinlichkeit von mindestens 50 Prozent nach der Anlage 2 entspricht (Anlage 2 der Zweiten Verordnung zur Änderung der Berufskrankheitenverordnung [BGBl. I 2009 S. 1274–1276])	Stichtag der Anerkennung 30. September 2002
4115	Lungenfibrose durch extreme und langjährige Einwirkungen von Schweißrauchen und Schweißgasen („Siderofibrose")	Stichtag der Anerkennung 30. September 2002
42	**Erkrankungen durch organische Stäube**	
4201	Exogen-allergische Alveolitis	
4202	Erkrankungen der tieferen Atemwege und der Lungen durch Rohbaumwoll-, Rohflachs- oder Rohhanfstaub (Byssinose)	
4203	Adenokarzinome der Nasenhaupt- und Nasennebenhöhlen durch Stäube von Eichen- und Buchenholz	
43	**Obstruktive Atemwegserkrankungen**	
4301	Durch allergisierende Stoffe verursachte obstruktive Atemwegserkrankungen (einschließlich Rhinopathie), die zur Unterlassung aller Tätigkeiten gezwungen haben, die für die Entstehung, die Verschlimmerung oder das Wiederaufleben der Krankheit ursächlich waren oder sein können	

Nr.	Krankheiten	Bemerkungen
4302	Durch chemisch-irritativ oder toxisch wirkende Stoffe verursachte obstruktive Atemwegserkrankungen, die zur Unterlassung aller Tätigkeiten gezwungen haben, die für die Entstehung, die Verschlimmerung oder das Wiederaufleben der Krankheit ursächlich waren oder sein können	
5	**Hautkrankheiten**	
5101	Schwere und wiederholt rückfällige Hauterkrankungen, die zur Unterlassung aller Tätigkeiten gezwungen haben, die für die Entstehung, die Verschlimmerung oder das Wiederaufleben der Krankheit ursächlich waren oder sein können	
5102	Hautkrebs oder zur Hautkrebsbildung neigende Hautveränderungen durch Ruß, Rohparaffin, Teer, Anthrazen, Pech oder ähnliche Stoffe	
6	**Krankheiten sonstiger Ursache**	
6101	Augenzittern der Bergleute	

* = Zu den Nummern 1101–1110, 1201, 1202, 1303–1309 und 1315: Ausgenommen sind Hauterkrankungen. Diese gelten als Krankheiten im Sinne dieser Anlage nur insoweit, als sie Erscheinungen einer Allgemeinerkrankung sind, die durch Aufnahme der schädigenden Stoffe in den Körper verursacht werden, oder gemäß Nummer 5101 zu entschädigen sind.

Ab Januar 2015 wurden auf Beschluss des Bundeskabinettes vom 5. November 2014 4 Krankheitsbilder auf Empfehlung des wissenschaftlichen Beirats „Berufskrankheiten" beim Bundesministerium für Arbeit und Soziales (BMAS) in die Liste der Berufskrankheiten aufgenommen:

1. Spezifische Formen des weißen Hautkrebses hervorgerufen durch jahrelange Sonneneinstrahlung (natürliche UV-Strahlung). Die Fachbegriffe lauten Plattenepithelkarzinom und aktinische Keratosen. Letztere sind Vorstufen des weißen Hautkrebses.

2. Das Carpaltunnelsyndrom, das durch eine Druckschädigung des im Unterarm befindlichen Nervs (Nervus medianus) verursacht wird. Es kann durch bestimmte Tätigkeiten hervorgerufen werden.

3. Das Thenar-Hammer-Syndrom, das hervorgerufen wird, wenn die Hand beziehungsweise der Daumenballen (Thenar) als Hammer benutzt wird. Dabei kann es zu einer arteriellen Verletzung und Taubheitsgefühlen bis hin zu starken Schmerzen kommen.

4. Durch die Exposition von Schwefelsäuredämpfen ausgelöster Kehlkopfkrebs

Betroffene können sich aber bereits vorher an die Berufsgenossenschaften und Unfallversicherungsträger wenden und sich die Erkrankung anerkennen lassen.

11.4 Betriebliche Meldung einer Berufskrankheit

§ 193 SGB VII verpflichtet den Unternehmer nach Absatz 2 zur Anzeige beim Unfallversicherungsträger, wenn im Einzelfall berechtigte Anhaltspunkte vorliegen, dass bei einem versicherten Arbeitnehmer eine Berufserkrankung vorliegen könnte.

Die Anzeige ist, ähnlich wie bei der Anzeige eines Arbeitsunfalles (siehe Kapitel 4.5.), binnen 3 Tagen zu erstatten (§ 193 Abs. 4), nachdem der Unternehmer Kenntnis von einer evtl. Berufskrankheit erhalten hat (Formular Abb. 11.1).

Der Arbeitnehmer kann vom Arbeitgeber verlangen, dass ihm eine Kopie der Anzeige überlassen wird.

Die Anzeige ist vom Betriebs- oder Personalrat mit zu unterzeichnen. Der Unternehmer hat die Sicherheitsfachkraft sowie den Betriebsarzt über jede Unfall- oder Berufskrankheitenanzeige in Kenntnis zu setzen (§ 193 Abs. 5).

11.5 Ärztliche Meldung einer Berufserkrankung

Im § 202 SBG VII werden per Gesetz die Ärzte oder Zahnärzte verpflichtet, bei begründetem Verdacht einer Berufserkrankung den zuständigen Unfallversicherungsträger oder die für den medizinischen Arbeitsschutz zuständigen Stelle zu unterrichten. Die Berufskrankheitenverordnung (BKV) verpflichtet durch § 7 zur Meldung bzw. zur Anzeige einer Berufserkrankung.

Für diese Meldung ist eine bestimmte Form vorgeschrieben (§ 193 Abs. 8 SGB VII) (Anlagen 3 + 4). Ebenso wie die Unfallanzeige mit einem neuen Formular ab 1. August 2002 zu erstatten ist, gibt es für die Erstattung des Verdachts einer Berufserkrankung neue Vordrucke (Abb. 11.1 und 11.2), die den gleichen Zwecken der Erleichterung dienen sollen.

Der Versicherte ist über den Inhalt der Anzeige sowie die Stelle, an die die Anzeige gesandt wird, zu unterrichten.

Für die Meldung des Verdachts einer Berufserkrankung ist aber neben dem Arzt auch der Unternehmer verpflichtet. Da beide Formulare unterschiedliche Fragen beinhalten, sollen beide als Muster vorgestellt werden (Abb. 11.1 und 11.2).

11.6 Prüfung und Anerkennungsverfahren der Berufsgenossenschaft

Nach Eingang der Meldung einer Berufserkrankung oder eines Verdachtes auf Berufskrankheit durch den Unternehmer oder den behandelnden Arzt oder Betriebsarzt eröffnet die Berufsgenossenschaft ein Prüfverfahren.

Betroffene Versicherte können aber auch selbst einen Antrag wegen Verdachtes einer Berufskrankheit bei ihrer zuständigen Berufsgenossenschaft stellen.

Der Versicherte hat außerdem das Recht, nach erfolgter Meldung an die BG, zu der sowohl der Unternehmer als auch der Arzt gesetzlich verpflichtet sind, das Prüfverfahren auszusetzen, so dass lediglich eine Registrierung erfolgt, aber keine weiteren Schritte durch den Unfallversicherer unternommen werden.

Im Falle einer Prüfung der Berufsgenossenschaft, ob die Bedingungen für die Anerkennung einer Berufserkrankung vorliegen, können von allen beteiligten Personen entsprechende Auskünfte eingeholt werden. Die Berufsgenossenschaft untersucht z.B. alle Gefährdungen des Versicherten in allen Beschäftigungsverhältnissen seines bisherigen Arbeitslebens. Erst nach Vorliegen aller erforderlichen Hinweise wird seitens der Berufsgenossenschaft über eine Anerkennung einer Berufskrankheit entschieden und dies dem Versicherten mitgeteilt. Einzelheiten zu diesem Verfahren sind der einschlägigen Literatur zu entnehmen oder bei der zuständigen Berufsgenossenschaft zu erfragen.

ANZEIGE DES UNTERNEHMERS BEI ANHALTSPUNKTEN FÜR EINE BERUFSKRANKHEIT

1 Name und Anschrift des Unternehmens

2 Unternehmensnummer des Unfallversicherungsträgers

3 Empfänger

4 Name, Vorname des Versicherten		5 Geburtsdatum	Tag	Monat	Jahr

6 Straße, Hausnummer		Postleitzahl	Ort

7 Geschlecht	8 Staatsangehörigkeit	9 Leiharbeitnehmer
☐ männlich ☐ weiblich		☐ ja ☐ nein

10 Auszubildender	11 Ist der Versicherte ☐ Unternehmer	☐ Ehegatte des Unternehmers
☐ ja ☐ nein	☐ mit dem Unternehmer verwandt	☐ Gesellschafter/Geschäftsführer

12 Anspruch auf Entgeltfortzahlung besteht für ☐ Wochen	13 Krankenkasse des Versicherten (Name, PLZ, Ort)

14 Welche Krankheitserscheinungen liegen vor, die Anhaltspunkte für die Anzeige bilden? Welche Beschwerden äußert der Versicherte? Auf welche gefährdenden Einwirkungen und Stoffe führt er die Beschwerden zurück?

15 Welchen gefährdenden Tätigkeiten hat der Versicherte ausgeübt? Welchen gefährdenden Einwirkungen und Stoffen war er bei der Arbeit ausgesetzt?

16 Wurden arbeitsmedizinische Vorsorgeuntersuchungen durchgeführt? Wenn ja, durch wen und wann?

17 Wurden die unter Nummer 15 genannten Gefährdungsfaktoren am Arbeitsplatz des Versicherten überprüft (z. B. Gefährdungsbeurteilung, Messungen), wenn ja mit welchem Ergebnis?

18 Datum	Unternehmer/Bevollmächtigter	Betriebsrat (Personalrat)	Telefon-Nr. für Rückfragen (Ansprechpartner)

Abb. 11.1: Formular zur Anzeige eines Verdachtes auf eine Berufserkrankung durch den Unternehmer

361

ÄRZTLICHE ANZEIGE BEI VERDACHT AUF EINE BERUFSKRANKHEIT

1 Name und Anschrift des Arztes

2 Empfänger

3 Name, Vorname des Versicherten		4 Geburtsdatum	Tag	Monat	Jahr

5 Straße, Hausnummer	Postleitzahl	Ort

6 Geschlecht	7 Staatsangehörigkeit	8 Ist der Versicherte verstorben?	Tag	Monat	Jahr
☐ männlich ☐ weiblich		☐ nein ☐ ja, am			

9 Fand eine Leichenöffnung statt? Wenn ja, wann und durch wen?

10 Welche Berufskrankheit, Berufskrankheiten kommen in Betracht? (ggf. BK-Nummer)

11 Krankheitserscheinungen, Beschwerden des Versicherten, Ergebnis der Untersuchung mit Diagnose (Befundunterlagen bitte beifügen), Angaben zur Behandlungsbedürftigkeit

12 Wann traten die Beschwerden erstmals auf?

13 Erkrankungen oder Bereiche von Erkrankungen, die mit dem Untersuchungsergebnis in einem ursächlichen Zusammenhang stehen können

14 Welche gefährdenden Einwirkungen und Stoffe am Arbeitsplatz bzw. welche Tätigkeiten werden für die Entstehung der Erkrankung als ursächlich angesehen? Welche Tätigkeit übt/übte der Versicherte wie lange aus?

15 Besteht Arbeitsunfähigkeit? Wenn ja, voraussichtlich wie lange?

16 In welchem Unternehmen ist der Versicherte oder war er zuletzt tätig? In welchem Unternehmen war er den unter Nummer 14 genannten Einwirkungen und Stoffen zuletzt ausgesetzt?

17 Krankenkasse des Versicherten (Name, PLZ, Ort)

18 Name und Anschrift des behandelnden Arztes/Krankenhauses (soweit bekannt auch Telefon- und Faxnummer)

19 Der Unterzeichner bestätigt, den Versicherten über den Inhalt der Anzeige und den Empfänger (Unfallversicherungsträger oder für den medizinischen Arbeitsschutz zuständige Landesbehörde) informiert zu haben.

20 Datum	Arzt	Telefon-Nr. für Rückfragen (Ansprechpartner)
Bank/Postbank	Kontonummer	Bankleitzahl

Abb. 11.2:   *Formular zur Anzeige eines Verdachtes auf eine Berufserkrankung durch den Arzt*

11.7 §-3-Verfahren

Um einer drohenden Berufserkrankung frühzeitig entgegenwirken zu können, beschreibt der § 3 der Berufskrankheitenverordnung (BKV) (siehe Kapitel 2.3.1) die Maßnahmen, die es den Unfallversicherungsträgern ermöglichten, dieser Gefahr mit allen geeigneten Mitteln entgegenzuwirken. Aus diesem Grunde ist eine Meldung des Verdachts einer Berufserkrankung bereits dann notwendig, wenn aus der Schilderung der Arbeitsanamnese oder aufgrund von Vorerkrankungen des Patienten eine spezifische Gefährdung ersichtlich wird, auch wenn die Anamnese und das Krankheitsbild noch keinen ausreichenden Verdacht begründen. Die formlose Mitteilung an die Berufsgenossenschaft sollte immer im Einvernehmen mit dem Versicherten geschehen.

Mögliche Maßnahmen des Unfallversicherungsträgers (so genannte §-3-Maßnahmen) sind z.b.:

- die Mitwirkung an technisch-organisatorischen Änderungen in Arbeitsabläufen oder am Arbeitsplatz, gegebenenfalls auch durch Kostenbeteiligung oder -übernahme

- Ausstattung des Versicherten mit persönlichen Schutzmitteln und Schutzausrüstungen

- Gewährung von vorbeugender ambulanter oder stationärer Heilbehandlung,

- Übergangsleistungen zum Ausgleich eines Minderverdienstes nach einem Arbeitsplatzwechsel

- Gewährung von Eingliederungshilfen an Unternehmer bei Arbeitsaufnahme in einem anderen Betrieb, evtl. verbunden mit Ausgleich eines Minderverdienstes

- Übernahme aller Kosten für eine berufliche Neuorientierung (z.B. Umschulung).

12 Strahlenschutz

12.1 Rechtliche Grundlagen des Strahlenschutzes

Die Grundlage für die Erlassung der Strahlenschutzverordnung (StrlSchV) (siehe Kapitel 2.20) sowie der Röntgenverordnung (RöV) (siehe Kapitel 2.21) bildet das Atomgesetz (AtG) vom 15. Juli 1985 (siehe Kapitel 2.19), zuletzt geändert am 28. August 2013 (BGBl. I S. 3313)

Aufgrund europäischer Vorgaben zum Strahlenschutz waren zahlreiche Veränderungen notwendig, die zur Neufassung der Strahlenschutzverordnung im Jahre 2001 geführt haben. Leider sind die bisherigen Paragraphen fast sämtlich geändert worden, so dass eine Neuorientierung notwendig wird.

Anders wurde mit der „neuen" Röntgenverordnung vom 18. Juni 2002 verfahren. Hier wurde die bisherige Gliederung weitgehend beibehalten und die Veränderungen nur ergänzend hinzugefügt. Dadurch wird die Arbeit mit dem neuen Gesetz wesentlich erleichtert.

Wie bei fast allen Gesetzesänderungen der letzten Jahre spielen die Umsetzung von europäischen Normen und die Vereinheitlichung gesetzlicher Regelungen nach der deutschen Einheit eine entscheidende Rolle. Die Novellierung der Röntgenverordnung basiert auf einer erheblichen Wissenserweiterung in den letzten 15 Jahren sowie auf der Umsetzung der EURATOM-Richtlinie 96/26 (Grundnorm) von 1996 und 97/43 (so genannte Patientenschutz-Richtlinie) von 1997.

Mit diesen beiden Gesetzesänderungen ist die Strahlenschutzreform zunächst abgeschlossen. Es bleibt nun abzuwarten, wie mit den Inhalten gearbeitet werden kann und welche weiteren Veränderungen vielleicht künftig noch im Detail erwartet werden dürfen.

12.2 Geltungsbereich der Röntgen- und Strahlenschutzverordnung

Während die Röntgenverordnung nur für Röntgeneinrichtungen und Störstrahler gilt, in denen Röntgenstrahlung mit einer Grenzenergie von mindestens fünf Kiloelektronvolt durch beschleunigte Elektronen erzeugt werden kann und bei denen die Beschleunigung der Elektronen auf eine Energie von drei Megaelektronvolt begrenzt ist, umfasst die Strahlenschutzverordnung alle darüber hinausgehenden

Strahlungsquellen sowie den Umgang mit natürlichen und künstlich erzeugten radioaktiven Stoffen sowie den Umgang mit Kernbrennstoffen.

Hinsichtlich bestimmter Grenzwertfestlegungen sowie der notwendigen ärztlichen Überwachungen sind beide Verordnungen identisch, was den Umgang damit deutlich erleichtert. Allerdings sind in vielen Bereichen (siehe unten) die bisherigen Grenzwerte deutlich verringert worden, so dass daraus künftig ein erhöhter Kontrollbedarf resultiert.

12.3 Rechtfertigende Indikation

Mit dem Abschnitt 1a und dem § 2a wurde eine bisher nicht bekannte Definition eingeführt (Rechtfertigung) und im § 23 erläutert. Der Arzt oder Zahnarzt mit der erforderlichen Fachkunde im Strahlenschutz muss vor jeder Durchführung einer Röntgenuntersuchung oder Röntgenbehandlung eine Feststellung treffen, dass der gesundheitliche Nutzen der Anwendung gegenüber dem Strahlenrisiko überwiegt. Ebenso muss nach § 23 entschieden werden, dass andere Verfahren mit vergleichbarem gesundheitlichem Nutzen, die mit keiner oder einer geringeren Strahlenbelastung einhergehen, berücksichtigt wurden (z.B. Sonographie oder Magnetresonanztomographie). Der indikationsstellende Arzt muss die Möglichkeit haben, den Patienten vor Ort untersuchen zu können (Ausnahme Teleradiologie).

12.4 Fachkunde im Strahlenschutz

Mit dem § 18a wird eine neue Regelung des Erwerbs der Fachkunde sowie der Kenntnisse im Strahlenschutz eingeführt.

Die erforderliche Fachkunde im Strahlenschutz wird in der Regel durch eine für den jeweiligen Anwendungsbereich geeignete Ausbildung, praktische Erfahrung und die erfolgreiche Teilnahme an einem oder mehreren von der zuständigen Stelle anerkannten Kursen erworben. Das galt bisher bereits in dieser Form. Neu ist nun aber, dass die letzte Kursteilnahme nicht länger als fünf Jahre zurückliegen darf. Das heißt mit anderen Worten, dass **alle fünf Jahre** die **Fachkunde** durch die erfolgreiche Teilnahme an einem Kurs **zu erneuern** ist.

Auch für alle nichtärztlichen Beschäftigten, die Röntgenstrahlen anwenden und deshalb strahlenexponierte Personen (siehe Kapitel 12.8) sind, gelten die neuen Fortbildungsregeln des wiederholten Nachweises der Fachkunde. Über die Details gibt es eine Richtlinie „Fachkunde und Kenntnisse im Strahlenschutz bei dem Betrieb von Röntgeneinrichtungen in der Medizin oder Zahnmedizin" vom 22. Dezember 2005 (GMBl. 2006 Nr. 22 S. 414), geändert durch Rundschreiben vom

27. Juni 2012 (GMBl. 2012 S. 724, ber. S. 1204), sowie eine Richtlinie über die im Strahlenschutz erforderliche Fachkunde (Fachkunde-Richtlinie Technik nach Strahlenschutzverordnung) vom 18. Juli 2004 (GMBl. 2004 Nr. 40/41 S. 799), zuletzt geändert am 19. April 2006 (GMBl. 2006 Nr. 36 S. 735), in der dann Einzelheiten geregelt werden.

12.5 Strahlenschutzverantwortlicher und Strahlenschutzbeauftragter

Strahlenschutzverantwortlicher und Strahlenschutzbeauftragter müssen in einem Unternehmen, z.B. einer Klinik, ernannt werden. Sie sind im Besitz der entsprechenden Fachkunde und dürfen bei der Erfüllung ihrer Pflichten nicht behindert werden, sie sind also weisungsfrei. Die einzelnen Aufgaben regeln die §§ 13, 14, 15 und 15a.

Nach § 14 RöV und § 32 StrlSchV haben der Strahlenschutzverantwortliche und Strahlenschutzbeauftragte bei der Wahrnehmung ihrer Aufgaben mit dem Betriebsrat oder dem Personalrat, den Fachkräften für Arbeitssicherheit und dem Arzt nach § 41 Abs. 1 Satz 1 (staatlich ermächtigter Arzt zur Untersuchung strahlenexponierter Personen) zusammenzuarbeiten und sie über wichtige Angelegenheiten des Strahlenschutzes zu unterrichten.

Der Betriebsrat oder Personalrat hat das Recht, vom Strahlenschutzbeauftragten in Angelegenheiten des Strahlenschutzes beraten zu werden.

Stellt der Strahlenschutzbeauftragte fest, dass es Mängel im Strahlenschutz gibt, hat er dies dem Strahlenschutzverantwortlichen mitzuteilen und Maßnahmen zur Beseitigung der Mängel vorzuschlagen. Werden diese Vorschläge vom Strahlenschutzverantwortlichen nicht mitgetragen, hat er dies dem Strahlenschutzbeauftragten schriftlich mitzuteilen und eine Kopie dieser Ablehnung dem Betriebsrat oder Personalrat zu übersenden.

12.6 Strahlenschutzbereiche

Die bisherigen Begriffe des Kontroll- und Überwachungsbereiches werden jetzt als „Strahlenschutzbereiche" zusammengefasst (§ 19). Ihre Definition erfolgt anhand der Klassifizierung der Dosiskriterien beruflich strahlenexponierter Personen entsprechend der Vorgaben der Richtlinie 96/29 EURATOM.

Tab. 12.1: *Definition der Strahlenschutzbereiche*

	Kontrollbereich	Überwachungsbereich
Effektive Dosis/Kalenderjahr	> 6 mSv	> 1 mSv
Höhere Organdosis – Augenlinsen	> 45 mSv	> 15 mSv
Organdosis Haut, Hände, Unterarme, Füße und Knöchel	> 150 mSv	> 50 mSv

Je nach möglicher Strahlenexposition sind die Kontrollbereiche abzugrenzen und während der Einschaltzeit zu kennzeichnen. Aufgrund der Natur von Röntgenstrahlung gelten die gekennzeichneten Bereiche nur als Strahlenschutzbereiche während der Einschaltzeit des Strahlers.

Die Strahlenschutzverordnung definiert (§ 36) darüber hinaus noch einen Sperrbereich, in dem eine Ortsdosisleistung von mehr als 3 mSv pro Stunde vorliegen kann.

12.7 Schutz bei beruflicher Strahlenexposition

Der Schutz beruflich strahlenexponierter Personen vor der Strahlung ist vorrangig durch bauliche und technische Vorrichtungen oder durch geeignete Arbeitsverfahren sicherzustellen. Personen, die sich im Kontrollbereich aufhalten müssen, sind verpflichtet, entsprechende Schutzbekleidung zu tragen (§ 21).

Für den Zutritt zu Strahlenschutzbereichen gelten besondere Vorschriften (§ 22), die hier nicht näher erläutert werden sollen.

Neu ist auch eine Festlegung im § 18 Abs. 2, dass für jede Röntgeneinrichtung zur Anwendung von Röntgenstrahlen am Menschen schriftliche Arbeitsanweisungen für häufig vorgenommene Untersuchungen vorliegen müssen. Die beim Betrieb einer Röntgeneinrichtung beschäftigten Personen sind anhand einer deutschsprachigen Gebrauchsanweisung (oder Sprache des Anwenders) schriftlich einzuweisen.

Um eine Berechnung eventuell erfolgter Bestrahlung ermitteln und die notwendigen Konsequenzen ziehen zu können, müssen alle strahlenexponierten Personen eine Messung der Personendosis zulassen (Dosimeterüberwachung und -auswertung). In der Regel ist das Dosimeter an der Vorderseite des Rumpfes zu tragen. Ist aber vorauszusehen, dass im Kalenderjahr die Organdosis für die Hände, die Unterarme, die Füße, die Knöchel oder die Haut größer als 150 mSv oder die Organdosis für die Augenlinse größer als 45 mSv ist, müssen zur Ermittlung der Personendosis weitere Dosimeter an diesen Körperstellen getragen werden (z.B. Fingerringdosimeter).

Da für Schwangere besonders niedrige Dosiswerte festgelegt wurden, ist ihre berufliche Exposition arbeitswöchentlich zu ermitteln und ihr mitzuteilen (§ 35 Abs. 6).

Die **Ergebnisse der Personendosimetrie** sind solange **aufzubewahren**, bis die überwachte Person das 75. Lebensjahr vollendet hat oder vollendet hätte, mindestens jedoch 30 Jahre nach Beendigung der jeweiligen Beschäftigung.

12.8 Kategorien beruflich strahlenexponierter Personen

Personen, die einer beruflichen Strahlenexposition durch ihre Tätigkeiten ausgesetzt sind, werden zum Zwecke der Kontrolle und der arbeitsmedizinischen Vorsorge in 2 Kategorien eingeteilt. Das war bislang ebenso, ist also nicht neu. Neu sind aber die deutlich **herabgesetzten Grenzwerte** für die Einstufung.

Definitionen:

Beruflich strahlenexponierte Personen der Kategorie A sind:

Personen, die einer beruflichen Strahlenexposition ausgesetzt sind, die im Kalenderjahr zu einer effektiven Dosis von mehr als 6 Millisievert oder einer höheren Organdosis als 45 Millisievert für die Augenlinse oder 150 Millisievert im Kalenderjahr für die Haut, die Hände, die Unterarme, die Füße und Knöchel führen kann.

Beruflich strahlenexponierte Personen der Kategorie B sind:

Personen, die einer beruflichen Strahlenexposition ausgesetzt sind, die im Kalenderjahr zu einer effektiven Dosis von mehr als 1 Millisievert oder einer höheren Organdosis als 15 Millisievert für die Augenlinse oder 50 Millisievert im Kalenderjahr für die Haut, die Hände, die Unterarme, die Füße und Knöchel führen kann, ohne in die Kategorie A zu fallen.

Damit sind nach der neuen Röntgenverordnung jetzt die Kategorien der strahlenexponierten Personen gleichbedeutend mit der Einteilung der Strahlenschutzbereiche (siehe Tab. 12.1).

Deutliche Reduzierungen hat es durch die neue Verordnung bei der Festlegung der Dosisgrenzwerte gegeben (§ 31a).

Für beruflich strahlenexponierte Personen darf die effektive Dosis den Grenzwert von 20 mSv im Kalenderjahr (Kategorie A **und** B) nicht überschreiten (früher 50 mSv für Kategorie A und 15 mSv für Kategorie B).

Tab. 12.2: Dosisgrenzwerte bei beruflicher Strahlenexposition

Körperdosis	Grenzwert der Körperdosis im Kalenderjahr in mSv	
	Erwachsene	Jugendliche unter 18 Jahren
Ganzkörperdosis (effektive Dosis)	20	1
Teilkörperdosis – Augenlinse	150	15
Teilkörperdosis – Haut, Hände, Unterarme, Füße, Knöchel	500	50
Teilkörperdosis – Keimdrüsen, Gebärmutter, rotes Knochenmark	300	
Teilkörperdosis – Schilddrüse, Knochenoberfläche	300	
Teilkörperdosis – Dickdarm, Lunge, Magen, Blase, Brust, Leber, Speiseröhre, andere Organe und Gewebe	150	

Weitere Grenzwertfestlegungen betreffen **Frauen im gebärfähigen Alter** und während der **Schwangerschaft**. Bei Frauen im gebärfähigen Alter darf die über einen Monat kumulierte Dosis der Gebärmutter den Grenzwert von 2 mSv nicht überschreiten. Die Äquivalentdosis (= Organdosis der Gebärmutter) vom Zeitpunkt der Mitteilung der Schwangerschaft bis zu deren Ende darf 1 mSv nicht überschreiten.

Ungeachtet der obigen Festlegungen gilt für strahlenexponierte Personen ein Grenzwert von 400 mSv als die Summe der in **allen Kalenderjahren** ermittelten effektiven Dosen (Ganzkörperdosen) als **Berufserlebensdosis**. Dieser Wert darf nicht überschritten werden. Eine Ausnahme kann die zuständige Behörde im Einvernehmen mit dem Arzt treffen, der zur Untersuchung strahlenexponierter Personen ermächtigt ist (siehe Kapitel 12.9).

12.9 Arbeitsmedizinische Überwachung (Vorsorge) strahlenexponierter Personen

Gemäß der

- Röntgenverordnung §§ 37–42 und
- Strahlenschutzverordnung §§ 60–64

sind beruflich strahlenexponierte Personen ärztlich zu überwachen. Der Gesetzgeber hat entsprechend der neuen Einteilungen und Festlegungen von Grenzwerten auch neue Vorgaben für die Überwachung erlassen (Tab. 12.3).

Tab. 12.3: *Ärztliche Regelüberwachung beruflich strahlenexponierter Personen*

	StrlSchV	RöV
Kategorie A – Erstuntersuchung	vor Aufnahme der Tätigkeit (§ 60 Abs. 1)	vor Aufnahme der Tätigkeit (§ 37 Abs. 1)
Kategorie A – Nachuntersuchung	jährlicher Abstand (§ 60 Abs. 2)	jährlicher Abstand (§ 37 Abs. 2)
Kategorie B – Erstuntersuchung	auf Anordnung der Behörde (§ 60 Abs. 2)	auf Anordnung der Behörde (§ 37 Abs. 2)
Kategorie B – Nachuntersuchung	auf Anordnung der Behörde	auf Anordnung der Behörde

Eine beruflich strahlenexponierte Person der Kategorie A darf im Kontrollbereich nur Aufgaben wahrnehmen, wenn sie innerhalb eines Jahres vor Beginn der Aufgabenwahrnehmung von einem Arzt untersucht worden ist, der hierfür eine von der zuständigen Behörde erteilte Ermächtigung besitzt. Dazu muss er in speziellen Kursen die notwendigen Fachkenntnisse erworben haben. Über das Ergebnis der Untersuchung ist eine Bescheinigung auszustellen. Diese darf keine gesundheitlichen Bedenken hinsichtlich der weiteren Aufgabenwahrnehmung enthalten.

Bei gleicher Aufgabenerfüllung hat nach Ablauf eines Jahres seit der letzten Beurteilung oder Untersuchung eine weitere Untersuchung zu erfolgen, die für weitere Tätigkeiten im Kontrollbereich keine gesundheitlichen Bedenken ergeben darf.

Die Untersuchungen sind duldungspflichtig (§ 37 Abs. 6 RöV). Ist ein Arbeitnehmer mit der Untersuchung nicht einverstanden oder nimmt er nicht innerhalb des vorgeschriebenen Zeitrahmens an der Untersuchung teil, darf er seine Tätigkeit im Kontrollbereich nicht mehr wahrnehmen. Die Kontrolle obliegt dem Strahlenschutzverantwortlichen des Unternehmens.

In der neuen Strahlenschutzverordnung sowie auch der Röntgenverordnung ist weggefallen, dass der Strahlenschutzverantwortliche bestimmen kann, ob Personen der Kategorie B sich ebenfalls einer arbeitsmedizinischen Vorsorgeuntersuchung unterziehen müssen. Die neue Lesart geht davon aus, dass diese Festlegung nur noch die zuständige Behörde treffen kann. Es sollte deshalb jeder Strahlenschutzverantwortliche mit der zuständigen Behörde diese Fragestellung klären.

Als Alternativvorschlag könnte in der Praxis so verfahren werden:

- Eine Erstuntersuchung einer Person der Kategorie B sollte vor Arbeitsaufnahme erfolgen, wenn zuvor (im vorausgegangenen Unternehmen) bereits eine Strahlenexposition vorgelegen hat. Dies würde der Feststellung dienen, ob frühere Tätigkeiten gesundheitliche Bedenken rechtfertigen könnten (z.B. dass die Person zuvor einer Exposition ausgesetzt war, die der Kategorie A entsprach).
- Weitere Untersuchungen sollten nur dann erfolgen, wenn bei der Personendosi-

metrie Werte einer Belastung ermittelt wurden und die Gefahr einer gesundheitlichen Schädigung besteht.

Hierbei ist allerdings die arbeitsmedizinische Vorsorgeuntersuchung nicht duldungspflichtig, wenn nicht die zuständige Behörde dies auch so festgelegt hat. Für das Unternehmen dient sie aber einer gewissen Absicherung, dass ein eventuell später erkannter Schaden nicht durch die Tätigkeit in der eigenen Einrichtung erfolgte, sondern bereits davor.

Für die Erteilung der ärztlichen Bescheinigung muss der Arzt schriftlich, in der Regel durch den Strahlenschutzverantwortlichen, über wichtige Informationen in Kenntnis gesetzt werden:

- die Art der Aufgaben der beruflich strahlenexponierten Person und die mit diesen Aufgaben verbundenen Arbeitsbedingungen,
- jeder Wechsel der Aufgaben und der mit diesen verbundenen Arbeitsbedingungen,
- die Ergebnisse der Körperdosisermittlungen (fortlaufend oder spätestens zum Zeitpunkt der vorgesehenen Untersuchung) und
- der Inhalt der letzten ärztlichen Bescheinigung, soweit sie nicht von ihm ausgestellt wurde.

Die ärztliche Bescheinigung ist in je einem Exemplar

- dem Strahlenschutzverantwortlichen des Unternehmens,
- der beruflich strahlenexponierten Person und
- der zuständigen Behörde (bei gesundheitlichen Bedenken)

unverzüglich zu übersenden bzw. zu übergeben. Eine Kopie verbleibt beim untersuchenden Arzt in dessen Gesundheitsakte.

Eine zusätzliche oder besondere arbeitsmedizinische Vorsorgeuntersuchung nach § 40 RöV und § 63 StrlSchV ist anzuordnen, wenn die in den obigen Tabellen genannten Grenzwerte der Organdosis überschritten wurden. Gleichzeitig ist die zuständige Behörde davon in Kenntnis zu setzen.

13 Persönliche Schutzausrüstungen (PSA-Grundlagen)

13.1 Rechtliche Regelungen zum persönlichen Schutz

Unbestritten ist, dass dort, wo gearbeitet wird, auch Gefahren bestehen. Diese Gefahren auf ein Minimum zu reduzieren oder gänzlich auszuschalten, ist ein Hauptanliegen des Arbeits- und Gesundheitsschutzes.

Leider lassen sich diese Forderungen aber nicht immer erfüllen, wenn zum Schutz von Leben und Gesundheit technische und organisatorische Maßnahmen nicht ausreichen. Ist das der Fall, muss der einzelne Mensch oder eine Gruppe durch das Benutzen persönlicher Schutzausrüstungen vor den Gefahren durch die Arbeitstätigkeit ausreichend geschützt werden.

Aus diesem Grunde gibt es eine ganz einfache Regel (TOP-Regel), in welcher Reihenfolge welche Arbeitsschutzmaßnahmen angewendet werden sollten:

1. Technisches Lösungen
2. Organisatorische Lösungen
3. Persönliche Schutzausrüstungen.

Wie man sieht, stehen die persönlichen Schutzmaßnahmen an letzter Stelle. Der Arbeitgeber ist also zunächst verpflichtet, mögliche Ursachen einer Gefährdung seiner Beschäftigten durch eine technische Lösung oder Maßnahmen der Arbeitsorganisation zu beeinflussen. Er muss die Gefahr vom Beschäftigten abwenden, also Mensch und Gefahr voneinander trennen. Priorität hat dabei zunächst der Ersatz schädlicher Arbeitsstoffe durch nicht oder weniger gefährliche Stoffe, ein Prozess, der in den letzten Jahren zunehmend gelungen ist. Erst wenn alle diese Maßnahmen zu keinem ausreichenden Erfolg führen oder vielleicht aufgrund der Notwendigkeit nicht möglich sind, werden Überlegungen zur Benutzung persönlicher Schutzausrüstungen wirksam.

Alle rechtlichen Grundlagen basieren letztlich auf europäischem Recht, welches in nationales Recht umgesetzt wurde. Grundlage bildet wie für alle Maßnahmen natürlich wieder das Arbeitsschutzgesetz auf der Richtlinie 89/391/EWG mit der darauf aufbauenden PSA-Benutzungsverordnung (auf der Richtlinie 89/656/EWG), die **Minimalanforderungen** formuliert. Das sind diejenigen Verpflichtungen, die mindestens durchzuführen sind, um einen entsprechenden Schutz bieten zu können.

Auf der Grundlage der EU-Richtlinie 89/686/EWG entstand das Gerätesicherheits-gesetz, welches grundlegende Anforderungen an persönliche Schutzausrüstungen formuliert, die dann durch spezielle Festlegungen im Detail ausformuliert werden (8. Gerätesicherheitsgesetzverordnung – persönliche Schutzausrüstungen).

Für die Möglichkeiten des technischen und organisatorischen Schutzes gibt die Arbeitsstättenverordnung wesentliche Hinweise, bevor der einzelne Beschäftigte selbst geschützt wird.

Die Berufsgenossenschaften haben eine ganze Reihe von Festlegungen getroffen, die Hinweise für Beschaffung, Beschaffenheit und Benutzen von Schutzausrüstungen geben.

In der DGUV Vorschrift 1 „Grundsätze der Prävention" (früher BGV A1) heißt es hierzu:

„§ 29 (2): Der Unternehmer hat dafür zu sorgen, dass die persönlichen Schutzausrüstungen den Versicherten in ausreichender Zahl … zur Verfügung gestellt werden."

„§ 30 (2): Die Versicherten haben die persönlichen Schutzausrüstungen – bestimmungsgemäß zu benutzen, …"

Darüber hinaus gibt es für jede Schutzart berufsgenossenschaftliche Regelwerke, von denen einige in der Tabelle 13.1 zusammengestellt sind.

Tab. 13.1: Übersicht berufsgenossenschaftlicher Regeln zu persönlichen Schutzausrüstungen (Auswahl)

Titel	alte Bezeichnung	Bezeichnung bis 30.4.14	Bezeichnung ab 1.5.14 DGUV Regel
Regeln für den Einsatz von Schutzbekleidung	ZH 1/700	BGR 189	112–189
Regeln für den Einsatz von Atemschutzgeräten	ZH 1/701	BGR 190	112–190
Regeln für den Einsatz von Fußschutz	ZH 1/702	BGR 191	112–191
Regeln für den Einsatz von Augen- und Gesichtsschutz	ZH 1/703	BGR 192	112–192
Regeln für den Einsatz von Industrieschutzhelmen	ZH 1/704	BGR 193	112–193
Regeln für den Einsatz von Gehörschützern	ZH 1/705	BGR 194	112–194
Regeln für den Einsatz von Schutzhandschuhen	ZH 1/706	BGR 195	112–195
Regeln für den Einsatz von Stechschutzschürzen	ZH 1/707	BGR 196	112–196
Regeln für den Einsatz von Hautschutz	ZH 1/708	BGR 197	112–197
Regeln für den Einsatz von PSA gegen Absturz	ZH 1/709	BGR 198	112–198

Eine Anzahl von technischen Regeln gibt den Stand sicherheitstechnischer, arbeitsmedizinischer, hygienischer und arbeitswissenschaftlicher Anforderungen an einzelne Gefahrstoffe hinsichtlich ihres Inverkehrbringens sowie des Umganges wieder.

TRGS 531:	**„Feuchtarbeit"** definiert den Begriff Feuchtarbeit und legt Schutzmaßnahmen bei Tätigkeiten in diesem Bereich fest.
TRGS 540:	**„Sensibilisierende Stoffe"** legt Schutzmaßnahmen beim Umgang mit sensibilisierenden Stoffen fest.
TRGS 907:	**„Verzeichnis sensibilisierender Stoffe"** listet Stoffe mit sensibilisierender Wirkung an Haut und/oder Atemwegen auf.
TRGS 530:	**„Friseurhandwerk"** zeigt Gefahren in dieser Branche auf.

Nicht nur der Arbeitgeber und die Beschäftigten selbst sind verpflichtet, sich entsprechend der gesetzlichen Vorgaben an Schutzvorkehrungen zu halten. Den Betriebs- und Personalräten ist aufgrund des Betriebsverfassungsgesetzes sowie Bundespersonalvertretungsgesetzes eine besondere Funktion auf dem Gebiet des Arbeitsschutzes zugewiesen. Sie haben bei der Regelung über die Verhütung von Arbeitsunfällen und Berufskrankheiten mitzubestimmen. Dies gilt besonders auch für die Auswahl und den Einsatz persönlicher Schutzausrüstungen.

Abschließend sollen noch einmal summarisch die **Aufgaben des Arbeitsgebers** aus dem Arbeitsschutzgesetz und nachrangigen Gesetzlichkeiten (speziell PSA-Benutzungsverordnung) hinsichtlich der **persönlichen Schutzausrüstungen** zusammengestellt werden:

- Auswahl und Bereitstellung durch den Arbeitgeber
- Kostenübernahme durch den Arbeitgeber
- Nachrangigkeit individueller Schutzmaßnahmen (erst nach Ausschöpfung von technischen und organisatorischen Lösungen)
- allgemeine Verpflichtung des Arbeitgebers zur Unterweisung
- PSA nur nach 8. GPSGV (Geräte- und Produktsicherheitsgesetzverordnung) auswählen und einsetzen
- alle PSA müssen eine CE-Kennzeichnung tragen, gleichgültig, aus welchem Ursprungsland sie stammen
- spezielle Unterweisung bezüglich der Benutzung der PSA
- arbeitsplatzbezogene und verständliche Informationen über die PSA
- Kontrolle der Benutzung vorgeschriebener PSA durch Arbeitgeber und Personalvertretung.

Bei den nun folgenden Hinweisen für den Schutz bestimmter Körperregionen können verständlicherweise nur allgemeine Hinweise gegeben werden. Auf die Nennung bestimmter Artikel einzelner Hersteller wird bewusst verzichtet. Der Markt ist sehr vielseitig und ständigen Veränderungen unterworfen.

In jedem Falle werden aber der betreuende Betriebsarzt sowie die Berufsgenossenschaft wertvolle Hinweise auf einzelne Produkte geben können. Als Arbeitgeber sollte man sich immer beraten lassen, weil häufig mit bestimmten Artikeln bereits umfangreiche praktische Erfahrungen in gleichartigen Unternehmen vorliegen, die man nutzen kann.

Wegen der allgemeinen Wichtigkeit und der häufigen Nachfragen von Arbeitgebern und Arbeitnehmern sowie Personalvertretungen werden der Hautschutz und der Gehörschutz nachfolgend etwas ausführlicher besprochen. Der Infektionsschutz sowie der Strahlenschutz wurden bereits in vorangegangenen Kapiteln ausführlich dargestellt (siehe Kapitel 7 und 12).

13.2 Hautschutz

Um arbeitsbedingte Hauterkrankungen zu verhüten, hat der Arbeitsgeber nach § 5 des Arbeitsschutzgesetzes die Pflicht, alle Arbeitsplätze in Hinblick auf mögliche hautgefährdende Tätigkeiten zu untersuchen. Hier müssen die einzelnen Tätigkeiten nach ihrer Art und ihrem Umfang analysiert werden. Dabei sind chemische, physikalische und biologische Einwirkungen zu berücksichtigen und die entsprechenden Maßnahmen daraus abzuleiten. Die Intensität, die Häufigkeit sowie der zeitliche Umfang hautgefährdender Tätigkeiten sind zu analysieren.

Um eine entsprechende aktuelle Gefährdungsanalyse erarbeiten zu können, kann sich der Unternehmer durch

• interne Experten (Sicherheitsfachkraft, Sicherheitsbeauftragter, Betriebsarzt),
• externe Experten (Gewerbeaufsicht, Technische Aufsichtsbeamte seiner Berufsgenossenschaft, andere)

unterstützen lassen. Gemeinsam wird dann eine Gefährdungsbeurteilung erarbeitet und aus den vorhandenen Gefährdungsmöglichkeiten die entsprechenden Maßnahmen abgeleitet und für das Unternehmen verbindlich gemacht.

13.2.1 Aufbau und Funktion der Haut

Die menschliche Haut ist das größte und dabei eines unserer wichtigsten Organe. Sie schützt unseren Körper als eine Barriere zwischen Außenwelt und Organismus. Die Oberfläche eines erwachsenen Menschen beträgt etwa 2 m² bei einer Dicke von nur 1–4 mm. Drei wichtige Schichten von außen nach innen werden unterteilt:

• Oberhaut (Epidermis),
• Lederhaut,
• Unterhautfettgewebe.

Die **Oberhaut (Epidermis)** hat die wichtigste Schutzfunktion gegen chemische und physikalische Einflüsse. Sie wird ständig erneuert, indem von der Basis Hautzellen mit dem Eiweißstoff Keratin gebildet werden. Diese Zellen wandern nach außen und verhornen dabei, so dass die äußerste Schicht nur aus festen Hornzellen besteht. Diese Schicht ist in etwa zwei bis vier Wochen vollkommen erneuert.

Die **Lederhaut** besteht aus dichtem Bindegewebe und Fasern, die für die notwendige Elastizität sorgen und den Körper vor Druck und Stoß schützen. Dafür verantwortlich sind zwei Eiweiße: Kollagen für die Festigkeit und Elastin für die Beweglichkeit. Die Lederhaut ist für die Blutversorgung zuständig, sie enthält außerdem Muskel- und Nervenfasern sowie die so genannten Haaranhangsgebilde (Haarwurzeln, Talgdrüsen, Schweißdrüsen).

Zwischen Leder- und Oberhaut befinden sich die für die Pigmentierung wichtigen Hautzellen (Melanozyten). In Abhängigkeit von der Sonneneinstrahlung bilden sie einen Strahlenschutz.

Als unterste Schicht kennen wir die **Unterhaut (Hypodermis)**. Sie besteht vornehmlich aus Fettzellen, die in übereinandergeschichteten Lappen angeordnet sind, wodurch ein mehr oder weniger intensives Polster entsteht.

Auf der Haut liegt ein Oberflächenfilm, früher auch als Säureschutzmantel bezeichnet. Dieser Film setzt sich aus einer Wasser-Lipid-Masse (Wasser, Salze aus den Schweißdrüsen und Fett aus den Talgdrüsen) zusammen und stellt eine gute Barriere gegen angreifende Substanzen dar.

Unsere Haut muss zahlreiche Aufgaben erfüllen, die für den Organismus von großer Wichtigkeit sind und die bei entsprechender Schädigung zu Erkrankungen nicht nur der Haut sondern des gesamten Körpers führen können.

- **Schutzfunktion:** Die Haut schützt alle darunter befindlichen Gewebe und Organe vor physikalischen, chemischen und mikrobiologischen Einwirkungen. Durch die Talg- und Schweißdrüsen wird die Epidermis (Oberhaut) mit einem Fett- und Flüssigkeitsfilm versorgt. Der pH-Wert der gesunden Haut liegt zwischen 5,5 und 6,5, also im leicht sauren Bereich, um das Wachstum von Bakterien zu behindern. Das Unterhautfettgewebe dient als elastisches Polster gegen Stoß und Druck.

- **Thermoregulation/Speicherfunktion:** Durch die Hautdurchblutung sowie die Schweißverdunstung wird der Wärmehaushalt geregelt. Wir verlieren unter normalen Bedingungen etwa täglich $^1/_2$ Liter Flüssigkeit (Wasser und Salze) über die Haut.

- **Reizaufnahme:** Durch sehr zahlreiche in der Haut vorhandene Nervenendigungen können Wärme-, Kälte-, Berührungs- und Druckempfindungen, Schmerz und andere Reize wahrgenommen werden.

- **Immunfunktion:** Schutz vor eindringenden Krankheitserregern durch Abwehr, indem die Haut in das gesamte Immunsystem unseres Körpers eingebunden ist.

Nur eine gesunde Haut kann die vielfältigen Funktionen erfüllen. Voraussetzung dafür sind aber Schutz, Reinigung und Pflege.

> **Merke: Unsere Haut schützt uns, schützen wir unsere Haut!**

Personen mit besonders empfindlicher Haut und Personen, bei denen die Haut bereits vorgeschädigt ist sowie Personen, bei denen eine erbliche Veranlagung für Hauterkrankungen besteht, tragen ein höheres Risiko für mögliche Hauterkrankungen.

Vor der Aufnahme von hautgefährdenden Tätigkeiten sollte deshalb der Betriebsarzt zu Rate gezogen werden, inwieweit besondere Hautschutzmaßnahmen getroffen werden müssen. In manchen Fällen muss sogar entschieden werden, ob die Tätigkeit überhaupt aufgenommen werden kann oder eventuell beendet werden muss.

13.2.2 Hauterkrankungen

Hauterkrankungen machen sich in meisten Fällen durch folgende Beschwerden bemerkbar:

- Juckreiz
- Brennen
- Rötung
- Bläschen

- raue Haut
- Schuppung
- Schrunden, Risse
- Verfärbungen.

Durch die Arbeitsstoffe entstehen in der Regel so genannte Kontaktekzeme der Haut, die durch ihre Art des Auftretens im Wesentlichen in 4 Gruppen unterschieden werden:

- **Akutes Kontaktekzem (toxisch-irritatives Ekzem):** Es entsteht durch Einwirkung von sofort reizenden Substanzen (z.B. organische Lösemittel, Säuren, Kalkreiniger, Kühlschmierstoffkonzentrate, Reizgase, alkalische Verbindungen), mechanische Reizstoffe und Strahlen (Wärme, UV- und Röntgenstrahlen)

- **Chronisches Kontaktekzem (subtoxisch-kumulatives, degeneratives Ekzem, Abnutzungsdermatose):** Es entsteht durch Einwirkung von bestimmten Schadstoffen (Wasch-, Spül- und Reinigungsmittel, Mineralöle, Haarbehandlungsmitteln)

- **Allergisches Kontaktekzem:** Es ist eine Reaktion der Haut auf einen bestimmten Stoff (Allergen) als Ausdruck einer persönlichen Überempfindlichkeit. In vielen Fällen kann man diese Reaktion nicht voraussagen, wenn nicht zuvor bereits ein so genannter Allergietest vorliegt. Dieser wird häufig erst dann durchgeführt, wenn die Hauterscheinungen bereits beobachtet werden (Nachweisführung einer Allergie). Die allergische Reaktion kann relativ früh eintreten, aber auch Jahre dauern (durch wiederholten Kontakt mit der die Allergie auslösenden Substanz)

- **Sonderformen:** Hierunter sind alle Formen zu verstehen, die sich nicht in die ersten drei Kategorien einordnen lassen, z.B. die Urtikaria (Nesselsucht), das mikrobielle Ekzem.

Sollte es zu Hautveränderungen oder einer Hauterkrankung kommen, empfiehlt es sich, den Beschäftigten beim Betriebsarzt (siehe auch unter G 24 in Kapitel 3.2.12) oder einem Hautarzt vorzustellen. Sollte eine Vorstellung beim Hautarzt erfolgen, ist auch immer der Betriebsarzt darüber zu informieren, damit er die notwendigen Veränderungen im Betrieb steuern kann, was für den Hautarzt nicht möglich ist. Zur Klärung eines eventuellen Zusammenhanges mit der beruflichen Tätigkeit kann der Betriebsarzt (oder Hautarzt) ein so genanntes Hautarztverfahren einleiten. Dazu gibt es ein spezielles Formular, das der BG zugeleitet wird. Danach beginnt das Prüfverfahren durch die Berufsgenossenschaft.

Die Unfallversicherungsträger sind nach dem Berufskrankheitenrecht verpflichtet, bereits vor Eintritt einer Berufserkrankung vorbeugende Maßnahmen und Leistungen einzusetzen, um der Entstehung einer Berufserkrankung vorzubeugen. Im so genannten „Vorbeugeparagraphen", dem § 3 der BKV kann die Berufsgenossenschaft bereits vor Entstehung einer Berufskrankheit in die Betreuung einbezogen werden. Mehr darüber im Kapitel 11 Berufskrankheiten (§-3-Verfahren).

13.2.3 Hinweise für die Auswahl und den Gebrauch von Hautschutzmitteln

Es gibt kein universelles Hautschutzmittel, das **alles** kann, es muss auf die jeweilige Hautgefährdung abgestimmt sein. Deshalb muss sich die Auswahl eines Präparates in der Regel an der jeweiligen gefährdenden Tätigkeit orientieren.

Der Unternehmer hat einen nach Hautgefährdungen gegliederten **Hautschutzplan** zu erstellen. Dabei kann er sich Unterstützung durch den Betriebsarzt und in der Regel auch durch die Hersteller der Produkte geben lassen. Der Hautschutzplan verfolgt drei wichtige Ziele:

- Hautschutz,
- Hautreinigung und
- Hautpflege.

Die bereitgestellten Hautschutzmittel müssen entsprechend der Notwendigkeit und den Vorgaben des Hautschutzplanes auf die Haut aufgetragen werden. Dabei ist es sehr wichtig, dass sie sorgfältig eingerieben werden, insbesondere auch zwischen den Fingern und an den Nagelfalzen, da hier besonders häufig Hauterkrankungen beginnen.

Die Hautreinigung sollte mit einem milden Hautreinigungsmittel vorgenommen werden. Eine Unsitte ist immer wieder zu sehen, dass bei starker Verunreinigung ein Lösemittel benutzt wird. Dies schadet mehr als dass es nutzen könnte. Sollte das Reinigungsmittel nicht den gewünschten Effekt bringen, ist es nicht das richtige!

Nach Arbeitsende sollten in der Regel fett- und feuchtigkeitshaltige Hautpflegemittel verwendet werden, um der Haut die Stoffe zurückzugeben, die am Tage verloren gegangen sind.

Hautschutzpräparate

Richtig durchgeführter Hautschutz soll die Haut weitgehend entlasten, damit sie ihre natürliche Schutzfunktion richtig ausschöpfen kann. Da es keine universellen Hautschutzcremes, -salben oder -schäume gibt, muss sich der Unternehmer bei der Beschaffung von Hautschutzpräparaten an seinen Arbeitsverfahren und den Stoffen orientieren, die bei seinen Beschäftigten zu Schädigungen führen können.

Wichtig ist bei der Auswahl von Präparaten, dass sie möglichst von einem Hersteller bezogen werden.

Der Grund dafür ist recht einfach. Da man unterschiedliche Präparate für Reinigung, Schutz und Pflege benötigt, sollten sich deren Inhaltsstoffe auch „miteinander vertragen". Es gibt Hautpflegemittel auf alkalischer und saurer Basis. Da sich alkalisch und sauer mehr oder weniger gegenseitig aufheben, könnte die Wirkung nicht erzielt werden, die aber anzustreben ist, wenn die Mittel ihren Zweck erfüllen sollen.

Häufig sind es finanzielle Erwägungen, das eine oder andere Präparat dort zu kaufen, wo man es preiswert erwerben kann. Dagegen ist es möglich, dass man bei Erwerb aller Präparate eines Herstellers günstige Rabatte aushandeln kann, so dass sich finanziell durchaus vergleichbare Effekt erzielen lässt, aber die erstrebte Wirkung dann auch garantiert wird.

Bei Schutz-, Reinigungs-, und Pflegeprodukten eines Herstellers wird garantiert, dass die Wirkungen nicht gegenseitig aufgehoben werden und der Effekt auch erzielt wird, der angestrebt werden soll.

Aufgrund praktischer Erfahrungen lassen sich Hautschutzpräparate in folgende drei Gruppen einteilen:

- wasserlösliche Hautschutzpräparate (Öl in Wasser-Emulsionen),
- wasserunlösliche Hautschutzpräparate (Wasser in Öl-Emulsionen),
- spezielle Hautschutzpräparate.

Hautreinigung

Die Hautreinigung sollte gründlich, gleichzeitig aber auch schonend vorgenommen werden. Ein Hautreinigungsmittel muss die Verschmutzung restlos ablösen können, was durch waschaktive Substanzen, Seifen oder synthetische Detergenzien erreicht wird.

Manche Verschmutzungen, wie z.b. Lacke haften derartig auf der Haut, dass sie mit einem Lösemittel entfernt werden müssen. Häufig wird dann zu Verdünnung, zu Waschbenzin, Vergaserkraftstoff oder ähnlichen Lösemitteln gegriffen. Diese Art der Reinigung ist zwar effektiv, aber gleichermaßen gefährlich, weil sie der Haut sehr viel Fett entzieht und sie dabei auch direkt schädigt. Zudem enthalten sie Benzol (krebserzeugend) oder Bleitetraethyl (sehr giftig).

Wichtig: **Je schneller ein Reinigungsmittel wirkt, desto schädlicher ist es meist für die Haut.**

Als Bestandteil von Hautreinigungsmitteln kommen deshalb nur solche Lösemittel in Betracht, die weder die Haut noch den übrigen Körper unnötig belasten. Am besten, man lässt sich von einem Fachmann beraten.

Hautpflege

Genauso wichtig wie der Hautschutz vor Beginn der Arbeit, die hautschonende Reinigung nach der Arbeit oder zwischendurch, ist die Hautpflege in der arbeitsfreien Zeit. Die Hautpflege sollte der Haut all diejenigen Stoffe wieder zurückgeben können, die sie durch die anderen Maßnahmen verloren hat, damit die Haut ihre volle Funktionsfähigkeit zurückerlangen kann. Die Hautpflege nach der Arbeit sollte also zur Selbstverständlichkeit werden.

Zusammenfassung der vorbeugenden Maßnahmen bei Hautbelastungen

Zur Vermeidung von Hautschäden oder Hautirritationen im Betrieb sind folgende grundsätzlichen Maßnahmen wichtig:

- Ermittlung hautschädigender Arbeitsstoffe oder deren Austausch gegen weniger oder unschädliche Stoffe,
- Vermeidung des Kontaktes mit einem Schadstoff durch Änderung der Arbeitsmethode,
- Bereitstellung zweckmäßiger Schutzkleidung,
- Anwendung eines wirkungsvollen Hautschutzes,
- Ausschaltung hautaggressiver Reinigungsmethoden,
- Verbesserung der hygienischen Verhältnisse.

Handschuhe

Wenn der Schutz durch die genannten Möglichkeiten nicht mehr ausreicht, müssen die Hände durch Handschuhe geschützt werden. Um die angestrebte Schutzfunktion erfüllen zu können, sollten Schutzhandschuhe folgende Kriterien erfüllen:

- undurchlässig für Flüssigkeiten und Chemikalien,
- exakte Anpassung an die Anatomie der Hand,
- hohe Elastizität,
- keine Beeinträchtigung des Tastgefühls beim Anwender,
- keine Beeinträchtigung des Hautzustandes beim Anwender.

Es gibt derzeit **keinen** Handschuh, der **universell** einsetzbar ist. Deshalb muss man je nach Einsatzgebiet verschiedene Fabrikate unterscheiden und auswählen.

Die berufsgenossenschaftliche Regel 195 (BGR 195, seit 1.5.14 DGUV Regel 112–195) gibt zahlreiche Hinweise für die richtige Auswahl und Beschaffenheit von Schutzhandschuhen. Die Auswahl von Schutzhandschuhen erfordert eine Abwägung nach bestmöglichem Schutz, nach Tragekomfort, Tragegefühl und Greifvermögen.

Nach der Auswahl der Schutzhandschuhe muss der Unternehmer (Arbeitgeber) für jeden Mitarbeiter eigene Schutzhandschuhe zur alleinigen Benutzung zur Verfügung stellen.

Schutzhandschuhe müssen eine vorgeschriebene Kennzeichnung enthalten. Der Arbeitgeber hat für die Benutzung von Schutzhandschuhen eine gesonderte Betriebsanweisung zu erstellen und Unterweisungen über die sachgerechte Nutzung, Aufbewahrung, Prüfung der Gebrauchstauglichkeit und Pflege usw. durchzuführen.

Gummihandschuhe

Der Rohstoff für natürliches Gummi ist Latex, der Milchsaft des Gummibaumes. Handschuhe aus natürlichem Gummi werden als „Latexhandschuhe" bezeichnet. Daneben gibt es aber weitere synthetische Gummistoffe, z.b. „Chloropren- bzw. Neopren", „Acrylnitril-Butadien" oder „Fluorkautschuk".

Latexhandschuhe haben eigentlich sehr gute Trageeigenschaften und sind gegen anorganische Reagenzien (Säure-Base-Salzlösungen) relativ unempfindlich. Das Material wird aber durch Sauerstoff, Sonnenlicht und Ozon geschädigt und hat eine weniger gute Beständigkeit gegenüber Ölen und sehr vielen organischen Stoffen wie Lösungsmitteln.

Die Sensibilisierung gegenüber Latexproteinen ist groß, weshalb auch die Puderung von Latexhandschuhen nicht mehr zulässig ist.

Handschuhe aus Polyvinylchlorid

Dieses Material (PVC/Vinylhandschuhe) hat eine hohe Beständigkeit gegenüber Wasser, Mineralöl, pflanzlichen Ölen, Alkohol, aliphatischen Kohlenwasserstoffen, Sauerstoff, Ozon und den meisten verdünnten und konzentrierten Säuren und Laugen. Nicht geeignet ist es für aromatische und chlorierte Kohlenwasserstoffe.

Handschuhe aus Polyethylen (PE)

Diese Handschuhe werden durch die Verschweißung zweier PE-Folien hergestellt. Unter 60 °C ist dieses Material für übliche Lösemittel undurchlässig, wobei die meisten anderen Handschuhe versagen. PE-Handschuhe sind meist billig und gut umweltverträglich. Leider überwiegen aber insgesamt die Nachteile (insbesondere durch Durchlässigkeit und Unbeständigkeit der Schweißnähte).

Mischprodukte

In letzter Zeit setzen sich Handschuhe durch, die aus mehrschichtigem Material gefertigt werden und damit häufig die guten Eigenschaften einzelner Materialien in sich vereinen.

13.2.4 Haut und Solarien

Es ist wissenschaftlich erwiesen, dass die Haut auf UV-Strahlung intensiv reagieren kann und letztlich zum Hautkrebs führen kann.

Wer vor dem 30. Lebensjahr regelmäßig Solarien nutzt, steigert sein Risiko, an Hautkrebs zu erkranken, um bis zu 75 Prozent. Um dieser teilweisen fatalen Entwicklung und Modeerscheinung vorzubeugen, gibt es seit dem 4. August 2009 ein Gesetz zum Schutz vor UV-Strahlung.

Im Volksmund „Solariengesetz – Sonnen ab 18" genannt, heißt es richtig: „Gesetz zum Schutz vor nichtionisierender Strahlung bei der Anwendung am Menschen (NiSG) vom 29. Juli 2009 (BGBl. I Nr. 49 S. 2433), zuletzt geändert am 8. April 2013 (BGBl. I S. 734) wobei die §§ 4, 5, 6 (1), (2) am 1. März 2010, der § 7 (Kostenübernahme für Überwachungsmaßnahmen durch die zuständige Behörde, Einhaltung der Grenzwerte und sonstigen Anforderungen des Gesetzes) bereits am 4. August 2009 in Kraft traten.

Bei dem Gesetz handelt es sich um nichtionisierende Strahlung (entgegen der Röntgenstrahlung) als

- elektrische, magnetische und elektromagnetische Felder in einem Frequenzbereich von 0 Hertz bis 300 Gigahertz,

- optische Strahlung im Wellenlängenbereich von 100 Nanometern bis 1 Millimeter sowie

- Ultraschall im Frequenzbereich von 20 Kilohertz bis 1 Gigahertz.

Während unser Gedächtnis oft einmal Dinge vergisst, die lange zurückliegen, vergisst unsere Haut nichts, insbesondere dann nicht, wenn typische Warnzeichen nach Sonneneinstrahlung vorgelegen haben: Rötung, Schwellung, Juckreiz, Blasenbildung („Sonnenbrand"). Die Hautoberfläche erholt sich meist rasch, die tiefen Hautschichten „merken" sich aber den Schaden und führen zu vorzeitiger Hautalterung („Landmannshaut") und unter Umständen zum Hautkrebs. Erste Zeichen der Hautalterung sind in der Regel Hautfalten.

Die Menge an UV-Strahlung, die unsere Haut verträgt, ist sehr verschieden und wird grundsätzlich in 4 Hauttypen eingeteilt, an denen man sich orientieren kann:

- Hauttyp I: immer schnell Sonnenbrand, keine Bräunung (keltischer Typ)

- Hauttyp II: fast immer Sonnenbrand, geringe Bräunung (hellhäutiger europäischer Typ)

- Hauttyp III: gelegentlich milder Sonnenbrand, gute Bräunung (dunkelhäutiger europäischer Typ)

- Hauttyp IV: sehr selten Sonnenbrand, tiefe Bräunung (Mittelmeer-Typ)

Kinder fallen aus diesem Schema heraus, weil ihre Haut wesentlich empfindlicher ist und besonders intensiven Schutz braucht.

Wegen der zu erwartenden Hautschädigungen verbietet das neue Gesetz (NiSG) Jugendlichen unter 18 Jahren den Besuch von Solarien. Aber auch bei Jugendlichen ab 18 Jahren ist bei der Nutzung von Solarien äußerste Vorsicht geboten. Zuwiderhandlungen gegen das Verbot für Jugendliche unter 18 Jahren ist eine Ordnungswidrigkeit und kann mit Betriebsuntersagung und einer Geldbuße bis zu 50.000 Euro geahndet werden.

Darüber hinaus gibt es eine Faustregel für alle, die nicht ins Solarium gehen sollten:

- Jugendliche unter 18 Jahren (per Gesetz ohnehin verboten)
- Personen mit Hauttyp I
- Personen mit vielen Pigmentmalen (über 40)
- Personen mit auffälligen Pigmentmalen (atypischen)
- Personen mit häufigen Sonnenbränden in der Kindheit
- Personen mit Neigung zu Sommersprossen oder Sonnenbrandflecken
- Personen, deren Haut bereits Vorstufen von Hautkrebs aufweist
- Personen, die bereits an Hautkrebs erkrankt sind oder waren
- Personen mit transplantierten Organen

Seit August 2007 gibt es eine EU-Richtlinie, die umgesetzt werden muss und die die Bestrahlungsstärke von Solariengeräten reguliert. Danach dürfen nur Geräte zum Einsatz kommen, die eine maximale Bestrahlungsstärke von 0,3 Watt/m² nicht überschreiten.

Fazit (Auswahl):

- Besuchen Sie nur Solarien, die über eine Zertifizierung und sehr gut geschultes Personal verfügen.
- Keine Studios mit Münzautomaten (!) besuchen.
- Lassen Sie Ihren Hauttyp vorher bestimmen als Basis für die geplante UV-Bestrahlung.
- UV-Strahlung kann sehr intensive Augenschäden bewirken, deshalb immer Schutzbrille tragen.

An Betreiber von Solarien sei der dringende Appell gerichtet, die gesetzlichen Vorgaben genau zu kennen und in der täglichen Praxis anzuwenden.

13.3 Gehörschutz

Die Gefahr einer Gehörschädigung durch Lärm ist prinzipiell gegeben, wenn der Beurteilungspegel 85 dB(A) erreicht oder überschreitet. Er wird grundsätzlich ortsbezogen als äquivalenter Dauerschallpegel für einen achtstündigen Arbeitstag gemittelt.

Die nachfolgende Abbildung 13.1 zeigt einige Schallpegel aus unserer täglichen Umgebung, bei deren Betrachtung bereits auffällt, dass wir von einer ziemlichen Geräuschkulisse umgeben sind, die wir teilweise nicht als solche wahrnehmen.

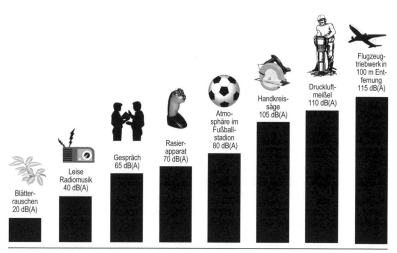

Abb 13.1: Auswahl verschiedener Alltagsgeräusche

13.3.1 Auswahlkriterien für Gehörschutz

Vor der Auswahl und dem Einsatz von Gehörschutzmitteln muss natürlich die Gefährdungsermittlung erfolgen, damit die richtigen Schutzmittel für den entsprechenden Lärm (Lärmpegel) ausgewählt werden können:

- Höhe des Beurteilungspegels am Arbeitsplatz,
- Schalldämmung des Gehörschützers,
- Baumusterprüfung, EG-Konformitätszeichen,
- Tragekomfort und Akzeptanz,
- Arbeitsumgebung (z.B. Hitze, Staub),
- körperliche Beanspruchung,
- medizinische Auffälligkeiten,
- vorhandene Hörverluste,
- Vereinbarkeit mit anderen Schutzausrüstungen,
- Signalerkennung und Richtungshören,
- Hygiene.

Die Ermittlung des **Beurteilungspegels** ist ein technisches Problem und soll hier nicht weiter ausgeführt werden. In der Regel führt die Messung die Fachkraft für Arbeitssicherheit oder der Betriebsarzt als orientierende Messung durch. Eine exakte Messung muss über den Technischen Aufsichtsbeamten der jeweiligen Berufsgenossenschaft beantragt und durchgeführt werden.

Der **Tragekomfort** und die **Akzeptanz** entscheiden über die Schutzwirkung des Gehörschützers, da Gehörschutzmittel immer eine Belastung darstellen. Die körperliche Beanspruchung entscheidet mit über die Akzeptanz, da z.B. hohe Umgebungstemperaturen und körperliche Belastungen zu unangenehmem Schwitzen führen.

Entzündungen im Bereich der Ohrmuschel oder Entzündungen des Gehörganges können das Tragen von Kapselgehörschützern oder Ohrstöpseln verbieten. Ebenso sollten Hörgeräte nicht im Lärmbereich benutzt werden, zumal auch die Ohrpassstücke keine ausreichende Schalldämpfung ermöglichen.

Für Tätigkeiten, bei denen Signalerkennung und das Richtungshören (Gleisbau, Straßenverkehr) unbedingt notwendig sind, müssen Gehörschützer mit flacher Kennlinie getragen werden. Meist wird nämlich bei falschem Gehörschutz dieser von den Trägern abgelehnt, was aber in der Regel nicht am Gehörschutz selbst liegt, sondern an der fehlerhaften Auswahl des richtigen Gehörschutzes für die erforderliche Tätigkeit.

Alle weiterführenden Informationen und technischen Details zum Gehörschutz sowie zu den zur Verfügung stehenden Artikel können der DGUV Regel 112-194 „Einsatz von Gehörschützern" (früher ZH 1/7905, bis 30. April 2014 BGR 194 oder GUV-R 194) entnommen werden.

13.3.2 Arten von Gehörschützern

Für den jeweiligen Anwendungsbereich kann unter vielen industriell gefertigten Gehörschutzsystemen ausgewählt werden:

- Kapselgehörschützer und
- Gehörschutzstöpsel.

Welcher Gehörschutz und welche Art des Gehörschutzes zu tragen ist, muss im Einzelfall geprüft werden. Erst dann sollte aus der Breite der Anbieter das in Frage kommende Produkt ausgewählt werden. Dabei sind der Betriebsarzt und die Fachkraft für Arbeitssicherheit, aber auch die Mitarbeiter der Berufsgenossenschaft behilflich.

14 Betriebliches Gesundheitsmanagement/Betriebliches Eingliederungsmanagement

14.1 Gesundheitsbegriff

Bevor über gesundheitsfördernde Maßnahmen nachgedacht wird, muss man sich damit vertraut machen, was denn eigentlich Gesundheit ist. Dazu gibt es einige Formulierungen:

- Zustand vollständigen körperlichen, seelischen und sozialen Wohlbefindens (WHO, 1948)
- Zustand, der auf die Mehrheit aller Menschen in einer Region zutrifft (Norm)
- Abwesenheit von Krankheit
- Zustand unentdeckter Krankheit
- Fähigkeit zur Problemlösung und Gefühlsregulierung, durch die ein positives seelisches und körperliches Befinden – insbesondere ein positives Selbstwertgefühl – erhalten oder wiederhergestellt wird (BADURA 1999)

Gesundheit kann aus verschiedenen Richtungen betrachtet werden. So ist Gesundheit nicht nur abhängig von vorhandenen Belastungen, sondern auch von der Art des Umganges mit diesen Belastungen. Hier sind in erster Linie die Arbeitgeber gefragt, dass es nicht nur darauf ankommt, Angebote für gesunde Ernährung, für sportliche Betätigung oder zum Abgewöhnen des Rauchens anzubieten, sondern vielmehr durch Anerkennung und Förderung der fachlichen und sozialen Kompetenz der Mitarbeiter. Hier gibt es vielseitige Ansatzpunkte, die von Badura et al. (1999, siehe Literatur) als gesundheitsbelastende Merkmale und gesundheitsfördernde Merkmale gut gegenübergestellt wurden (Tab. 14.1).

Tab. 14.1: *Gegenüberstellung gesundheitsbelastender und gesundheitsfördernder Faktoren*

Gesundheitsbelastende Merkmale	Gesundheitsförderliche Merkmale
• Autoritärer Führungsstil	• Partizipativer Führungsstil
• Steile Hierarchie	• Flache Hierarchie
• Misstrauenskultur	• Vertrauenskultur
• Intransparenz von Entscheidungen	• Transparenz von Entscheidungen
• Geringe Handlungs- und Mitwirkungsspielräume	• Prozessorientierte Arbeitsorganisation
• Hohe Arbeitsteilung, Spezialisierung	• Teamarbeit
• Hochfragmentierte Arbeitsabläufe	• Weiterbildungsmöglichkeiten
• Keine/unzureichende Weiterbildungsmöglichkeiten	• Institutionalisierte Gesundheitsförderung
„Ungesunde" Organisation	„Gesunde" Organisation
• Verbreitete Hilflosigkeits-/Angstgefühle	• Psychosoziales Wohlbefinden (wenig Angst/Hilflosigkeit)
• Niedriges Selbstwertgefühl und Selbstvertrauen	• Hohes Selbstwertgefühl und Selbstvertrauen
• Geringe Arbeitszufriedenheit	• Hohe Arbeitszufriedenheit
• Geringe Motivation	• Hohe Motivation
• Innere Kündigung	• Hohe Bindung an Unternehmen
• Soziale Kompetenz wenig ausgeprägt und verbreitet	• Soziale Kompetenz stark ausgeprägt und verbreitet
• Management-Kompetenz wenig ausgeprägt und verbreitet	• Management-Kompetenz stark ausgeprägt und verbreitet
• Schlechte körperliche Gesundheit	• Gute körperliche Gesundheit
„Ungesunde" Organisation	„Gesunde" Organisation
• Absentismus hoch	• Hohe Anwesenheitsquote
• Hohe Fluktuation	• Niedrige Fluktuation
• Geringe Flexibilität, Innovationsbereitschaft	• Hohe Flexibilität und Innovationsbereitschaft
• Individuelles Konkurrenzstreben	• Gegenseitige Unterstützung
• Hoher Genussmittelkonsum (Rauchen etc.)	• Geringer Genussmittelkonsum
• Riskanter Lebensstil (Ernährung, Bewegung etc.)	• Gesundheitsförderlicher Lebensstil (Ernährung, Bewegung etc.)
„Ungesunde" Organisation	„Gesunde" Organisation

Quelle: Betriebliches Gesundheitsmanagement – ein Leitfaden für die Praxis, B. Badura, W. Ritter, M. Scherf – Berlin: Ed. Sigma, 1999

14.2 Ergonomie und Belastungen am Arbeitsplatz

Der Begriff Ergonomie leitet sich von den griechischen Worten ergon = Arbeit, Werk und nomos = Gesetz, Lehre her und bedeutet so viel wie das Studium der menschlichen Arbeit und die Erforschung der dazugehörenden Gesetzmäßigkeiten.

In der Bundesrepublik Deutschland wird für den Begriff Ergonomie synonym der Begriff **Arbeitswissenschaft** verwendet. Sie ist die Wissenschaft von

* der menschlichen Arbeit, speziell unter den Gesichtspunkten der Zusammenarbeit von Menschen und das Zusammenwirken von Mensch und Arbeitsmittel bzw. Arbeitsgegenständen,

* den Voraussetzungen und Bedingungen, unter denen die Arbeit sich vollzieht,

* den Wirkungen und Folgen, die sie auf Menschen, ihr Verhalten und damit auch auf ihre Leistungsfähigkeit hat sowie

* den Faktoren, durch die die Arbeit, ihre Bedingungen und Wirkungen menschengerecht beeinflusst werden können (Gesellschaft für Arbeitswissenschaft 1973).

Viele Regeln und Verordnungen fordern eine **„ergonomische Gestaltung der Arbeit"**. Das bedeutet, dass die Anpassung der Arbeit an die Fähigkeiten und Eigenschaften des Menschen vorgenommen werden muss. Dazu gehört die Gestaltung

* des Arbeitsplatzes,

* des Arbeitsraumes,

* der Arbeitsmittel, Maschinen und Werkzeuge,

* der Arbeitsumgebung, des Klimas, der Beleuchtung, des Lärmes und der Gefahrstoffe,

* der Arbeitsorganisation, der Arbeitsaufgabe und des Arbeitsablaufes,

* der Arbeitsergebnisse, der Werkstücke, der Erzeugnisse.

Aber auch der Mensch muss an die Arbeit angepasst sein oder werden. Jeder Beschäftigte ist bei der Verrichtung der Arbeit bestimmten Belastungen ausgesetzt **(Belastungs-Beanspruchungs-Konzept)**:

* körperlichen Belastungen (Muskeln, Kreislauf, Skelett),

* psychischen Belastungen (geistigen, seelischen, nervlichen),

* Umgebungsbelastungen (Strahlung, Schwingung, Lärm, Klima, Gefahrstoffe).

Die Folge von Belastungen spiegelt sich in der Beanspruchung wider, die dem Konzept zugrunde liegt und folgende Faktoren berücksichtigt:

- Höhe der Belastung
- Dauer der Belastung
- Eigenschaften und Fähigkeiten des Menschen
- Übungs- und Trainingszustand
- momentane Verfassung
- Leistungsbereitschaft..

> **Merke:**
>
> **Ziel der Ergonomie ist die menschengerechte Gestaltung der Arbeit.**

Um beurteilen zu können, ob das Ziel der menschengerechten Arbeit erreicht ist oder erreicht werden kann, sind Methoden der Ergonomie und der Arbeitsmedizin anzuwenden, die die jeweils konkreten Arbeitsbedingungen analysieren und beurteilen können. Dabei ist eine Vielzahl von Faktoren zu berücksichtigen, von denen eine Auswahl beispielhaft genannt werden soll:

- Ausführbarkeit der Arbeit (Beachtung der Körpermaße, der Körperkräfte, der Muskelmasse, Bewegungsspielraum, Greifraum)
- Vorhandensein von Schutzeinrichtungen und Schutzvorrichtungen
- richtiges Sitzen
- Handhabung von Lasten
- klimatische Bedingungen (Behaglichkeit, Hitze, Kälte, Feuchtigkeit)
- Lichtverhältnisse und Sehleistung (Beleuchtung, Blendungen, Art und Güte der Beleuchtung)
- Farbgebung des Arbeitsraumes, Warn- und Sicherheitsfarben
- Lärm
- mechanische Schwingungen
- Gefahrstoffe
- Pflegen sozialer Kontakte, Isoliertheit
- Betriebsklima
- psychische Belastungen (Zeitdruck, Fließbandarbeit, Termindruck usw.).

Zu all diesen Fragen sollen und können der Betriebsarzt und die Fachkraft für Arbeitssicherheit den Arbeitgeber beraten und mit ihm oder von ihm benannten Verantwortlichen die jeweils erforderlichen Analysen durchführen bzw. durchführen lassen.

Der Betriebsarzt und die Fachkraft für Arbeitssicherheit sind auch die geeigneten Partner bei der Beratung hinsichtlich der Umgestaltung von bestimmten Arbeitsplätzen, z.b. der ergonomischen Gestaltung von Büroarbeitsplätzen oder zum ergonomischen Heben und Tragen. Auch für Steharbeitsplätze (Verkäuferin) gibt es viele Möglichkeiten der Erleichterung durch ergonomische Gestaltung dieser Arbeitsbereiche oder Bereitstellung von geeigneten Arbeitsmitteln. Jeder Arbeitgeber ist immer gut beraten, wenn er seinen Betriebsarzt bereits im Vorfeld mit einbezieht, wenn es um die Gestaltung neuer Arbeitsplätze, um Umbaumaßnahmen oder die Schaffung neuer Abteilungen geht. Man vermeidet dadurch die meist dann kostenrelevante Nachbesserung, die sich aus vielleicht unergonomisch gestalteten Arbeitsplätzen und gesundheitlichen Problemen der Beschäftigten ergeben könnte.

Bei jeder Betriebsbegehung sollten alle Beteiligten auf unergonomische Belastungen der Beschäftigten achten und Vorschläge zur Minderung oder Beseitigung solcher Belastungen geben.

Die Betriebs- und Personalräte sollten aufgrund gesetzlicher Regelungen (Betriebsverfassungsgesetz, Personalvertretungsgesetz) in diesen Prozess einbezogen werden (siehe Kapitel 5).

14.3 Betriebliches Eingliederungsmanagement (BEM)

Gesunde Mitarbeiterinnen und Mitarbeiter sind das größte Potential in einem Unternehmen. Wenn sie dazu noch motiviert sind, trägt das zu einer allgemeinen Zufriedenheit bei und lässt sich am Betriebsergebnis positiv ablesen. Hohe Krankenstände, Langzeiterkrankungen oder sich wiederholende Erkrankungen sowie in den letzten Jahren immer mehr zunehmende psychische Erkrankungen stellen eine echte Belastung für ein Unternehmen dar.

Wenn Mitarbeiter nach einer Krankheit oder nach längerem Ausfall in das Unternehmen zurückkehren, steigen die Erfolgschancen erheblich, wenn dies durch erfahrene Mitarbeiter gesteuert wird. Hier hilft ein Betriebliches Eingliederungsmanagement (BEM) als wirksames Instrument, die Mitarbeiter wieder in die Gemeinschaft zu integrieren.

Die Akteure in diesem Management sind die betriebliche Interessenvertretung, die Schwerbehindertenvertretung, die Integrationsämter und weitere Akteure. Insbesondere die Arbeitgeber selbst sowie die beteiligten Rehabilitationsträger sollten frühzeitig aktiv werden.

Bei Arbeitsunfällen und Berufskrankheiten sind die Berufsgenossenschaften für die versicherten Personen der zuständige Träger der Rehabilitation. Sie übernehmen in diesen Fällen durch gesetzlichen Auftrag die Rolle eines Eingliederungsmanagers unter Beteiligung der betrieblichen Akteure.

Auf der Grundlage des § 84 Abs. 2 SGB IX sind Arbeitgeber verpflichtet, ein Betriebliches Eingliederungsmanagement einzuführen. Dort heißt es:

„Sind Beschäftigte innerhalb eines Jahres länger als sechs Wochen ununterbrochen oder wiederholt arbeitsunfähig, klärt der Arbeitgeber mit der zuständigen Interessenvertretung im Sinne des § 93, bei schwerbehinderten Menschen außerdem mit der Schwerbehindertenvertretung, mit Zustimmung und Beteiligung der betroffenen Person die Möglichkeiten, wie die Arbeitsunfähigkeit möglichst überwunden werden und mit welchen Leistungen oder Hilfen erneuter Arbeitsunfähigkeit vorgebeugt und der Arbeitsplatz erhalten werden kann (Betriebliches Eingliederungsmanagement). Soweit erforderlich, wird der Werks- oder Betriebsarzt hinzugezogen".

Die einzelnen Schritte innerhalb dieses Betreuungssystems müssen der jeweiligen Literatur der Berufsgenossenschaft entnommen werden, da dies in jedem Unternehmen unterschiedlich sein kann und kein globales Vorgehen empfohlen werden kann.

Die Berufsgenossenschaften stellen dazu aber umfangreiches Material zur Verfügung.

14.3.1 Das „Hamburger Modell"

Eine stufenweise Wiedereingliederung, auch „Hamburger Modell" genannt (§ 74 SGB V § 28 SGB IX) wird im Anschluss an eine Rehabilitationsbehandlung oder eine Krankenhausbehandlung empfohlen und im Entlassungsbericht der Klinik vermerkt. Nun sollte der Arbeitgeber (oder eine von ihm beauftragte Person) zusammen mit dem Betriebsarzt und dem behandelnden Haus- oder Facharzt einen Eingliederungsplan (Stufenplan) erstellen. Die ärztliche Bescheinigung muss den Wiedereingliederungsplan (Zahl der Arbeitsstunden, Reduzierung bestimmter Tätigkeiten usw.) sowie Angaben zum Termin der vermutlichen Wiedererlangung der Arbeitsfähigkeit enthalten. Die Dauer dieser Maßnahme kann von wenigen Wochen bis zu mehreren Monaten dauern.

Wichtig ist, dass der Arbeitnehmer während der Maßnahme trotz reduzierter Arbeitsleistung weiterhin Krankengeld von der Krankenkasse oder Übergangsgeld von der Rentenversicherung erhält. Während dieser Zeit gilt der Beschäftigte weiterhin als arbeitsunfähig krank.

Der Arbeitgeber ist grundsätzlich nicht verpflichtet, eine solche Vereinbarung zu schließen, außer bei Schwerbehinderten. Es sollte aber im Interesse des Betriebsklimas auch für den Arbeitgeber sinnvoll sein, diese Möglichkeiten der Wiedereingliederung zu nutzen.

14.4 Gesundheitsförderung im Betrieb (Gesundheitsmanagement)

Wenn bisher von arbeitsmedizinischer Vorsorge, von Gefährdungsanalysen und deren Umsetzung in Schutzmaßnahmen, wenn von Betriebsbegehungen mit der Möglichkeit der Veränderung von Arbeitsabläufen und der Arbeitsorganisation gesprochen wurde, so ist das längst nicht alles, was der Arbeitgeber in Zusammenarbeit mit seinem Betriebsarzt und der Fachkraft für Arbeitssicherheit zur Förderung der Gesundheit im Betrieb unternehmen kann.

Die Arbeitsmedizin hat in den letzten Jahren einen sehr deutlichen Wandel vollzogen. Waren es vor vielen Jahren noch die überall gegenwärtigen Gefahrstoffe, so sind diese heute weitestgehend unter Kontrolle. Waren es vor Jahren noch menschenunwürdige Arbeitsbedingungen, so sind diese heute auch weitestgehend beseitigt oder durch entsprechende Hilfsmittel verändert worden. Dennoch gibt es auch heute noch Arbeitsbedingungen, die nicht gerade förderlich für die Gesundheit der Mitarbeiter sind und meist durch die moderne Wirtschaft und das Streben nach Umsatz und Gewinn getragen werden.

Die heutigen Aufgaben des Betriebsarztes sowie der Arbeitsmedizin gehen in eine ganz andere neue Richtung. So bilden **Prävention und Gesundheitsförderung** eine entscheidende Rolle, die den Betriebsärzten zukommt. Ging es z.B. bisher noch um die Vermeidung von Gesundheitsschäden, geht es jetzt mehr um die generelle Förderung von Gesundheit und Wohlbefinden der Mitarbeiter, wodurch insbesondere die individuelle Leistungsfähigkeit und die Arbeitszufriedenheit profitieren.

Neue Managementsysteme in den Unternehmen hinsichtlich der Arbeitsorganisation verlangen auch vom Arbeitgeber ein Einbringen in deren Anforderungen. So standen bisher betriebliche Gesundheitsmaßnahmen wie Vorsorgeuntersuchungen, Wirbelsäulengymnastik, Rückenschulen, Nichtraucheraktionen u.a.m. bereits im Vordergrund. Sie sind jedoch nur ein Teil der Möglichkeiten, die Gesundheit positiv beeinflussen zu können.

Die Betrachtung gesundheitsschädlicher Faktoren geht aber weiter, so dass die Konzentration z.B. auf die Verbesserung der psychischen und physischen Konstitution, auf den Abbau körperlicher Belastungen, vor allem aber den Abbau von Stressfaktoren zu richten ist. Daher sind eine zunehmend gesundheitsorientierte Arbeitsorganisation sowie Arbeitsmotivation sehr gefragt.

Im Vordergrund der heutigen Arbeitswelt stehen in vielen Bereichen und Branchen stressauslösende Faktoren, wie

- Angst um den Arbeitsplatz,
- massiver Zeitdruck,
- ständiger Termindruck,
- beruflicher und persönlicher (privater) Ärger,
- Überforderung,
- mangelnde soziale Kontakte im Unternehmen,
- mangelnde Anerkennung von Arbeitsergebnissen,
- Mobbing,

um nur einige Faktoren zu nennen.

Wenn in einem Unternehmen die negativen Faktoren analysiert und erkannt werden, lassen sich darauf sehr gute Konzepte des Gesundheitsmanagements aufbauen. Analytische Verfahren gibt es heute eine ganze Reihe, die alle ihre Vor- und Nachteile haben. Fragen Sie den Betriebsarzt nach einem solchen Konzept, er wird das Unternehmen gern beraten und eine geeignete Methode sowie auch die Personen vorschlagen, die diese Konzepte umsetzen können.

In größeren Unternehmungen sind bereits mit sehr gutem Erfolg neue Konzepte zur Förderung der betrieblichen Gesundheit eingeführt worden, wie z.B. Gesundheitszirkel, die einen unterschiedlichen Zuspruch finden. In Klein- und Mittelbetrieben lassen sich diese Instrumente meist nur sehr schwer etablieren und dann auch nur mit einem meist zweifelhaften Erfolg.

Es wird eine sehr wichtige Aufgabe der Zukunft werden, in diesem Bereich wesentlich mehr tun zu können. Wenn man aber ehrlich sein will, liegt das Haupthindernis zur Umsetzung betrieblicher Konzepte der Gesundheitsvorsorge und Gesundheitsfürsorge in der mangelnden Zeit, die für solche Vorhaben zur Verfügung steht, sowie auch häufig an den entsprechenden finanziellen Mitteln. Die meist durch die Unternehmen vereinbarten Einsatzzeiten der Betriebsärzte sind minimalste Zeiteinheiten, die es kaum erlauben, den nach Arbeitssicherheitsgesetz geforderten Vorgaben überhaupt gerecht zu werden. Sie reicht mit Sicherheit nicht aus, um darüber hinaus gesundheitliche Managementsysteme im Betrieb zu etablieren und durchzuführen.

Eine kleine Möglichkeit der Unterstützung zur Erfüllung von Teilaufgaben dieses großen Komplexes besteht auch darin, dass mit der Änderung bzw. Erweiterung des § 20 SGB V im Rahmen der Gesundheitsreform 2000 den **Krankenkassen** (neben den Berufsgenossenschaften) die Möglichkeit gegeben wurde, den Arbeitsschutz durch ergänzende Maßnahmen zu unterstützen und bei der Verhütung arbeitsbedingter Gesundheitsgefahren mitzuwirken.

Zur Umsetzung haben die Spitzenverbände der Krankenkassen gemeinsame und einheitliche Handlungsfelder und Kriterien in einem „Leitfaden Prävention" formuliert. Dieses Papier legt folgende vier betriebliche Handlungsfelder fest:

1. Arbeitsbedingte körperliche Belastungen

2. Betriebsverpflegung

3. Psychosoziale Belastungen

4. Suchtmittelkonsum

Es kommt nur darauf an, gemeinsam mit den Krankenkassen diese Präventionsmaßnahmen mit Leben zu erfüllen und in den betrieblichen Alltag zu integrieren. Die Umsetzung dieser Möglichkeiten ist aber regional sehr, sehr unterschiedlich und wird teilweise nur in sehr begrenztem Rahmen wahrgenommen.

14.5 Vorsorgeuntersuchungen der Krankenkassen

Arbeitsmedizinische Vorsorge und Vorsorgeuntersuchungen sind fester Bestandteil des betrieblichen Vorsorgekonzeptes. Darüber hinaus gibt es das Angebot von Vorsorgeuntersuchungen, die außerhalb des betrieblichen Arbeitsschutzkonzeptes von den Krankenkassen angeboten werden. Diese Angebote können teilweise auch im betrieblichen Rahmen Anwendung finden, z.B. im Rahmen von Gesundheitstagen oder anderen Veranstaltungen im Rahmen betrieblicher Gesundheitsförderung.

Sollten Sie den betrieblichen Rahmen sprengen, sollten die Beschäftigten im Rahmen der allgemeinen Gesundheitsvorsorge des Unternehmens aber über die Wahrnehmung dieser Möglichkeiten informiert werden. Es sind allgemeine Präventionsmaßnahmen, die durchaus Platz in einem betrieblichen Gesundheitsmanagement haben sollten.

Die nachfolgende Tabelle (Tabelle 14.2) gibt eine Übersicht der möglichen außerbetrieblichen, aber auch für den Krankenstand äußerst wichtigen medizinischen Präventionsmaßnahmen

Tab. 14.2: Vorsorge und Früherkennungsangebote der Gesetzlichen Krankenversicherung (GKV)

Alter	Männer	Frauen	Art der Vorsorge	Häufigkeit Facharzt
Ab 18 Jahre	Ja	Ja	Zahnvorsorge	2 x pro Jahr Zahnarzt
Ab 20 Jahre	Nein	Ja	Krebsfrüherkennung von Gebärmutterhalskrebs, Untersuchung der inneren und äußeren Geschlechtsorgane	1 x pro Jahr Gynäkologe
Ab 25 Jahre	Nein	Ja	Chlamydientest	1 x jährlich Gynäkologe
Ab 30 Jahre	Nein	Ja	Erweiterte Krebsvorsorge der Brust, Inspektion auffälliger Hautareale, Anleitung zur regelmäßigen Selbstuntersuchung der Brust	1 x pro Jahr Gynäkologe
Ab 35 Jahre	Ja	Ja	Gesundheits-Check mit Schwerpunkt Erkennung von Herz-Kreislauf- und Nierenkrankheiten sowie Diabetes	Alle 2 Jahre Hausarzt
Ab 35 Jahre	Ja	Ja	Hautkrebs-Screening	Alle 2 Jahre Hausarzt/ Dermatologe
Ab 45 Jahre	Ja	Nein	Untersuchung der äußeren Geschlechtsorgane, Prostata und Lymphknoten	1 x pro Jahr Urologe
Ab 50 Jahre bis 55 Jahre	Ja	Ja	Beratung zur Früherkennung von Darmkrebs (Darmkrebs-Screening)	1 x pro Jahr Hausarzt
Ab 50 Jahre bis 69 Jahre	Nein	Ja	Einladung zum Mammographie-Screening	Alle 2 Jahre Radiologe
Ab 55 Jahre	Ja	Ja	Test auf verborgenes Blut im Stuhl (wenn keine Darmspiegelung durchgeführt wird)	Alle 2 Jahre Hausarzt
Ab 55 Jahre	Ja	Ja	Beratung zur Früherkennung von Darmkrebs (Darmspiegelung)	Alle 10 Jahre Gastroenterologe

14.6 Betriebliches Gesundheitsmanagement (BGM)

Das betriebliche Gesundheitsmanagement (BGM) besteht aus der Entwicklung betrieblicher Rahmenbedingungen sowie integrierter betrieblicher Strukturen und Prozesse, die dazu beitragen, die Gesundheitsförderung in der Arbeitsgestaltung und Arbeitsorganisation voranzubringen. Das geht nicht ohne das gesundheitsfördernde Verhalten der Mitarbeiterinnen und Mitarbeiter am Arbeitsplatz.

Das Ziel für den Unternehmenserfolg soll durch eine gesunde Organisation im Unternehmen selbst erreicht werden. Zu diesem Unternehmensgewinn führen unter anderem (Auswahl):

- Steigerung der Arbeitseffizienz und Zufriedenheit,
- Steigerung der Motivation und Leistungsbereitschaft,
- Verbesserte Kommunikation und Kooperation,
- Verbesserung der Identifikation und des Betriebsklimas,
- Weiterentwicklung des Qualitätsbewusstseins und des Images,
- Gesteigerte Dienstleistungsqualität,
- Gesündere Verhaltensmuster und Abbau von Beschwerden,
- Verlängerung der Lebensarbeitszeit und Sicherung der Ressourcen,
- Reduzierte Arbeitsbelastung und Senkung des Krankenstandes,
- Erfüllung der Anforderungen von Arbeitsschutzbehörden und Berufsgenossenschaften.

Um alle möglichen belastenden Faktoren im Unternehmen besser einschätzen zu können, ist eine dem aktuellen Status entsprechende Gefährdungsbeurteilung (siehe Kapitel 4.2) von unschätzbarem Wert und unverzichtbar.

Die Mitarbeiter in einem Unternehmen sind das wertvollste Gut. Für ein gutes betriebliches Gesundheitsmanagement gibt es wichtige Handlungsfelder:

- Personalmanagement
- Mitarbeiterbeteiligung
- Arbeitsschutzmanagement
- Gesundheitsförderung
- Suchtprävention
- Eingliederungsmanagement (siehe auch Kapitel 10.3 und 14.3)

Von entscheidender Bedeutung für die Akzeptanz einer betrieblichen Gesundheitsförderung sowohl beim Arbeitgeber, bei den Arbeitnehmervertretungen, aber in erster Linie bei den Beschäftigten ist die frühzeitige Einbindung aller Mitarbeiter schon bei der Planung, der Erarbeitung der Gefährdungsbeurteilung, der Ableitung von gezielten Maßnahmen und organisatorischen Vorhaben. Dabei wird empfohlen, folgende Schritte zu beachten, die über Erfolg oder Misserfolg der Gesundheitsförderung entscheiden:

- Erfassung, Analyse und Bewertung der Belastungen und arbeitsbedingten Gesundheitsgefahren
- Erörterung der Ergebnisse mit allen Beteiligten
- Ableitung von Maßnahmen im Einvernehmen aller Beteiligten
- Suche nach geeigneten Kooperationspartnern zur Umsetzung innerhalb und außerhalb des Unternehmens
- Erarbeitung eines inhaltlichen Konzepts nach den betrieblichen Rahmenbedingungen und Belastungen
- Klärung der Kostenfrage – Träger mit einbinden (siehe unten)
- Zeitlichen Rahmen abstecken, Umfang und Dauer der Maßnahmen
- Evaluierung aller Maßnahmen

Durch gesetzliche Regelungen können die beteiligten außerbetrieblichen Einrichtungen für die Gesundheitsförderung auch finanzielle Anreize einsetzen, wenn man bedenkt, dass die jährlichen Kosten für arbeitsbedingte vorübergehende Krankheiten und arbeitsbedingte Frühberentung in Deutschland (Quelle: BKK Bundesverband 2007) bei rund 44 Mrd. Euro liegen:

- Steuerliche Förderung (Arbeitgeber können auf der Grundlage des Jahressteuergesetzes 2009 ihren Mitarbeitern bestimmte gesundheitsfördernde Maßnahmen anbieten, die bis zu einem Betrag von 500 € pro Mitarbeiter und Jahr steuerfrei bleiben (§ 3, Nr. 34 EStG). Die Maßnahmen müssen aber den Anforderungen der §§ 20 und 20a des SGB V (Gesetzliche Krankenversicherung) entsprechen.
- Anreize der Unfallversicherer können unter Berücksichtigung der im Unternehmen getroffenen Maßnahmen zur Verhütung von Arbeitsunfällen und Berufskrankheiten und für die Verhütung von arbeitsbedingten Gesundheitsgefahren Prämien gewähren (§ 162, Abs. 2 und 3 des SGB VII – Gesetzliche Unfallversicherung).
- Krankenkassen bieten bei der Durchführung eines BGM sowohl für Analysen als auch für Maßnahmen finanzielle Unterstützung an (z.B. über Bonusprojekte finanzielle Entlastung des Unternehmens).
- Die Rehabilitationsträger und Integrationsämter können Arbeitgeber, die ein betriebliches Wiedereingliederungsmanagement eingeführt haben, durch Prämien oder einen Bonus fördern (§ 84, Abs. 4 des SGB IX – Rehabilitation und Teilhabe behinderter Menschen).

14.7 Psychische Belastungen durch die Arbeitswelt

Der Verband Deutscher Betriebs- und Werksärzte beobachtet seit langem, dass es vermutlich eine Zunahme von arbeitsbedingten Erkrankungen gibt, die auf eine übermäßige Belastung am Arbeitsplatz zurückzuführen sind, häufig auch verbunden mit Belastungen im häuslichen, familiären und sozialen Umfeld auch außerhalb des Arbeitsplatzes. Um solchen Erscheinungen einer modernen Gesellschaft entgegen zu wirken, setzt es eine genaue Analyse voraus, die im Rahmen der Erarbeitung von Gefährdungsbeurteilungen (Punkt 10 der Muster Psychische Faktoren) möglich sind. Diese dann in betriebliche Managementsysteme umzusetzen und somit zu einem für alle guten Arbeitsklima und damit guten Arbeits- und Betriebsergebnissen zu kommen, sollte eigentlich erstes Anliegen eines jeden Unternehmers sein.

Im Rahmen dieses Ratgebers kann nicht auf alle wichtigen Probleme eingegangen werden, einige gedankliche Ansätze sollten dennoch möglich sein.

Die Deutsche Gesetzliche Unfallversicherung hat in der BGI/GUV-I 8700 (DGUV Information 211-032) vom Dezember 2009 eine Broschüre entwickelt, die die Beurteilung von Gefährdungen und Belastungen am Arbeitsplatz unterstützt. Sie orientiert sich an den allgemeinen Kriterien zur Erarbeitung einer Gefährdungsbeurteilung, wie sie im Kapitel 4.2 bereits übersichtsweise beschrieben wurde.

Wir finden hier folgende grobe Orientierung für psychische Belastungsfaktoren, auf die jeder Mensch unterschiedlich reagiert, die aber bei vielen Menschen, wenn zusätzliche Faktoren (z.B. aus dem privaten Bereich) hinzukommen, einen durchaus krank machenden Effekt auslösen können:

10.1 Ungenügend gestaltete Arbeitsaufgabe	Nicht beeinflussbare Arbeitsabfolgen
Unvollständige Tätigkeitsstrukturen	Fehlende Transparenz
Widersprüchliche Anforderungen	Unklare Entscheidungen
Hohe Komplexität der Aufgabe	Fehlende Rückmeldungen
Zeitdruck, Leistungsdruck	Kein zeitlicher Spielraum
Über- und Unterqualifikation	Einzelarbeit
Ungenügende oder fehlende Unterweisung	Reizmangel/Reizüberflutung
Ungenügende Information	Störungen
Fehlende Schulungen	Emotionale Belastungen bei der Arbeit
Ungenügender Handlungsspielraum	mit Kunden

10.2 Ungenügend gestaltete Arbeitsorganisation
  Nicht durchdachter Arbeitsablauf
  Nicht geregelte Kompetenz
  Kritischer Verantwortungsumfang
  Regelarbeitszeit
  Schicht- und Nachtarbeit, Überstunden
  Keine Pausen

10.3 Ungenügend gestaltete soziale Bedingungen
  Ungenügendes Führungsverhalten
  Ungenügendes Gruppenverhalten
  Verhältnis zum Vorgesetzten
  Sexuelle Belästigung
  Fehlende Kommunikation
  Fehlende soziale Kontakte
  Missbrauch von Medikamenten, Drogen,
    Alkohol, Nikotin

10.4. Ungenügend gestaltete Arbeitsplatz- und
    Arbeitsumgebungsbedingungen
  Gefahrbringende Bedingungen
  Unzureichende Informationsaufnahme
  Unzureichende Faktoren wie Lärm,
    Beleuchtung, Klima u.a.m.
  Nichtwahrnehmung von optischen oder
    akustischen Signalen,
  Unverständlichkeit
  Informationsgestaltung auf Bildschirmen
  Zu hohe Informationsdichte von Informa-
    tionen
  Herabgesetzte Wachsamkeit
  Ungeeignete Bedienelemente

Viele dieser Faktoren unterliegen sicher einer gewissen individuellen und subjektiven Bewertung, vieles ist nicht messbar oder direkt zu beobachten. Dazu kommen Ängste vor evtl. Konsequenzen. Dennoch sollten diese Faktoren aber in die Kriterien einer Gefährdungsbeurteilung einfließen und somit die Voraussetzung geschaffen werden, etwas abzuändern, wenn sich die Notwendigkeiten dafür herausstellen.

Da der Erfolg eines Unternehmens nicht zuletzt von gesunden, motivierten Mitarbeitern abhängt, sollte es ureigendste Aufgabe eines jeden Unternehmers sein, gerade diesen Aspekt zur „Chefsache" zu machen. Jeder Mitarbeiter kann sich aber nur voll entfalten, wenn ihm die Bedingungen dafür geboten werden, dass er Belastungen und Beanspruchungen so bewältigt, dass daraus keine Krankheit, wie z.B. das Burn-out-Syndrom entstehen kann. In dieser Richtung spielen meist nur die chronischen psychischen Belastungen die wesentliche Rolle, wenn die Kompensationsfähigkeit des Mitarbeiters nicht auf Dauer ausreicht. Diesen Zeitpunkt rechtzeitig zu erkennen und gegensteuern zu können, ist eine lohnende Aufgabe für den Arbeitgeber.

Durch erhöhten Krankheitsausfall kann dem Unternehmen ein erheblicher Schaden entstehen. Um dies positiv beeinflussen zu können, sind Führungsqualitäten der jeweiligen Leitungsetage im Unternehmen gefragt, wobei die Betriebsärzte eine wesentliche Unterstützung sein können.

Psychische Störungen sind in ihrer Anfangsphase häufig sehr uncharakteristisch und unspektakulär. Unspezifische Befindlichkeitsstörungen, Erschöpfungsgefühle bereits nach geringer Belastung, Gereiztheit, uncharakteristische Kopfschmerzen, innere Unruhe, Konzentrationsschwäche, Schlafstörungen, Kopf und Rückenbeschwerden, keine Lust auf Aktivitäten in der Freizeit, gestörte zwischenmenschliche Beziehungen, Verzweiflung, innere Leere bis hin zum Gebrauch von Medikamenten, Beruhigungsmitteln, Aufputschmitteln, Alkohol oder auch Drogen. Diese Störungen psychischer bzw. psychosomatischer Art sind zunächst erst einmal richtungsweisend, bei längerer Dauer können sie chronifizieren, entwickeln dann eine Eigendynamik und führen in der Folge zur Krankheit, die dann auch oft einen längeren Genesungsprozess nach sich zieht.

Der Betriebsarzt kann in diesem Prozess eine wichtige Rolle spielen. Zunächst sollte er bei der Analyse (Gefährdungsanalyse) seine Kompetenzen einbringen und somit präventiv wirken können. Zum anderen besteht die Möglichkeit, dass sich Mitarbeiter zu einer arbeitsmedizinischen Untersuchung bzw. Beratung vorstellen, in der in einem ausführlichen Gespräch, vielleicht auch unter Ausschluss anderer Erkrankungen, die Situation erörtert wird und nach möglichen Lösungswegen gesucht wird. Wenn es bereits zu manifesten Krankheitssymptomen oder chronischen Psychosen oder psychosomatischen Erkrankungen gekommen ist, besteht die Möglichkeit der beruflichen Rehabilitation (unter anderem nach § 84 Abs. 2 SGB IX).

Es obliegt der medizinischen Fachliteratur, zu den einzelnen Krankheitsbildern bzw. Störungen Genaueres auszuführen, es sollte aber geprüft werden, ob auch arbeitsbedingte Störfaktoren eine Rolle spielen können, die man durch eine entsprechende Gestaltung der Arbeit, durch ein gutes Arbeitsklima, durch adäquate Arbeitsbedingungen, eine vernünftige Arbeitsorganisation, durch Beseitigung von Druck, Ängsten bis hin zum Mobbing, durch aktive Einbindung der Mitarbeiter in den Produktionsablauf, durch positive Motivation und durch jeweils dem Leistungsvermögen angepasste Aufgaben erreichen kann.

Es gibt für den Arbeitgeber zahlreiche „Helfer", die ihn unterstützen können, wenn man an den Betriebsarzt, den Betriebsrat, die Schwerbehindertenvertretung oder auch Frauenbeauftragte denkt, aber auch die Berufsgenossenschaften geben wertvolle Hilfe. In manchen Unternehmen gibt es Sozialberater, die ihr Fachwissen im Interesse des einzelnen Mitarbeiters, aber auch im Interesse des ganzen Unternehmens einsetzen können.

15 Anhang

15.1 Abkürzungen

ABAS	Ausschuss für Biologische Arbeitsstoffe		für Normung)
ABS	Ausschuss für Betriebssicherheit	ChemG	Chemikaliengesetz
AcetV	Acethylenanlagenverordnung	ChemGiftInfoV	Giftinformationsverordnung
AGS	Ausschuss für Gefahrstoffe	ChemVerbotsV	Chemikalienverbotsverordnung
AGW	Arbeitsplatzgrenzwert	CLP	Classification, Labelling and
AME	Arbeitsmedizinische Empfehlungen		Packing
		DampfkV	Dampfkesselverordnung
AMR	Arbeitsmedizinische Regeln	DGUV	Deutsche Gesetzliche Unfall-
ArbMedVV	Verordnung zur arbeitsmedizinischen Vorsorge		versicherung
		d.h.	das heißt
ArbSchG	Arbeitsschutzgesetz	DIN	Deutsches Institut für
ArbStättV	Arbeitsstättenverordnung		Normung
ArbZG	Arbeitszeitgesetz	DruckbehV	Druckbehälterverordnung
ASA	Arbeitsschutzausschuss	EU	Europäische Union
ASiG	Arbeitssicherheitsgesetz	EWG	Europäische Wirtschafts-
ASR	Technische Regeln für Arbeitsstätten		gemeinschaft
		FeV	Fahrerlaubnisverordnung
AtG	Atomgesetz	FÖJ	Freiwilliges ökologisches Jahr
AufzV	Aufzugsanlagenverordnung	FSJ	Freiwilliges soziales Jahr
AÜG	Arbeitnehmerüberlassungsgesetz	GefStoffV	Gefahrstoffverordnung
BArbBl	Bundesarbeitsblatt	GenTG	Gentechnikgesetz
BAT-Wert	Biologischer Arbeitsplatz-	GenTSV	Gentechnik-Sicherheits-
	toleranzwert im Körper		verordnung
BBiG	Bundesbildungsgesetz	GG	Grundgesetz
BeKV	Berufskrankheiten-Verordnung	GHS	Globally Harmonized System of
BEM	Betriebliches Eingliederungsma-		Classification and Labelling of
	nagement		Chemicals (dient der Einstufung
BetrSichV	Betriebssicherheitsverordnung		und Kennzeichnung von Chemi-
BetrVG	Betriebsverfassungsgesetz		kalien)
BG	Berufsgenossenschaft	GMBl	Gemeinsames Ministerialblatt
BGB	Bürgerliches Gesetzbuch		der Bundesregierung und Minis-
BGBl.	Bundesgesetzblatt		terien
BGG	Berufsgenossenschaftliche	GSG	Gerätesicherheitsgesetz
	Grundsätze	GSGV	Gerätesicherheitsgesetzverord-
BGI	Berufsgenossenschaftlichen		nung
	Informationen	GUV	Gemeindeunfallversicherungsver-
BGR	Berufsgenossenschaftliche Regel		band
BGV	Berufsgenossenschaftliche	H-Sätze	Hazard Statements
	Vorschriften		(frühere R-Sätze)
BGVR	Berufsgenossenschaftliches Vor-	HVBG	Hauptverband der gewerblichen
	schriften- und Regelwerk		Berufsgenossenschaften
BildscharbV	Bildschirmarbeitsverordnung	IfSG	Infektionsschutzgesetz
BImSchG	Bundesimmissionsschutz-	ISO-Norm	International Organization of
	gesetz		Standardization (Internationale
BioStoffV	Biostoffverordnung		Vereinigung von Normungsorga-
BK	Berufskrankheiten		nistionen)
BMAS	Bundesministerium für Arbeit	i.V.m.	in Verbindung mit
	und Soziales	JArbSchG	Jugendarbeitsschutzgesetz
CEN-Norm	(Comité Européen de Normalisa-	JArbSchUV	Jugendarbeitsschutzuntersu-
	tion) (Europäische Kommission		chungsverordnung

LärmVibrations ArbSchV	Lärm- und Vibrations-Arbeits- schutzverordnung
LastenhandhabV	Lastenhandhabungsverordnung
MAK-Wert	Maximale Arbeitsplatzkonzent- ration in der Luft am Arbeitsplatz
MedGV	Medizingeräteverordnung
MPG	Medizinproduktegesetz
MuSchG	Mutterschutzgesetz
MuSchRiV	Mutterschutz-Richtlinienverord- nung
PersVG	Personalvertretungsgesetz
PSA-BV	PSA-Benutzungsverordnung
P-Sätze	Precautionary Statements = Sicherheitshinweise (frühere S- Sätze)
REACH	Registration, Evaluation, Authorisation and Restriction of Chemicals (Registrierung, Bewertung, Zulassung und Beschränkung von Chemikalien)
RöV	Röntgenverordnung
RVO	Reichsversicherungsordnung
SchwbG	Schwerbehindertengesetz
SGB V	Sozialgesetzbuch Teil V
SGB VII	Sozialgesetzbuch Teil VII
SBG IX	Sozialgesetzbuch Teil IX
StGB	Strafgesetzbuch
STIKO	Ständige Impfkommission am Robert Koch-Institut Berlin

StrlSchV	Strahlenschutzverordnung
TAD	Technischer Aufsichtsdienst
TRBA	Technische Regeln für Biologi- sche Arbeitsstoffe
TRBS	Technische Regeln für Betriebs- sicherheit
TRGS	Technische Regeln für Gefahr- stoffe
TRK-Wert	Technische Richtkonzentration in der Luft am Arbeitsplatz
TÜV	Technischer Überwachungsverein
u.a.m.	und andere mehr
UVAV	Unfallversicherungs-Anzeige- verordnung
UVV	Unfallverhütungsvorschrift
VbF	Verordnung brennbare Flüssig- keiten
VBG	Vorschrift der Berufsgenossen- schaften
VDE	Verband deutscher Elektrotech- niker
VDI	Verband deutscher Ingenieure
VSG	Vorschriften für Sicherheit und Gesundheitsschutz
WHO	Weltgesundheitsorganisation
z.B.	zum Beispiel

15.2 Internetadressen

http://bb.osha.de/lasi/lasi/htm
(Länderausschuss für Arbeitsschutz und Sicherheitstechnik – LASI)

http://de.osha.de
(Gesetzestexte)

http://de.osha.eu.int./legislation
(Gesetzestexte) (auch alle TRGS)

http://lasi.osha.de/publications
(LASI-Veröffentlichungen)

http://oshweb.me.tut.fi/cgi-bin/oshweb.pl
(Sammlung internationaler Quellen zum Arbeitsschutz)

http://userpage.fu-berlin.de/~medberuf/
medberuf.html
Datenbank der Forschungsstelle Zeitgeschichte am Institut für Geschichte der Medizin – FU Berlin

www.aek-mv.de
(Ärztekammer Mecklenburg/Vorpommern)

www.arbeitsschutz.saarland.de
(Gewerbeaufsicht Saarland in Saarbrücken)

www.arbmed-berlin-75.de
(Ausstellung 75 Jahre Arbeitsmedizin)

www.basi.de
(Bundesarbeitsgemeinschaft für Sicherheit und Gesundheit bei der Arbeit)

www.baua.de
(Bundesanstalt für Arbeitsschutz und Arbeitsmedizin)

www.betriebsaertze.de/index.html
(Verband Deutscher Betriebs- und Werksärzte)

www.bg-praevention.de
(gewerbliche Berufsgenossenschaften Gesundheit)

www.bgw-online.de
(Berufsgenossenschaft Gesundheitsdienst und Wohlfahrtspflege)

www.bmas.bund.de
(Bundesministerium für Arbeit und Sozialordnung)

www.bmfsfj.de
(Bundesministerium für Familie, Senioren, Frauen und Jugend)

www.bmgesundheit.de
(Bundesministerium für Gesundheit)

www.bundesanzeiger.de
(Leseversion des Bundesgesetzblattes)

www.bundesaerztekammer.de (zahlreiche Themen
von A–Z, sehr gut, unter anderem auch Musterverträge)

www.competence-site.de/medizinrecht.nsf
(Informations- und Kommunikationsseite
für Rechtsfragen)

www-dgaum.med.uni-rostock.de
(Deutsche Gesellschaft für Arbeitsmedizin und
Umweltmedizin) (viele Merkblätter)

www.ecomed.de
(Verlag für Arbeitsmedizin und andere medizinische Fachgebiete)

www.gaa.baden-wuerttemberg.de
(gute Sammlung von Dokumenten)

www.gesundheit-und-arbeit.de
(Infothek)

www.g-n-n.de
(Gesundheitsnetz Nordhessen e.V.)

www.goinform.de
(viele Rechts- und Richtlinientexte – mehr als
20000 Textseiten)

www.google.de
(sehr gute Suchmaschine)

www.hvbg.de
(Hauptverband der gewerblichen Berufsgenossenschaften – HVBG)

www.kassel-gesundheit.de
(Nordhessen)

www.lagetsi.berlin.de
(Landesamt für Arbeitsschutz, Gesundheitsschutz
und technische Sicherheit Berlin)

www.lgl.bayern.de
(Bayerische Landesanstalt für Gesundheit und
Lebensmittelsicherheit) (gute Infos, gute Texte
usw.)

www.mv-regierung.de/laris/pages/index
(Rechtsauskunft alle Gesetze M/V)

www.praevention-online.de
(sehr gute Übersichten, viele Links, viele Hinweise
auf verschiedene BG)

www.rechtliches.de
(sehr gut, nur Gesetze, keine Verordnungen, Bun-
desrecht alphabetisch)

www.rki.de
(Robert Koch-Institut Berlin)

www.ssk.de
(Strahlenschutzkommission – Bundesbehörde)

www.staat-modern.de/gesetze/uebersicht/
index.html
(Gesetzestexte)

www.stmugv.bayern.de (Bayerisches Staatsminis-
terium für Umwelt, Gesundheit und Verbraucherschutz) Viele Informationsbroschüren, auch zum
downloaden)

www.thueringen.de/Arbeitsschutz/asvth.htm
(Arbeitsschutzbehörde Thüringen) (gute Texte)
usw.)

http://bundesrecht.juris.de/bundesrecht/
GESAMT_a.html

http://www.dguv.de (Verband „Deutsche
Gesetzliche Unfallversicherung")

http://www.bgbau.de (Bau-Berufsgenossenschaft)

http://www.bgete.de (Berufsgenossenschaft
Energie Textil Elektro)

http://www.vbg.de (Verwaltungs-
Berufsgenossenschaft)

http://www.bgchemie.de (Berufsgenossenschaft der
Chemischen Industrie)

http://www.bgw.de (Berufsgenossenschaft
Gesundheitsdienst und Wohlfahrtspflege)

http://www.bgn.de (Berufsgenossenschaft
Nahrungsmittel und Gaststätten)

http://www.bgf.de (Berufsgenossenschaft für
Fahrzeughaltungen)

http://www.sifare.de (= Die Suchmaschine für den
Arbeitsschutz)

www.gefaehrdungsbeurteilung.de (Onlineportal als
Angebot der Bundesanstalt für Arbeitsschutz und
Arbeitsmedizin (BAuA) zur Erarbeitung einer
Gefährdungsbeurteilung)

www.wikipedia.de
Internet-Angebote vieler Berufsgenossenschaften

www.destatis.de (Statistisches Bundesamt,
Wiesbaden) (Klassifikation der Wirtschaftszweige)

www.buzer.de/gesetz (viele Gesetze zur
Information)

www.dguv.de/publikationen (Bestellung – oder
download von PDF-Dokumenten)

15.3 Weiterführende Literatur

[1] Auswahlkriterien für die spezielle arbeitsmedizinische Vorsorge nach den berufsgenossenschaftlichen Grundsätzen für arbeitsmedizinische Vorsorgeuntersuchungen (ZH 1/600-42 Schriften) (jetzt BGI 504-42) Carl Heymanns Verlag KG, Köln, 1998

[2] DGUV Grundsätze für arbeitsmedizinische Vorsorgeuntersuchungen, 5. vollständig überarbeitete Auflage, Gentner-Verlag Stuttgart 2010

[3] Berufsgenossenschaftliche Schriftenreihe (BGV, BGR, BGI, BGG)

[4] Biologische Arbeitsstoffe im Gesundheitsdienst Hrsg.: Buschhausen-Denker, G.; D. Deitenbeck DBD-Verlag 2002

[5] Birett, K. Umgang mit Gefahrstoffen 4. Auflage 2002 ecomed Sicherheit 2002

[6] Czeschinski, P.; B. R. Eing; R. Gross Infektionsschutz – Ein Handbuch für Arbeits- und Umweltmediziner Deutscher Universitäts-Verlag Wiesbaden 2000

[7] Erdle, H. Infektionsschutzgesetz – Kommentar ecomed Verlagsgesellschaft Landsberg 2000

[8] Fabritius, P.; K.-D. Koch-Wrenger; O. Otto Gesundheitsschutz im Beruf und auf Reisen – Ein Leitfaden für die Praxis Verlag Neuer Merkur GmbH, München 2000, 1. Auflage

[9] Florian, H.-J., J. Franz, G. Zerlett Handbuch Betriebsärztlicher Dienst Grundlagen-Praxis-Organisation ecomed Verlagsgesellschaft Landsberg Loseblatt-Ausgabe 2002

[10] Förster, J. Vorschriften zur Betrieblichen Gesundheitsvorsorge Arbeitsmedizinischer und sicherheitstechnischer Gesundheitsschutz – Gesetze, Richtlinien, Kommentare Gentner Verlag Stuttgart, 2. Auflage 2002

[11] Handlungshilfe zur Umsetzung der Biostoffverordnung (LV 23) Hrsg. Länderausschuss für Arbeitsschutz und Sicherheitstechnik (http://lasi.osha.de/publications)

[12] Hofmann, F., R. Jäckel Merkblätter Biologische Arbeitsstoffe ecomed Verlagsgesellschaft Landsberg 2002 – Loseblatt-Sammlung

[13] Hofmann, F., G. Reschauer, U. Stößel Arbeitsmedizin im Gesundheitsdienst Band 15 edition FFAS Freiburg im Breisgau 2002

[14] Hofmann; F. Betriebsarzt im Krankenhaus ecomed Verlagsgesellschaft Landsberg 3. Auflage 2000

[15] Infektionskrankheiten – Meldepflicht, Epidemiologie, Klinik, Labordiagnostik, Therapie, Prävention – Ein Handbuch für den Öffentlichen Gesundheitsdienst Hrsg.: Hülße, Ch.; P. Kober; M. Littmann Landesgesundheitsamt Rostock, 2002

[16] Nassauer, K.A. Hepatitis B-Impfung-erste Impfung gegen Krebs notabene medici 9-10/2002 S. 357–358

[17] Quast, U.; S. Ley Schutzimpfungen im Dialog – Fragen und Antworten Hrsg.: Deutsches Grünes Kreuz – Kilian-Verlag, 1999, Marburg 3. Aufl.

[18] Quast, U. 100 und mehr knifflige Impffragen Hippokrates-Verlag, Stuttgart, 1998, 4. Auflage

[19] Schell, W. Arbeits- und Arbeitsschutzrecht für die Pflegeberufe von A bis Z Brigitte Kunz Verlag 2. Auflage 1998

[20] Schmitt, H.-J.; Ch. Hülße; W. Raue Schutzimpfungen 2001 Infomed Medizinische Verlagsgesellschaft Berlin, 2001, 2. Auflage

[21] Schriftenreihe des Spitzenverbandes der Deutschen Gesetzlichen Unfallversicherung (DGUV)

[22] Seidel, H.-J., P. M. Bittighofer Arbeits- und Betriebsmedizin Checklisten der aktuellen Medizin Georg Thieme Verlag Stuttgart-New York 1997

[23] Titze, H.-Ch.; M. Graßl Arbeitsmedizinische Vorsorge – Rechtsgrundlagen, Pflichten, Verantwortungsbereiche ecomed-Loseblatt-Ausgabe, 1. Auflage, 1988 17. Ergänzungslieferung April 2002

[24] Klassifikation der Wirtschaftszweige, Statistisches Bundesamt, Wiesbaden. Ausgabe 2008 (WZ 2008)

16 Stichwortverzeichnis

Stichwortverzeichnis

Stichwortverzeichnis

Stichwortverzeichnis